U0456806

清洁能源
"发电-储能-用能"价值链
耦合协同机制与优化模型研究

刘吉成 著

中国水利水电出版社
www.waterpub.com.cn
·北京·

内 容 提 要

本书是国家自然科学基金项目"非并网清洁能源'发电-储能-用能'价值链耦合协同机制与优化模拟模型研究（71771085）"的主要研究成果之一。本书将价值链耦合协同的思想应用到清洁能源价值共创管理过程中，通过构建清洁能源"发电-储能-用能"价值链，解析价值链耦合协同影响因子，分析价值链耦合协同机理，设计相应的耦合协同机制，建立价值链价值产生、价值传导和价值共创的路径优化模型，研发清洁能源价值链 CIC 信息系统，旨在探讨清洁能源价值链之间能量流、信息流和价值流等多维协同问题，以谋求清洁能源价值链价值共创效应最大化的实现方法。

本书可供电力企业或从事清洁能源开发和运营管理的相关管理人员以及相关理论研究人员参考使用，也可供高等院校管理科学与工程类以及工商管理类相关专业的学生和教师参考阅读。

图书在版编目（ＣＩＰ）数据

清洁能源"发电-储能-用能"价值链耦合协同机制与
优化模型研究 / 刘吉成著. -- 北京 ： 中国水利水电出
版社，2021.12
ISBN 978-7-5226-0257-8

Ⅰ．①清… Ⅱ．①刘… Ⅲ．①无污染能源－研究－中
国 Ⅳ．①F426.2

中国版本图书馆CIP数据核字(2021)第242400号

书　　名	清洁能源"发电-储能-用能"价值链耦合协同 机制与优化模型研究 QINGJIE NENGYUAN "FADIAN - CHUNENG - YONGNENG" JIAZHILIAN OUHE XIETONG JIZHI YU YOUHUA MOXING YANJIU
作　　者	刘吉成　著
出版发行	中国水利水电出版社 （北京市海淀区玉渊潭南路 1 号 D 座　100038） 网址：www.waterpub.com.cn E - mail：sales@waterpub.com.cn 电话：(010) 68367658（营销中心）
经　　售	北京科水图书销售中心（零售） 电话：(010) 88383994、63202643、68545874 全国各地新华书店和相关出版物销售网点
排　　版	中国水利水电出版社微机排版中心
印　　刷	天津嘉恒印务有限公司
规　　格	184mm×260mm　16 开本　19 印张　462 千字
版　　次	2021 年 12 月第 1 版　2021 年 12 月第 1 次印刷
印　　数	0001—1000 册
定　　价	98.00 元

凡购买我社图书，如有缺页、倒页、脱页的，本社营销中心负责调换

版权所有·侵权必究

前言

FOREWORD

实现"双碳"目标，建设美丽"零碳中国"，谋求能源可持续发展是我国的重大战略性布局。近年来，我国大力发展以风电、光伏为代表的清洁能源，试图通过调整能源结构，提高清洁能源发电占比，鼓励低碳用能等方式来降低碳排放。与此同时，通过引入储能缓解电力供需不平衡及平抑功率波动等问题，促进了清洁能源的消纳利用。基于此，把储能作为中间节点，上游连接清洁能源发电，下游连接用户用电，形成一条清洁能源"发电-储能-用能"价值链，是能源互联网背景下清洁能源价值管理的一种发展趋势。

本书紧密结合国家自然科学基金"非并网清洁能源'发电-储能-用能'价值链耦合协同机制与优化模拟模型研究（71771085）"项目，主要针对清洁能源价值管理过程，在考虑清洁发电、能量存储和用电服务等价值活动的基础上，构建清洁能源"发电-储能-用能"价值链，解析价值链耦合协同影响因子，分析价值链耦合协同机理，设计相应的耦合协同机制，建立价值链价值产生、价值传导和价值共创的路径优化模型，以期通过探讨能量流、信息流和价值流等多维协同问题，为实现清洁能源价值链价值共创效应最大化提供创新的解决思路。为此，本书主要研究了以下内容：

（1）分析了清洁能源"发电-储能-用能"价值链的构建需求及其结构体系。在阐述价值链与价值链管理相关理论的基础上，梳理了清洁能源"发电-储能-用能"价值链与传统清洁能源价值链的主要区别，剖析了清洁能源价值链的节点、链路组成及其能效要素，论述了新一代信息技术及能源互联网技术对清洁能源价值链的赋能效用。

（2）解析了不同维度下清洁能源价值链耦合协同的主要影响因子。在复杂系统维影响因子的研究中，采用钻石模型分析了风电价值链各要素之间的相互作用，提出了促进风电行业发展的相关建议。在运营节点维影响因子的研究中，分别采用解释结构模型、BOCR模型、AHP-TOPSIS法对发电影响因子、储能影响因子及电动汽车充换电项目风险因子进行识别与处理；在主体能效维影响因子的研究中，分别探讨了光伏企业价值创造能力、风电企业价值增值效率和风储联合运行时的经济、社会及环境效应；在外部环境维影响因子的研究中，以外部风险和政策导向作为影响因子，探讨了价值链价值创造、传递和增值的主要路径。

（3）分析了清洁能源价值链节点及链路间的耦合协同机理。在明晰清洁能源协同影响因子间的关联效用、节点与节点间以及节点与系统间的结构关系和协调性的基础上，构建了相应的协同决策模型、节点优化模型、协同与增值效应评价模型和演化博弈模型，以揭示清洁能源"发电-储能-用能"价值链系统提升价值共创能力进而达到价值增值的耦合协同机理。

（4）设计了清洁能源价值链多方利益主体耦合协同机制。在充分考虑发电商、储能商和用户等各利益主体在能量流、价值流与信息流交互融合的基础上，利用 Shapley 值法、Stackelberg 博弈模型、Nash 均衡模型及委托代理理论等模型方法，进行了清洁能源价值链信息共享激励机制、价值创新机制、风险承担机制、容量优化机制、利益分配机制和协同演化机制的建立及论证研究。

（5）构建了清洁能源价值链在节点和链路等方面的协同优化模型。针对清洁能源"发电-储能-用能"价值链的三个节点，分别建立了基于碳交易背景的多目标电源结构优化模型、基于能源互联网背景的多种储能协调模型以及基于"风-储-充"协同运行系统的用户需求响应模型，采用了 NSGA-Ⅱ算法、TOPSIS 方法、MAPSO 算法、IAGA 算法等多种算法及方法对模型求解分析，验证了不同算法的有效性。从链路角度出发，建立了清洁能源价值链节点企业多目标优化模型和"光-储-充"一体化下电动汽车充电站优化模型，并采用相关算例验证了模型的合理性。

（6）分析和设计了清洁能源价值链协同智能中心（Cooperation Intelligence Center, CIC）信息系统。首先，分析了构建 CIC 信息系统的必要性与可行性、业务需求及业务流程、功能需求及数据流程；其次，设计了 CIC 信息系统的基础架构、系统功能、子系统和服务模式；再次，阐述了 CIC 信息系统实现及应用的关键技术，描述了 CIC 信息系统的应用仿真流程及仿真模型；最后，展示了 CIC 环境下基于智能算法和仿真模型的典型应用过程。

本书作为国家自然科学基金资助项目的主要研究成果之一，是在已发表的 50 多篇相关学术论文的基础上，经过系统归纳、整理和编撰而成的。参与基金项目研究的人员有刘吉成、李存斌、董福贵、陈永权、王辉等老师，也有博士研究生徐方秋、韦秋霜、于晶、银宇、李颖欢、戴琼洁、王刚、刘洋、孟贤、鲁超冉等，还有硕士研究生刘向南、郭启蒙、孙嘉康、卢运媛、李媛媛、鲍红焉、郑文青、熊媛媛、何丹丹、李莹、范淼、林湘敏、闫文靖、侯文捷等。各位老师及研究生参照基金项目的研究内容，通过发表学术论文、撰写毕业论文等方式进行深入研究，为本书的写作提供了很好的素材。

在本书完成之际，谨向那些给予我关怀、帮助和支持的人们致以最衷心的感谢！首先我要感谢本书参考文献中所有的专家学者们，是你们的智慧和成果，给我以莫大的启迪和帮助，以实现科研道路上的不断创新和自我完善。最后，对所有为本书撰写做出贡献的人员表示感谢，因各位的倾心相助，才使得本书得以顺利出版。

对清洁能源"发电-储能-用能"价值链耦合协同机制与优化问题的研究是一项重要、复杂且艰难的工作。限于时间、精力及水平，本书虽做了些工作，但仍显粗糙，可能还存在一些疏漏和错误，如蒙读者及专家学者指教，将不胜感激！

华北电力大学　刘吉成

2021 年 11 月

于北京

E－mail：ljc29@163.com

CONTENTS

目录

绪论

第1章

适应"碳中和"目标需求,大力发展清洁能源、调整能源结构、保护环境、应对气候变化已是大势所趋。近年来,我国风电、光伏发电等清洁能源产业得益于政策支持及利益驱动,得到了迅猛发展,取得了举世瞩目的成绩,装机容量和发电量均连年居世界第一。然而受多种因素影响,我国风力发电、光伏发电和水力发电等清洁能源发电出现了较为严重的弃风、弃光和弃水等弃能现象,解决清洁能源的消纳问题成了社会各界关注的焦点。储能技术能够通过高储低发原理有效提高系统运行的灵活性,降低风电、光伏发电等波动性能源的不利影响,从而促进可再生能源系统与负荷需求间的能量和功率平衡以提高能源利用率。在电力市场改革、储能规模扩张以及能源互联网等新一代信息技术支撑条件下,针对清洁能源价值管理过程,在统筹协调资源开发、清洁发电、能量存储和用电服务等价值活动的基础上,构建清洁能源"发电-储能-用能"价值链,解析清洁能源价值链耦合协同影响因子,分析价值链耦合协同机理,设计相应的耦合协同机制,建立价值链价值产生、价值传导和价值创造的路径优化模型,以探究清洁能源能量流、信息流和价值流的多维协同问题,实现清洁能源价值链价值效应最大化已成为当务之急。

1.1 研究背景及意义

1.1.1 研究背景

1. 能源清洁低碳转型是驱动绿色发展的必要条件

当前,清洁能源已成为全球关注的热点,同样在我国可持续发展战略中清洁能源具有日益重要的地位。首先,推进我国能源清洁低碳转型发展是落实国家能源安全新战略的迫切需要。面对能源供需格局新变化和国际能源发展新趋势,加快推进我国能源结构从以煤炭为主向以清洁低碳能源为主的跨越式发展,构建清洁低碳、安全高效的能源体系,为我国能源清洁低碳转型发展提供了根本遵循。其次,推进我国能源清洁低碳转型发展是深度参与全球能源治理的必然要求。当前,全球能源格局和气候环境治理体系加快重塑,清洁能源与传统化石能源转换的临界点已经到来，能源清洁低碳发展成为大势所趋。再次，推进我国能源清洁低碳转型发展是建设世界一流能源企业的重要使命。从能源电力行业看，世界一流能源企业应当是引领能源清洁低碳发展的标杆和旗帜，传统能源电力企业应当打破传统发展思维惯性和路径依赖，通过聚焦能源清洁低碳发展，开启建设世界一流清洁能源企业新征程。最后，加快推进能源清洁低碳转型发展，已成为保障我国能源安全、建设美丽中国的重要内容。

2. 储能参与清洁能源发展是助推能源转型的有力手段

长期以来，清洁能源发电一直受自然条件影响，存在较大的波动性、间歇性，加上能源资源与用能需求的分布不匹配，导致清洁能源存在并网难、消纳低、弃能高等诸多问题。在能源市场剧烈波动的环境下，如何保障能源的高效生产和持续供给、稳定电力系统的安全运行、提供优质的电能服务是重中之重。近年来，随着储能技术及规模化储能产业的快速发展，储能与可再生能源发电的协同运作有可能取代传统能源，满足负荷需求，为构建清洁、绿色、可持续的清洁能源产业提供有效的解决方案。通过引入储能技术将储能特性与可再生电源自身调节特性相结合，平抑光伏和风电不稳定的功率波动，提升清洁能源发电的可控性，提高可再生能源就地消纳与可靠运行能力已成为当务之急。由于储能在多能互补和综合利用中可以成为各种类型能源灵活转换的媒介，将在提高用户侧综合能效和减少污染物排放中起到关键作用。因此，要实现清洁能源发展，有必要将储能作为一项重点来实施，有助于加快形成电力市场机制，全面提升电力系统可靠性，创新清洁能源消纳模式，推动我国清洁能源的高质量发展。

3. 清洁能源"发电-储能-用能"价值链是探索能源相关产业发展与演化规律的核心内容

价值链在经济活动中无处不在，上下游关联的企业与企业之间存在产业价值链，企业内部各业务单元的联系构成了企业的价值链，企业内部各业务单元之间也存在着价值链联结。价值链上的每一项价值活动都会对企业最终能够实现多大的价值造成影响。传统清洁能源产业价值链中也存在储能环节（如抽水蓄能），随着清洁能源产业的发展出现了储能由集中式向分布式发展、单一类型储能向混合储能发展等趋势，储能将渗透到产业价值链的多个环节中。因此，储能作为中间节点，上游连接清洁能源发电，下游连接用户用电，形成了一条"发电－储能－用能"的清洁能源价值链。进行清洁能源价值链的整体增值研究，是促进风电、光伏发电以及储能产业的发展，解决清洁能源消纳问题的关键。

4. 价值链多方利益主体的协同运作是谋求清洁能源产业价值增值的关键途径

现阶段，清洁能源的高效利用和储能技术的开发利用面临着投资大、盈利难等问题，需要多方利益主体的协同合作，以实现清洁能源的合理利用、促进价值链的整体增值。在信息技术条件下，清洁能源不同利益主体通过建立协同机制，从而避免自身薄弱的价值链环节可能带来的不利影响，还能利用联盟伙伴的优势价值链环节实现价值增值，达到了取长补短的效果。对清洁能源价值链进行协同与优化有利于提高资源配置效率，对于促进清洁能源就地消纳、解决清洁能源弃能问题具有重要的推动作用。

5. 能源互联网与清洁能源价值链的融合发展是保障能源信息化升级的创新驱动要素

基于互联网理念，能源互联网形成了一个连接消费者、生产者和运维商等各方，并不断进行业务融合及商业模式创新的网络，其本质上是信息技术与能源系统的深度融合。能源互联网的发展促进了清洁能源价值链上能源信息的交互、集成与共享。因此，清洁能源价值链上的多方利益主体需要充分利用能源大数据，积极探索价值创新模式，将数据中蕴含的信息转换为价值，实现价值增值效应。同时，清洁能源价值链在信息流、能源流和价值流等方面的协同流动，也促进了价值链上各个节点的价值创造、创新和增值，推动了能源互联网的快速发展。

1.1.2　研究意义

1. 为缓解清洁能源发电弃能问题提供解决方案

储能作为未来解决清洁能源消纳的主要手段，得到政府的大力支持，因此设计清洁能源发电产业中的"发电-储能-用能"价值链，对其耦合协同机理和优化模型进行研究，充分发挥储能重要环节在价值链中的核心创新作用，有利于促进储能产业的发展和整体价值链的协调与增值，从而为缓解清洁能源的消纳问题提供可行的解决方案。

2. 为促进清洁能源价值链条上多方利益主体的协同发展提供理论依据

储能参与的清洁能源发电产业价值链是多利益主体、多环节的复杂系统，因此其协同合作对单一主体以及价值链多方主体整体的经济效益、环境效益及社会效益都起到了一定的促进作用。通过对价值链耦合协同机理进行分析，并从信息共享激励机制、主体价值创新机制、协同风险承担机制、储能容量优化机制、利益平衡分配机制和价值共创系统演化机制等方面设计多方利益主体耦合协同机制，将有助于促进主体之间的协同发展，具有一定的理论和实践意义。

3. 为清洁能源价值链资源的整体优化配置提供模型和方法参考

价值链资源是有限的，如何对资源进行优化配置是一个重要的研究目标。价值链研究主体涉及发电环节、储能环节和用能环节，将针对单一主体的优化以及多主体资源综合优化问题进行研究。因此，通过建立多层次的优化模型并采用前沿技术方法进行模拟仿真，能够敏捷精准地对价值链资源进行优化配置，从而达到价值链整体价值的最优目标，可以为类似问题的解决提供参考。

4. 为多方利益主体协同管理信息化提供可借鉴的思路

价值链上的多方利益主体协同合作需要解决大量的数据处理、业务整合等问题，大数据技术、商务智能等信息技术提供了有效的解决方案，因此清洁能源价值链协同管理信息化方面的研究是一项重要内容。本书在前期研究的基础上，拟设计清洁能源价值链协同智能中心（Cooperation Intelligence Center，CIC）信息系统架构，通过对整个价值链业务信息、管理信息进行收集、处理、传递和共享，实现整体协同管理以及模型的优化模拟，为价值链上多方利益主体协同管理信息化提供可借鉴的思路。

1.2　国内外相关发展动态及研究现状

伴随着清洁能源的发展，与此相关的理论研究正在如火如荼地展开。我们以解决清洁能源弃能问题、促进清洁能源价值链增值为目标，研究清洁能源"发电-储能-用能"价值链的耦合协同与优化模型问题，从国内外相关发展动态、研究现状进行综述。

1.2.1　清洁能源发电与储能产业发展现状综述

清洁能源从理论上来说，是一种在生产与使用环节均不会产生并排放有害物质的能源。从电力应用技术角度对清洁能源进行分类，可将其分为水力发电、核能发电、风力发电、光伏发电、生物质发电等。与传统能源相比，清洁能源具有无污染、资源丰富的特点，因此日益受到许多国家的重视，尤其是能源短缺的国家。然而由于清洁能源发电并网稳定性不强、技术水平受限等原因，我国各地弃风、弃光、弃水等弃能现象严重，而储能作为能源互联网的重要环节，逐渐成为解决清洁能源消纳问题的关键技术，并且改变着人们的用能方式。因此，结合储能技术的清洁能源发电是未来能源互联网发展的必然趋势。

1. 国内外清洁能源发电产业现状

很多国家正在积极发展清洁能源，从而达到减少化石能源使用，解决环境问题的目的。美国于2009年6月通过了《美国清洁能源与安全法案》，2015年全年清洁能源发电新增16GW，占全部新增发电的68%，清洁能源投资增加7.5%，其中大部分投向了太阳能。随着能源效率的提高和清洁能源的发展，2015年德国碳排放减少了11%，风电同比上年增长了50%，光伏同比增长了约6%。2015年日本的光伏累计装机容量占全球的17.4%，仅次于德国和中国，位居第三，并且在获得2020年奥运会举办权后，启动了可再生能源发展专项规划。截至2015年，我国风电并网装机容量达147.6GW，占全部装机的8.6%，占世界风电装机1/4以上；而光伏累计装机容量43.18GW，占全球装机容量的2.84%，装机容量居全球之首。至此，根据我国能源战略规划，风电和光伏发电将逐渐成为电力系统的支柱性技术与能源供应来源。2017年，《能源发展"十三五"规划》发布，提出"十三五"时期非化石能源消费比重提高到15%以上，天然气消费比重力争达到10%，煤炭消费比重将低于58%。按照规划相关指标推算，非化石能源和天然气消费增量是煤炭增量的3倍多，约占能源消费总量增量的68%以上。《中国能源发展报告2018》指出，2018年我国能源消费结构显著优化，风电、光伏、水电、核电、天然气等清洁能源消费量占能源消费总量的22.1%，同比增长1.3%，非化石能源占比达到14.3%，同比增长0.5%。近年来清洁能源发展较为迅猛，其中以风电、光伏等为代表的清洁能源装机容量与发电量保持高速增长态势，稳居世界前列。根据国家能源局2019年发布数据显示，我国风电新增并网装机容量达到2574万kW，累计装机容量达到2.1亿kW，风电发电量达到4057亿kWh，占全部发电量的5.5%；而同年光伏的全球累计装机容量616GW，我国累计装机容量为219.5GW，占比达到了35.6%。截至2020年，我国电源新增装机容量19087万kW，其中风力发电7167万kW、太阳能发电4820万kW、水力发电1323万kW，清洁能源已成为我国重要的能源供应形式之一。

2. 清洁能源上市公司行业现状

在清洁能源产业稳定发展的良好态势下，我国风电设备制造企业的生产水平与研发能力进一步提升，综合实力增强，部分企业如金风科技、上海电气等成功上市，风电设备远销海外。同时，虽然我国光伏产业起步晚于欧美发达国家，但经过近十年的快速发展和不断积累，如今我国已在全球光伏产业中占据了重要地位，光伏电站装机规模和光伏组件市场占有率均遥遥领先于世界多数国家和地区。大量清洁能源上市公司纷纷崛地而起。然而，无论是风电产业还是光伏产业，仍存在核心技术对外依存度高、产能过剩和内部控制能力较差等问题，制约着企业的可持续发展。通过对中国 62 家上市光伏企业的样本数据进行实证分析，发现外部影响因素中市场占有率对样本企业价值创造影响最大，内部驱动因素中成长能力和获利能力则是提升价值创造能力的关键所在。同时经过研究发现，2015—2017 年光伏发电行业的综合效率并不高，主要表现为企业间的财务效率两极分化严重，财务投入产出的合理性也有待提高，部分光伏发电上市公司生产规模的不断扩大已经给其财务带来了负效应。对于我国风电设备企业来说，虽然部分上市公司如国电南瑞、泰胜风能与时代新材在综合效率上的评价相对较优，但绝大部分风电设备制造业上市公司经营绩效不佳，在规模控制和技术创新方面存在着薄弱环节。

3. 清洁能源发电弃能现状

在清洁能源增长规模如此庞大的环境下，受自身特性以及我国电网运行方式的制约，我国的清洁能源消纳问题形势严峻，随之而来的便是大面积的弃能现象。以风电和光伏为例，2015 年全年平均弃风率约为 15％，全年弃风电量 33.9TW，甘肃、新疆、吉林三省（自治区）弃风率均超过 30％。2015 年全年平均弃光率达到 10％，甘肃等地弃光率达到 28％。全年弃风与弃光折合经济损失超过 170 亿元，造成了能源的极大浪费。2016 年，我国全年弃风量高达 497 亿 kWh，仅上半年弃风率就上升至 21％，创历史新高；同时，我国光伏重点发展的西部地区仅 2016 年上半年弃光电量就达到 32.8 亿 kWh，弃光率 19.7％。2017 年，我国全年弃风电量 419 亿 kWh，其中弃风现象较为严重的地区有甘肃（弃风率 33％，弃风电量 92 亿 kWh）、新疆（弃风率 29％、弃风电量 133 亿 kWh）、吉林（弃风率 21％、弃风电量 23 亿 kWh）、内蒙古（弃风率 15％、弃风电量 95 亿 kWh）和黑龙江（弃风率 14％、弃风电量 18 亿 kWh）。同年全国弃光电量 73 亿 kWh，弃光率同比下降 4.3％，弃光现象主要集中在新疆（弃光率 22％，弃光电量 28.2 亿 kWh）和甘肃（弃光率 20％，弃光电量 18.5 亿 kWh）。2018 年，我国弃风电量为 277 亿 kWh，新疆、甘肃和内蒙古三省（自治区）弃风电量合计 233 亿 kWh，占全国弃风量的 84％；弃光电量达 54.9 亿 kWh，全国平均弃光率 3％。2019 年，全国弃风电量为 168.6 亿 kWh，新疆、甘肃和内蒙古三省（自治区）弃风电量合计 136 亿 kWh，占比为 81％；弃光率进一步降低，同比下降 1％，而消纳问题主要出现在西北地区，其弃光电量占全国的 87％，如西藏、新疆、甘肃弃光率分别为 24.1％、7.4％、4.0％。2020 年全国弃风电量 166.1 亿 kWh，弃光电量 52.6 亿 kWh，能源消纳难题仍主要集中在可再生资源富足的"三北"地区，如华北地区合计弃风电量 22.8 亿 kWh，区内平均弃风率 5.6％，弃光 5.1 亿 kWh，区内平均弃光率 2.9％；西北地区弃风率达到 6.9％，弃光电量 13.0 亿 kWh，平均弃光率 4.8％。问题的产生原因主要有以下几点：首先，我国清洁能源生产中心和能源负荷中心呈逆向分布，风能资源与太阳能资源集中于"三北"地区和部分沿海地区，东北地区电力市场容量有限，而西北地区属于经济欠发达地区，当地用电需求增长相对较慢，就地消纳能力比较弱。其次，由于在风电和光伏发电发展前期规划不足，电网建设难以跟进，导致风电和光伏的对外输送能力不足，供需结构失衡加剧了弃风、弃光等现象的发生。再次，我国风电装机规模大、集中度高，大规模风电并网运行将会对电网的安全性、调峰能力、工程前期等方面产生影响，增加电网调度运行的变化性与不确定性，而光伏发电受光照影响，分布式光伏高渗透率接入会对电压稳定构成极大威胁。最后，风电、光伏等清洁能源替代火电导致系统调峰能力匮乏，其波动性使得电力系统不稳定性加重，增大了电力系统的调峰调频难度，同时也影响电能质量，进一步制约了清洁能源的并网和消纳。

如今，清洁能源消纳遭遇困境，其产业发展不仅受到技术、成本等方面约束，同时还受电力系统调节能力和电力市场体制等方面制约，亟须探寻崭新的、健康的、可持续的发展方式。为提升清洁能源消纳能力，减少弃能，目前文献中提出了以下几种解决方案：加强跨区域电网建设；突破并网运行关键技术；完善清洁能源的发展政策机制；采用电池储能、压缩空气储能、制氢储能等新型储能手段。其中，储能技术的发展与应用是当下的研究重点。

4. 储能发展动态及研究现状

在能源互联网背景下，储能已成为集中式和分布式新能源发电大规模接入和利用的重要支撑技术，能够进行电力调峰、抑制新能源电力系统中的传输功率波动性、提高电力系统运行稳定性和提高电能质量。储能按照能量储存形式，可以分为机械储能、电磁储能、化学储能和相变储能；结合清洁能源发电，主要分为集中式储能和分布式储能。集中式储能即在集中式风电场、光伏电站等的变电站出口集中配置储能，一般功率高，容量大，直接与电网耦合，便于调度控制。分布式储能即将大量的电池储能分布式地配置在配网侧，一般功率低，容量小，能够有效地减少负荷峰谷差，改善了负荷特性。同时，分布式储能能够有效地对分布式电源、电动汽车进行聚合管理。目前集中式可再生能源领域应用的项目数、装机容量占比均最大，增长态势最明显，在分布式可再生能源领域应用的项目数占比增长速率较快。在全球储能市场快速增长的背景下，我国的装机容量跃居第一。截至2020年底，全球已投入运营的储能项目累计装机容量达191.1GW，同比增长3.5%，其中中国的累计装机容量达到35.6GW，同比增长9.9%。在众多储能形式中，主要以抽水蓄能为主，截至2020年底全球已投运储能项目中，抽水蓄能的累计装机容量占比90.3%，同比下降2.3%；同时全球电化学储能的装机容量持续增长，占比提升至7.5%，对应装机容量14.2GW，尤其以锂电池储能的发展最为显著，在电化学储能的占比首次突破90%，约13.1GW。我国的储能发展趋势同全球相一致，截至2020年已投运储能项目的抽水蓄能累计装机容量占比89.3%，同比下降4.1%；电化学储能的累计装机占比提升至9.2%，对应装机容量3.3GW。虽然抽水蓄能的占比呈微弱的下降趋势，但其仍是目前规模最为庞大的主要储能方式，而电化学储能也在技术的不断发展中变得更加成熟。储能已成为并将不断作为电力系统的关键一环，应用于电力"发、输、配、用"任意一个环节，为解决清洁能源消纳问题提供切实可行的有效途径。

5. 储能参与清洁能源发电的应用及研究现状

发电侧储能系统配置的主要作用，是通过"移峰填谷"来维护电网电力传输的安全性和可靠性。如丁明等搭建了一种光储系统模型，利用逆变器空闲容量参与电力系统调频调峰，通过设置储能电池荷电状态分区，保证储能电池的调峰和调频两种模式能够协调运行；李军徽等提出了基于模型预测控制的风光储黑启动功率协调策略，有效降低储能充放电深度，减小储能充放电功率波动以及所需配置储能容量，使风光储发电系统输出功率满足黑启动功率要求，同时防止储能荷电状态越限；邹钰洁等建立了基于风电消纳的多类型储能系统联合经济调度模型，证明了储能应用于发电侧增加经济效益、提高风电接纳能力方面的明显优势。用能侧储能有助于提高电能质量，保证供电安全稳定，减少电压波动对电能质量的影响。如张晓娟等对光伏发电系统中的用户侧储能电站用于电网调节的控制策略进行研究，结果表明储能电站系统可以较好地进行削峰填谷、负荷平衡，从而提高光伏发电等新能源并网的稳定性和可靠性；李浩然等提出含家庭集群负荷的用户侧微电网供需双侧协同运行优化模型，需求优化利用分时电价引导用户调控负荷参与需求响应，在满足日常电能需求的基础上改善用户用能行为、优化负荷曲线，从而降低微电网运行成本。此外，储能独立主体正在逐步参与电力市场运作，在支持电动汽车发展、支撑智慧社区运行、参与能源优化调度、促进清洁能源消纳等方面发挥重要作用。如 Sun 等对含风电、光伏发电和储能系统的快速电动汽车充电站进行优化设计，研究了元件容量配置和功率调度等问题；冯昌森等在计及储能和清洁能源出力不确定性的基础上，建立了能源社区合作博弈模型，并设计了适用于大量参与者的合作博弈模型收益分配方案，在实现经济效益最大化的同时促进可再生能源的就地消纳；李鹏等将储能站引入多能源站系统的优化调度，研究能源站内设备的能流和能量转化关系，以多能源站和储能站为不同利益主体建立各自经济性最优的多目标优化模型，为促进清洁能源优化调度提供参考。

通过目前全球清洁能源产业发展以及储能产业发展现状研究可以看出：

（1）目前全球多个国家均在大力发展清洁能源发电，其发电量占比逐年大幅度提升，未来清洁能源将在能源结构中占主导地位。

（2）在清洁能源迅速发展的过程中，消纳问题所带来大规模的清洁能源弃能现象，成为我国清洁能源发展的最大瓶颈之一。

（3）储能是能源互联网的重要环节，储能产业的健康发展能够促进清洁能源消纳，可以改善我国当下清洁能源大规模弃能的问题。

1.2.2 清洁能源价值链研究相关综述

清洁能源价值链从上游的发电企业电能生产，向下游一直延伸到电网企业和用户，存在着大量的上下游联动关系和电力商品的价值互换，由此形成价值链的作业之间、企业内部各部门之间、上下游企业之间的各种联系，产生相互依赖关系，进而影响价值链的价值创造。目前储能技术的发展，使得清洁能源发电价值链进行重新构造，储能成了价值链上的重要环节。

1. 多元清洁能源产业价值链相关研究

价值链是企业为了创造与实现价值所实施的相互关联的活动集合，自美国哈佛商学院迈克尔·波特教授 1985 年在其著作《竞争优势》中首次提出，已在工业、农业、文化、信息、服务等行业得到了广泛应用，研究内容也由框架概念逐步拓展到建模仿真、决策分析、协调优化等方面，价值链思想促进了各利益主体的纵向协同与整合，并在理论与实践上得到了可行性验证。清洁能源产业的快速发展，有力地推动了与此相关的装备制造、新材料和智能电网等产业的发展，并形成相关产业集群，其价值链的研究也引起了众多学者的关注。一方面，学者们从定性角度建立了清洁能源发电价值链的理论框架。例如，针对风电产业，李从东等从产业价值链的角度，构建了风电产业价值链全面解决方案，探索了一种新型的价值链模式，并搭建了基于 SaaS（Software as a Service）的价值链管理平台，为风电产业的转型和增值提供理论支持；针对生物质发电，从三个方面探讨了其价值链的可持续发展路径，包括价值链上的价值传递、关键可持续发展因子以及可持续评价方法；针对光伏产业的研究较多，其主要研究内容集中在创新价值的实现过程、动态演进路径、产业政策分析、经济性分析以及产业升级研究，通过对清洁能源价值链的定性分析，探讨其发展出现的问题，增加价值链的价值创造。另一方面，有文献通过定量方法研究清洁能源价值链上的具体问题。例如，路正南等从价值链、供应链、技术链、空间链 4 个维度，构建光伏产业链协同绩效评价指标体系，科学评价和掌握光伏产业协同发展状况；以价值链整体价值最大化为优化目标，运用非线性规划以及蒙特卡洛模拟优化，从原料、存储、生产和废料处理四个方面对生物质发电厂进行动态优化配置。

2. 储能参与的清洁能源价值链研究

在传统能源价值链中，由于能源的产生来源于化石能源，所以储能并没有作为其中的关键环节。然而随着清洁能源的发展，储能在清洁能源价值链中占据重要位置，因此目前有许多研究成果对储能参与的清洁能源发电价值链进行讨论。其中，有的研究仅针对储能环节进行，例如，以最低成本为目标，运用单周期库存模型针对分布式储能进行最优选址规划。然而，更多学者侧重于研究储能系统参与后，储能主体与其他主体的协调优化问题。例如，别朝红等基于时序蒙特卡洛模拟法，建立了负荷与储能装置的协调优化模型，并定义了可靠性指标，定量评估该模型对可靠性的影响；陈炜联合配电网中的分布式风力发电与电动汽车形成虚拟发电厂，对虚拟发电厂市场化建模，利用滚动时域分析方法，分析了含电动汽车储能的虚拟发电厂在效益方面的表现；吴雄等以最大化风电储能混合系统联合运行的期望效益为目标，考虑了风电出力的随机性和储能系统充放电的控制，给出了在线联合生产计划，提供风电储能混合系统的调度出力信息；张敏吉等对影响风电-电池储能系统可用性的关键因素进行了分析，并对应用过程中出现的问题提出了相应的解决方法，为风储系统的推广与应用提供参考。

清洁能源价值链中存在盈利模式单一、资源分配不平衡、缺乏整合性和难以有效管理等多种问题，因此对清洁能源价值链的研究是目前的研究热点。从以上的相关研究中我们可以发现：

（1）针对清洁能源价值链的研究大多以增加价值链的价值创造、促进价值链整体发展为目的，因此需要重点考虑这两方面的研究目标。

（2）针对清洁能源价值链的研究主要集中在对现状的定性分析，其理论分析较为笼统，定量研究较少，缺乏系统、深入的研究。

（3）储能作为未来清洁能源价值链的重要组成部分，针对储能参与的价值链整体研究相对过少，大多研究仅仅分析了价值链上的某一方面，未来需要针对价值链中整体的协调管理进行研究。

1.2.3 价值链耦合协同机制设计研究相关综述

价值链中往往涉及多个企业、多个主体，因此各节点之间存在耦合协同关系。如何协调管理价值链中节点企业之间的关系，提高各节点企业的效率，优化分工协作和物流过程，把价值链组织成为总成本最低、效率最高的价值链，是价值增值效应最大化的关键。其中，价值链耦合协同机理分析和耦合协同机制设计是协同管理中重要的研究内容。

1. 价值链耦合协同机理相关研究

价值链上节点之间、主体之间存在一种互相影响、互相作用的耦合关系。同时，各环节协同发展，使得价值链效率发生变化，实现价值链增值过程。目前，研究价值链上耦合协同关系的文献并不多，主要研究以下几方面：影响因子的识别与定量测算，其中主成分回归分析法和 Cobb - Douglas 生产函数是对耦合协同影响因素进行实证检验的常用方法，分析归纳影响因素，对影响因素进行实证检验，从而得出影响因素与价值链演化发展水平之间的相关关系、影响强度与方向。耦合协同关系研究，通过回归分析等统计学方法或优化模型等研究价值链上主体之间的耦合协同作用关系；复杂系统理论也被应用于影响因子或节点之间的关联关系分析，通过因果关系分析和建模仿真，建立系统动力学模型，利用 Vensim PLE 软件进行系统仿真，从而提高价值链协同效率；刘志坚从资源深度利用驱动、生态驱动和利益驱动三方面分析循环经济产业链的演进过程及其微观运行规律，探讨了产业链耦合的机理。耦合协同度评价，刘超等通过对系统协调发展机理的分析，构建了由贡献指数、耦合度函数构成的交互耦合协调度评价模型。

2. 价值链耦合协同机制相关研究

耦合协同机制能够使价值链上的企业集中资源，拓展与开发核心业务，有利于提高各部门的专业化程度，提高企业的生产效率。目前，针对价值链耦合协同机制的研究大多包含以下几个方面：协同决策模型，通过微分博弈、多目标决策方法、非线性优化等方法，解决针对企业价值链上的协同决策问题。利益分配问题，通过 Shapley 值法、灰色关联分析等探讨协同发展过程中企业之间的利益分配问题。协同创新机制，聂峰英等针对企业价值链知识创新的协同问题，考虑到有限理性的成员可能采取两种不同策略，运用演化博弈方法进行建模分析，通过构建动态复制方程、复制相位图、理论推导以及数值模拟，探讨最终可能存在的稳定创新策略；王清晓以契约理论和关系交换理论为基础，构建了供应链知识协同的理论模型。整体协同框架研究，从多个方面建立整体的协调发展机制，从而达到成本最低或者价值最大化的目的，例如，赵武等基于企业动态发展的视角，构建了一个多层次的创新源互动网络与协同机制概念框架；Piplani 等运用 multi - agent 模型、协同理论、优化模型构建了存货协同框架模型；Xu 等探讨了基于碳排放的协同管理机制；Disney 等基于四种协同策略建立了二级价值链的协同机制模型。

目前针对价值链的耦合协同关系研究较少，其中耦合协同机理的分析和耦合协同机制的建立是重要的研究内容，从以上文献综述中可以看出：

（1）针对整体耦合协同机理的研究较少，未来的研究中需要采用协同理论、复杂系统理论、博弈论等方法进行定量研究。

（2）价值链耦合协同机制的研究大多针对政府主体对清洁能源价值链的激励机制设计问题，但对于清洁能源多方利益主体内在自我激励机制设计方面的研究并未多见。

（3）针对清洁能源价值链在信息共享、风险防控等方面的协同研究今后需要加强，在进行研究时，需要重点考虑建立完善的多角度的整体耦合协同机制。

1.2.4 清洁能源发电多方利益主体资源优化配置研究相关综述

清洁能源发电的多方利益主体不仅包括了发电方、储能方、输电方、终端用户，还包括了政府、其他电网企业等等其他方面。这些利益主体之间的资源配置、资源优化和资源布局等模式，对清洁能源发电多方利益主体的协调发展具有较大影响。

1. 单一主体的资源优化配置相关研究

清洁能源发电涉及发电、储能、负荷等多个主体，目前已有很多针对单一主体优化问题的研究。针对发电主体，研究主要集中在电源结构优化、调度优化，例如，覃晖等以发电量和保证出力为目标，建立梯级水电站的多目标发电优化调度模型，提出一种强度 Pareto 差分进化算法进行求解；Liu 等运用区间优化算法，对水电和风电进行发电协调；除了多目标优化方法，粒子群方法也在发电优化问题上得到应用。针对储能主体，研究内容集中于合理的储能容量优化配置，研究方法包括多目标优化法、混沌优化算法、全生命周期法、证据推理以及智能算法等。其中，有些学者采取单一目标的优化方法，例如，以年平均成本最小、供电可靠性最大等为目标；或者采用多个优化目标，更好地实现优化目的，例如，以发电量和保证出力最大为优化目标，在与水电结合的储能系统优化研究中以系统需求差异最小、耗能量最小以及弃水量最小为目标。

2. 多主体联合优化模型相关研究

清洁能源发电多方利益主体之间往往互相关联、互相协调，因此已有许多研究针对其中多个主体之间的联合优化进行了相关的模型构建。例如，宋艺航等以经济效益最大化为优化目标，考虑功率供需平衡、用电侧电价弹性、储能系统能量损耗、机组启停时间、爬坡能力、发电出力界限、发电备用等约束条件，构建含大规模风电的电力调度模型；吴雄等以最大化风电储能混合系统联合运行的期望效益为目标，给出了混合系统日前小时级的联合生产计划以及日内分钟级的联合生产计划；刘文颖等综合考虑源荷协调对风电消纳和系统运行的影响，以风电消纳电量最大和系统运行成本最小为目标，建立源荷协调多目标优化模型，并采用多目标差分算法对模型进行求解；黎灿兵等基于节能发电调度，通过多贪婪因子完善机组排序指标，提出了一种求解电力系统机组组合的新方法，将机组组合问题分解为末状态和状态改变时间优化两个过程；谭忠富等考虑发电机组的上网电量及其在峰、平、谷时段的电量分配问题，在保证发、供、用三方均能从峰谷分时电价中受益的前提下，以实施峰谷分时电价后平均发电能耗成本最低为目标函数，建立发电侧与售电侧峰谷分时电价联合设计的优化模型。

优化问题是价值链管理中的重要问题，通过以上多方利益主体资源优化的研究成果可以看出：

（1）清洁能源发电价值链中的多方利益主体优化问题包括单一主体优化问题和多方主体联合优化问题，尤其在联合优化的研究中仍有许多研究空间，是未来研究的难点问题，也是需要加强的重点内容。

（2）多目标优化方法、粒子群算法、神经网络算法、混沌理论等优化模型为研究提供了方法上的借鉴和一定的改进空间。

1.2.5 信息技术和智能算法在价值链中的应用现状相关综述

在经济全球化的今天，以网络技术、计算机技术、通信技术为代表的现代信息技术正在改变着企业的运营方式和思维模式，在这种情形下，应该充分利用信息技术进行价值链管理。信息技术平台是实现价值链企业之间信息传递、信息共享和信息集成的物质基础，是价值链管理环境的重要组成部分。

1. 大数据技术在价值链中的应用研究

伴随着海量数据及处理技术的飞速发展，大数据时代已经来临，对企业价值链进行重新审视和设计，使企业原有的经营运作流程适应新的竞争环境，已经成为企业打造核心竞争力、实现战略目标的必然要求。数据技术能够贯穿数据产生到处理、最终进行决策的过程，也是价值产生的过程，目前的大数据分析工具主要有大数据分析平台、数据库与数据仓库、数据挖掘、文件系统、大数据搜索、数据聚合与传输、其他大数据工具等。陶承怡等从大数据的概念与特征入手，探讨大数据与信息价值、信息链的理论联系，基于信息价值链视角对企业大数据策略进行理论推导，探索大数据在电信运营商经营活动中的增值机制；叶春森等研究云计算和大数据驱动下的产品与服务创新平台化以及以用户为中心的产业整合模式，所得结果将为揭示信息技术动态竞争力价值提供理论参考；夏义堃从价值链主体结构和价值生成机理角度，探讨了基于开放数据的企业价值增值路径，并总结出其价值实现规律具有价值实现过程的开放性、价值发展阶段的叠加性和价值链表现形态的多样性；Jian 等分析了北京城市运营创新价值链，并运用数据挖掘技术对用户需求进行深入挖掘；陈旭辉等针对制造业价值链的特点，引入联机分析挖掘（On - Line Analytical Mining，OLAM）技术，建立一种基于 OLAM 的面向过程的制造业商务智能模型，建立生产数据多维数据集，通过线性回归分析完成对生产数据的联机分析挖掘，预测不同维度和层次的产品生产量，提高挖掘效率。可以看出，目前的研究大多从理论上分析了大数据技术与价值链的相关关系或探讨了基于大数据技术的价值链相关机制，针对大数据技术在价值链管理中的实际应用的相关研究较少。

2. 商务智能在价值链中的应用研究

企业信息化过程中，大量数据的累积与数据利用率低下之间的矛盾日益影响企业的运营效率，因此商务智能将企业所积累的各种数据及时地转换为信息或知识，帮助企业管理者进行科学决策的概念、方法、过程及软件的集合，从而将企业所掌握的数据转换成竞争优势，提高企业决策能力、决策效率和决策准确性。价值链上往往有多个企业进行业务上的协同合作，因此商务智能的应用能够提高价值链管理的效率，促进企业之间的协同发展。目前针对商务智能在价值链中应用的研究较少，Russ 等探讨了互联网对价值链的影响，并论证了商务智能技术在价值链中的积极作用；Luki 等在智能电网价值链中引入了商务智能模型，并以塞尔维亚电力市场为例在平台上进行了数据处理，提高了企业的管理效率和可持续发展能力；叶琼伟等在分析价值链和虚拟价值链的基础上，提出了商务智能的应用模型，最后以购物中心的客户关系管理为例，对基于虚拟价值链的商务智能的应用模型进行了实证研究。

3. 其他信息技术在价值链中的应用研究

以下研究分析了价值链的管理和演变中应用的其他信息技术：Tsai 等运用信息技术为零售商提供了决策和管理的平台，结合公司数据对信息技术策略的有效性进行了验证；李萍等从价值链演变角度分析了 B2C（Business to Customer）电子商务企业发展模式，结合基于价值链演变的 B2C 电子商务企业发展动力，得到了 B2C 电子商务企业发展路径；赵福全等基于价值链视角，从理论层面界定了智能网联汽车产业价值链的本质特点，从流程升级、产品升级、功能升级等不同维度为各类型中国汽车企业升级提出了建议；吴孟珠等从价值链联盟各节点企业之间及联盟整体两个角度提出了评价信息技术条件下价值链联盟绩效的指标体系；王平等设计了云计算环境下的协同价值链构建模型，研究了协同价值链任务－服务资源匹配过程及协同价值链优化方法。

4. 智能算法在价值链中的应用研究

智能算法学习和吸收了生物进化和发展的客观规律和各类智能策略，并通过模拟和仿真在计算机上进行实现，目前应用在价值链中的研究成果有下述两种。第一种神经网络是应用比较广泛的智能算法，例如，郭秋霞等通过对价值链管理深入研究，利用 BP 人工神经网络对价值链风险管理进行评价，获得实际数据，并对模型进行仿真和测试；王福胜等以顾客价值为导向，选择了 BP 神经网络法为计量方法，通过分别构建供应商、生产商、销售商的价值链产出价值计量指标体系，研究了行业价值链各环节产出价值的计量问题，弥补了价值链理论在行业价值链产出价值计量方面的不足。有些学者将遗传算法运用到价值链中，例如，徐靖在研究现有价值链理论和优化方法的基础上，提出了从价值增值的角度来优化企业价值链，讨论了我国废旧机电产品第三方回收物流所面临的困难，选取了纯整数非线性模型，采用遗传算法进行优化；Ning 等运用了多目标遗传算法对电池更换模式下出租车价值链进行了经济分析，并通过试点城市的真实数据验证了算法的可靠性；遗传算法还用来解决价值链中的选址问题。另一种应用于价值链的智能算法为粒子群算法，在目前的研究中被用来解决成本优化问题和进行战略制定。

由此可以看出，信息技术是提高企业效率、解决价值链上相关问题的重要技术手段，智能算法是解决价值链上优化及协同决策等问题的有效方法。

1.3 主要研究内容

（1）阐述清洁能源及价值链相关理论基础，分析储能参与的清洁能源"发电－储能-用能"价值链结构体系，探讨信息化技术在清洁能源价值链应用中的优势及其支撑效用。具体研究内容详见第 2 章。

（2）进行清洁能源价值链耦合协同影响因子解析研究，从多个维度辨识驱动系统协同运作的内外部要素，分析关键影响因素，探索价值链价值创造、传递、增值的创新途径。具体研究内容详见第 3 章。

（3）进行清洁能源价值链耦合协同机理分析研究，明晰协同影响因子间的关联效应、节点与节点间以及节点与系统间的结构关系和协调性，从而剖析价值链的协同演进规律，有效聚合链条整体资源的最优配置。具体研究内容详见第 4 章。

（4）进行清洁能源价值链多方利益主体耦合协同机制设计研究，通过建立合理的耦合协同发展机制，保证价值链中多方利益主体的协同运作，实现整体价值链增值和整体效益最优。具体研究内容详见第 5 章。

（5）进行清洁能源价值链协同优化模型研究，分别围绕发电、储能和用能环节构建优化模型，在此基础上构建多环节多主体协同的联合优化模型，以提高价值链整体经济效益、环境效益及社会效益。具体研究内容详见第 6 章。

（6）进行清洁能源价值链 CIC 信息系统分析和设计研究，分析系统必要性、可行性、需求及流程，设计系统基础架构、功能模块及部署模式等，阐述系统实现的数据处理、平台支撑及界面交互等关键技术，并通过实例以更好地展示 CIC 信息系统的应用过程。具体研究内容详见第 7 章。

参 考 文 献

［1］ 王智琦，冷月，吴倩红. 清洁能源接入的智能电网需求响应综述 ［J］. 电源技术，2015，39（8）：1798 - 1800.

［2］ Wu G，Zeng M，Peng L，et al. China's new energy development：Status，constraints and reforms ［J］. Renewable and Sustainable Energy Reviews，2016，53：885 - 896.

［3］ 季阳，艾芊，解大. 基于智能电网的清洁能源并网技术 ［J］. 低压电器，2010（4）：20 - 25，51.

［4］ Niblick B，Landis A E. Assessing renewable energy potential on United States marginal and contaminated sites ［J］. Renewable & Sustainable Energy Reviews，2016，60：489 - 497.

［5］ Duscha V，Fougeyrollas A，Nathani C，et al. Renewable energy deployment in Europe up to 2030 and the aim of a triple dividend ［J］. Energy Policy，2016，95：314 - 323.

［6］ Strupeit L，Palm A. Overcoming barriers to renewable energy diffusion：Business models for customer - sited solar photovoltaics in Japan，Germany and the United States ［J］. Journal of Cleaner Production，2016，123：124 - 136.

［7］ 康重庆，杜尔顺，张宁，等. 可再生能源参与电力市场：综述与展望 ［J］. 南方电网技术，2016，10（3）：16 - 23，2.

［8］ Zhou K，Yang S，Shen C，et al. Energy conservation and emission reduction of China's electric power industry ［J］. Renewable and Sustainable Energy Reviews，2015，45：10 - 19.

［9］ 刘吉成，林湘敏，王源. 基于逐步回归法探讨光伏企业价值创造能力 ［J］. 财会月刊，2019（3）：17 - 23.

［10］ 刘吉成，林湘敏. 光伏发电上市公司财务效率研究 ［J］. 华北电力大学学报（社会科学版），2018（5）：34 - 41.

［11］ 刘吉成，闫文婧，颜苏莉. 基于 DEA 的风电设备制造业上市公司经营绩效评价 ［J］. 财会通讯，2018（7）：42 - 46.

［12］ 丁坤，吕清泉，蔡旭，等. 采用样板机法计算风电场弃风电量的实测数据统计分析 ［J］. 可再生能源，2016，34（1）：56 - 63.

［13］ 周强，汪宁渤，冉亮，等. 中国新能源弃风弃光原因分析及前景探究 ［J］. 中国电力，2016，49（9）：7 - 12，159.

［14］ 国际能源网能源资讯中心 ［EB/OL］. https：//www. in - en. com/article/html/energy - 2301162. shtml.

［15］ 刘畅，吴浩，高长征，等. 风电消纳能力分析方法的研究 ［J］. 电力系统保护与控制，2014（4）：61 - 66.

［16］ 朱凌志，陈宁，韩华玲. 风电消纳关键问题及应对措施分析 ［J］. 电力系统自动化，2011，

35（22）：29 – 34.

[17] 李建林，马会萌，惠东. 储能技术融合分布式可再生能源的现状及发展趋势 [J]. 电工技术学报，2016，31（14）：1 – 10，20.

[18] 丛晶，宋坤，鲁海威，等. 新能源电力系统中的储能技术研究综述 [J]. 电工电能新技术，2014（3）：53 – 59.

[19] Mahlia T M I, Saktisahdan T J, Jannifar A, et al. A review of available methods and development on energy storage; technology update [J]. Renewable & Sustainable Energy Reviews, 2014, 33：532 – 45.

[20] 丁明，陈忠，苏建徽，等. 可再生能源发电中的电池储能系统综述 [J]. 电力系统自动化，2013，37（1）：19 – 25，102.

[21] 刘胜永，张兴. 新能源分布式发电系统储能电池综述 [J]. 电源技术，2012，36（4）：601 – 605.

[22] 李建林，田立亭，来小康. 能源互联网背景下的电力储能技术展望 [J]. 电力系统自动化，2015（23）：15 – 25.

[23] 丁明，施建雄，韩平平，等. 光储系统参与电网调频及调峰的综合控制策略 [J]. 中国电力，2021，54（1）：116 – 123，174.

[24] 李军徽，尤宏飞，李翠萍，等. 基于模型预测控制的风光储黑启动功率协调策略 [J]. 电网技术，2020，44（10）：3700 – 3708.

[25] 邹钰洁，唐忠，晏武，等. 基于风电消纳的多类型储能系统联合经济调度 [J]. 水电能源科学，2019，37（4）：202 – 206，175.

[26] 张晓娟，孟彦京，赵婧. 光伏发电系统的用户侧储能调峰电站设计 [J]. 电源技术，2017，41（1）：107 – 110.

[27] 李浩然，张伟，王景山. 含家庭集群负荷的用户侧微电网协同运行优化 [J]. 安徽大学学报（自然科学版），2020，44（6）：51 – 57.

[28] Sun B. A multi – objective optimization model for fast electric vehicle charging stations with wind, PV power and energy storage [J]. Journal of Cleaner Production, 2021, 288：125564.

[29] 冯昌森，沈佳静，赵崇娟，等. 基于合作博弈的智慧能源社区协同运行策略 [J]. 电力自动化设备，2021，41（4）：85 – 93.

[30] 李鹏，周益斌，李明哲，等. 基于谈判博弈的含储能站利益主体的多能源站协同优化运行方法 [J]. 高电压技术，2021，47（5）：1666 – 1673.

[31] Kircher, M. Bioeconomy – present status and future needs of industrial value chains [J]. New Biotechnology, 2021, 60：96 – 104.

[32] Islam, A. M. S. Dynamics and Determinants of Participation in Integrated Aquaculture – Agriculture Value Chain：Evidence from a Panel Data Analysis of Indigenous Smallholders in Bangladesh [J]. Journal of Development Studies, 2021.

[33] 戴翔，宋婕. 中国 OFDI 的全球价值链构建效应及其空间外溢 [J]. 财经研究，2020，46（5）：125 – 139.

[34] 黎传熙，祁明德. 现代价值链下新零售商业模式的重构——基于"盒马鲜生"的九要素画布 [J]. 企业经济，2020（4）：46 – 57.

[35] Efogo, F. O. Does trade in services improve African participation in global value chains? [J]. African Development Review – Revue Africana De Development, 2020, 32（4）：758 – 772.

[36] 张忠，金青. 服务型制造企业内部价值链优化研究 [J]. 现代制造工程，2016（9）：151 – 156.

[37] Hua Y, Zhou S D, Huang Y, et al. Sustainable value chain of retired lithium – ion batteries for electric vehicles [J]. Journal of Power Sources, 2020：478.

[38] Aggestam F, Mangalagiu D. Is sharing truly caring? Environmental data value chains and policy-making in Europe and Central Asia [J]. Environmental Science & Policy, 2020, 114：152 – 161.

[39] Liu H L，Ling，D. Value chain reconstruction and sustainable development of green manufacturing industry [J]. Sustainable Computing – Informatics & Systems，2020，28.

[40] 李从东，洪宇翔，汤勇力. 我国风电产业价值链全面解决方案研究 [J]. 科技进步与对策，2012，29（3）：74 – 79.

[41] Parajuli R，Dalgaard T，Jorgensen U，et al. Biorefining in the prevailing energy and materials crisis：A review of sustainable pathways for biorefinery value chains and sustainability assessment methodologies [J]. Renewable and Sustainable Energy Reviews，2015，43：244 – 263.

[42] 陈瑜，谢富纪. 中国太阳能光伏产业创新价值链的实现过程研究 [J]. 上海管理科学，2013，35（4）：76 – 81.

[43] Zhang F，Gallagher K S. Innovation and technology transfer through global value chains：Evidence from China's PV industry [J]. Energy Policy，2016，94：191 – 203.

[44] 张路阳，石正方. 基于价值链理论的我国光伏产业动态演进分析 [J]. 福建论坛（人文社会科学版），2013，（2）：58 – 64.

[45] Sawhney R，Thakur K，Venkatesan B，et al. Empirical analysis of the solar incentive policy for Tennessee solar value chain [J]. Applied Energy，2014，131：368 – 76.

[46] Olason E L. Green Innovation Value Chain analysis of PV solar power [J]. Journal of Cleaner Production，2014，64：73 – 80.

[47] 王发明. 全球价值链下的产业升级：以我国光伏产业为例 [J]. 经济管理，2009，（11）：55 – 61.

[48] 路正南，刘春奇，王国栋. 光伏产业链协同绩效评价指标体系研究 [J]. 科技与经济，2013，26（1）：106 – 110.

[49] Shabani N，Sowlati T. A mixed integer non – linear programming model for tactical value chain optimization of a wood biomass power plant [J]. Applied Energy，2013，104：353 – 361.

[50] Shabani N，Sowlati T. Evaluating the impact of uncertainty and variability on the value chain optimization of a forest biomass power plant using Monte Carlo Simulation [J]. International Journal of Green Energy，2016，13（7）：631 – 641.

[51] Aneke M，Wang M. Energy storage technologies andreal life applications A state of the art review [J]. Applied Energy，2016，179：350 – 377.

[52] Schneider M，Biel K，Pfaller S，et al. Optimal Sizing of Electrical Energy Storage Systems using Inventory Models [J]. Energy Procedia，2015，73：48 – 58.

[53] 别朝红，李更丰，谢海鹏. 计及负荷与储能装置协调优化的微网可靠性评估 [J]. 电工技术学报，2014（2）：64 – 73.

[54] 陈炜. 含电动汽车储能与分布式风力发电的虚拟发电厂优化运行 [J]. 电力自动化设备，2016，36（10）：45 – 50，59.

[55] 吴雄，王秀丽，李骏，等. 风电储能混合系统的联合调度模型及求解 [J]. 中国电机工程学报，2013，33（13）：10 – 17.

[56] 张敏吉，梁嘉，孙洋洲，等. 分布式风电 - 电池储能系统可用性分析 [J]. 电力建设，2016，（11）：29 – 34.

[57] 綦良群，胡乃祥. 汽车产业链演化机理及影响因素研究 [J]. 管理评论，2012，24（11）：51 – 59.

[58] 綦良群，赵少华，蔡渊渊. 装备制造业服务化过程及影响因素研究——基于我国内地 30 个省市截面数据的实证研究 [J]. 科技进步与对策，2014（14）：47 – 53.

[59] 詹宇铎，韩广华，董明. 生产性服务业与制造业的协同发展机制研究 [J]. 哈尔滨商业大学学报（自然科学版），2012，28（1）：118 – 122.

[60] Kreng V B，Chen F – T. The benefits of a three – level coordinated distribution policy in the value chain [J]. Expert Systems with Applications，2011，38（1）：835 – 842.

［61］ 罗政，李玉纳. 企业价值链协同知识创新影响因素的系统动力学建模与仿真［J］. 现代图书情报技术，2016（5）：80-90.

［62］ 刘志坚. 基于循环经济的产业链耦合机制研究［J］. 科技管理研究，2007，27（7）：111-113.

［63］ 刘超，陈祺弘. 基于协同理论的港口群交互耦合协调度评价研究［J］. 经济经纬，2016，33（5）：8-12.

［64］ 洪江涛，黄沛. 企业价值链上协同知识创新的动态决策模型［J］. 中国管理科学，2011，19（4）：130-136.

［65］ Thomas A，Krishnamoorthy M，Singh G，et al. Coordination in a multiple producers-distributor supply chain and the value of information［J］. International Journal of Production Economics，2015，167：63-73.

［66］ Ye F，Li Y，Lin Q，et al. Modeling of China's cassava-based bioethanol supply chain operation and coordination［J］. Energy，2017，120：217-228.

［67］ Kannegiesser M，Gunther H-O. An integrated optimization model for managing the global valuechain of a chemical commodities manufacturer［J］. Journal of the Operational Research Society，2011，62（4）：711-721.

［68］ Mazzawi R，Alawamleh M. The impact of supply chain performance drivers and value chain on companies：a case study from the food industry in Jordan［J］. International Journal of Networking and Virtual Organizations，2013，12（2）：122-132.

［69］ 高洁，周衍平. Shapley 值在植物品种权价值链利益分配中的应用［J］. 运筹与管理，2012，21（2）：168-172.

［70］ 陈莹，王平，葛世伦. 云环境下协同价值链利益分配模型研究［J］. 计算机与现代化，2016，（2）：98-103.

［71］ 聂峰英，黄夔. 基于演化博弈的企业价值链协同知识创新研究［J］. 现代情报，2015，35（1）：38-41，48.

［72］ 王清晓. 契约与关系共同治理的供应链知识协同机制［J］. 科学学研究，2016，34（10）：1532-1540.

［73］ 赵武，王珂，秦鸿鑫. 开放式服务创新动态演进及协同机制研究［J］. 科学学研究，2016，34（8）：1232-1243.

［74］ Piplani R，Fu Y. A coordination framework for supply chain inventory alignment［J］. Journal of Manufacturing Technology Management，2005，16（6）：598-614.

［75］ Xu X，He P，Xu H，et al. Supply chain coordination with green technology under cap-and-trade regulation［J］. International Journal of Production Economics，2017，183：433-442.

［76］ Disney S M，Lambrecht M，Towill D R，et al. The value of coordination in a two-echelon supply chain［J］. IIE Transactions，2008，40（3）：341-355.

［77］ 覃晖，周建中，肖舸，等. 梯级水电站多目标发电优化调度［J］. 水科学进展，2010，21（3）：377-384.

［78］ Liu Y，Jiang C，Shen J，et al. Coordination of Hydro Units with Wind Power Generation Using Interval Optimization［J］. IEEE Transactions on Sustainable Energy，2015，6（2）：443-453.

［79］ Chang W-Y. Short-term wind power forecasting using the enhanced particle swarm optimization based hybrid method［J］. Energies，2013，6（9）：4879-4896.

［80］ Shirazi A，Najafi B，Aminyavari M，et al. Thermal-economic-environmental analysis and multi-objective optimization of an ice thermal energy storage system for gas turbine cycle inlet air cooling［J］. Energy，2014，69：212-226.

［81］ Gloti A，Gloti A，Kitak P，et al. Optimization of hydro energy storage plants by using differential evolution algorithm［J］. Energy，2014，77：97-107.

［82］ Li Y Z，Wu Q H，Jiang L，et al. Optimal Power System Dispatch with Wind Power Integrated Using Nonlinear Interval Optimization and Evidential Reasoning Approach ［J］. IEEE Transactions on Power Systems，2016，31（3）：2246 - 54.

［83］ 王成山，于波，肖峻，等. 平滑可再生能源发电系统输出波动的储能系统容量优化方法 ［J］. 中国电机工程学报，2012，32（16）：1 - 8.

［84］ Choi M - E，Kim S - W，Seo S - W. Energy management optimization in a battery/supercapacitor hybrid energy storage system ［J］. IEEE Transactions on Smart Grid，2012，3（1）：463 - 472.

［85］ 杨珺，张建成，桂勋. 并网风光发电中混合储能系统容量优化配置 ［J］. 电网技术，2013（5）：1209 - 1216.

［86］ 杨珺，张建成，周阳，等. 针对独立风光发电中混合储能容量优化配置研究 ［J］. 电力系统保护与控制，2013，41（4）：38 - 44.

［87］ Zhou T，Sun W. Optimization of battery - supercapacitor hybrid energy storage station in Wind/solar generation system ［J］. IEEE Transactions on Sustainable Energy，2014，5（2）：408 - 415.

［88］ 徐林，阮新波，张步涵，等. 风光蓄互补发电系统容量的改进优化配置方法 ［J］. 中国电机工程学报，2012，32（25）：88 - 98，14.

［89］ 宋艺航，谭忠富，李欢欢，等. 促进风电消纳的发电侧、储能及需求侧联合优化模型 ［J］. 电网技术，2014（3）：610 - 615.

［90］ 刘文颖，文晶，谢昶，等. 考虑风电消纳的电力系统源荷协调多目标优化方法 ［J］. 中国电机工程学报，2015（5）：1079 - 1088.

［91］ 黎灿兵，吕素，曹一家，等. 面向节能发电调度的日前机组组合优化方法 ［J］. 中国电机工程学报，2012，32（16）：70 - 76.

［92］ 谭忠富，陈广娟，赵建保，等. 以节能调度为导向的发电侧与售电侧峰谷分时电价联合优化模型 ［J］. 中国电机工程学报，2009，29（1）：55 - 62.

［93］ Rasheed H S，Rasheed H. Performance implications of internet - based information technology in value chain management ［J］. International Journal of Information Systems and Supply Chain Management，2015，8（2）：1 - 13.

［94］ 刘菲，严建渊. 大数据时代基于价值链分析的企业流程再造案例研究 ［J］. 物流工程与管理，2014（7）：226 - 227.

［95］ Miller H G，Mork P. From data to decisions：A value chain for big data ［J］. IT Professional，2013，15（1）：57 - 59.

［96］ 叶凤云，张弘. 基于价值链过程的大数据研究综述 ［J］. 情报理论与实践，2016（12）：124 - 129.

［97］ Serhani M A，EL Kassabi H T，Taleb I，et al. An Hybrid Approach to Quality Evaluation across Big Data Value Chain ［C］. 2016 IEEE International Congress on Big Data（Big Data Congress），27 June - 2 July 2016. IEEE Computer Society，2016：418 - 425.

［98］ 陶承怡，马小梅. 基于信息价值链的电信运营商大数据策略研究 ［J］. 电信科学，2014，30（6）：126 - 130.

［99］ 叶春森，梁昌勇，梁雯. 基于云计算-大数据的价值链创新机制研究 ［J］. 科技进步与对策，2014，31（24）：13 - 17.

［100］ 夏义堃. 开放数据开发利用的产业特征与价值链分析 ［J］. 电子政务，2016，（10）：40 - 50.

［101］ Wang J，Chen R，Song G，et al. Data mining and value chain analysis of city operation applied innovation park ［C］. 2009 International Conference on New Trends in Information and Service Science（NISS 2009），2009：1180 - 1183.

［102］ 陈旭辉，刘东坡，徐勇. 基于 OLAM 的制造业商务智能模型 ［J］. 兰州理工大学学报，2009，35（2）：93 - 97.

［103］ 刘泽. 我国企业应用商务智能的现状、挑战与对策研究 ［J］. 科技管理研究，2012，32 （2）：34 – 37.

［104］ Russ H，Kuilboer J – P，Ashrafi N. Business Intelligence in the Music Industry Value Chain：Ensuring Sustainability in a Turbulent Business Environment ［J］. International Journal of Business Intelligence Research，2014，5 （1）：50 – 63.

［105］ Luki J，Radenkovi M，Despotovi – Zraki M，et al. Supply chain intelligence for electricity markets：A smart grid perspective ［J］. Information Systems Frontiers. 2015，19 （1）：91 – 107.

［106］ 叶琼伟，屈仁均，谭继江. 电子商务中基于虚拟价值链 BI 应用模型的实证研究——以购物中心客户关系管理 （CRM） 为例 ［J］. 电子商务，2011 （5）：53 – 55.

［107］ Tsai J Y，Raghu T S，Shao B M. Information systems and technology sourcing strategies of e – Retailers for value chain enablement ［J］. Journal of Operations Management，2013，31 （6）：345 – 362.

［108］ 李萍，刘永泉，王家庆，等. B2C 电子商务企业发展模式与实现路径——基于价值链演变视角 ［J］. 商业经济研究，2016 （1）：66 – 68.

［109］ 赵福全，匡旭，刘宗巍. 面向智能网联汽车的汽车产业升级研究——基于价值链视角 ［J］. 科技进步与对策，2016，33 （17）：56 – 61.

［110］ 吴孟珠，方辉，李锦. 信息技术条件下价值链联盟绩效评价体系构建 ［J］. 财会月刊，2012 （7）：27 – 29.

［111］ 王平，葛世伦，王念新，等. 云计算环境下制造企业协同价值链构建方法 ［J］. 江苏科技大学学报 （自然科学版），2015，29 （6）：585 – 590.

［112］ 郭秋霞，邓祥明，欧阳江. 基于 BP 人工神经网络的价值链风险的评价 ［J］. 物流技术，2011，30 （7）：120 – 122.

［113］ 王福胜，彭胜志，刘仕煜. 基于 BP 神经网络的行业价值链各环节产出价值计量研究 ［J］. 哈尔滨工业大学学报，2006，38 （1）：91 – 93，100.

［114］ 徐婧. 废旧机电产品第三方回收物流价值链优化研究 ［J］. 物流技术，2012，21 （11）：343 – 346，359.

［115］ Di Cesare N，Chamoret D，Domaszewski M. A new hybrid PSO algorithm based on a stochastic Markov chain model ［J］. Advances in Engineering Software，2015，90：127 – 137.

［116］ Wang B，Fu X，Chen T，et al. Modeling Supply Chain Facility Location Problem and Its Solution Using a Genetic Algorithm ［J］. Journal of Software，2014，9 （9）：2335 – 2341.

［117］ Park K，Kyung G. Optimization of total inventory cost and order fill rate in a supply chain using PSO ［J］. International Journal of Advanced Manufacturing Technology，2014，70 （9 – 12）：1533 – 1541.

［118］ Prasannavenkatesan S，Kumanan S. Multi – objective supply chain sourcing strategy design under risk using PSO and simulation ［J］. International Journal of Advanced Manufacturing Technology，2012，61 （1 – 4）：325 – 337.

清洁能源"发电-储能-用能"价值链分析

第2章

伴随着科技进步力量的增强，储能技术现已成为提高清洁能源消纳的一种关键技术。把储能作为中间节点，上游连接清洁能源发电，下游连接用户用电，形成一条清洁能源"发电-储能-用能"价值链，是现代信息化及能源互联网背景下清洁能源发展的一种趋势。

本章首先从清洁能源概念出发，在阐述价值链相关理论的基础上分析了两类传统清洁能源价值链，然后针对清洁能源"发电-储能-用能"价值链的结构体系、价值链节点、链路和价值能力进行了分析，最后从新一代信息技术对清洁能源"发电-储能-用能"价值链的赋能效用和能源互联网背景下的清洁能源"发电-储能-用能"价值链两方面论述了清洁能源价值链信息化的主要内容。

2.1 传统清洁能源价值链

2.1.1 清洁能源概述

随着环境问题和能源问题的日益严重，清洁能源的推广和利用已经成为一种必然趋势。传统意义上，清洁能源是指那些对环境友好、排放少及污染程度小的能源。但这一概念并不精确，容易让人误以为是对能源的分类，认为能源有清洁和不清洁之分，从而误解了清洁能源的本意。

所谓"清洁能源"并不是指某一种具体的实物或是某种能源的类型，而是一种技术体系的概括，其能够最大限度实现对能源高效、洁净地开发、利用以及符合高标准地排放。从资源开发和生产利用等角度来看，清洁能源有更为广泛和更为丰富的内涵：

（1）高效节能也是一种清洁能源。高效节能就是以更小的资源代价实现更高的经济效益，有效降低经济社会发展对能源投入的依赖，是一种更基本、更广泛且更直接有效的清洁能源。

（2）清洁能源是能源的清洁利用。对于任何类型的能源，只要其利用效果不污染环境、不破坏经济社会可持续健康发展，就应该符合清洁能源的范畴。

（3）清洁能源是综合的技术体系。包括能源从资源开发、生产运输及消费利用等全产业链过程中进行的技术创新开发与应用，以及所形成的能源可持续清洁、高效、系统化利用的综合技术体系。

（4）清洁能源是新兴的市场领域。清洁能源不再仅仅是经济社会的物质基础和保障条件，在强调清洁性同时也强调经济性，是能够形成新经济增长点、创造出新市场机遇以及开辟出新市场领域的一种生产要素。

（5）清洁能源是多行业的集合体。不再仅指某个能源本身，也不是能源单个行业，涉及各类能源的相互融合、各类产业的协调集成，是具有广泛开放性和包容性的多行业集合体。

（6）清洁能源是国家博弈的筹码。因全球应对气候变化行动派生出的"碳关税"问题，清洁能源已不是简单的经济产业，而被赋予了更多的政治责任，是国际政治交往中获得谈判发言权和主动权的博弈筹码。

此外，清洁能源在我国发展至今，主要包括风能、太阳能、水能、生物能、核能、地热能、海洋能、氢能、飞轮储能和洁净煤技术等。

2.1.2 价值链发展及管理

价值链思维是现代企业提升竞争力的一种重要手段，是分析企业竞争优势的有效工具。在过去的几十年里，价值链理论得到了充分的发展，尤其是随着计算机及网络技术的飞速发展，逐渐有学者提出产业价值链、虚拟价值链和价值网等概念。

1. 价值链及其发展

最早提出价值链概念的是哈佛大学的 Michael E. Porter，1985 年他在《竞争优势》（Competitive Advantage）一书中指出："每一个企业都是在设计、生产、销售、发送和辅助其产品的过程中进行种种活动的集合体。所有这些活动可以用一个价值链来表明。"Potter 提出的价值链通常被认为是传统价值链，以利润为主要目标，着重从单个企业的角度分析企业价值活动。

产业链是指在最终产品的生产和加工过程中，从最初的原材料到最终产品到达消费者的过程中所涉及的所有环节构成的整个纵向链。产业价值链是指在产业分工合作的基础上不断增加产品和服务价值的过程。在产业价值链上突出了"创造价值"的终极目标，描述了产业链价值传递和增值的过程。产业价值链就是在持续的价值增值和再创造过程中，不断整合产业链中各企业之间的价值关系，持续性地对产业价值系统进行设计和更新。

Jefferey F. Rayport 和 John J. Sviokla 在《开发虚拟价值链》中首次提出虚拟价值链的概念。虚拟价值链的每一个环节由五个步骤组成：收集、组织、选择、合成和分发信息。它不仅包括信息的价值增值活动，还包括为客户创造新价值的活动。

亚德里安最早提出了价值网的概念。在《利润区》一书中，亚德里安认为，为了应对激烈的市场竞争，企业应改变业务设计，将传统的价值链条向网状化发展，即由价值链转向价值网。Bovet 和 Joseph Martha 在《价值网：打破供应链、挖掘隐利润》一书中，提出较为完整的价值网模型。价值网不再是单一的价值链条，而是虚拟企业经过变形、扩张、转换、收缩、增减等形成的多维网状结构。

综上，从1985年Michael E. Porter提出价值链模型之后，随着信息技术与计算机技术的快速发展，在数据驱动作用下传统价值链向着新价值网络方向不断发展，并且得益于信息技术的协同互联，价值链概念的内涵也在不断丰富。

2. 价值链管理

价值链管理强调企业应该从总成本的角度考察企业的经营效果，而不是片面追求单项业务活动的优化，通过对价值链各个环节加以协调，增强整个企业的业绩水平。价值链管理的思想认为企业价值链的价值内涵包括价值增值和价值创造两个方面。

(1) 价值增值。价值增值是通过转化人、财、物等资源，所增加的价值部分。在产业经济学中，用微笑曲线来表示生产链条中附加价值的动态变化已经得到普遍认可。微笑曲线是1992年由台湾宏碁集团创办人施振荣提出的理论。该理论认为整个IT产业的价值链可以分成三个部分，若以上为起点、下为终点，则由上至下依次是研发、制造和营销。

(2) 价值创造。价值创造的内涵更广，表现为联系价值、协同价值及信息资源价值。联系价值指发生在不同环节的联系，通过调整各环节联系的内部活动，使得环节内部的能量流和价值流更高效，促进了各环节主体的价值增值，实现自身价值的增加。协同价值指通过多个主体间的协同效应，实现协同价值大于各主体单独价值之和，协同增加的这部分价值是一种隐形的价值增值。信息资源价值是由企业的信息资源所创造的价值。信息作为一种资源，其价值主要体现在整合其他资源的能力方面，通过引导价值链中能量流和价值流朝着合理方向流动，使系统资源配置更加精准，能够有效降低系统运营成本。

2.1.3 两类传统的清洁能源价值链分析

在此主要分析传统风电价值链和传统太阳能光伏产业价值链。

1. 传统风电价值链

传统风电价值链框架结构包括风电产业的基本活动和支持活动。基本活动由发电（原料供应、设备制造、风机组装、风电场建造和运行）、输电（电网企业）、风电销售、电力消费和服务以及终端用户组成。支持活动由采购、研发、人力资源、政策法规、税收和其他有关活动组成。在风电价值链中，储能发挥了不可替代的作用，实现价值链上下游之间的能量储存和传递功能，为价值链各利益主体提供稳定与连续的电能供应，传统风电价值链如图2-1所示。

2. 太阳能光伏产业价值链

与传统风电价值链相类似，传统太阳能光伏产业价值链也分为上游、中游和下游三大环节。太阳能光伏产业价值链的上游环节包括硅提纯、硅片制造和切割三大过程。太阳电池制造和组件安装是太阳能光伏产业价值链的中游环节。系统集成是太阳能光伏产业价值链的下游环节，分为独立光伏系统和并网光伏系统。独立光伏系统包括太阳能户用电源系统、阴极保护、太阳能路灯、通信信号电源和边远村庄供电系统等。并网光伏系统是与国家电网相连并向电网输送电力的发电系统。太阳能光伏产业价值链如图2-2所示。

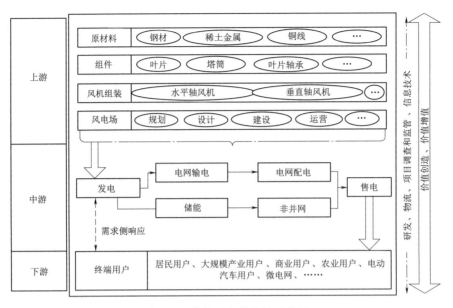

图 2-1　传统风电价值链示意图

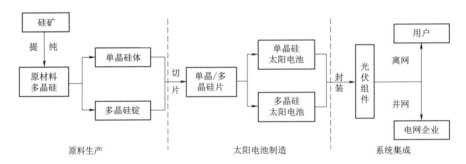

图 2-2　太阳能光伏产业价值链示意图

2.2　清洁能源"发电-储能-用能"价值链结构体系

2.2.1　清洁能源"发电-储能-用能"价值链构建

1. 并网与非并网清洁能源发电的区别

为了研究弃风、弃光消纳解决途径，提出"非并网"的概念，用于定义由于主观或客观原因不能上网的清洁能源发电量，以期通过对非并网清洁能源发电的研究达到提高清洁能源发电利用率和多方效益的目的。非并网清洁能源发电指的是直接通过当地用户消纳，而不是向国家电网供电的清洁能源发电。因此，非并网清洁能源发电主要包括弃风、弃光电量、大规模离网电量和不参与并网的分散式和分布式清洁能源发电。非并网清洁能源发电与并网清洁能源发电的主要区别在于，非并网清洁能源发电的终端不再是电网而是当地用户，并且储能在其中发挥着重要的作用。并网与非并网清洁能源发电示意图如图 2-3 所示。

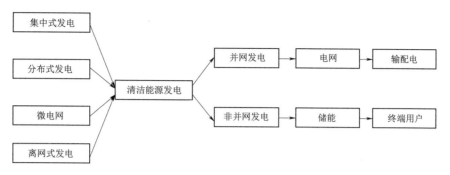

图 2-3　并网与非并网清洁能源发电示意图

2. 非并网清洁能源"发电-储能-用能"价值链结构体系

随着风电与光伏等产业从集中式向分布式发展，储能也出现了多种形式，并且渗透到了风电与光伏等产业价值链的多个环节中，成为非并网清洁能源价值链中的重要环节。因此，储能作为中间节点，上游连接非并网风力、光伏等清洁能源发电，下游连接用户用电，形成了一条非并网清洁能源"发电-储能-用能"价值链。清洁能源"发电-储能-用能"价值链结构体系如图 2-4 所示。

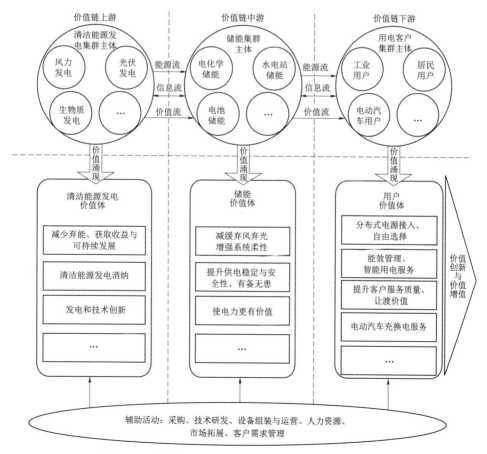

图 2-4　清洁能源"发电-储能-用能"价值链结构体系

从系统的角度来看，非并网清洁能源"发电-储能-用能"价值链是一个多环节、相互作用和相互影响的动态复杂系统，融合了基于非并网发电、储能和用户用电等多个子系统。随着能源互联网的发展，非并网清洁能源"发电-储能-用能"价值链受多种因素影响，链路节点之间和多方利益主体之间需要不断进行动态协同，才能实现最大化的价值创造和价值增值。

为方便起见，本书后续内容中所提及的清洁能源"发电-储能-用能"价值链均可理解为非并网清洁能源价值链，旨在突出储能在风力发电、光伏发电等清洁能源电源电量消纳以及在整个清洁能源价值链中所发挥的重要作用。

2.2.2　清洁能源"发电-储能-用能"价值链价值活动及能力分析

从节点、链路和能力三个方面分别来分析清洁能源"发电-储能-用能"价值链。

1. 清洁能源"发电-储能-用能"价值链节点分析

（1）发电环节。发电环节作为价值链的起始节点，是价值链中能量的来源。参考非并网的概念，可以发现发电环节的利益主体主要为不同类型的发电商，如风力发电商、光伏发电商等。发电环节作为能源的生产商，是价值创造的主要来源。

（2）储能环节。储能环节是最为重要的价值链创新和增值的中间节点，承载和发挥弃能电量存储功能。目前储能技术的发展，使得非并网清洁能源"发电-储能-用能"价值链进行重新构造，尤其在非并网发电的消纳过程中，储能是不可或缺的部分，能够存储多余的能量，促进电力的消纳，提高供电可靠性。因此，储能成为非并网清洁能源价值链上的核心环节。

（3）用能环节。用能环节是非并网清洁能源"发电-储能-用能"价值链的终端，是能源的消费者。消纳非并网清洁能源发电的用户有多种类型，比如热用户、工业用户和电动汽车用户等。用户可以根据系统的补贴策略，结合自身的用电情况，对用电策略进行实时调整。根据发电环节和储能环节传递的数据和信息进行需求响应使得供电可靠性提高，用户用电费用减少，实现资源的优化配置，提高非并网风电的消纳水平。

2. 清洁能源"发电-储能-用能"价值链链路分析

以"光伏-储能-充电站"价值链为例进行清洁能源"发电-储能-用能"价值链链路分析。

（1）内部价值链活动分析。内部价值链是利益主体内部创造价值的各种活动的集合。对"光伏-储能-充电站"价值链来说，核心利益主体即为发电、储能和用能的运营主体。每个主体内部价值的产生贯穿于建设、运行和维护等各个环节。对于发电和储能节点企业来说，价值的产生与增值是通过制造产品完成的，因此其内部价值链的主体活动为原材料采购、组件或储能系统生产、产品销售、运行与维护等。而对于用能运营主体来说，主要通过为用户提供用电服务而获得收益，主体活动包括售后服务等。"光伏-储能-充电站"价值链的内部价值链活动示意图如图 2-5 所示。

（2）外部价值链活动分析。为了研究"光伏-储能-充电站"价值链上能源、信息和资金的流动，不仅要研究单一节点内部活动，更需要将价值链作为一个整体，研究节点之间的价值链活动以及价值链外部相关利益主体与节点之间的活动。"光伏-储能-充电站"价值链的外部价值链活动示意图如图2-6所示。

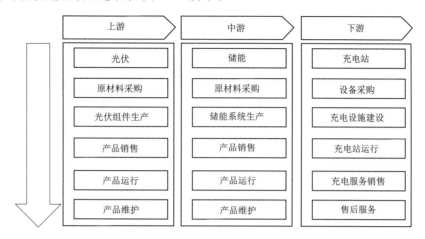

图2-5　"光伏-储能-充电站"价值链的内部价值链活动示意图

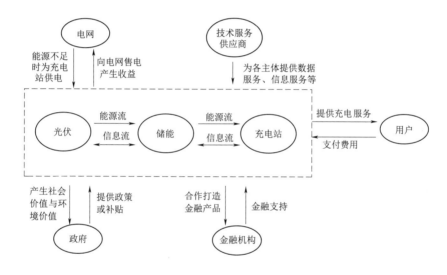

图2-6　"光伏-储能-充电站"价值链的外部价值链活动示意图

总体上，电能各节点之间的交易关系（如清洁能源发电商与储能运营商的合作互补联盟方式、交易合同方式和调度方式等）以及供需状况（如清洁能源发电量、储能容量、用户的需求量及响应力度、用户用电时间特性）等，相互联系，相互作用，协同影响着清洁能源价值链各节点的运行效率、供需的平衡程度、供需的稳定程度和效率程度等。

3. 清洁能源"发电-储能-用能"价值链能力分析

我们以"光伏-储能-充电站"价值链为例进行清洁能源"发电-储能-用能"价值链能力分析。

（1）价值实现能力分析。价值实现能力指企业创造的价值被市场认可并接受，从而完成了要素投入到要素产出的转化。对于一个企业而言，价值实现是以共赢或者多赢为前提的，其价值实现主要表现在三个方面：①顾客或者用户的价值实现，即顾客或者用户认为购买所得到的利益要大于其自身支出的，也就是说顾客或者用户从企业得到的产品、服务或者设计是超出其预期的体验，这是企业价值实现最基础的表现；②合作价值，即企业通过与合作伙伴的相互协同，通过不断优化其产业链和价值链，最终得以降低其生产成本，提高运作效率，实现共赢，这是企业价值实现的保障；③企业自身的价值，表现为企业最终的盈利。

对于"光伏-储能-充电站"价值链而言，它融合了光伏、储能和充电站三个产业，实现了从原材料获取、能源生产到能源存储、能源消费的过程。"光伏-储能-充电站"价值链的价值实现能力不仅体现在经济效益，还应该包括价值链对社会及对环境等的作用，从而提升社会效益和环境效益。所以，"光伏-储能-充电站"价值链价值实现能力主要体现在以下三个方面：①经济价值，主要是指"光伏-储能-充电站"价值链的成本控制能力与收入创造能力等，是价值链从经济行为中获得利益的衡量；②社会价值，价值链的价值并不单单只是经济方面，其对社会需求的满足以及对社会进步所做的贡献，同样是价值链的价值实现；③环境价值，因为"光伏-储能-充电站"价值链的价值实现是通过价值链上能量的不断流动实现的，从可持续发展和绿色发展的角度而言，价值链对于环境的影响越小，其价值能力也就越高，所以环境价值对于"光伏-储能-充电站"价值链的价值实现能力分析是一个必备指标。

"光伏-储能-充电站"价值链涉及光伏、储能和充电站三个产业，这三个产业独立运行时，分别具有各自的价值，但将这三个产业视为一个链条进行价值创造的过程，并不是简单的三个产业价值之和就是价值链的价值，所以需要对融合三个产业的价值链开展价值实现能力分析。价值实现能力分析的核心要素主要有经济、社会和环境价值实现分析指标、数据库、专家库和模型库，以及存储分析结果的案例库等。如图 2-7 所示为价值实现能力分析框架示意图。

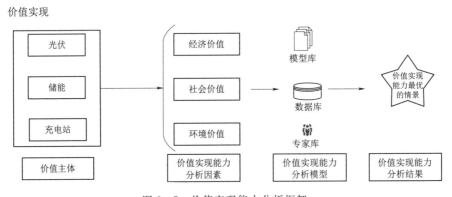

图 2-7 价值实现能力分析框架

（2）价值增值能力分析。价值增值是指通过经营和管理活动，把低投入转换成高产出，价值增值涉及的内容非常广泛，不局限于利润收入的增加，还包括了资源的增值、运营能力的增值、技术含量的增值和团队能力的增值等方面。

"光伏-储能-充电站"是一个非常复杂的多层次系统，要研究该价值链价值增值，必须深入分析体现价值增值的驱动因素。完整的"光伏-储能-充电站"价值链系统包括能源流与信息流的传递等环节，也与技术发展水平，城市的经济、社会环境以及政府政策等息息相关。对于驱动因素的研究一般应从价值链系统的内部和外部两个方面开展。内部因素主要是指价值链上各个节点的内部活动和协同运行等，外部因素则是外部作用于价值链而产生的价值活动，一般有政策影响和市场影响等。所以，可以将"光伏-储能-充电站"价值链划分为资源流通子系统、节点运营子系统、用户需求子系统和技术创新子系统，这些子系统作为价值增值驱动因素，共同影响价值链的价值增值过程。

价值增值能力分析可以从价值链系统的内生价值和外在活动两个角度着手。内生价值的影响因素主要有各利益主体的内部活动、系统的运行能力和系统内部资源流动等方面，外部活动价值创造的影响因素主要有市场因素、政策法规和技术发展水平等，这些内外部因素共同作用，影响价值链的价值提升和价值增值能力。价值增值能力分析框架示意图如图 2-8 所示。

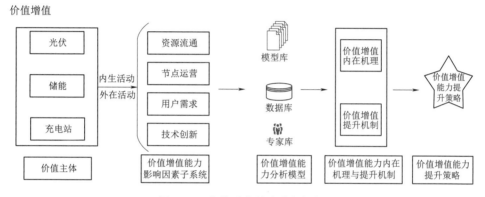

图 2-8   价值增值能力分析框架

（3）价值共创能力分析。价值共创是指消费者和企业之间不再是买方和卖方的单边关系，而是合作共赢与共同协作的良性互动关系，通过这种新的关系实现价值的共同创造的过程。在价值共创中，企业不再是产品价值的核心，消费者也不再是被动地接受，而是变成了多主体之间的合作共赢。

在"光伏-储能-充电站"价值链上，光伏系统、储能系统、充电站和电网之间信息不断交互，可以通过优化算法计算出光伏系统容量和储能系统容量的最优配置，并明确各个节点每个时刻的能量生产或消耗量，最终实现价值链各节点的协同运作，合作共赢，实现价值共创。

价值共创能力分析是对价值链上各个主体的协同耦合能力开展分析，在价值增值能力分析的基础上，价值共创的主体增加了电网，这是因为通过与电网的能量交换能够实现价值链的价值最大化，即可以选择在电网负荷低谷时，以低价从电网买电储存起来，在电网峰时，可以将价值链储存的能量以高价卖出，从而实现价值链价值最大化。从以上分析可知，价值链的价值共创是在各价值主体信息流共享的基础上，通过对价值流和能量流开展分析，从而达到价值最大化。价值共创能力分析框架示意图如图2-9所示。

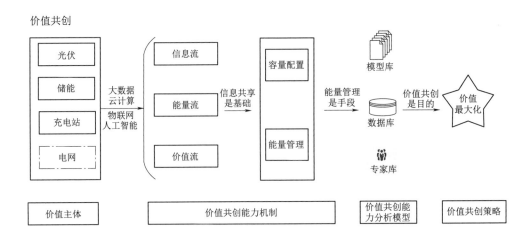

图 2-9　价值共创能力分析框架

2.3　清洁能源"发电-储能-用能"价值链信息化

价值链信息化指的是将先进的信息技术运用于价值链系统中，促进企业价值增值，即依仗信息技术来整合价值链，实现信息价值链与实物价值链的有机结合，使企业运行的各个环节由职能型向流程型转化，降低组织和经营成本，控制经营风险，实现"以顾客为中心"，最终提高企业的效率和效益。

2.3.1　新一代信息技术对清洁能源"发电-储能-用能"价值链的赋能效用

新一代信息技术在支撑清洁能源"发电-储能-用能"价值链的协同运营过程中，培育并增强了清洁能源发电商和储能商的核心竞争力，发挥了不可估量的赋能效用，为实现价值链的价值创造和增值带来多种支撑优势。

（1）成本优势。基于交易成本理论，新一代信息技术支撑下的清洁能源"发电-储能-用能"价值链及利益主体能够以高速度、高准确率和高成本经济性的方式获取价值链内外部的相关信息，从而有效降低发电商、储能商及相关利益主体间的交易成本，助力价值链获取更高的价值创造空间。

（2）增值优势。清洁能源"发电-储能-用能"价值链利益主体可充分利用新一代信息技术，积极探索价值创造和增值模式，将信息流、能量流和价值流转换为价值创造能力，实现价值增值效益。同时，基于新一代信息技术设计的智能物联信息系统能够使用统一的信息标准将发电系统、各类型储能系统和用户用能系统紧密连接起来，确保各系统间的信息互通性，确保利益主体科学地调整交易策略。

（3）响应优势。及时响应是保证清洁能源"发电-储能-用能"价值链协同效率和管理水平的重要评价标准。清洁能源出力和用户用能功率的瞬时变动，要求储能系统能够瞬时响应功率调解需求，并实现各系统间的能量和功率平衡，以最大程度满足用户用能需求和减少弃风弃光。信息技术的支持和智能物联信息系统的建立，能够为价值链内部信息流、能量流和价值链的高速流动和外部信息的获取提供有力的媒介。

（4）知识管理优势。新一代信息技术提高了清洁能源"发电-储能-用能"价值链挖掘、储存、传输、梳理和分析信息、数据和知识的能力。价值链的利益管理、容量管理、用能管理和价值增值效应等决策问题的实现依托于演化博弈理论、多目标粒子群算法、理想解法和改进的自适应遗传算法等智能算法，信息技术提供合作学习和群体智能的开发，为提升利益主体的学习能力和协同决策的准确性提供知识管理优势。

2.3.2　能源互联网背景下的清洁能源"发电-储能-用能"价值链

"能源互联网"这一概念由美国著名学者杰里米·里夫金于 2011 年提出，他预言以新能源技术和信息技术的深入结合为特征的一种新的能源利用体系。现在的能源互联网可理解为综合运用先进的电力电子技术、信息技术和智能管理技术，将大量由分布式能量采集装置、分布式能量储存装置和各种类型负载构成的新型电力网络、石油网络和天然气网络等能源节点互联起来，以实现能量双向流动的能量对等交换与共享网络，其架构关系如图2-10 所示。

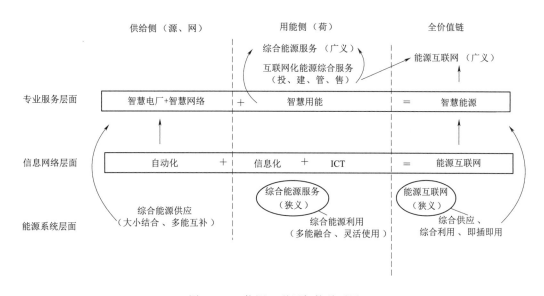

图 2-10　能源互联网架构关系图

1. 能源互联网背景下的风电产业价值链

由于能源互联网的出现和发展，风电产业链出现了更多的价值流动和增值变化，同时也对风电产业协同价值链产生了一定的影响，主要体现在以下几个方面：

（1）业务协作更具随机性，协作管理过程更加困难。目前环境下的网络化制造仍然是一个独立系统，虽然可以促进价值链上企业基于计算机网络技术的业务协同，但主要是以固定合作方之间以既定资源或解决方案来实现服务过程，缺乏灵活性和动态性。在云计算及大数据广泛应用的能源互联网环境下，业务协作过程更加依赖于资源与服务的匹配程度，协作更加困难，企业间通常是动态与随机的合作关系。

（2）任务需求和服务资源规模变大，表述更加复杂。由于能源互联网环境下协同价值链打破了传统网络化制造单一阶段的资源配置问题，使企业具有范围更丰富的产品和服务，更加多样化的层次、更复杂的技术和更明显的服务机制非结构化特征等。这都使协同价值链上任务和资源表述更加复杂，特征的提炼和抽象化表达更加困难。

（3）服务资源搜索范围更广，任务—资源匹配难度更大。能源互联网的发展可以为风电产业提供一个开放的服务平台，平台中涌现出越来越多的设计、制造和服务等资源，从而使风电产业价值链生态系统更加完善。但是与此同时，也造成资源搜索和服务匹配更加复杂。协同价值链的匹配从传统的单一性固定范围内的搜索匹配，转向动态的与灵活的搜索匹配，扩展到价值链所有环节中，匹配难度加大。

按照以上内容构建一个能源互联网背景下的新型风电产业价值链结构，如图2-11所示。

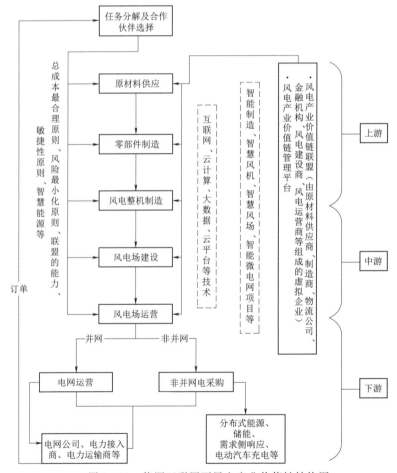

图2-11　能源互联网下风电产业价值链结构图

2. 能源互联网背景下的"光伏-储能"价值链

现阶段中国光伏产业链条发展态势良好，光伏价值链以晶体硅太阳电池的研发生产为主线可分为上游、中游和下游，并以上游硅材料提炼和硅片生产、中游电池片生产和组件封装及下游光伏发电系统集成及光伏应用产品的生产和销售为主链，加以辅料链和装备链共同构成完整的光伏产业价值系统。通过价值链内部高效运转及外部互动实现物流、信息流及价值流的协调，从而使光伏价值链呈现了较高的经济效益与社会效益。

但是由于能源危机与环境压力，单一光伏价值链不可避免地暴露出诸多问题，如：以单环节价值增值为导向、重视光伏价值链上各个环节价值增值的顺序性、价值增值主要集中在制造环节以及均从光电并网角度出发等，因此储能技术、光储价值链、能源互联网及战略联盟的引入尤为重要。鉴于此，提出能源互联网下光储价值链模型如图 2-12 所示。

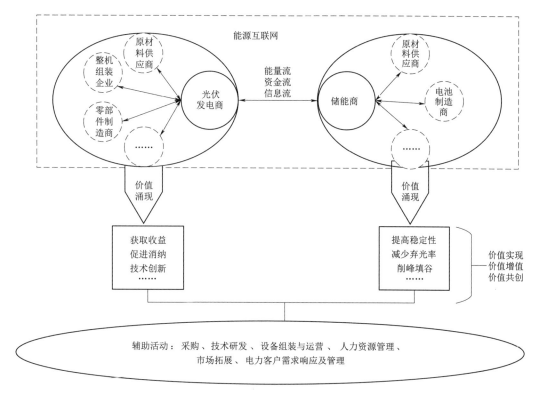

图 2-12　能源互联网背景下光储价值链示意图

光储价值链即为能源互联网背景下，将光伏与储能相结合所构成的价值链。一方面通过引入储能技术使得具有很强间歇性、随机性和波动性的光伏变得"可控""可调"，进而促进光电的利用，保障光伏发电系统的稳定运行，提高光伏发电的消纳，进一步优化光伏价值链本身的价值；另一方面通过引入能源互联网思维，实现信息共享，增加价值来源、快速响应电力用户需求以及提高资源配置效率，降低成本；与此同时，通过一定的协议和契约而形成的优势互补或者强强联合的风险共担、利益共享的战略联盟形式，能够在实现光储价值链资源整合的同时保证价值链的柔性和灵活性，提升价值链的核心竞争力。

2.4　本章小结

本章在阐述清洁能源"发电-储能-用能"价值链的相关理论基础上，进行了必要的分析。首先从清洁能源概念出发，在介绍价值链相关理论的基础上分析了两类传统清洁能源价值链；然后针对清洁能源"发电-储能-用能"价值链结构体系、价值链节点、链路和价值能力等几个方面进行了分析；最后从新一代信息技术对清洁能源"发电-储能-用能"价值链的赋能效用和能源互联网背景下的清洁能源"发电-储能-用能"价值链两个方面，论述了清洁能源价值链信息化的主要内容，为后续章节的相关研究奠定了基础。

参 考 文 献

[1] 刘卉. 浅析大力发展清洁能源对保障中国能源安全的意义 [J]. 中国矿业大学学报（社会科学版），2008（2）：70 - 73.

[2] 张玉卓. 中国清洁能源的战略研究及发展对策 [J]. 中国科学院院刊，2014，29（4）：429 - 436.

[3] 苗杰民. 世界清洁能源发展研究综述 [J]. 山西农业大学学报（社会科学版），2013，12（7）：694 - 699.

[4] 清洁能源（不排放污染物的能源）[J]. 北方建筑，2016，1（2）：15.

[5] 何林兰，隋志纯. 浅谈我国清洁能源的现状与存在问题 [J]. 南方农机，2018，49（11）：50.

[6] 波特迈克尔. 竞争优势 [M]. 北京：华夏出版社，2005.

[7] 于晶. 能源互联网环境下我国风电产业价值链优化模型研究 [D]. 北京：华北电力大学，2017.

[8] 洪江涛，黄沛. 企业价值链上协同知识创新的动态决策模型 [J]. 中国管理科学，2011（4）：130 - 136.

[9] Park C，Heo W. Review of the changing electricity industry value chain in the ICT convergence era [J]. Journal of Cleaner Production，2020，258：1 - 15.

[10] 陈柳钦. 有关全球价值链理论的研究综述 [J]. 重庆工商大学学报（社会科学版），2009，26（6）：55 - 65.

[11] 王树祥，张明玉，郭琦. 价值网络演变与企业网络结构升级 [J]. 中国工业经济，2014（3）：93 - 106.

[12] 王刚. 储能参与清洁能源消纳价值链优化模型及信息系统研究 [D]. 北京：华北电力大学，2018.

[13] 韦秋霜. 风电-储能价值链协同决策模型及信息系统研究 [D]. 北京：华北电力大学，2020.

[14] 张虎，徐文娟，张娟娟. 基于全球价值链的光伏产业集群高端化研究——以常州为例 [J]. 长春工业大学学报（社会科学版），2013，25（3）：23 - 25.

[15] 陈瑜，谢富纪. 中国太阳能光伏产业创新价值链的实现过程研究 [J]. 上海管理科学，2013，35（4）：76 - 81.

[16] 徐方秋. 非并网风电价值链优化与评价模型及协同云平台研究 [D]. 北京：华北电力大学，2019.

[17] 戴琼洁. "光伏-储能-充电站"价值链能力分析模型及云平台研究 [D]. 北京：华北电力大学，2020.

[18] 董朝阳，赵俊华，文福拴，等. 从智能电网到能源互联网：基本概念与研究框架 [J]. 电力系统自动化，2014，38（15）：1 - 11.

[19] 刘吉成，卢运嫒，李颖欢. 能源互联网背景下中国光储价值链效益协同模型研究 [J]. 科技管理研究，2021，41（9）：161 - 173.

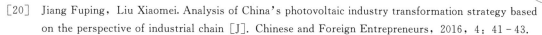
［20］ Jiang Fuping，Liu Xiaomei. Analysis of China's photovoltaic industry transformation strategy based on the perspective of industrial chain ［J］. Chinese and Foreign Entrepreneurs，2016，4：41 - 43.

［21］ Huang Beijia，Zhao Juan，Chai Jingyang，et al. Economic and social impact assessment of China's multi - crystalline silicon photovoltaic modules production ［J］. Journal of Industrial Ecology，2018，22（4）：894 - 903.

清洁能源"发电-储能-用能"价值链耦合协同影响因子解析

第3章

清洁能源"发电-储能-用能"价值链融合了风电系统、光伏系统、储能系统和用户用能等环节及子系统。随着能源互联网的发展，清洁能源"发电-储能-用能"价值链受多种因素影响，链路及节点之间和多方利益主体之间需要不断进行动态协同，才能实现价值创造和价值增值的最大化。本章从多个维度入手，通过访谈、调查问卷、数据采集、数据分析、资料分析等方法，获取原始数据集，采用主成分分析法（Principal Component Analysis，PCA）、解释结构模型（Interpretive Structure Model，ISM）等方法进一步进行关键影响因子的识别和分析，并构建解析模型，为下一步分析耦合协同机理奠定基础。

在复杂系统维影响因子的研究中，首先对清洁能源"发电-储能-用能"价值链复杂系统综合分析，然后引入钻石模型探讨风电价值链各要素之间的相互作用，最后针对影响因子，提出风电行业发展建议。在运营节点维影响因子的研究中，分别采用解释结构模型、BOCR模型、AHP-TOPSIS法对发电影响因子、储能影响因子及电动汽车充换电项目风险因子进行识别与处理，并提出相应的建议。在主体能效维影响因子的研究中，重点分析光伏企业创造能力、风电价值链增值效率、风储联合运行的经济、社会和环境效应。各主体在能力上的互动影响，管控运作效率上的共同提升，效应上的互利共赢，决定了价值链耦合协同的实现程度。在外部环境维影响因子的研究中，一方面对清洁能源"发电-储能-用能"价值链所处的外部环境主要风险进行识别、评价和处理；另一方面就政策导向对我国光伏产业的驱动能力进行探讨分析，从而探索清洁能源"发电-储能-用能"价值链联盟发展的新途径和新思路。

3.1 复杂系统维影响因子解析

3.1.1 复杂系统维综合分析

清洁能源"发电-储能-用能"价值链耦合协同过程，是一个包含风电产业、光伏产业、储能产业和用户端的复杂系统工程，系统中存在多个利益主体，利益主体之间不仅有能量的流动，还有价值流动和信息流动。对于这样一个复杂的系统，为实现价值创造与增值，需要分析复杂系统的影响因素，其中主要包括价值链复杂系统内部影响因素与外部影响因素。

1. 内部影响因素分析

清洁能源"发电-储能-用能"价值链，是多个节点相互联系共同作用的复杂系统，各节点内部或者节点之间的状态都能够影响到系统的价值增值能力，其中主要包含系统内部活动、系统运行能力、系统内部资源流动以及系统技术创新水平四方面的影响因素。

（1）系统内部活动。系统中的内部活动主要包括基本活动和辅助活动。基本活动包括各种与生产相关的环节，包括原材料供应、光伏和储能系统建设和用户用电等，这些环节能够直接创造价值，并完成价值的传递与增值。辅助活动则是辅助生产、保证基本环节运行的相关活动，主要包括人力资源、采购、税收政策及战略规划等，这些环节并不直接创造价值，但是会影响基本活动，进而对系统价值产生影响。

（2）系统运行能力。系统运行能力能够为价值链的正常运行提供保障，运行能力的提高能够促进价值链上的价值增值。系统运行能力主要包括各节点的运行能力及节点之间的协同运行能力。一方面，各节点的运营规模能够提升节点的运营和生产能力，服务能力以及管理能力能够保证系统的运行效率和盈利能力，提高用户满意度；另一方面，节点间的协同运行能力也是价值增值的关键。

（3）系统内部资源流动。价值链中各节点之间通过一系列活动引起了能源、信息、资本的流动。对价值链整体价值来说，资金、人力资本、技术资本等，都是重要价值来源。系统将资金投入通过价值活动转化为能源产量、人力资本、技术资本等，各类资本转化为资金或者无形资产，提升了系统核心价值，进而继续投入到价值链的运行当中，形成良性循环。

（4）系统技术创新水平。节点在能源产品和信息产品生产、传递和服务过程中的技术水平的提高能够为企业带来直接或间接的收益。企业在技术水平上的投入能够带来创新成果，成果能够创造价值。发电技术和储能技术的改进能够提升能源生产效率，实现经济价值增值；充电技术的创新能够减少充电时间，提升服务品质和用户满意度；信息技术的应用与创新能够为用户带来便捷的服务，加强价值链的管理水平，促进节点之间的协同运作。

2. 外部影响因素分析

价值链复杂系统的外部环境会影响到各节点企业的运行。因此，影响价值链价值增值能力的外部因素主要有市场因素、政策法规与技术发展水平。

（1）市场因素。市场需求是价值链价值实现的前提，市场的发展也会影响原材料的供应，进而影响到系统的建设与维护以及后续规模的扩张。

（2）政策法规。清洁能源"发电-储能-用能"价值链的提出能够提高环境效益，减少电网负担，然而，由于发展初期各项技术尚未成熟，成本较高，需要政府发布相关扶持政策保障正常运行。因此，政府提供的保障和扶持政策对价值链的发展是非常有必要的，能够有效促进企业投资，影响企业发展策略。

（3）技术发展水平。价值链上的各节点以及辅助节点都是对技术水平较为敏感的企业，对软硬件的水平要求较高。因此，当前各类发电技术、储能技术以及信息技术的发展水平对价值链的运行效率有着显著的影响。例如，储能技术是现在能源行业的热点，储能技术的发展一方面能够降低采购成本，另一方面，能够降低能源损耗，提高生产效率。

3.1.2　基于钻石模型的风电价值链影响因子分析

为充分描述复杂系统的价值创造和创新效果，我们采用钻石模型对风电价值链进行系统、全面的分析。钻石模型是通过对一个国家某行业的生产要素、需求条件、相关产业及支持产业表现、企业战略结构等要素进行分析，来评估该国家该行业全球竞争力的有效方法，是企业和政府思考经济、评估地区的竞争优势和制定公共政策的新方式。钻石模型有五个主要组成部分，即因子条件，需求条件，相关支持部门，企业战略、结构和同业竞争，政府和机会。

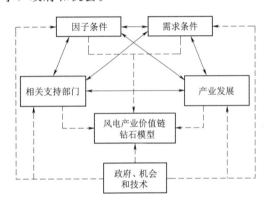

图 3-1　风电行业价值链分析的钻石模型

与传统的以政府和机会为辅助因素的钻石模型相比，这里所使用的钻石模型的分析结构将政府、机会和技术作为额外的主导因素（见图 3-1），因为它们在中国风电产业的发展中发挥着极其重要的作用。在这些因素中，因子条件是指最初的风电产业资源，即自然风资源、能源结构等。需求条件是当前和未来的国内风电需求，是推动产业发展的动力，是价值创造和创新的基础。相关支持部门是指对风电产业价值链做出贡献的部门。企业战略、结构和同业竞争代表了风力发电投资和发展的背景和规则、工业环境和竞争。

1. 因子条件

因子条件是指影响风力发电产业价值创造效应的因素，是决定价值链持续时间的关键因素，包括风能的能源结构和资源潜力。

在碳达峰、碳中和目标驱动下，以煤炭为主的化石能源占比逐步下降，光伏、风电等非化石能源有望加快发展，占比进一步提升。2020 年，我国风电新增并网装机 7167 万kW，其中陆上风电新增装机 6861 万 kW、海上风电新增装机 306 万 kW。到 2020 年底，全国风电累计装机 2.81 亿 kW，其中陆上风电累计装机 2.71 亿 kW、海上风电累计装机约 900 万 kW。2021 年，我国风电产业迈入了"十四五"时期，正式开启平价时代，为我国能源结构调整、经济转型升级和应对环境气候变化做出了贡献。

资源优化是风电行业价值创造和创新的关键目标之一。我国风能资源具有两个显著特征，即丰富的资源潜力和不均衡的资源分配。据国家气象局估算，2019 年全国风能密度为 $100W/m^2$，风能资源总储量约 $1.6 \times 10^5 MW$，特别是东南沿海及附近岛屿、内蒙古和甘肃走廊、东北、西北、华北和青藏高原等部分地区，每年风速在 3m/s 以上的时间近4000h，一些地区年平均风速可达 6~7m/s 以上，具有很大的开发利用价值。此外，就区域分布来看，我国风能资源比较丰富的区域主要有三个，第一个是东南沿海地区，我国沿海海面拥有丰富的风能资源，是建设海上风电场的理想区域。东南沿海地区经济发达，能源需求量也很大。第二个是东北和西北地区，即东北地区的辽宁、吉林和黑龙江的西部地区，以及西北地区的内蒙古全境，加上新疆的东部地区。第三个地区青藏高原西北部地区，地势海拔高而且平坦，气候十分干旱，地表植被稀疏，对风力的阻挡较弱，风力较为强劲。

2. 需求条件

可持续、稳定的市场需求是电力发展的动力。风电行业需要满足价值链中终端用户的质量和数量要求，通过提供可再生和清洁电力来提高其竞争力，从而实现价值创造和创新效应。我们将从电力市场需求和风电需求两个角度来描述需求状况。

尽管市场需求得到了鼓励和发展，风力发电具备良好的条件，但风力发电的发展速度受到我国大部分地区弃风问题的严重制约。弃风问题是指风电机组根据风能资源可以产生的电能总量，但由于输电线路的限制或电网中潜在的安全问题，风电场的电能下降。国家一直将提高风电、光伏发电入网比例作为一项重要的工作来推进。尽管如此，仍将有一定比例的弃风弃光电量存在。从价值链整体价值创造效应的角度看，弃能现象反映了清洁能源的浪费和整个价值链的价值损失。

3. 相关支持部门

整个价值链的价值创造和创新，取决于各部门之间的协作关系。从风力涡轮机和零部件制造的前景来看，虽然处于微笑曲线的低增值段，但中国的风力设备制造业取得了显著的成就。就我国电网建设而言，风能资源与重负荷城市之间的分布不均引起了长距离电网建设的需求，但我国目前的电网建设主要是为传统发电而非可再生能源发电而设计的。考虑到长期的风能消耗要求，各种政府报告中讨论了远距离和超高压（Ultra - High Voltage，UHV）输电。相比国外发达国家电力市场，我国增量配电主体、储能主体和售电主体虽然还不太成熟，但都取得了较快的发展。

4. 企业战略、结构和同业竞争

中国风电产业主要由三种类型的企业主导，即工业龙头企业、传统风电设备制造企业和风力发电企业。近年来，为进一步改善电力系统效率，除输配电系统外，中国将有序放开电价，向社会资本开放售电业务，放开除公益性和规范性外的发电计划。在此基础上，越来越多的社会资本投入到配电和销售行业，从而增强了市场的竞争力和有效性，提高了整体价值创造和创新效应。

5. 政府和机会

政府是风电发展的领导者和监督者，它鼓励风电行业实现更高水平的竞争力，规范可再生能源市场运营。政府的支持对风电产业的价值链有积极影响，对提高价值创造和创新效应至关重要。中国政府出台了一系列政策，分为价格政策和非价格政策。

价格政策是通过制定高于传统火电上网电价的可再生能源定价政策，以维持可再生能源发电企业正常运营的支持政策，其补贴资金来源于对火电征收的可再生能源电价附加，主要用于解决可再生能源面临的高成本问题，从而保证可再生能源投资的正常收益。自2009年中国首次制定陆上风电标杆上网电价以来，中国陆续制定了光伏上网电价、海上风电上网电价、生物质能上网电价等。而近年来，为了进一步减少可再生能源电力对补贴政策依赖性，同时促进可再生能源电力技术进步，中国开始逐步退坡可再生能源优惠上网电价补贴水平，并制定了 2020 年风电、光伏发电平价上网目标。

非价格政策包括两种政策工具，即：宏观政策工具和财政与税收激励政策。宏观政策直接制定可再生能源和风电发展的发展目标，开展了电力市场发展方向（见表 3-1），而财政和税收激励政策决定了风电行业的投资支持和税收优惠与豁免（见表 3-2）。

表 3-1　　　　　　　　　　　　中国风电宏观政策

年份	宏 观 政 策	文 件 号	关 键 点
2007	可再生能源中长期发展规划	发改能源〔2007〕2174 号	到 2020 年，风力发电累计装机容量将达到 3000 万 kW
2010	可再生能源修正法案		可再生能源全额保障收购系统
2016	"十三五"国家战略性新兴产业发展规划	国发〔2016〕67 号	促进优质风力发电的开发利用；风电建设技术试验与工业监管公共服务平台
2016	风电发展"十三五"规划	国能新能〔2016〕314 号	到 2020 年年底，累计装机容量 2.1 亿 kW，年发电量 4200 亿 kWh
2016	可再生能源发电全额保障性收购管理办法	发改能源〔2016〕625 号	确定责任的定义、责任主体、保护范围和赔偿方法
2016	可再生能源发展"十三五"规划	发改能源〔2016〕2619 号	到 2020 年末，建立风电价格与地方燃煤发电价格平等的竞争格局，建成风电/太阳能混合发电示范基地
2017	2017 年能源工作指导建议	国能规划〔2017〕46 号	优化风电建设分布，依托中东和南方地区，限制高风阻区域新的并网项目，加强海上风电研发
2017	解决弃水弃风弃光问题实施方案	发改能源〔2017〕1942 号	到 2017 年更新相关地区的可再生能源抑制情况，到 2020 年有效解决全国各地的可再生能源排斥问题
2017	全面深化价格机制改革的意见	发改价格〔2017〕1941 号	推进可再生能源价格机制，保持风电并网价格与燃煤发电一致
2018	分散式风电项目开发建设暂行管理办法	国能发新能〔2018〕30 号	加快发展完善分散风力发电的管理流程和工作机制
2019	关于 2019 年风电光伏发电项目建设有关事项的通知	国能发新能〔2019〕49 号	对风电项目竞争配置、风电消纳、分散式风电、海上风电项目建设做出了具体的要求，提出采取多种方式支持分散式风电建设
2020	2020 年能源工作指导意见		根据意见，2022 年，全国能源系统效率和风电、光伏发电等清洁能源利用率进一步提高

表 3-2　　　　　　　　　　　　中国风电的财税激励政策

年份	税 收 激 励	文 件 号	关 键 点
2008	关于公共基础设施项目有利企业所得税清单的通知（2008 年）	财税〔2008〕46 号	风力发电公司前三年免税，后三年减税一半
2008	关于资源综合利用税收和其他增值税的通知	财税〔2015〕78 号	退还 50% 的风电所产生的增值税
2011	中央国有资本经营预算中节能减排资金暂行办法	财企〔2011〕92 号	融资所得税豁免低于海上风电项目实际投资的 20%

年份	税 收 激 励	文 件 号	关 键 点
2015	关于风电增值税的通知	财税〔2015〕74 号	退还电力产品征收的 50% 的增值税
2016	关于调整光伏发电陆上风电标杆上网电价的通知	发改价格〔2016〕2729 号	规定 2018 年 1 月 1 日以后核准并纳入财政补贴年度规模管理的Ⅰ～Ⅳ类资源区陆上风电项目上网电价分别为 0.40、0.45、0.49 和 0.57 元/kWh
2017	关于公布风电平价上网示范项目的通知	国能发新能〔2017〕49 号	批复了五个省（自治区）的风电平价上网项目共计 70.7 万 kW
2018	关于 2018 年度风电建设管理有关要求的通知	发改能源〔2005〕1204 号	开启了我国风电项目的竞争性资源配置模式，拉开了风电平价上网时代即将到来的序幕
2019	关于积极推进风电、光伏发电无补贴平价上网有关工作的通知	发改能源〔2019〕19 号	推进建设不需要国家补贴执行燃煤标杆上网电价的风电、光伏发电平价上网试点项目
2020	关于《促进非水可再生能源发电健康发展的若干意见》有关事项的补充通知	财建〔2020〕426 号	明确风电项目补贴的"全生命周期合理利用小时数"和补贴年限

6. 技术

技术层面主要包括能源存储技术和特高压技术。根据国际能源机构的规定，储能技术是指吸收能源并储存一段时间，然后再释放出来供应能源或电力服务。可再生能源技术通过提供以下服务，在风能产业价值链中的价值创造和创新中发挥着重要作用：①提高能源系统效率；②整合可变可再生能源；③支持更大的能源消费生产；④提高能源获取能力；⑤提高电网的稳定性、灵活性、可靠性和弹性。同时，储能技术将有助于我们改善风能资源丰富地区与重负荷地区之间的不均匀分布问题。因此，自 2005 年以来，中国政府针对可再生能源制定了涉及储能的法律、法规和计划。《能源技术创新"十三五"规划》（国能科技〔2016〕第 397 号）指出，中国将在 2016—2020 年期间重点研究新型高效电池储能技术，《关于促进储能技术与产业发展的指导意见》（发电能源〔2017〕第 1701 号）认为，能源系统是智能电网、可再生能源高渗透率能源系统和"互联网＋"智能能源系统建设的重要组成部分和关键支持技术。

根据以上对风电价值链的综合分析，我们可以概括出该复杂系统的影响因子，见表 3-3。①因子条件分析表明，我国正在经历能源结构调整，未来将增加风电在能源消费结构中的比重；②中国对风电的需求日益增加，然而严重的弃风问题带来了价值链集成的需要；③除发电和输电主体外，增加配电主体、储能主体和具有前景价值效率的电力销售主体同时经历了快速发展阶段；④就企业战略、结构和同业竞争而言，更自由化的市场模式能够刺激价值链；⑤政府支持为价值链的发展奠定了坚实的基础；⑥作为高附

表 3-3 风电价值链复杂系统影响因子

一级指标	二级指标
因子条件	能源结构
	资源潜力
需求条件	市场需求
	资源需求
相关支持部门	各部门之间的协作关系
企业战略、结构和同业竞争	
政府支持	
技术	能源储存技术
	特高压技术

加值的部门，储能技术和特高压电网在中国具有重要的性能优势。

3.1.3　结论与建议

近年来我国风电产业的发展路径不再是整个风电行业，而是主要集中在装机容量和风电场规模上，即风电场、输变电、配电、售电、储能企业、终端用户等。风电价值链作为一个复杂系统，其影响因子体现在能源结构与资源潜力、需求、协作关系、政府政策、企业战略和技术等多方面，共同影响着风电价值链的运行。因此，我们应将价值链中的各个环节结合起来，寻求共生效应，以实现价值创造和创新效应。结合风电价值链影响因子提出以下创新策略：

（1）鼓励多元化经营模式。中国的电力系统以国家和南方电网为主，其中风能在能源消耗结构中所占的比重很小。要提高整个价值链的价值创造和创新效应，就必须着眼于整体水平。根据国务院发布的《关于进一步深化电力体制改革的若干意见》（中发〔2015〕9号）的意见，应该采纳可再生能源与传统电力整合、跨区域能源互补、电力系统优化、可再生能源供热等多元化商业模式。风力发电的开发和运营将通过公私伙伴关系向社会资本开放，保证最终用户可以作为投资者参与风电系统的运营，促进风电联网和产业发展。

（2）加强研发和自主创新能力。研发和自主创新能力的提高，将有效加强风电整体价值链的价值创造和创新效应。诸如适用于风力发电一体化的国家技术规范的缺乏、风电设备的质量问题、对欧美公司的关键设计技术的依赖以及不完善的风力涡轮机认证体系等挑战需要核心研发技术和自主创新能力的提升。中国应该应用大数据、3D打印和其他智能制造技术来提升风电行业的性能和智能水平，突破10兆瓦级、大容量风力发电机和关键部件的设计和制造技术，并鼓励应用创新技术以提高质量、降低运营成本。

（3）专业培养。风电专业人才短缺是制约我国风电产业增值效应的主要因素之一。目前，我国只有不到20所大学设立了风电工程学士学位，而我国高校人才培养至少需要4年时间，因此专业人才十分短缺，这对当前的风电人才培养形势提出了挑战。

（4）有效降低弃风率。为避免资源浪费和价值损失，应利用多样化形式在周边地区进行消耗，即"就地消纳"。采用跨区域、跨省的输电线路配置风电，以提高风电在能源消费结构中的比重。同时，离网风电可以用储能设备有效存储，并以多种方式消耗。

（5）政府支持。政府能否改变风电发展的政策激励机制和法律环境设计是一个至关重要的问题。在风电产业价值链价值创造和创新的顶层，政府应通过"看得见的手"，就如何利用市场杠杆，如何设计、建立和引导市场导向的制度、机制、政策措施、法律法规和监管提出建议。弃风现象应通过相关发展规划和财政措施加以改善。进一步推广储能技术，帮助风电并网，减少对电网的相应影响，鼓励和支持发电、销售企业和电力市场的开发和运营，改进并确定提高风电消耗的需求侧应对技术和法规。

3.2　运营节点维影响因子解析

清洁能源"发电-储能-用能"价值链耦合协同涉及到发电、储能和用能等几个关键节点，各节点之间相互联系，相互作用，协同影响着清洁能源价值链的运行效率、供需的平衡程度、供需的稳定程度和效率程度等。

3.2.1　基于解释结构模型的发电影响因素分析

发电环节作为清洁能源"发电-储能-用能"价值链的起始节点，是价值链能量的来源。由于受气候等条件的影响，风能具有很强的随机性和波动性，对发电的影响因素识别及分析，有利于进行资源的优化配置，将准确的生产数据传递到下游节点中，实现价值链的增值与协同发展。因此，基于解释结构模型确定影响因素是我们研究的基础也是重点。

ISM 是通过分析要素之间的关系和划分层次来解决复杂系统问题的一种有效方法，它将一个庞大而复杂的系统分解为几个简单但合乎逻辑的子系统。在 ISM 过程中经常使用邻接矩阵来描述两个变量之间的关系，如果值为 1，那它们之间就存在一种关系，否则就相反。但对于价值而言，最常见的方式是通过专家经验的主观判断来给出。另外，相关系数常用来衡量两个变量之间的关系，并且在两个变量之间运行良好。然而，在一个多要素的复杂系统中，一个变量可能同时受到其他变量的影响，很少用相关系数来说明这一点。由于受其他变量的影响，ISM 中引入了反映因变量与自变量之间相关性的偏相关系数。系数从 -1 到 1，显示了在其他变量不变的情况下，两个变量之间的关系，见表 3-4。

表 3-4　　　　　　　　　　偏相关系数和相关程度的取值范围

价值范围	关系	相关程度
$[-1, 0.8]$		很强
$[-0.8, 0.5]$	负的	强
$[-0.5, 0.3]$		中等
$[-0.3, 0.1]$		低
$[-0.1, 0.1]$	负的/正的	没有
$(0.1, 0.3)$		低
$(0.3, 0.5)$	正的	中等
$(0.5, 0.8)$		强
$(0.8, 1)$		很强

Spearman 等级相关系数是衡量两个变量依赖性的非参数指标。假设有 n 个变量，有 m 个统计数据，其中选取变量 x 和变量 y 为例，Spearman 等级相关系数 c_{xy} 的计算公式为

$$c_{xy} = \frac{\sum_{i=1}^{m}\left[(x_i - \overline{x})(y_i - \overline{y})\right]}{\sqrt{\sum_{i=1}^{m}(x_i - \overline{x})^2}\sqrt{\sum_{i=1}^{m}(y_i - \overline{y})^2}} \tag{3-1}$$

式中　x_i、y_i——变量 x 和 y 的第 i 个值按升序排列的排列位置；

x、y——两个变量的平均排名。

其他变量的相关系数可由式（3-1）计算。得到相关系数矩阵 C，为

$$C = \begin{bmatrix} c_1 & \cdots & c_{n1} \\ \vdots & \ddots & \vdots \\ c_{1n} & \cdots & c_{nn} \end{bmatrix}_{n \times n} \tag{3-2}$$

为了得到偏相关系数矩阵 I，需要计算 C 的逆矩阵。计算公式为

$$I = \mathrm{inv}(C) = \begin{Bmatrix} i_{11} & \cdots & i_{1n} \\ \vdots & \ddots & \vdots \\ i_{n1} & \cdots & i_{nn} \end{Bmatrix}_{n \times n} \tag{3-3}$$

偏相关系数 P_i 计算公式为

$$P_i = -\frac{i_{ij}}{\sqrt{|i_{ii} i_{jj}|}} \tag{3-4}$$

偏相关系数矩阵 P_0 计算公式为

$$P_0 = \begin{bmatrix} p_{11} & \cdots & p_{1n} \\ \vdots & \ddots & \vdots \\ p_{n1} & \cdots & p_{nn} \end{bmatrix}_{n \times n} \tag{3-5}$$

数据驱动 ISM 的过程如下：

步骤 1，识别风力发电的影响因素，收集准确数据。

步骤 2，根据式（3-4）计算偏相关系数 p_i，得到偏相关系数矩阵 p_0。

步骤 3，根据表 3-3 和综合判断确定阈值 u。

步骤 4，构造邻接矩阵。邻接矩阵表示顶点之间的邻接关系，通常用于图表。它可以很好地解释两个变量之间是否存在影响关系，但不能表示出相关强度，因此以阈值作为构建邻接矩阵 A_0 的标准，计算公式为

$$A_0 = (a_{ij})_{n \times n} = \begin{cases} 0, & p_{ij} < u \\ 1, & p_{ij} \geqslant u \end{cases} \tag{3-6}$$

式中　a_{ij}——第 i 个变量能否影响第 j 个变量。$a_{ij} = 0$，与 p_{ij} 的值无关。

步骤 5，计算可达矩阵。可达矩阵是用来描述一个节点经过一定长度的路径到达另一个节点的程度的矩阵形式，表明变量之间存在直接或间接的关系。它是由布尔矩阵的运算性质得到的，它与普通矩阵的运算性质相同；但有一点，所有非零元素必须转换为 1。若矩阵 R 满足式（3-7），则称为 A_0 的可达矩阵，可由式（3-8）求得。

$$(A_o + E)^{n-1} \neq (A_0 + E)^n = (A_0 + E)^{n+1} = R \tag{3-7}$$

$$R = (r_{ij})_{n \times n} = (A_0 + E)^n = E + A_0 + A_0^2 + \cdots + A_0^n \tag{3-8}$$

式中　E——单位矩阵。

步骤 6，划分层次结构。利用可达集和先行集对可达矩阵进行分解，分析元素之间的关系。可达集是指每个元素可以到达的元素集，先行集是指可以到达每个元素的元素集。层次是通过层次分解得到的，顶层的要素是系统的最终目标，也是最直接的影响因素，底层的要素是基础驱动系统。

步骤 7，建立多层次解释结构模型。在最后一个步骤的基础上，我们可以得到一个多层次的 ISM，从而给出分析和建议。

研究在参考相关文献的基础上，将尽可能多地识别环境影响因素，然后通过 ISM 提

取关键标准，后面将对此进行描述。根据已有文献和对风电领域专家的访谈，最后确定了15个外部影响因素，表 3 - 5 列出了最高温度（High Temperature，HT）、最低温度（Low Temperature，LT）、平均温度（Average Temperature，AT）、湿度（Humidity，H）、气压（Air pressure，AP）、太阳辐射（Sun's Radiation，SR）、平均总云量（Average Total Cloud Cover，ATCC）、风速（Wind Speed，WS）、风向（Wind Direction，WD）、PM2.5、PM10、SO_2、CO、NO_2 和 O_3。

表 3 - 5　　　　　　　　　　风力发电的外部影响因素

基 准 层	标 准 层	解 释
天气（C_1）	最低温度（C_{11}）	影响风能和风力涡轮机的质量
	最高温度（C_{12}）	
	平均温度（C_{13}）	
	湿度（C_{14}）	
	气压（C_{15}）	
	太阳辐射（C_{16}）	
	平均总云量（C_{17}）	
风能资源（C_2）	风速（C_{21}）	影响风力涡轮机的输出
	风向（C_{22}）	
大气环境（C_3）	PM2.5（C_{31}）	影响天气，风能，风电机组等
	PM10（C_{32}）	
	SO_2（C_{33}）	
	CO（C_{34}）	
	NO_2（C_{35}）	
	O_3（C_{36}）	

将确定的15个因子分为天气、风资源和空气环境三类。

第一类是通过影响风能和风力机的质量来影响风力发电，将7个因素组合在一起。Thornton 等通过分析数据集发现，风能的需求和供应的变化会跟随季节变化，这反映了温度（LT，HT，AT）变化对风力发电的影响，夏季和深秋气温较高，冬季和早春气温较低。当考虑风速、空气温度和气压时，湿润地区的风能与干旱地区有所不同，因此湿度和气压被选为影响因子。此外，在生态系统方面，太阳辐射和平均总云量与其他天气条件也有关系，比如辐射越强，云层越少，温度越高。

第二类是风速和风向，直接影响风资源质量，导致输出功率波动。一般来说，风电机组输出功率与风速的关系可以用功率曲线来描述。风速越大，功率越大，在风向一致的情况下，风力发电效率更高。

第三类是与空气质量有关的。一方面，某些气体（SO_2、CO、NO_2）的过量排放会导致某些大气的浓度变化（O_3），导致天气变化；另一方面，空气中飘浮的一些污染物（PM2.5 和 PM10）会阻碍风能的流动，从而降低风能的质量。由此可见，空气环境能够通过改变气候对风力发电产生影响。

根据表 3-5，我们通过浏览有关网页来收集相应标准的日常数据。这些来自中国北部城市的某风电场 2014—2018 年的数据，统计数据共 1808 条，遗漏了部分天数的数据。

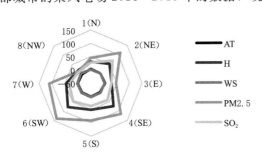

图 3-2　风向的模糊化

在标准中，仅风向被描述为北风、东北风、东风、东南风、南风、西南风、西北风 8 种类型，并采用模糊数将语言描述转换为数据形式。在此设 1～8 代表 8 种风向，从北风开始设为 1，顺时针方向由北风到西北风（如图 3-2 所示）。

将上述获取的数据集作为算例进行研究。首先利用方程式计算偏相关系数。根据表 3-5 和重复实验，将阈值 u 设为 0.5，然后得到邻接矩阵 A_0，见表 3-6。需要说明的是，系统中的元素并不具有双向关系，即一个元素可以影响另一个元素，但不能反过来，这意味着邻接矩阵 A_0 是非对称矩阵，见表 3-7。

表 3-6　　　　　　邻 接 矩 阵 A_0

标准	C_{11}	C_{12}	C_{13}	C_{14}	C_{15}	C_{16}	C_{17}	C_{21}	C_{22}	C_{31}	C_{32}	C_{33}	C_{34}	C_{35}	C_{36}
C_{11}	0	1	1	0	0	0	0	0	0	0	0	0	0	0	0
C_{12}	1	0	1	0	0	0	0	0	0	0	0	0	0	0	0
C_{13}	1	1	0	0	0	0	0	0	0	0	0	0	0	0	0
C_{14}	0	0	0	0	0	0	0	1	0	0	0	0	0	0	0
C_{15}	0	0	0	0	0	0	0	1	0	0	0	0	0	0	0
C_{16}	1	0	0	0	0	0	0	0	0	0	0	0	0	0	0
C_{17}	1	0	1	0	0	1	0	0	0	0	0	0	0	0	0
C_{21}	0	0	0	0	0	0	0	0	0	0	0	0	0	0	0
C_{22}	0	0	1	0	0	0	0	0	0	0	0	0	0	0	0
C_{31}	0	0	0	1	1	0	0	0	1	0	1	0	0	0	0
C_{32}	0	0	0	0	0	0	1	0	1	0	0	1	0	0	0
C_{33}	0	1	0	1	1	0	0	0	0	0	0	0	0	0	1
C_{34}	1	0	0	1	1	0	0	0	0	0	0	0	0	0	0
C_{35}	0	0	0	0	0	0	0	0	0	0	0	0	0	0	1
C_{36}	0	0	0	0	0	0	1	0	0	0	0	0	0	1	0

表 3-7　　　　　　可 达 矩 阵 R_0

标准	C_{11}	C_{12}	C_{13}	C_{14}	C_{15}	C_{16}	C_{17}	C_{21}	C_{22}	C_{31}	C_{32}	C_{33}	C_{34}	C_{35}	C_{36}
C_{11}	0	1	1	0	0	0	0	0	0	0	0	0	0	0	0
C_{12}	1	0	1	0	0	0	0	0	0	0	0	0	0	0	0
C_{13}	1	1	0	0	0	0	0	0	0	0	0	0	0	0	0
C_{14}	0	0	0	0	0	0	0	1	0	0	0	0	0	0	0
C_{15}	0	0	0	0	0	1	0	1	0	0	0	0	0	0	0
C_{16}	1	1	1	0	0	0	1	0	0	0	0	0	0	0	0
C_{17}	1	1	1	0	0	1	1	0	0	0	0	0	0	0	0

标准	C_{11}	C_{12}	C_{13}	C_{14}	C_{15}	C_{16}	C_{17}	C_{21}	C_{22}	C_{31}	C_{32}	C_{33}	C_{34}	C_{35}	C_{36}
C_{21}	0	0	0	0	0	0	0	1	0	0	0	0	0	0	0
C_{22}	0	0	0	0	0	0	0	0	1	0	0	0	0	0	0
C_{31}	0	0	0	1	1	0	0	1	1	1	1	0	0	0	0
C_{32}	0	0	0	1	1	0	0	1	1	1	1	0	0	0	0
C_{33}	1	1	1	1	1	0	0	1	0	0	0	1	0	0	0
C_{34}	1	1	1	1	1	0	0	1	0	0	0	0	0	1	0
C_{35}	1	1	1	0	0	1	1	0	0	0	0	0	0	1	1
C_{36}	1	1	1	0	0	1	1	0	0	0	0	0	0	1	1

可达集 $RS(s_i)$，先行集 $AS(s_i)$ 以及两个集合的交集 $IS(s_i)$ 在划分层次结构上扮演着关键角色。从可达矩阵 R 来看，$RS(s_i)$ 元素表示第 i 个变量 s_i 行中值为 1 的所有列元素，而元素 $AS(s_i)$ 指第 i 个变量的 s_i 列中值是 1 的所有行元素，$IS(s_i)$ 元素是层次结构的条件提取。如果 s_i 满足式（3-9），将其提取为层次结构，并通过删除 s_i 来更新这 3 个集合。最终提取所有元素，并在循环之后划分几个层次结构（见表 3-8）。

$$IS(s_i) = RS(s_i) \bigcap AS(s_i) = RS(s_i) \tag{3-9}$$

表 3-8　　　　　　　　初 步 划 分 层 次

标准	$RS(s_i)$	$AS(s_i)$	$IS(s_i)$
C_{11}	C_{11}，C_{12}，C_{13}	C_{11}，C_{12}，C_{13}，C_{16}，C_{17}，C_{33}，C_{34}，C_{35}，C_{36}	C_{11}，C_{12}，C_{13}
C_{12}	C_{11}，C_{12}，C_{13}	C_{11}，C_{12}，C_{13}，C_{16}，C_{17}，C_{33}，C_{34}，C_{35}，C_{36}	C_{11}，C_{12}，C_{13}
C_{13}	C_{11}，C_{12}，C_{13}	C_{11}，C_{12}，C_{13}，C_{16}，C_{17}，C_{33}，C_{34}，C_{35}，C_{36}	C_{11}，C_{12}，C_{13}
C_{14}	C_{14}，C_{21}	C_{14}，C_{31}，C_{32}，C_{33}，C_{34}	C_{14}
C_{15}	C_{15}，C_{21}	C_{15}，C_{31}，C_{32}，C_{33}，C_{34}	C_{15}
C_{16}	C_{11}，C_{12}，C_{13}，C_{16}	C_{16}，C_{17}，C_{35}，C_{36}	C_{16}
C_{17}	C_{11}，C_{12}，C_{13}，C_{16}，C_{17}	C_{17}，C_{35}，C_{36}	C_{17}
C_{21}	C_{21}	C_{14}，C_{15}，C_{21}，C_{31}，C_{32}，C_{33}，C_{34}	C_{21}
C_{22}	C_{22}	C_{22}，C_{31}，C_{32}	C_{22}
C_{31}	C_{14}，C_{15}，C_{21}，C_{22}，C_{31}，C_{32}	C_{31}，C_{32}	C_{31}，C_{32}
C_{32}	C_{14}，C_{15}，C_{21}，C_{22}，C_{31}，C_{32}	C_{31}，C_{32}	C_{31}，C_{32}
C_{33}	C_{11}，C_{12}，C_{13}，C_{14}，C_{15}，C_{21}，C_{33}	C_{33}	C_{33}
C_{34}	C_{11}，C_{12}，C_{13}，C_{14}，C_{15}，C_{21}，C_{34}	C_{34}	C_{34}
C_{35}	C_{11}，C_{12}，C_{13}，C_{16}，C_{17}，C_{35}，C_{36}	C_{35}，C_{36}	C_{35}，C_{36}
C_{36}	C_{11}，C_{12}，C_{13}，C_{16}，C_{17}，C_{35}，C_{36}	C_{35}，C_{36}	C_{35}，C_{36}

表 3-9　　　　　　　　标 准 层 次 的 结 果

等级制度	标准	说明	备选标准	说明
顶层	C_{11}	LT	C_{12}	HT
			C_{13}	AT
	C_{21}	WS		
	C_{22}	WD		

续表

等级制度	标准	说明	备选标准	说明
第二层	C_{14}	H		
	C_{15}	AP		
	C_{16}	SR		
第三层	C_{17}	ATCC		
底层	C_{31}	PM2.5	C_{32}	PM10
	C_{33}	SO_2		
	C_{34}	CO		
	C_{35}	NO_2	C_{36}	O_3

根据表 3-9，影响风力发电的解释结构模型如图 3-3 所示。

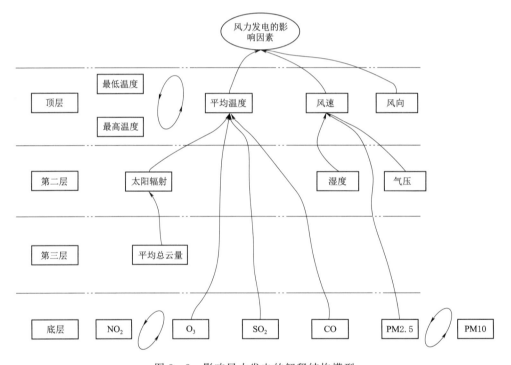

图 3-3　影响风力发电的解释结构模型

图 3-3 给出了风力发电的影响因素及各因素之间的结构关系，可以用以下几点来解释：

（1）上层最低温度、最高温度、平均温度、风速、风向为直接影响因子，底层 NO_2、O_3、SO_2、CO、PM2.5、PM10 为基本影响因子。两个中层的太阳辐射、湿度、气压、平均总云量通过上层的影响因子对风力发电产生一定的影响，在系统中起到中间传输的作用。

（2）由于最低温度、最高温度、平均温度中的相关联性很强，因此三者中的任意一个元素都可以被其他两个元素所替代。NO_2 和 O_3 可以相互取代，因为 NO_2 在生成 O_3 的反应过程中作为催化剂，起着重要的作用。PM2.5 和 PM10 是替代品，因为它们都是污染和有害的颗粒物，而且它们的作用相似甚至相同。

（3）温度影响风力发电是由于风电机组由许多关键部件组成，其中一些部件受低温或高温外部环境的影响较大。风速和风向通过与涡轮叶片直接接触，驱动涡轮叶片旋转产生风力。空气环境也会影响风电负荷。一方面，空气质量会影响到风能的温度变化和质量，从而间接影响风电负荷；另一方面，随着风的吹动，空气中的 PM2.5、PM10、混合气体的反应物等有害物质会附着在叶片等涡轮部件上，一定程度上减少了涡轮的出力。

3.2.2 基于 BOCR 模型的储能影响因素分析

为了对储能节点的综合能力进行有效的评价，有必要对各指标进行识别，并构建一个综合评价指标体系。BOCR 模型主要用于解决复杂系统的多指标决策问题，从利益（Benefit）、机会（Opportunity）、成本（Cost）、风险（Risk）四方面分析。它不仅分析了决策结果可能产生的积极影响，而且还考虑了成本产生的负面效应以及潜在的风险。

根据 BOCR 网络，我们将 23 个标准划分为利益、机会、成本和风险 4 个方面，从而建立了可持续储能节点影响因子指标体系，如图 3 - 4 所示。

23 个可持续储能节点影响因子标准见表 3 - 10。

表 3 - 10 可持续储能节点影响因子

可持续储能节点		标 准
利益（B）	B_1	环保（PE）
	B_2	用户需求响应（UDSR）
	B_3	发展相关产业（DRI）
	B_4	高能效（HEE）
机会（O）	O_1	减少进口燃料的依赖性（DDIF）
	O_2	增加市场份额（IMS）
	O_3	发展清洁能源（DCE）
	O_4	增加投资回报（IROI）
	O_5	增加就业（JC）
	O_6	减少弃能（REA）
	O_7	客户满意度（CS）
	O_8	品牌声誉（BR）
成本（C）	C_1	投资成本（IC）
	C_2	培训成本（TC）
	C_3	运营成本（OC）
	C_4	维护成本（MC）
	C_5	环境成本（EC）
危机（R）	R_1	员工流动率（ETR）
	R_2	技术不成熟（TI）
	R_3	技术依赖（TD）
	R_4	社会对立（SO）
	R_5	政策危机（PR）
	R_6	产业投资风险（IIR）

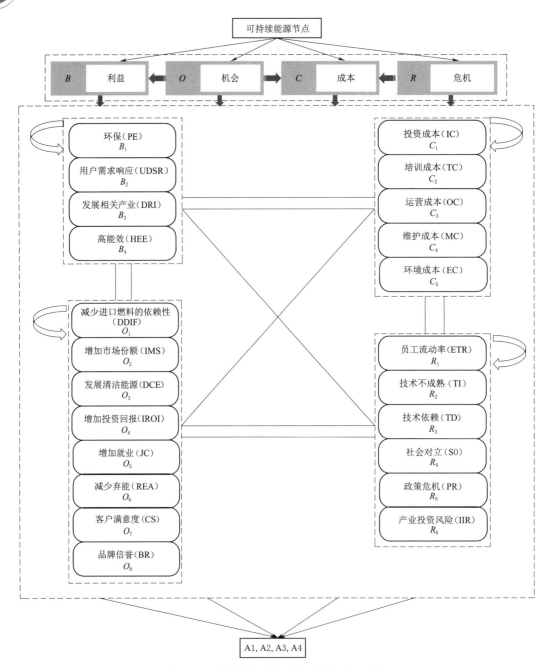

图 3-4 可持续储能节点影响因子指标体系

（1）利益子网络。利益子网络包括 4 个不同的要素，即环保、用户需求响应、发展相关产业和高能效。目前，中国正在发展清洁能源，重视环境保护。与此同时，许多储能公司在政府的支持下迅速发展起来。这些储能企业密切关注相关行业的发展，随时准备对客户的需求做出反应，但储能技术的高成本仍然是当前发展无法摆脱的困境。因此，中国政府鼓励发展储能技术，以实现低成本和高效益。

（2）机会子网络。机会子网络有 8 个要素，包括减少进口燃料的依赖性、增加市场份额、发展清洁能源、增加投资回报、增加就业、减少弃能、客户满意度和品牌声誉。目前，我国已成为世界上最大的清洁能源消费国，减少了化石能源的使用，促进了其可持续发展。对于新成立的储能公司来说，其目标是在满足国家需求的同时增加市场份额，以减少清洁能源开发中的浪费，并开发新的储能技术。储能企业在技术创新上投入大量资金，并招募了大量高科技人才，以快速适应市场环境的变化。许多中国的储能企业已经占据了一定的地位，并在市场上获得了认可。

（3）成本子网络。成本子网络由投资成本、培训成本、运营成本、维护成本和环境成本构成，对于中国的储能企业来说，储能技术的投资成本相对较高，因为投资成本不仅包括技术创新成本，还包括人才引进成本。此外储能企业仅占市场的一部分，如何实现可持续发展是他们关注的焦点。

（4）危机子网络。危机子网络包括员工流动率、技术不成熟、技术依赖、社会对立、政策危机和产业投资风险。我国储能企业的发展主要受到技术落后的影响。尽管目前的技术水平已有一定提高，但高成本仍是储能发展所面临的严重问题之一。因此，中国政府也制定了相关的产业政策，以支持储能的发展。对于电力用户而言，它们对储能的应用支持具有积极的态度（尤其是在电动汽车的应用中），但总体关注实际上并不高。此外，对于电动汽车产业，国家将为购买电动汽车的用户提供适当的补贴。然而，新能源汽车的购买成本和未来成本都高于普通汽车，许多用户在购买过程中仍不愿意选择电动汽车。许多清洁能源公司在综合考虑下，对储能的投资将相对较少。

在以上影响因子中，环境保护（B_1）对储能企业能力评估具有重要作用。在碳中和背景下，中国政府提出在保护环境的基础上，促进储能产业的快速发展。其次，环境成本（C_5）、社会对立（R_4）和政策危机（R_5）等标准也具有重要作用。相反，使用需求响应（B_2）、增加就业（O_5）则对储能能力影响不大。因此，环境保护（B_1）、环境成本（C_5）、社会对立（R_4）和政策危机（R_5）是最重要的因素。

3.2.3 基于德尔菲法的电动汽车风险因子分析

1. 识别风险因子

为识别风险因子以及有效确定评价指标，我们进行了两轮问卷调查以收集数据。在第一轮问卷调查中，要求专家对 24 个风险因素清单（见表 3 - 11）中的每个风险因子给出关于"发生概率"和"后果严重性"的打分，采用 7 分制的标准（1＝极低，2＝较低，3＝低，4＝中，5＝高，6＝较高，7＝极高），并且专家可以根据其专业和经验添加新的风险因子以获得最新的风险因子清单。问卷由两部分组成：①风险因子被设置成独立的项目，其发生概率和后果严重性由打分得到；②每个风险因子的定义。因此，我们邀请了30 位专家进行打分，其中新增的风险因子为"PPP（Public - Private Partnership）项目经验的缺失""电池成本过高""充换电时间过长"以及"电价上涨"。在第二轮问卷调查中，专家们检查了更新的风险因子，并调整了每个风险因子的发生概率和后果严重性。由此，我们收集了关于发生概率和后果严重性的得分数据，并计算了每个风险因子发生概率和后果严重性的平均得分。

表 3 - 11　　　　　　　　　基于文献的 24 个风险因子列表

分　类	风险因子	分　类	风险因子
政治政策/法律风险	法律风险	经济风险	收益
	政府信用风险		支付
	政府干预	社会/环境风险	相关支撑设施缺失
	腐败		公众反对
	政策风险		环境风险
经济风险	金融风险		不可抗力风险
	市场风险	项目/技术风险	建设风险
	融资风险		运营风险
	项目选择/项目唯一性		完工风险
	通货膨胀		运行
	汇率波动		延误
	利率波动		合同变更

2. 风险因子排序，确定关键评价指标

平均得分排名分析用于计算风险因子之间的相对重要性，同时还用于以发生概率和后果严重性来描述风险因子。我们定义每个风险因子：风险影响程度＝$\sqrt{\text{发生概率×后果严重性}}$。根据上面收集的数据，计算每个风险因子发生概率、后果严重性和风险影响程度的平均得分，以风险影响程度为准降序排列，并用式（3 - 10）对相应的风险影响程度进行归一化，结果见表 3 - 12。

$$y_n = \frac{y_i - y_{min}}{y_{max} - y_{min}} \qquad (3-10)$$

式中　y_{max}、y_{min}——每个风险因子风险影响程度的最大值和最小值。

将风险影响程度规范值大于等于 0.50 的称为关键风险因子。通过这种方式，选出了 17 个关键风险因子作为评价指标。

表 3 - 12　　　　　　　　　专家调查法评价结果

风险因子	发生概率	后果严重性	风险影响程度	排序	规范值
运营风险	5.10	5.24	5.17	1	1.00
电池成本过高	4.99	5.26	5.12	2	0.98
政策风险	5.00	5.20	5.10	3	0.97
政府干预	5.10	5.08	5.09	4	0.96
充换电时间过长	4.86	5.00	4.93	5	0.89
建设风险	4.87	4.96	4.91	6	0.88
PPP 项目经验的缺失	4.72	4.90	4.81	7	0.84

风险因子	发生概率	后果严重性	风险影响程度	排序	规范值
市场风险	4.38	4.85	4.61	8	0.75
支付	4.20	4.98	4.57	9	0.73
政府信用风险	4.00	5.10	4.52	10	0.70
项目选择/项目唯一性	3.68	5.28	4.41	11	0.65
利率波动	4.20	4.62	4.40	12	0.65
腐败	4.00	4.68	4.33	13	0.62
电价上升	4.23	4.42	4.32	14	0.62
相关支撑设施缺失	4.30	4.25	4.27	15	0.59
收益	4.02	4.40	4.21	16	0.56
运行	3.86	4.53	4.18	17	0.55
融资风险	4.08	3.98	4.03	18	0.48
合同变更	3.46	4.43	3.92	19	0.43
金融风险	3.70	4.12	3.90	20	0.42
法律风险	3.58	4.00	3.78	21	0.37
环境风险	3.76	3.80	3.78	22	0.37
不可抗力风险	2.58	5.43	3.74	23	0.35
完工风险	2.89	4.80	3.72	24	0.34
延误	3.30	3.42	3.36	25	0.18
汇率波动	2.87	3.90	3.35	26	0.17
通货膨胀	3.24	3.35	3.29	27	0.15
公众反对	2.98	2.96	2.97	28	0.00

3.2.4 结论与建议

1. 发电影响因素总结与效率提升建议

风力发电是未来最有希望的电力供应方式之一，不仅改善了环境污染，而且缓解了能源短缺的危机。但其受环境因素影响较大，影响因子主要分为天气、风资源和空气环境三类，通过影响气候、风能和风力机的质量来影响风力发电。最低温度、最高温度、平均温度、风速、风向为直接影响因子，底层 NO_2、O_3、SO_2、CO、PM2.5、PM10 为基本影响因子。两个中层的太阳辐射、湿度、气压、平均总云量通过上层的影响因子对风力发电产生一定的影响，在系统中起到中间传输的作用。

综合上述对发电影响因子的分析，为避免不必要的损失，实现风力的高效发电，提出以下建议：

（1）发电前。风能资源是风力机能量转换的基础，其主要参数包括风向、风速、风电功率密度等。一般风速越高，风能越高，风电机组可接收的能量越多。在筹备工作中，风电场的场地和风电机组的安装位置应满足风能充足和顺风的条件。在对风速进行多次试验后，建议在造价的基础上适当考虑风电机组的高度，以最大限度地接收风能资源。同时，作为风力发电的物质基础，风轮的叶片等结构也应科学、严格地进行设计，以达到最大功能。

（2）发电中。在风力发电过程中，环境对输出功率的瞬时影响并不明显，但可以保证风电机组的稳定性。例如，当风向改变时，风电机组可以通过遥控来旋转。根据环境变化，在适当的时间开启或关闭某些风力机也会对风电负荷产生影响。

（3）发电后。在风力发电过程中，虽然叶片附着物在空气中是很小很薄的一层，但会附着在空气中的一些污染物上，阻碍气流，减少出力。因此，对叶片进行定期清洗，不仅是为了维护设备，也是为了提高输出功率。对于在低温下变硬的加热元件等关键元件，环境的变化会对元件的使用寿命和性能产生影响，造成破坏性和中断性的威胁。为了避免意外事故的发生，加强对风电机组部件的检查和保护，及时更换失效部件是明智的选择。

2. 储能影响因素总结与可持续发展建议

能源企业间的合作发展迅速，作为核心节点的储能研究仍在进行中。针对储能影响因素研究，我们采用 BOCR 模型建立了 4 个子网络和 23 个影响因素。子网络包含利益、机会、成本和危机，23 个影响因素中环境保护、环境成本、政策危机和社会对立是关键因素。

依据上述分析，我们从环境保护、技术进步、社会市场等方面对储能企业提出建议。

（1）环境保护方面。加快淘汰落后产能，同时瞄准新兴产业，培育新的增长点，是中国工业发展的主要趋势。作为国家大力扶持的新兴产业，储能公司应具有敏锐的节能环保意识，并可以与其他企业进行战略性合作，以建立环保节能平台。因此，储能企业需要做好以下工作：①推动内部研究，完善储能和环保标准体系，明确各部门的职责分工；②在储能项目建设过程中，应明确环境影响评价的具体要求，以预防和化解环境风险；③着力加强对火灾探测、预警和储能电站保护等关键技术的研究，形成系统的解决方案，降低环境保护成本。

（2）技术进步方面。储能技术是保证未来电网安全、可靠、高效运行的一项新的关键技术。随着可再生能源的发展，储能技术在电网中的应用规模不断扩大，已成为电网不可缺少的关键技术。为了使储能技术得到很好的发展，企业应该对关键技术的研发和储能技术的示范给予足够的支持。因此，我们对企业储能技术的发展提出了以下建议：①合理规划开发新能源和储能技术；②鼓励投资主体多样化，建议研究在不同地区实施的储能技术和应用，为吸引储能投资创造更大的空间。在明确投资回报机制和规范网络接入技术要求的前提下，投资者（如发电商、电网公司、用户）鼓励中小企业和第三方独立储能企业投资建设储能设备；③坚持"产学研协同"的路线，加大对大容量储能技术的投入。通过研发机构、高校、电力研究机构，设备制造商和储能企业的联合研发，发展储能技术研发和产业化的模式，以提高储能技术的研发能力和产业技术水平。结合几个储能技术示范项目，除了企业关注的技术，还应当鼓励和支持其他储能技术的发展。储能企业要进一步加大对储能技术基础研究的投入，坚持创新原则，掌握自主知识产权。

（3）社会市场方面。只有细分、个性化、差异化的产品和理念才能赢得市场。储能公司可以在以下几个方面寻求突破：①无论是储能产业还是其他能源产业，最终都应该回归到产品本身。没有真正有竞争力的产品，就不可能占领市场。储能企业依靠政策和商业模式没有生命力。政策补贴是暂时的，发展仍需依靠产品；②储能企业必须在价值链中创造双赢局面。储能上下游企业，包括水平供应链企业，必须创造一种共创，共生，最终双赢的局面。否则该行业将无法长期发展；③储能企业应遵循国家能源互联网、"一带一路"等战略方向，走出国门，走向全球。建议储能企业始终关注国外市场。在开拓国际市场并取得一定成果后，可以依靠国外的经验和技术在国内储能市场开辟新的领域。

3. 电动汽车风险因子总结与用能建议

电动汽车的发展在实现清洁环境效益方面扮演着重要的角色，并且有助于社会的可持续发展。我们首先通过文献搜集从项目/技术、政治政策/法律、经济、社会/环境四个方面整理出风险因子，然后通过德尔菲法确定了 17 个关键风险因子。

根据确定的风险因子以及计算结果，从项目/技术、政治政策/法律、经济、社会/环境四个方面对电动汽车用能提出建议。

（1）项目/技术方面。电动汽车企业应提升其充换电基础设施的建设和运作能力，主要从以下几个地方入手：①项目运营的全过程应注重提高效率，构建规范的运营管理模式。在项目建设期间，每个细节都应该与科学的施工步骤保持一致，并进行严格的质量控制；②通过加强电池的研发、掌握充换电和电池的核心技术、建设以实现智能充换电服务为目标的基础设施和电池管理系统、提高充换电效率等措施，降低技术风险。

（2）政治政策/法律方面。中国电动汽车产业的发展得益于国家政治政策的大力扶持。虽然目前国内对电动汽车的发展持支持态度，但产业政策的变化以及未来国内国外充换电标准的不断标准化和统一化，都可能会给项目带来不确定的影响。又因为充换电基础设施的建设和运营需要很长一段时间。对于这个问题，电动汽车企业应该更加重视这两点：①对伙伴关系合同的细节进行全面了解和详细说明，获得相应的权利；②与政府、土地、建筑以及有关部门建立紧密的合作关系，确保从土地收购、项目审批和许可、补贴担保等方面为项目提供支持。

（3）经济方面。经济风险来自市场、利率波动、收入和支出。应确保在整个建设和运营期间实现收入最大化和成本最小化：①建立合理、多元化的充换电服务和模式，以我国高峰、低谷时间价格模型为基础，通过定价措施，来增加收入并调整充换电习惯；②售电公司、电网公司、电动汽车公司共同寻找和制定合理的充换电战略，稳定电动汽车市场，刺激电动汽车需求，为充换电基础设施建设需求奠定基础；③通过提高管理和运营技能，准确地保证项目资金，控制项目的建设和运作成本。

（4）社会/环境方面。社会/环境风险包括电价上涨和配套设施短缺。为有效应对该方面的风险，需做到以下几点：①充换电定价体系的确定应预测 2020 年后的价格上涨风险，并制定有前瞻性的定价策略；②在城市延伸和发展速度较快的基础上，科学、准确地进行充换电基础设施的选址，并与具有长期城市发展规划、高速公路建设规划、电动汽车发展规划以及相关行业的合作企业共同进行决策。

3.3 主体能效维影响因子解析

能效是指能力、效率和效益三个方面。清洁能源产业价值链中各个节点对应的市场利益主体分别为清洁能源发电企业、电网企业、储能企业及服务公司、用户和政府等。清洁能源价值链协同演进的实现，要求各利益主体必须保持在能力、效率和效益上的高度协同。当链路、节点之间和多方利益主体之间不断进行动态协同，才能实现价值驱动、创造和价值增值的最大化。

3.3.1 光伏企业价值创造能力评价

1. 价值创造能力因素甄选

我们主要从政府调控因素、产业发展因素、治理结构因素、创新能力因素、成长能力因素、获利能力因素以及营运能力因素等方面对光伏企业价值创造能力影响因素进行筛选，最终选出 14 个因素设计了评价指标体系，如图 3-5 所示。

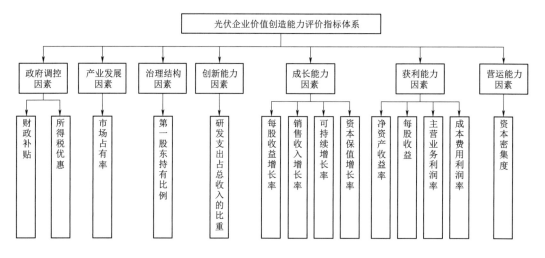

图 3-5   光伏企业价值创造能力评价指标体系

2. 数据处理与权重确定

（1）数据标准化处理。利用同花顺软件提供的光伏概念板块数据、国泰安 CSMAR 数据库和各家光伏企业对外公布的年度财务报告，我们收集到 62 家光伏企业 2013 年至 2017 年共 5 年的财务指标等相关数据。在此基础上计算得到各企业"价值创造能力"的 3 个外部影响因素和 11 个内部驱动因素的 5 年均值，为实证分析提供数据支持。研究中采用极值法实现 62 家样本光伏企业相应指标的无量纲化预处理，计算公式为

$$X_{ij}^* = \frac{X_{ij} - m_j}{M_j - m_j} \tag{3-11}$$

式中 i——样本企业对应的序号；

j——指标对应的序号（$j=1$，2，…，14）；

X_{ij}——第 i 个样本企业对应的第 j 个指标的原始数据；

X_{ij}^{*}——无量纲化后的数据。

另外，$M_j = \max_{i}\{x_{ij}\}$ 代表第 i 个指标在所有样本企业中的最大值，$m_j = \min_{i}\{x_{ij}\}$ 代表相应的最小值。

（2）基于主客观集成思想确定指标组合权重

1）熵权法确定客观权重。我们运用熵权法来确定各指标的客观权重。样本光伏企业共有 62 家，每个样本企业均对应着 14 项指标。首先计算了指标的贡献度和熵值，其次在熵值基础上计算得到 14 项指标各自的差异性系数，做归一化处理后得到指标的客观权重。熵权法计算过程并不复杂，利用 Excel 软件即可实现。

2）层次分析法确定主观权重。层次分析法是确定指标主观权重最常用的方法，其主要思想是以评价目标为出发点，对各评价指标进行分解，构造出指标之间的层级关系，收集并参考专家意见，再结合判断矩阵计算权重系数。具体实现步骤如下：

步骤 1：构造判断矩阵。判断矩阵是以指标的层级结构为基础构建得到的，用以体现专家对各指标间重要性程度的比较结果。设指标集 $U=\{u_1, u_2, \cdots, u_m\}$ 由某一层级中的 m 个指标构成，根据 1-9 标度法来征求专家意见进行打分，从而分别评判两两指标间的相对重要性，即可得到判断矩阵 H，对判断矩阵 H 归一化。

$$H = \begin{bmatrix} a_{1,1} & \cdots & a_{1,m} \\ \vdots & \ddots & \vdots \\ a_{m,1} & \cdots & a_{m,m} \end{bmatrix} \tag{3-12}$$

步骤 2：确定指标权重。在判断矩阵 H 的基础上，根据公式 $HW=\lambda W$ 计算矩阵的最大特征值 $\lambda_{\max}$ 和相应的最大特征向量 $W_{\max}$。最大特征向量 $W_{\max} = (w_1, w_2, \cdots, w_m)$ 即为 m 个指标的权重。

步骤 3：一致性检验。判断矩阵是根据专家意见主观赋值的，可能会存在指标间重要性程度相互矛盾的情况，因此需要进行判断矩阵的一致性检验，用以验证其合理性。一般而言，利用一致性指标 CR 来检验判断矩阵，其表达式为

$$CR = \frac{CI}{RI} \tag{3-13}$$

其中

$$CI = \frac{\lambda_{\max} - n}{n - 1}$$

式中　CI——偏离一致性程度；

　　　RI——修正系数。

通常情况下，若 $CR<0.1$，则判断矩阵可接受，反之需要对其进行调整，直至判断矩阵满足一致性检验才能认可其合理性。

根据上述层次分析法理论，对本文选用的 14 项影响光伏企业价值创造能力的因素用 yaahp 软件进行主观赋权，得到 10 位专家各自的判断矩阵及相应指标权重系数。取 10 位专家赋权结果的算术平均数作为 AHP（Analytic Hierarchy Process，AHP）法最终计算

得到的主观权重结果。

3）折中决策法确定组合权重。基于折中决策法计算指标的组合权重，主要思路是在选定折中系数后，对主客观权重进行加权平均处理，得到权重系数的折中值，计算公式为

$$W_i = \alpha W_{1,i} + (1-\alpha)W_{2,i} \tag{3-14}$$

式中　α——折中系数；

$W_{1,i}$——熵权法确定的客观权重系数；

$W_{2,i}$——层次分析法确定的主观权重系数。

我们取 $\alpha = 1/4$，计算指标的主客观集成组合权重。

3. 基于模糊综合评价法的光伏企业价值创造能力实证分析

结合 62 家样本光伏企业的无量纲化数据及指标的主客观组合权重，按照模糊综合评价的实证步骤，对样本企业价值创造能力进行评价研究，步骤及结果分析如下。

（1）评语集的建立及评价等级的划分。利用极值法对原始数据进行无量纲化后，所有指标的数值都被限定在 [0，1] 区间内，结合这样的数据特征，我们建立的评语集为〔非常好，很好，较好，一般，较差〕，5 个评价等级的划分标准如表 3-13 所示。

表 3-13　　　　　　　评 价 等 级 划 分 标 准

评价等级 与分值	评　价　等　级				
	非常好	很好	较好	一般	较差
标准分值	1	0.75	0.5	0.25	0

（2）隶属度值的计算及模糊评价矩阵的确定。根据降半梯形隶属函数的计算原理，结合各评语等级中标准分值的划分情况，可以计算得到不同样本光伏企业各指标的隶属度值，并据此构建各样本企业的模糊判断矩阵。以序号 1 样本企业（东旭蓝天）为例，可以得到其模糊判断矩阵 $\boldsymbol{R}_1$ 的计算结果。

$$\boldsymbol{R}_1 = (r_{ij}) = \begin{bmatrix} 0 & 0 & 0 & 0 & 1 \\ 0 & 0 & 0 & 0.0168 & 0.9832 \\ 0 & 0 & 0 & 0.0765 & 0.9235 \\ 0 & 0 & 0.6510 & 0.3490 & 0 \\ 0 & 0 & 0 & 0.1066 & 0.8934 \\ 0 & 0 & 0.7900 & 0.2100 & 0 \\ 0 & 0.2031 & 0.7969 & 0 & 0 \\ 0 & 0 & 0.9697 & 0.0303 & 0 \\ 1 & 0 & 0 & 0 & 0 \\ 0.0201 & 0.9799 & 0 & 0 & 0 \\ 0 & 0 & 0.4342 & 0.5658 & 0 \\ 0.1676 & 0.8324 & 0 & 0 & 0 \\ 0 & 0.6556 & 0.3444 & 0 & 0 \\ 0 & 0 & 0.4234 & 0.5766 & 0 \end{bmatrix} \tag{3-15}$$

　　矩阵 R_1 中列 1 到列 5 从左至右分别代表评语集〔非常好，很好，较好，一般，较差〕的 5 个评价等级划分标准，行 1 到行 14 从上至下则分别代表 14 个评价指标对应的模糊判断子集。例如，矩阵第 6 行代表评价指标"每股收益增长率"对应的模糊判断子集为（0，0，0.7900，0.2100，0），说明以降半梯形函数为隶属函数时，计算得到的序号 1 样本企业的每股收益增长率指标评价等级位于"较好"（对应隶属度值为 0.79）和"一般"（对应隶属度值为 0.21）之间。同理，可以得到其他样本光伏企业的模糊判断矩阵，此处不再详细列出。

　　（3）各样本企业模糊综合评价向量及所处评价等级的计算。在得到各个样本企业的模糊判断矩阵 R 后，再将 R 与评价指标的权重向量 A 相结合，通过模糊变换 $B = A \cdot R$ 可以计算得到各样本光伏企业的模糊综合评价向量 B，B 是评语集 V 上的向量集合，能够体现出样本企业在评语集中不同评价等级的综合隶属度值，再通过比较不同评价等级下的隶属度值大小可以得到样本的模糊综合评价结果。汇总可知，价值创造能力评价结果处于"较好""一般"和"较差"等级的样本企业数量分别为 6、41 和 15，没有任何样本企业的价值创造能力评价结果为"非常好"或"很好"。说明在本研究中设定的评价等级划分标准和选定的隶属函数下，样本整体的评价结果并不理想。

　　对评价等级进行百分制赋分，再分别结合各样本企业的模糊综合评价向量计算出其对应的百分制分数，以便排序和比较分析。我们对评价等级的百分制赋分见表 3 - 14。

表 3 - 14　　　　　　　　　　　评价等级百分制赋分

评价等级 与分值	评 价 等 级				
	非常好	很好	较好	一般	较差
百分制赋分	100	90	80	70	60

　　（4）模糊综合评价结果及分析。将各样本企业的模糊综合评价向量与表 3 - 14 列出的评价等级百分制赋分向量相乘，可以计算得到各样本企业价值创造能力的百分制分数，再根据分数大小对样本企业进行排序，以此作为模糊综合评价的最终结果。我们选取评价结果排名前 10 位的企业进行重点分析，见表 3 - 15。

表 3 - 15　　　　　　价值创造能力评价结果排名前 10 的光伏发电上市企业

综合排名	企业简称	综 合 评 价 向 量					综合得分
1	林洋能源	0.0266	0.2048	0.3555	0.2226	0.1905	76.54
2	东旭蓝天	0.0716	0.1109	0.3814	0.2633	0.1728	76.45
3	三安光电	0.0553	0.1870	0.2664	0.2485	0.2428	75.64
4	亚玛顿	0.0236	0.1912	0.3077	0.2649	0.2126	75.48
5	中天科技	0.0097	0.1474	0.2658	0.3994	0.1777	74.12
6	协鑫集成	0.0669	0.1052	0.2167	0.3645	0.2467	73.81
7	中环股份	0.0460	0.1266	0.2313	0.3322	0.2639	73.59
8	回天新材	0.0039	0.1159	0.3482	0.2867	0.2453	73.46
9	向日葵	0.0000	0.1959	0.2095	0.2991	0.2955	73.06
10	亿晶光电	0.0000	0.0787	0.3476	0.3335	0.2402	72.65

根据表 3-15 可知，价值创造能力评价结果排名前 10 的企业综合得分在 72.65 分至 76.54 分范围内，均位于评价等级"较好"和"一般"之间。以排名第一的光伏企业林洋能源为例，其综合评价向量为（0.0266，0.2048，0.3555，0.2226，0.1905），据此计算得到的综合得分为 76.54。结合评价指标体系中具有代表性的几个因素对评价结果进行简要分析。

1）产业发展因素方面。10 家光伏企业的市场占有率总计达到了所有样本企业的 9.11%。市场占有率指标的主客观组合权重为 0.0975，在所有 14 个评价指标中权重系数值位列第 4，说明指标值对评价结果影响较大。然而，需要注意的是，以主营业务为生产或销售光伏组件产品的企业为例，由于不同企业的主营产品差异较大，如有些企业的产品侧重于背板玻璃，有些企业则主要生产太阳电池，因此这里计算的市场占有率数值并不代表企业在某个产品领域的市场控制能力，只能粗略估计企业综合的市场表现水平。

2）创新能力因素方面。10 家企业研发支出占总收入的比重均值为 2.48%，远高于所有样本企业的均值 1.37%，说明 10 家企业在技术创新和研发投入力度方面明显高于平均水平。指标研发支出占总收入的比重主客观组合权重为 0.1787，在所有二级评价指标中权重系数值是最大的。另外，这 10 家企业中有 7 家企业的主营业务是光伏组件的研发、生产和销售，这类企业的特点是重视产学研的结合，创新驱动力很强，在进行价值创造能力评价时具有较大优势。

3）成长能力因素方面。10 家企业的每股收益增长率、销售收入增长率、可持续增长率、资本保值增值率的均值分别为 37.94%、29.40%、3.94% 和 1.38，均高于所有样本企业的均值 28.47%、18.58%、3.83% 和 1.19。每股收益增长率和资本保值增值率均是上市公司股东重点关注的指标，37.94% 的年均每股收益增长率和 1.38 的资本保值增值率在光伏企业发展过程中已处于较高水平，反映出目前光伏产业快速发展的态势。

综上所述，评价结果排名前 10 的企业在获利能力方面略好于样本整体，其对应的净资产收益率、每股收益、主营业务利润率和成本费用利润率的均值分别为 7.63%、0.27、0.41% 和 8.57%，均高于 62 家样本企业均值。然而，从企业获利能力衡量光伏企业价值创造能力的指标看，样本企业获利能力的整体表现并不理想，10 家代表性企业的每股收益均值仅为 0.27，主营业务利润率和成本费用利润率指标值同样差强人意。从综合评价向量也可看出，大多数企业获利能力评价结果处于"一般"或"较差"等级。

3.3.2　风电产业价值链增值效率评价

1. 增值效率因素甄选

风电产业的增值活动是各种因素共同参与和综合作用的经济活动。这里我们共选取 20 个具体的风电产业价值链增值的驱动因素。鉴于进一步进行风电价值链三个环节的价值增值效率评价的需要，现阶段依据各驱动因素的特性，将 20 项因素划分为投入因素，产出因素和其他因素三类，见表 3-16。

表 3 - 16   价值增值效率影响因素

研究对象	影响因素一级变量	影响因素二级变量
风电产业价值链增值效率	投入因素 X_1	存货占比 X_{11}
		固定资产占比 X_{12}
		研发支出占总收入的比重 X_{13}
		研发人员数量占公司总人数的比重 X_{14}
		前十大股东持股比例 X_{15}
		政府补助 X_{16}
	产出因素 X_2	销售收入增长率 X_{21}
		资本保值增值率 X_{22}
		每股收益 X_{23}
		主营业务利润率 X_{24}
		成本费用利润率 X_{25}
		净资产收益率 X_{26}
		总资产净利率 X_{27}
		销售净利率 X_{28}
	其他因素 X_3	总资产周转率 X_{31}
		流动资产周转率 X_{32}
		存货周转率 X_{33}
		流动比率 X_{34}
		现金比率 X_{35}
		资产负债率 X_{36}

2. 实证结果

由于我国风能概念股上市公司数量有限，部分上市公司仅涉足有限的风能业务，因此，借助新浪财经网站，我们选取 26 家大公司作为最终研究样本。其中，12 家公司主要涉及原材料和零部件的供应，6 家公司主要从事风力发电成套设备的制造，8 家公司主要涉及风力发电厂的建设、运行和维护。

根据各公司 2017—2019 年财务报告披露的信息，考虑年度数据的噪声，将变量数据的三年平均值计算结果作为原始数据。首先要对样本数据进行 KMO 和 Bartlett 检验，确定驱动因素是否可以用于因子分析。我们利用 SPSS19 软件输出投入因素（表 3 - 17）、产出因素（表 3 - 18）和其他因素（表 3 - 19）的检验结果，三项因素的 KMO 值分别为 0.720、0.718、0.598，均大于 0.5，且球形度检验的显著性均为 0.000，表明投入因素、产出因素、其他因素内部的各因素间存在共同因子，均可进行因子分析。

表 3 - 17   投入因素 KMO 和 Bartlett 检验

	取样足够度的 Kaiser – Meyer – Olkin 度量	0.720
Bartlett 的球形度检验	近似卡方	86.024
	df	15
	Sig.	0

表 3-18 产出因素 KMO 和 Bartlett 检验

取样足够度的 Kaiser - Meyer - Olkin 度量		0.718
Bartlett 的球形度检验	近似卡方	264.813
	df	28
	Sig.	0

表 3-19 其他因素 KMO 和 Bartlett 检验

取样足够度的 Kaiser - Meyer - Olkin 度量		0.598
Bartlett 的球形度检验	近似卡方	73.967
	df	15
	Sig.	0

运用主成分分析法分别提取投入因素、产出因素、其他因素的主成分即公因子，得到 6 项投入子因素的 2 个主成分，解释总变量的 75.505%；9 项产出子因素的 2 个主成分，解释总变量的 85.406%；6 项其他子因素的 2 个主成分，解释总变量的 79.295%，均高于 70%，表明提取出的公因子能够较好地解释原始变量的绝大多数信息，见表 3-20。

为增强因子变量的解释性，采用最大方差法对载荷矩阵进行正交旋转（见表 3-21），对公因子进行命名。

表 3-20 解 释 的 总 方 差

名称	成分	旋转平方和载入		
		特征值	比重/%	累计比重/%
投入因素	F_1	3.480	58.007	58.007
	F_2	1.050	17.498	75.505
产出因素	F_1	5.595	69.943	69.943
	F_2	1.237	15.463	85.406
其他因素	F_1	2.829	47.144	47.144
	F_2	1.342	32.151	79.295

表 3-21 旋 转 成 分 矩 阵

投入因素	成分		产出因素	成分		其他因素	成分	
	F_1	F_2		F_1	F_2		F_1	F_2
X_{11}	0.680	−0.521	X_{21}	0.251	0.715	X_{31}	0.115	0.953
X_{12}	−0.855	0.350	X_{22}	0.175	0.892	X_{32}	−0.155	0.905
X_{13}	0.953	−0.152	X_{23}	0.941	0.214	X_{33}	−0.071	0.789
X_{14}	0.880	−0.009	X_{24}	0.906	0.338	X_{34}	0.950	−0.124
X_{15}	0.016	0.889	X_{25}	0.890	0.379	X_{35}	0.922	−0.099
X_{16}	−0.326	0.585	X_{26}	0.843	0.355	X_{36}	−0.858	0.092
—			X_{27}	0.894	0.293	—		
—			X_{28}	0.640	0.737	—		

根据表 3-21，风电产业价值链增值动因的投入因素中共提取出 2 个公因子。其中，投入因素 X_{11}、X_{12}、X_{13}、X_{14} 在公因子 F_1 上具有较大载荷，将其定义为规模创新因子；X_{15}、X_{16} 在公因子 F_2 上具有较大载荷，将其定义为治理补助因子。

产出因素提取出 2 个公因子中，X_{23}、X_{24}、X_{25}、X_{26}、X_{27}、X_{28} 在公因子 F_1 上具有较大载荷，将其定义为盈利因子；X_{21}、X_{22} 在公因子 F_2 上具有较大载荷，将其定义为发展因子。

其他因素提取出的 2 个公因子中，X_{34}、X_{35}、X_{36} 在公因子 F_1 上具有较大载荷，将其定义为偿债因子；X_{31}、X_{32}、X_{33} 在公因子 F_2 上具有较大载荷，将其定义为营运因子。

依据得分系数矩阵和各原始变量的标准化数据，分别计算投入因素、产出因素和其他因素的主因子得分，计算公式如下。

投入因素：

$$F_1 = 0.148X_{11} - 0.268X_{12} + 0.363X_{13} + 0.371X_{14} + 0.246X_{15} + 0.019X_{16}$$

$$F_2 = -0.242X_{11} + 0.056X_{12} + 0.132X_{13} + 0.229X_{14} + 0.729X_{15} + 0.390X_{16}$$

产出因素：

$$F_1 = 0.192X_{21} + 0.280X_{22} + 0.287X_{23} - 0.233X_{24} - 0.117X_{25} + 0.209X_{26} + 0.247X_{27} + 0.023X_{28}$$

$$F_2 = -0.053X_{21} - 0.151X_{22} - 0.141X_{23} + 0.547X_{24} + 0.438X_{25} - 0.025X_{26} - 0.079X_{27} + 0.269X_{28}$$

其他因素：

$$F_1 = -0.041X_{31} + 0.031X_{32} + 0.112X_{33} + 0.380X_{34} + 0.400X_{35} - 0.334X_{36}$$

$$F_2 = 0.099X_{31} + 0.668X_{32} + 0.524X_{33} + 0.046X_{34} + 0.027X_{35} - 0.071X_{36}$$

因此，在影响风电产业价值链增值效率的驱动因素中，资产规模和研发创新、盈利能力、偿债能力发挥主导作用，而政府调控、公司治理结构、成长潜力、市场占有率、营运效率的影响较小。

3. DEA-Malmquist 分析

通过以上因子分析，选取规模创新因子、治理补贴因子作为投入指标，利润因子和发展因子作为产出指标，构建风电产业价值链附加值效率评价指标体系，如图 3-6 所示。

数据包络分析（Data Envelopment Analysis，DEA）模型要求投入产出指标之和小于决策单元数。通过上述因子分析，大大减少了评价指标的数量，降低了指标的维度，使价值增值的效率评价更加准确。

此外，由于本研究统计的原始数据指标具备不同单位量纲数据，直接将数据代入 DEA 模型中不能求得所需解，所以需要对原始数据进行无量纲化处理。采用极差标准化方法对原始数据归一化处理，即

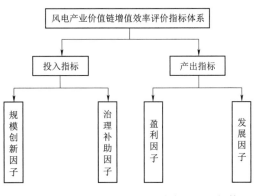

图 3-6 风电产业价值链增值效率评价指标体系

$$X'_i = \frac{X_i - X_{\min}}{X_{\max} - X_{\min}} \qquad (3-16)$$

式中　X'_i——归一化后的第 i 个上市公司的得分值；

　　　X_i——转化前的第 i 个上市公司的原始因子得分值；

　　　$X_{\min}$——所有 X_i 中的最小值；

　　　$X_{\max}$——所有 X_i 中的最大值；

　　　i——被评价上市公司的序号（$i=1，2，\cdots，15$）。

（1）DEA 效率静态分析。静态效率分析是利用 26 家风电行业上市公司一年的截面数据，对其年附加值效率进行计算分析。输入变量是本文计算的输入要素的两个主成分和输出要素的两个主成分，使用 DEAP2.1 软件实现对各公司增值效率的具体计量。通过比较三个环节的平均效率值，分析整个价值链中各环节的价值增值，有助于发现风电产业发展过程中各环节之间的差距。2017—2019 年增加值效率的具体平均比较见表 3-22。

表 3-22　　　　　　　　　2017—2019 年风电产业价值链增值效率均值对比

价值链	TE			PTE			SE		
	2017 年	2018 年	2019 年	2017 年	2018 年	2019 年	2017 年	2018 年	2019 年
上游均值	0.437	0.552	0.360	0.527	0.597	0.593	0.822	0.914	0.701
中游均值	0.318	0.302	0.299	0.380	0.395	0.392	0.863	0.760	0.764
下游均值	0.619	0.759	0.798	0.717	0.936	0.895	0.833	0.823	0.892
总均值	0.465	0.558	0.562	0.552	0.655	0.673	0.835	0.851	0.806

注　TE 为综合技术效率，PTE 为纯技术效率，SE 为规模效率。

表 3-22 显示，风电产业上市公司的综合技术效率均值总体呈上升趋势，但仍未达到有效状态，表明风电产业整体增值效率虽有小幅提升，但在资源配置及使用方面仍不太乐观。

从价值链角度看，上游和中游的综合技术效率均值三年都低于对应年度风电产业总均值（如图 3-7 所示），说明上游和中游的增值效率在整个价值链中居于劣势地位，严重影响了风电产业整体的增值效率。具体而言，价值链上游和中游的综合技术效率表现不佳的主要原因是纯技术效率较低。我国风机零部件和整机制造技术在风电产业快速发展的近 20 年中实现了很大程度的提升，但核心技术仍需对外引进，同时产品同质化严重，造成

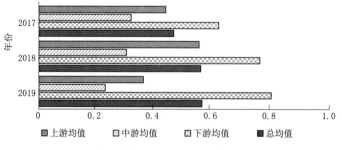

图 3-7　风电产业价值链上市公司综合技术效率均值对比

了上游和中游上市公司的发展动力不足。伴随风电装机的放缓，上游和中游的上市公司多采取低价竞争的经营策略，制约了价值的增值。科学管理体系匮乏、技术创新意识不足等也是造成上游和中游纯技术效率较低的关键因素。与此同时，价值链上游、中游的规模效率有所下降，近年来逐渐低于总均值，表明上游及中游的上市公司在规模控制层面也有较大的改进空间。

比较而言，价值链下游的纯技术效率和规模效率均表现良好，在三年中都高于风电产业总均值，价值增值的效率高，这与当前我国部分零部件和整机制造上市公司产业链向下游延伸的趋势相吻合。

（2）Malmquist 效率动态分析。效率动态分析指以三年的面板数据为基础，测算分析风电产业上市公司的价值增值效率。基于原始投入产出数据，运用 DEAP2.1 软件，选用 MALMQUIST - DEA 计算方法，测算风电产业价值链上、中、下游上市公司各效率变动值，具体的风电产业价值链上市公司 Malmquist 效率均值变化对比见表 3 - 23。

表 3 - 23　　　　　　**2017—2019 年风电产业价值链 Malmquist 效率均值变化对比**

指标	EFFCH	TECHCH	PECH	SECH	TFPCH
上游均值	1.26	1.203	2.034	2.59	1.519
中游均值	1.78	0.85	1.286	1.996	1.309
下游均值	2.256	1.935	2.803	2.842	1.963
总均值	1.527	1.09	2.057	2.544	1.515

注　EFFCH 为技术效率变化指标；TECHCH 代表技术进步指标；PECH 代表纯技术效率；SECH 代表规模效率；TFPCH 代表全要素生产率指数。

表 3 - 23 显示，风电产业价值链上游年均全要素生产率高于产业平均水平，对指标分解可知，技术进步指数年均增长率为－10.1％，而其他效率指标均小幅增长或稳定不变，表明年均技术进步指数的降低是造成年均全要素生产率不佳的主要原因，零部件和设备制造商应注重核心技术的研发与掌握。

价值链中游的年均全要素生产率低于价值链总均值，如图 3 - 8 所示，主要原因仍是技术进步指数太低且无明显上升趋势。这反映出，在价值增值活动中风电整机设备制造商处于不利地位，缺乏技术创新，严重制约了中游上市公司的价值增值。比较而言，风电产业价值链下游上市公司整体表现良好，除年均技术进步指数偏低之外，其他指标的年均增长率都为正值，说明风电场建设、运营和服务商在保持优势的同时持续加强技术研发与创造。

总体来看，风电产业价值链的技术进步指数是各环节唯一均出现负增长的指标，表

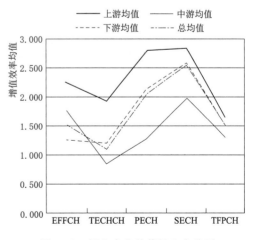

图 3 - 8　风电产业价值链上市公司
增值效率均值变化

明核心技术的研发与创新是风电产业价值增值过程中需要关注的关键因素。

4. 聚类分析

我们在聚类分析中采用 Ward 法（残差平方和法），区间选择欧几里得距离的平方。将风电产业价值链的 DEA 产出指标值设为自变量，各样本公司为因变量。在分析盈利能力和资本保值增值能力的基础上，选择集群法对价值链上、中、下游的企业进行集群。

设定风电产业价值链 DEA 产出指标值为自变量，各样本公司为因变量，以营利能力及保值增值能力分析为标准，选择系统聚类方法分别对价值链上、中、下游的公司进行聚类，各环节的聚类结果见表 3-24。

表 3-24　　　　　　　　风电产业价值链上市公司聚类分析结果

位　置	分组（价值评价）	公　司
价值链上游	组 1（优）	双一科技
	组 2（次优）	金雷股份
		天顺风能
		中材科技
	组 3（良）	长城电工
		大金重工
		天奇股份
		吉鑫科技
		通裕重工
		时代新材
		泰胜风能
		华伍股份
价值链中游	组 1（优）	上海电气
		金风科技
		东方电气
	组 2（次优）	太原重工
	组 3（良）	华仪电气
		湘电股份
价值链下游	组 1（优）	节能风电
		中闽能源
		江苏新能
	组 2（次优）	宝新能源
	组 3（良）	大唐发电
		内蒙华电
	组 4（较差）	银星能源
		吉电股份

根据表 3-24 可知，风电产业价值链各环节上市公司内部的增值效率差异分布不同，具体如下：

（1）价值链上游的 12 家样本公司共分为 3 组，公司间的盈利能力及增值能力差异相对较小。其中，双一科技在所选上游公司中发展较为突出，其利润增长率及资本保值增值率均远高于其他公司，这与其研发投入大、存货周转快等因素直接相关。

（2）价值链中游的 6 家样本公司同样划分为 3 组，公司间差异较大，在盈利及增值方面远不如上游及下游公司，这与中游公司研发投入不足，规模扩张太快有关。尤其是华仪电气及湘电股份，利润增长率呈现连续负增长态势，且资本保值增值率偏低，表明其在风机整机生产制造方面的业务能力逐渐减弱。由于缺乏技术创新，未来发展动力极为不足。

（3）价值链下游的样本公司分为 4 组，与价值链中游的表现不同，公司的盈利及增值能力普遍较好。具体而言，下游的组 1、组 2、组 3 的公司的利润增长率及资本保值增值率均实现了正向增长，并于 2019 年达到了较高水平。组 4 的公司虽然在盈利及增值能力方面出现了小幅下降，但是有所缓解，其未来发展仍较为乐观。通过聚类分析可知，风电产业价值链上的公司盈利能力及增值能力水平参差不齐，而中游是价值链路上需要重点关注的环节。

3.3.3 风电-储能联合运行的效应评价

1. 经济效应

（1）风电-储能联合运行经济效应分析模型。

1）无成本费用的风储联合目标函数。在第一阶段不考虑储能设备的投资成本和运营维护成本，仅仅进行风电独立运行和风储联合运行的经济效应比较，以风电-储能联合运行日收益最大化为目标，计算公式为

$$\max I_d = \sum_{t=1}^{24} \left[I_{\text{net}}(t) - I_{\text{punish}}(t) \right] \tag{3-17}$$

式中　$I_{\text{net}}(t)$——净上网电量的售电收益；

　　　$I_{\text{punish}}(t)$——偏离计划的惩罚。

$$I_{\text{net}}(t) = \pi_t (p_t + s_t^d p_t^d - s_t^c p_t^c) \tag{3-18}$$

$$I_{\text{punish}}(t) = m_t (p_t + s_t^d p_t^d - s_t^c p_t^c - p_t^f) \tag{3-19}$$

式中　π_t——第 t 个时间段的上网电价；

　　　p_t——第 t 时间段风电机组实际出力功率；

　　　p_t^f——第 t 时间段风电机组的计划出力功率；

　　　p_t^d——第 t 时间段蓄电池储能系统的放电功率；

　　　p_t^c——第 t 时间段蓄电池储能系统的放电功率；

　　　s_t^d——蓄电池储能系统放电状态；

　　　s_t^c——蓄电池储能系统充电状态；

　　　m_t——出力偏离的惩罚上网电价。

将式（3-18）、式（3-19）代入式（3-17）即得到目标函数

$$\max I_d = \sum_{t=1}^{24} \left[\pi_t (p_t + s_t^d p_t^d - s_t^c p_t^c) - m_t (p_t + s_t^d p_t^d - s_t^c p_t^c - p_t^f) \right] \tag{3-20}$$

2）考虑成本费用的风电-储能联合目标函数。因为蓄电池储能成本是一笔不小的投资，而且蓄电池的储能成本与其额定容量和额定功率相关，容量越大功率越高的储能装置，其成本就越多，从而会影响风储联合系统的经济效应，而风电的运行成本非常低并且经常在文献中是被忽略掉的。所以在第二阶段将储能设备的投资成本和运营维护成本加入目标函数，将蓄电池的额定功率和额定容量作为变量，以风储联合运行的日净收益最大化为目标，计算公式为

$$\max I = \sum_{t=1}^{24} \left[I_{\text{net}}(t) - I_{\text{punish}}(t) - C_d \right] \tag{3-21}$$

其中

$$C_d = \frac{1}{365} \left[(C_p P_e + C_E E_e) \frac{(1+r)^T r}{(1+r)^T - 1} + C_{\text{yw}} P_e \right] \tag{3-22}$$

式中　　　C_d——蓄电池储能系统的日成本费用；

$C_p P_e + C_E E_e$——蓄电池储能系统的初始投资成本；

$C_{\text{yw}} P_e$——蓄电池储能的年运行维护费用；

C_p——蓄电池储能系统的单位功率成本；

C_E——蓄电池储能系统的单位容量成本；

P_E——蓄电池储能系统的额定功率；

E_e——蓄电池储能系统的额定容量；

r——贴现率，取值 8%；

T——蓄电池储能的使用年限，一般为 15 年。

3）约束条件。蓄电池储能装置的功率约束为

$$0 \ll p_t^d \ll p_{\text{dis}}^{\max} \tag{3-23}$$

$$0 \ll p_t^c \ll p_{\text{ch}}^{\max} \tag{3-24}$$

式中　　$p_{\text{dis}}^{\max}$——蓄电池储能装置的最大放电功率；

$p_{\text{ch}}^{\max}$——蓄电池储能装置的最大充电功率。

蓄电池储能装置负荷状态约束为

$$SOC(t) = \frac{E_{\text{ini}}(t) + \int_0^a (\theta_c s_t^c p_t^c - \frac{1}{\theta_d} s_t^d p_t^d) dt}{E_e} \tag{3-25}$$

$$SOC_{\min} \ll SOC(t) \ll SOC_{\max} \tag{3-26}$$

式中　　$SOC(t)$——第 t 时间段蓄电池储能装置的负荷状态；

$E_{\text{ini}}(t)$——蓄电池储能装置第 t 时间段的初始电能量；

θ_c——蓄电池储能装置的充电效率；

θ_d——蓄电池储能装置的放电效率；

$SOC_{\min}$——蓄电池储能装置的最小负荷状态值，0；

$SOC_{\max}$——蓄电池储能装置的最大负荷状态值，1。

蓄电池储能装置的充放电状态约束为

$$\begin{cases} 0 \ll s_t^c + s_t^d \ll 1 \\ s_t^c, s_t^d \in \{0, 1\} \end{cases} \tag{3-27}$$

式（3-27）表明蓄电池储能装置只能以充电或者放电的一种状态进行工作，这样避免了充放电冲突，s_t^c，s_t^d 的值只能取为 0 或者 1，并且不会同时为 1，这样满足了规划约

束中变量互斥。但是，s_t^c，s_t^d 可同时为 0，这样代表蓄电池储能装置处于浮充状态。

风储联合运行出力惩罚约束为

$$m_t = \begin{cases} 0 & |p_t + s_t^d p_t^d - s_t^c p_t^c - p_t^f| = \varepsilon p_t^f \\ \omega \pi_t & |p_t + s_t^d p_t^d - s_t^c p_t^c - p_t^f| > \varepsilon p_t^f \end{cases} \qquad (3-28)$$

式中　ω——出力偏离的惩罚系数；

　　　ε——风电场允许实际出力偏离计划出力的最大偏离系数。

（2）储能参与风电经济效应分析。基础数据为风电场运行记录数据的平均近似值，以 1h 为一个时间段采集各个输出功率，具体数据见表 3-25。

表 3-25　　　　　　　　　　　　　系 统 输 出 功 率 表　　　　　　　　　　　　单位：MW

时间	风电	风储	计划	时间	风电	风储	计划	时间	风电	风储	计划
1	67.99	68.25	65.33	9	63.42	82.17	88.4	17	95.44	93.22	91.62
2	65.65	62.47	66.12	10	66.21	91.63	83.93	18	88.29	99.17	97.13
3	66.43	81.24	71.84	11	64.24	85.98	88.4	19	96.43	92.05	95.28
4	74.89	76.99	78.68	12	52.44	74.21	63.26	20	97.89	98.72	96.44
5	63.27	79.57	75.61	13	64.53	69.23	68.4	21	83.92	91.08	94.91
6	79.88	82.76	77.56	14	50.23	54.22	58.93	22	91.22	90.66	88.14
7	80.12	82.58	89.71	15	66.19	69.04	68.4	23	78.13	84.84	87.96
8	96.24	95.34	83.47	16	60.46	63.81	58.93	24	76.74	91.26	87.02

1）风电机组独立运行日收益。为了便于比较分析风储联合运行的经济效应，基于上文建立不考虑储能装置的风电机组独立运行日收益模型，为

$$\max I_d^f = \sum_{t=1}^{24} [\pi_t p_t - m_t \mid p_t - p_t^f \mid] \qquad (3-29)$$

$$m_t = \begin{cases} 0 & |p_t - p_t^f| = \varepsilon p_t^f \\ \omega \pi_t & |p_t - p_t^f| > \varepsilon p_t^f \end{cases} \qquad (3-30)$$

根据美国 PJM 市场的统计报告，设定 $\omega = 0.44$，另外假定风电场允许的出力偏离系数 $\varepsilon = 5\%$。

风电机组独立运行的实际出力与计划出力情况如图 3-9 所示，数据带入模型中进行计算，风电机组独立运行日收益为 42.6 万元，惩罚费用为 8.4 万元，实际出力与计划出力最大偏差值为 24.16MW，相对误差最大为 27.33%。

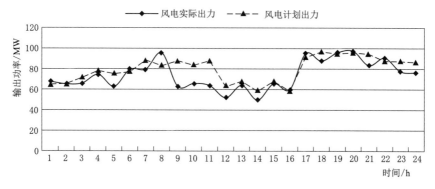

图 3-9　风电机组独立运行实际出力与计划出力曲线

2）风储联合运行日收益。风储联合运行实际出力与计划出力曲线如图 3-10 所示。由图 3-10 可见，风储联合运行的实际出力曲线与计划出力曲线更加贴合，风储联合运行的实际出力与计划出力的最大偏差值为 10.95MW，相对误差最大为 17.31％。将数据带入模型计算得到风储联合运行的日收益为 98.3 万元，惩罚费用为 2.1 万元。

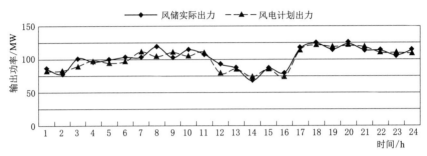

图 3-10　风储联合运行实际出力与计划出力曲线

3）风储联合的经济效应分析。不同情况下的经济效应见表 3-26。由表 3-26 可见，储能参与风电联合运行的情况下日收益增加了 5.7 万元，提升了 36.85％；惩罚费用减少了 6.3 万元，降低了 75％；实际出力与计划出力的最大偏离值降低了 46.32％，最大相对误差也降低了 14.94％。

表 3-26　　　　　　　　　　　　　　不同情况下的经济效应

场景	参数	日收益/万元	惩罚费用/万元	最大偏离值/MW	最大相对误差
风电机组独立运行	$\omega=0.44$	42.6	8.4	23.79	30.24％
风储联合运行	$\varepsilon=5\%$	58.3	2.1	12.77	15.3％

在不考虑储能成本的情况下，风储联合运行大幅度提升了风电运行的日收益，一方面是因为风储联合运行降低了实际出力与计划出力的偏差，从而减小了偏离计划出力的惩罚费用，进而达到提高收益的效果；另一方面是因为蓄电池储能在风电电价低谷时期存储风能，然后在高峰电价时段释放能量，借助蓄电池储能将低价风电转化为高价风电，实现低存储高发电，获取了更好的收益。

（3）风储联合运行经济效应敏感性分析。在不考虑储能成本费用的情况下，分析结果表明风储联合运行会提高系统的经济效应。然而，蓄电池储能成本确实一笔不小的投资，相关研究表明，储能的额定容量和额定功率与蓄电池的成本为正相关关系，即容量越大、功率越高，储能系统产生的成本费用就越高。虽然储能的容量越大，风电商获取的收益就越多，但是产生的投资成本和运行维护费用也会由此增加，从而降低了总的经济效应。所以，本小节主要分析蓄电池容量和功率对风储联合系统经济的影响，以达到优化经济效应的目的。

以日净收益最大化为目标函数，采取逐步搜索法优化求解蓄电池的额定容量和额定功率，计算步骤如图 3-11 所示，其中 p、e 分别代表容量和功率的迭代步长，T_f 为蓄电池的最大放电时长。

将表 3-26 的参数以及数据带入模型中，借助 MATLAB 进行优化计算，结果如图 3-12 所示，在迭代了 217 次后收益达到 49.08 万元的最大值。

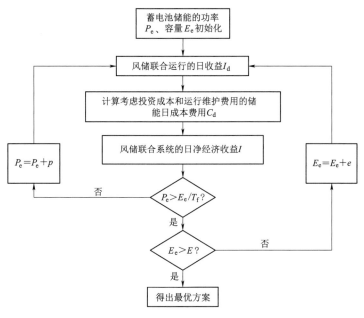

图 3-11 蓄电池储能容量/功率优化流程图

1）储能额定功率对联合系统的经济敏感性分析。固定蓄电池的额定容量，调整额定功率对风储联合系统的日净收益进行优化分析，日净收益的变化如图 3-13 所示。

在固定蓄电池额定容量的情况下，风储联合系统的日净收益随着额定功率的增长而变化，先是随着功率的提升逐渐增加收益值，在达到峰值后收益值又呈下降趋势。在 [16，22] 的额定功

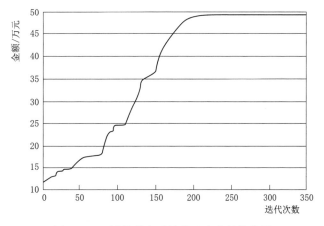

图 3-12 风储联合系统的日净收益优化图

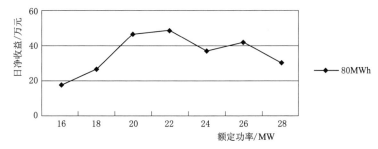

图 3-13 储能装置额定功率对风储联合系统日净收益的影响趋势图

率范围内，功率是影响风储联合系统经济收益的主要因素，然后在额定功率超过 22MW 时，功率与容量比例不匹配，较小的储能容量则限制了风储联合系统的经济效应，这时如果提升额定功率不仅会加大投资运营成本，还会因为售电收益补偿不了成本增加量而降低经济收益，所以此时的风储联合系统日净收益呈现下降趋势。

2) 储能额定容量对联合系统的经济敏感性分析。固定蓄电池的额定功率，调整额定容量对风储联合系统的日净收益进行优化分析，日净收益的变化如图 3－14 所示。

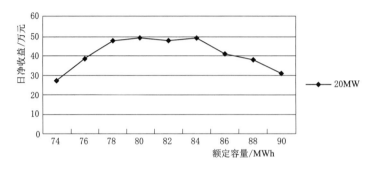

图 3－14　储能装置额定容量对风储联合系统日净收益的影响趋势图

在固定蓄电池额定功率的情况下，风储联合系统的日净收益随着额定容量的增长而变化，先是随着容量的提升逐渐增加收益值，在达到峰值后收益值又呈下降趋势。在 ［74，84］的容量范围内，容量是影响风储联合系统经济收益的主要因素，风储联合的售电收益可以补偿因容量变大导致的成本增加值，所以系统的日净收益呈上升趋势。然后在额定容量超出 84MW 时，较小的储能功率则限制了风储联合系统的经济效应，这时如果提升额定容量不仅会加大投资运营成本，还会因为售电收益补偿不了成本增加量而降低经济收益，所以此时的风储联合系统日净收益呈现下降趋势。

额定功率或者额定容量越高，蓄电池储能的投资成本和运行维护费用就越高，在储能技术制约和测量误差存在的影响下，通过提高功率或者容量带来的售电收益增加值不一定能补偿储能的成本增加额。从不同的储能容量和功率对风电储能联合运行的净收益数据的影响可以看出，在固定风电机组容量的系统中，只有储能的容量和功率达到最佳配置才能实现风储联合系统的经济效应最优化，超出或者低于最佳配置值都会导致风储联合系统的日净收益降低。所以风电场在建立风电储能联合运行系统之前，需先进行储能容量和功率的优化配置以实现风储联合经济效应最大化，提高风电场的整体经济收益。

2. 社会效应

(1) 储能参与风电消纳社会效应指标。风力发电作为我国目前技术较为成熟且具有极大商业价值的新兴产业之一，其发展前景是广阔的。现在随着风电的发展，系统调峰矛盾严重，风电增长速度远远快于需求增加速度，导致风电发展与电网规划步调不协调，弃风问题变得越来越严重。尤其是东北-西北-华北地区由于受其消纳能力的限制，弃风现象最为严重，降低了风力发电原有的社会效应。国内储能技术的发展日益成熟，借助储能技术能够提高风电消纳能力，具有明显的社会效应：一方面，储能参与风电消纳促进了其所在地区的区域产值增加，政府财税收入也有所提高，与此同时也带动了该区域的交通发展，提供了脱贫致富的机会，增加了居民人均收入；另一方面，不仅提高了该地区的社会就业率，还促进了地区行业的综合效益水平增加，进而提高了地区的综合竞争力。根据以上分析，我们设计的指标体系共包含区域产值、财税收入、交通运输、居民人均收入、社会就业、行业综合竞争力和行业综合效益 7 个社会效应因素，具体含义如下：

1）区域产值即为地区生产总值，我们以地区一年内生产活动的最终成果作为评价社会效应的参考值，是各产业增加值的总和。

2）财税收入是当地政府财政收入的一部分，反映了地区政府管理效益和能力，这里以税收收入作为评价社会效应的参考值，税收收入为营业税、个人所得税、土地使用税等各项税收收入之和。

3）交通运输主要涉及该地区的客运量和货运量的增加情况，根据增加值进行后面的打分评价。

4）居民人均收入反映了该地区居民的生活消费水平，储能参与风电消纳提高就业水平，给居民带来脱贫致富的机会。

5）社会就业即考察地区的就业水平，参考指标包括一定时期内新增就业人数、在就业人数和城镇登记失业率。

6）行业综合效益是指该地区在一定时期内，各行业的经济增长能力以及抗风险能力的提高。

7）综合竞争能力是指该地区获取资源、提供产品和服务的能力，参考指标主要是其获取外部投资以及应用情况。

根据一般性原则，确定储能参与风电消纳社会效应的 5 个级别标准，分别划分为优、良、中、差、很差 5 个级别，并且分别依次以数字 1、2、3、4、5 来表示，将其定量化。采用 10 分制，在此设定其取值区间为 0～10，其中 8～10 为优，6～8 为良，4～6 为中，2～4 为差，0～2 为很差。具体社会效应分级标准见表 3-27。

表 3-27　　　　　　　　　　　社 会 效 应 分 级 标 准

级别	区域产值	财税收入	交通运输	人均收入	就业水平	综合效益	综合竞争力
1	8～10	8～10	8～10	8～10	8～10	8～10	8～10
2	6～8	6～8	6～8	6～8	6～8	6～8	6～8
3	4～6	4～6	4～6	4～6	4～6	4～6	4～6
4	2～4	2～4	2～4	2～4	2～4	2～4	2～4
5	0～2	0～2	0～2	0～2	0～2	0～2	0～2

（2）算例分析。为了方便进行评价比较，我们将选取的地区发展情况汇总（见表 3-28），主要展现了地区生产总值、外商投资、税收收入、就业情况（表中数据为地区的城镇登记失业率，不是升降率）、交通情况（客运量和货运量）、电力所在的第二产业增加值以及居民人均收入水平的波动情况。

采取德尔菲法进行项目打分，专家根据 6 个项目所在地区的发展情况的描述，进行各指标的打分评价，结果见表 3-29。

表 3 - 28　　　　　　　　　　　　地 区 发 展 变 化 表

项目	地区生产总值	外商投资	税收收入	失业率	交通情况		第二产业增加值	人均收入
					客运量	货运量		
A	7.1%↑	9.4%↑	10.2%↑	3.53%	17.9%↑	21.2%↑	10.7%↑	10.3%↑
B	9.5%↑	17.3%↑	18.3%↑	4%	14.5%↑	12.9%↑	9.3%↑	11.3%↑
C	4.3%↑	15.4%↑	15.3%↓	3.98%	18.7%↑	22.7%↑	8.8%↑	8.7%↑
D	9.1%↑	31.2%↓	17.5%↑	3.01%	21.6%↓	14.1%↑	5.6%↑	8.5%↑
E	6.7%↑	9.1%↓	7.4%↓	3.7%	11.8%↓	6.8%↑	7.9%↑	6.2%↑
F	6.8%↑	14.5%↓	9.2%↑	4.7%	9.4%↑	0.3%↓	9.6%↑	8.6%↑

表 3 - 29　　　　　　　　　　　　项 目 专 家 打 分 表

项目	区域产值	财税收入	交通运输	人均收入	就业水平	综合竞争力	综合效益	专家打分	BP 网络仿真
A	7	8	8	9	8	7	9	1	1
B	9	9	8	9	7	9	9	1	1
C	4	2	9	8	9	9	8	2	1
D	9	9	6	8	9	1	6	2	3
E	7	4	6	8	8	3	7	3	3
F	7	7	7	8	6	2	9	3	3

将 6 个项目的打分数据录入到 Matlab 中，并用采用神经网络进行仿真预测，结果如图 3 - 15 所示。

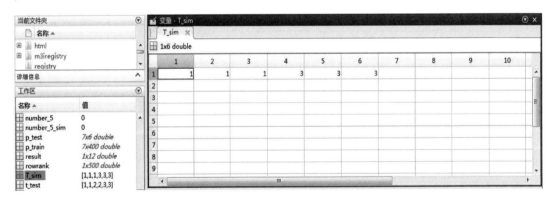

图 3 - 15　BP 神经网络仿真预测结果

为了方便分析社会效应，将专家打分情况与 BP 神经网络仿真结果汇总在一起进行对比，见表 3 - 30。

表 3 - 30　　　　　　　　　　　　结 果 对 比 表

项目	区域产值	财税收入	交通运输	人均收入	就业水平	综合竞争力	综合效益	专家打分	BP 网络仿真
A	7	8	8	9	8	7	9	1	1
B	9	9	8	9	7	9	9	1	1
C	4	2	9	8	9	9	8	2	1

项目	区域产值	财税收入	交通运输	人均收入	就业水平	综合竞争力	综合效益	专家打分	BP 网络仿真
D	9	9	6	8	9	1	6	2	3
E	7	4	6	8	8	3	7	3	3
F	7	7	7	8	6	2	9	3	3

从图 3-15 中可以看出，项目 A、B、C 的社会效应均为优，D、E、F 的社会效应均为中，其仿真结果与德尔菲法得到的结果略有不同，但相差不多。

1）B、C 项目对比可以发现社会效应对区域产值和财税收入的提高影响不大，虽然 C 项目的其余指标与 B 项目几乎均在同一水平，即使 C 项目的区域产值和税收收入的增幅较差，但是最后仿真结果两者社会效应均为优。

2）B、D 项目对比可以发现社会效应对综合竞争力和综合效益的提升影响较大，在 B、C 前面 5 个指标水平近乎持平的情况下，D 项目的综合竞争力和综合效益明显低于 B 项目，尤其综合竞争力的差距最大，然后仿真结果也表明 D 项目的社会效应与 B 项目的社会效应有着一定的距离。

3）D、E 项目对比可以发现社会效应对综合竞争力的提升影响更大，D 项目仅在综合竞争力提升水平上次于 E 项目，其他指标水平均高于 E 项目，但是最终的仿真结果却是相同的。由此可见，风电项目的社会效应主要体现在提升地区行业竞争力方面。

通过以上算例分析可知，储能参与风电消纳可以给地区吸引更多外商投资，在提升地区生产总值、增加税收收入的同时，更加带动了交通及技术的发展，提高了地区的社会就业水平，进一步增加了综合竞争能力，所以建议应该大力推行风储示范项目。

3. 环境效应

（1）风储联合运行的环境效应指标。风电生产地区的环境效应会受到当地的气象情况影响，因为风力发电与气象条件存在着耦合关系，气象情况决定着风电出力和污染物扩散，所以风力发电对促进当地减少污染排放的效应会受到气象条件的影响。风电的消费地区则可以减少化石燃料的消耗，降低燃煤电厂的排放，此时的风力发电与气象就不存在耦合关系，其环境效应更加显著；11 项风电输送工程预计每年可减少煤炭运输 2 亿 t，灰尘减排量达到 15.2 万 t，SO_2、NO_x 和 CO_2 等有害气体分别减排 94.3 万 t、99.6 万 t 和 3.8 亿 t。

风储联合发电的环境效应包含三个方面：

1）自然环境效应，即风力发电代替燃煤电厂产生的污染物减排效果，如 SO_2 减排量、NO_x 减排量、CO_2 减排量和烟尘减排量。

2）自然资源效应，即风储联合系统利用自然资源产生的影响，如利用风力发电来削减大风带来的自然灾害，同时风力发电还降低了燃煤量，风电场的建设需要占用大量土地，相应地增加了土地使用价值。

3）资源利用效应，作为可再生能源之一的风电降低了污染物排放量，提高了社会环保效益，使得能源利用率提升，同时储能参与风电消纳增加了风电上网电量，提高了系统的能源效率。

根据上述分析,建立风储联合环境效应分析的指标体系,具体如图 3-16 所示。

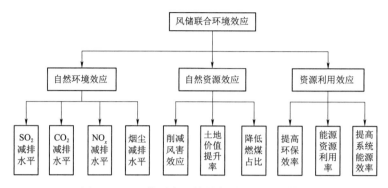

图 3-16　风储联合环境效应分析的指标体系

(2) 风储联合环境效应的物元可拓评价模型。

1) 物元可拓模型原理。物元可拓是可拓集合与物元理论结合产生的一种综合模型,通过将复杂系统的实际问题转化为形式化的问题模型,从定性和定量两个角度借助物元可拓性进行定性计算。该方法从主要矛盾和关键问题出发,最大程度地满足主系统和主要条件,结合可拓集合通过关联函数进行定量计算,然后建立物元模型进行物元变换将各个指标转化为相容的体系进行评价。

物元可拓模型包括经典域和节域,通过关联函数计算各个指标的关联度,然后计算综合权重进行等级评价,该方法不仅计算出系统总体的环境效应水平,还能够反映出各个指标对环境效应的影响程度,反映了效应水平等级的转化状态,一定程度上削减了人为确定环境效应等级的主观性。所以本节选用物元可拓模型进行评价,并利用熵权法对权重计算方法进行了改进,对风储联合运行的环境效应进行物元评价分析,对以后风储示范项目推广建设具有一定的参考意义。

2) 物元可拓方法步骤,具体如下:

步骤 1:物元、经典域和节域的确定。

假设事物 T 有 n 个特征指标 $I=[I_1, I_2, \cdots, I_n]$,特征指标的对应数值为 $V=[V_1, V_2, \cdots, V_n]$,则 T、I、V 三者构成的数组 $\boldsymbol{R}=(T, I, V)$ 即为物元,事物的名称、特征指标和指标数值为物元三要素。特征指标和对应的指标数值组成的矩阵即为经典域物元矩阵,记为

$$\boldsymbol{R}_j = (T_j, I_j, V_j) = \begin{bmatrix} T_j & I_1 & V_1 \\ & I_2 & V_2 \\ & \vdots & \vdots \\ & I_n & V_n \end{bmatrix} = \begin{bmatrix} T_j & I_1 & <a_{j1}, b_{j1}> \\ & I_2 & <a_{j2}, b_{j2}> \\ & \vdots & \vdots \\ & I_n & <a_{jn}, b_{jn}> \end{bmatrix} \quad (3-31)$$

式中　　　　T_j——划分的 j 个等级;

$I_1, I_2, \cdots, I_n$——事物的不同特征;

$V_1, V_2, \cdots, V_n$——评价第 j 个等级时各个特征指标的数值,即经典域。

经典物元、可转为经典物元的事物、特征指标和指标对应的数值组成的矩阵为节域物元矩阵,记为

$$R_T = \begin{bmatrix} T_j & I_1 & V_{t1} \\ & I_2 & V_{t2} \\ & \vdots & \vdots \\ & I_n & V_{tn} \end{bmatrix} = \begin{bmatrix} T_j & I_1 & <a_{t1},b_{t1}> \\ & I_2 & <a_{t2},b_{t2}> \\ & \vdots & \vdots \\ & I_n & <a_{tn},b_{tn}> \end{bmatrix} \qquad (3-32)$$

式中　　　　　　T——待评价事物的全体等级；

　　$[v_1,v_2,\cdots,v_n]$——T 条件下各特征指标的取值，即节域。

　　　令

$$R_0 = \begin{bmatrix} T_0 & I_1 & V_1 \\ & I_2 & V_2 \\ & \vdots & \vdots \\ & I_n & V_n \end{bmatrix} \qquad (3-33)$$

式中　　　　　　T_0——待评价物元；

V_1，V_2，$\cdots$，V_n——T_0 关于 I_1，I_2，$\cdots$，I_n 各指标的具体数据。

　　步骤 2：关联系数计算。关联系数反映了被评价事物与评价等级之间的关联程度，计算公式为

$$r_{ij}(v_{ij}) = \begin{cases} \dfrac{\rho(v_i,v_{ji})}{\rho(v_i,v_{ti})-\rho(v_i,v_{ji})}, & \rho(v_i,v_{ti})-\rho(v_i,v_{ji}) \neq 0 \\ -\rho(v_i,v_{ji})-1, & \rho(v_i,v_{ti})-\rho(v_i,v_{ji}) \neq 0 \end{cases} \qquad (3-34)$$

　　其中

$$\begin{cases} \rho(v_i,v_{ji}) = \left| v_i - \dfrac{1}{2}(a_{ji}+b_{ji}) \right| - \dfrac{1}{2}(b_{ji}-a_{ji}) \\ \rho(v_i,v_{ti}) = \left| v_i - \dfrac{1}{2}(a_{ti}+b_{ti}) \right| - \dfrac{1}{2}(b_{ti}-a_{ti}) \end{cases} \qquad (3-35)$$

　　步骤 3：熵权法修正层次分析法（AHP）确定指标权重。

　　a. 运用层次分析法建立判断矩阵并计算权重 y_j；

　　b. 对层次分析法中的判断矩阵进行指标标准化处理，为

$$P_{ij} = \begin{cases} \dfrac{a_{ij}-\min a_{ij}}{\max a_{ij}-\min a_{ij}}（用于指标越大越好） \\ \dfrac{\max a_{ij}-a_{ij}}{\max a_{ij}-\min a_{ij}}（用于指标越小越好） \end{cases} \qquad (3-36)$$

　　c. 计算指标熵权，根据改进后的熵概念定义评价指标的熵，为

$$\begin{cases} E_j = -k \sum_{i=1}^{n} \dfrac{P_{ij}}{a_j} \ln\left(\dfrac{P_{ij}}{a_j}\right) \\ a_j = \sum_{i=1}^{m} P_{ij} \\ k = \dfrac{1}{\ln n} \end{cases} \qquad (3-37)$$

　　d. 计算指标的差异系数，为

$$D_j = \dfrac{1-E_j}{n - \sum_{j=1}^{n} E_j} \qquad (3-38)$$

则指标的熵权为

$$\omega_j = \frac{D_j}{\sum\limits_{j=1}^{n} D_j} \qquad (3-39)$$

e. 熵权值修正层次分析法求得的指标权重 y_j，得到综合权重 W_j 为

$$W_j = \frac{\omega_j y_j}{\sum\limits_{j=1}^{n} \omega_j y_j} \qquad (3-40)$$

步骤4：确定第 j 等级的可拓关联度，为

$$K_j(T_0) = 1 + \sum_{i=1}^{n} \omega_i r_{ij}(v_{ij}) \qquad (3-41)$$

步骤5：确定待评物元等级。等级的可拓关联系数越大，则评价对象对该等级的隶属度就越高，若 $K_{j0} = \max\{K_j(T_0)\}$，则待评物元的等级即为 j_0。

（3）算例分析。选取辽宁省某风储示范工程作为对象进行算例分析。该风电场2017年年发电量约为4063.9万 kWh，以火电燃煤（标准煤）326g/kWh 为标准，则该示范工程运营一年可节约标准煤1.35万 t，相当于减排 CO_2 4.09万 t、SO_2 163.39t、NO_x 154.46t 和烟尘185.35t。

1）层次分析法初步确定权重。参照层次分析法的思路和步骤先初步确定准则层的权重，准则层判断矩阵见表3-31。

表3-31　　　　　　　　　　　　　　准则层判断矩阵

环境效应指标	自然环境效应 A_1	自然资源效应 A_2	资源利用效应 A_3
自然环境效应 A_1	1	7	3
自然资源效应 A_2	1/7	1	1/5
资源利用效应 A_3	1/3	5	11

得到判断矩阵后进行归一化处理，并求取矩阵的最大特征根 $\lambda_{\max}$ 及其对应的特征向量进行一致性检验，具体步骤如下：

规范化后矩阵为

$$B = \begin{bmatrix} 0.6774 & 0.5385 & 0.7143 \\ 0.0968 & 0.0769 & 0.0476 \\ 0.2258 & 0.3846 & 0.2381 \end{bmatrix} \qquad (3-42)$$

则 $\lambda_{\max} = 3.0649$，其对应的特征向量为 $b = [0.6434, 0.0738, 0.2828]$，即为层次分析法求出的自然环境效应 A_1、自然资源效应 A_2、资源利用效应 A_3 三项指标权重。并且满足一致性检验条件：$CR = 0.0559 < 0.1$。

2）熵权法修正层次分析法确定初步权重。式（3-42）为 AHP 分析法准则层的规范化矩阵，因为各指标均为越大越好的指标，所以运用式（3-36）进行标准化处理得到准则层的标准化矩阵，结果见表3-32。

表 3 - 32 准则层标准化判断矩阵

环境效应指标	自然环境效应 A_1	自然资源效应 A_2	资源利用效应 A_3
自然环境效应 A_1	1.0000	1.0000	1.0000
自然资源效应 A_2	0.0000	0.0000	0.0000
资源利用效应 A_3	0.2222	0.6667	0.2857

运用式（3-37）分别计算得出自然环境效应 A_1、自然资源效应 A_2、资源利用效应 A_3 的熵值分别为

$$E_1 = 0.4316，E_2 = 0.6126，E_3 = 0.4822$$

运用式（3-38）计算 A_1、A_2、A_3 的差异系数

$$D_1 = 0.3857，D_2 = 0.1291，D_3 = 0.1726$$

运用式（3-39）计算 A_1、A_2、A_3 的信熵权重

$$\omega_1 = 0.5611，\omega_2 = 0.1878，\omega_3 = 0.2511$$

运用式（3-40）以信熵权重修正 AHP 分析法求出的指标权重，得到 A_1、A_2、A_3 的综合权重

$$W_1 = 0.8097，W_2 = 0.0311，W_3 = 0.1593$$

按照上述步骤依次求出要素层所对应的各指标的 AHP 综合权重和熵权法修正后的综合权重，见表 3-33。

表 3 - 33 风储联合系统环境效应指标权重表

准则层	AHP 权重	熵权法修正后权重	要素层	AHP 权重	熵权法修正后权重	AHP 综合权重	熵权法修正后综合权重
自然环境效应	0.6434	0.5611	二氧化硫减排水平	0.2333	0.4161	0.1501	0.2335
			二氧化碳减排水平	0.5584	0.4600	0.3593	0.2581
			氮氧化物减排水平	0.1564	0.1039	0.1006	0.0583
			烟尘减排水平	0.0519	0.0200	0.0334	0.0112
自然资源效应	0.0738	0.1878	削减风害效应	0.3537	0.5549	0.0261	0.1042
			土地价值提升率	0.0904	0.0507	0.0067	0.0095
			降低燃煤占比	0.5559	0.3944	0.0410	0.0741
资源利用效应	0.2828	0.2511	提高环保效率	0.3092	0.4003	0.0874	0.1005
			能源利用率	0.1096	0.0768	0.0310	0.0193
			提高系统能源效率	0.5813	0.5229	0.1644	0.1313

3）基于物元可拓模型进行环境效应分析。指标体系及权重参见表 3-33，其中一级指标包括自然环境效应、自然资源效应和资源利用效应 3 方面，每个一级指标下又设有 3 或 4 个二级指标，共 10 个二级指标。现将风储联合系统的环境效应评价标准分为优、良、中、较差、差 5 个等级，各指标对应的评价标准通过专家经验给出，范围定为 [0，1]，然后构造风储联合环境效应评价的经典域矩阵，即

$$R_1 = \begin{bmatrix} T_1 & I_1 & (0,0.2) \\ \text{差} & I_2 & (0,0.2) \\ & \vdots & \vdots \\ & I_{10} & (0,0.2) \end{bmatrix}$$

$$R_2 = \begin{bmatrix} T_1 & I_1 & (0.2,0.4) \\ \text{较差} & I_2 & (0.2,0.4) \\ & \vdots & \vdots \\ & I_{10} & (0.2,0.4) \end{bmatrix}$$

$$R_3 = \begin{bmatrix} T_1 & I_1 & (0.4,0.6) \\ \text{中} & I_2 & (0.4,0.6) \\ & \vdots & \vdots \\ & I_{10} & (0.4,0.6) \end{bmatrix}$$

$$R_4 = \begin{bmatrix} T_1 & I_1 & (0.6,0.8) \\ \text{良} & I_2 & (0.6,0.8) \\ & \vdots & \vdots \\ & I_{10} & (0.6,0.8) \end{bmatrix}$$

$$R_5 = \begin{bmatrix} T_1 & I_1 & (0.8,1) \\ \text{优} & I_2 & (0.8,1) \\ & \vdots & \vdots \\ & I_{10} & (0.8,1) \end{bmatrix}$$

$$R_N = \begin{bmatrix} T & I_1 & (0,1) \\ & I_2 & (0,1) \\ & \vdots & \vdots \\ & I_{10} & (0,1) \end{bmatrix}$$

根据风储联合运行系统环境效应各评价指标的实际值构建待评物元矩阵 R_0，即

$$R_0 = \begin{bmatrix} T_0 & I_1 & 0.63 \\ & I_2 & 0.81 \\ & I_3 & 0.74 \\ & I_4 & 0.59 \\ & I_5 & 0.87 \\ & I_6 & 0.71 \\ & I_7 & 0.93 \\ & I_8 & 0.64 \\ & I_9 & 0.49 \\ & I_{10} & 0.78 \end{bmatrix}$$

结合式（3-34）、式（3-35）以及上文构建的经典域、节域物元矩阵和待评物元矩阵进行各指标与评价等级之间的关联系数，见表3-34。

表 3 - 34　　　　　　　　　　各指标关于评价等级的关联系数

指标 \ 等级	差	较差	中	良	优
I_1	−0.5375	−0.3833	−0.0750	0.0882	−0.3148
I_2	−0.7625	−0.6833	−0.5250	−0.0500	0.0556
I_3	−0.6750	−0.5667	−0.3500	0.3000	−0.1875
I_4	−0.4875	−0.3167	0.0250	−0.0238	−0.3387
I_5	−0.8375	−0.7833	−0.6750	−0.3500	1.1667
I_6	−0.6375	−0.5167	−0.2750	0.4500	−0.2368
I_7	−0.9125	−0.8833	−0.8250	−0.6500	−1.0700
I_8	−0.5500	−0.4000	−0.1000	0.1250	−0.3077
I_9	−0.3718	−0.1552	0.2250	−0.1833	−0.3875
I_{10}	−0.7250	−0.6333	−0.4500	0.1000	−0.0833

在得到各指标关于不同评价等级关联系数的基础上，结合式（3 - 41）进行环境效应等级评价，计算过程如下：

$$K_1(T_0) = 1 + \sum_{i=1}^{10} W_i r_{1i}(v_i) = 0.3143$$

$$K_2(T_0) = 1 + \sum_{i=1}^{10} W_i r_{2i}(v_i) = 0.4192$$

$$K_3(T_0) = 1 + \sum_{i=1}^{10} W_i r_{3i}(v_i) = 0.6280$$

$$K_4(T_0) = 1 + \sum_{i=1}^{10} W_i r_{4i}(v_i) = 0.9667$$

$$K_5(T_0) = 1 + \sum_{i=1}^{10} W_i r_{5i}(v_i) = 0.9168$$

$K_4 T_0$ 的综合可拓关联度最大，所以该项目的环境效应等级为良，说明风储联合运行的项目低碳环保。从环境效应指标权重来看，二氧化碳减排水平、二氧化硫减排水平以及提高系统能源利用效率是风储联合系统环境效应的主要影响因子，烟尘减排水平、降低燃煤量和能源利用率等限制了项目的环境效应，所以在风储联合运行项目中需要提高这些限制水平，从而提高项目的环境效益。

3.3.4　结论与建议

1. 光伏企业价值创造能力因素总结与能力提高建议

我们借鉴国内外相关研究文献，在建立光伏企业价值创造能力评价指标体系的基础上，利用熵权法、层次分析法、折中决策法分别确定了客观权重、主观权重、主客观组合权重，采用模糊综合评价法对 62 家光伏企业进行了价值创造能力评价研究，得出以下结论：

（1）在 5 个评价等级中没有 1 个样本企业进入"很好"和"非常好"行列，66％的企业处于"一般"和"较好"水平，24％的企业处于"较差"水平，说明我国上市光伏企业价值创造能力整体水平不高。

（2）科技是企业发展的动力，是企业生存的关键。目前国内光伏企业重视技术创新，但多数企业研发支出占总收入的比重与国外同类企业相比仍存在一定差距，创新动力不足，制约着企业持续健康发展。同时，从官方网站公布的资料看，多数企业经营范围广，产品种类繁多，专注从事光伏产业经营的企业少，容易造成研发投入分散。

（3）部分企业缺乏理性，着眼于当前利益，加之相关部门规划布局前瞻性不强，管控力度不够，造成企业投资混乱，恶性竞争，效益不高。

近年来全球光伏行业整体发展呈良好态势，但由于受国内多种因素影响，频频出现产能过剩、弃光限电、补贴缺口等问题。因此，选择适当的发展型战略对提升光伏企业价值创造能力，走出困境尤为重要。针对以上研究和当前国内外形势，我们提出以下建议：

（1）统筹兼顾，科学规划，出台多种政策，积极引导光伏企业调整发展思路，避免盲目投资和不良竞争。同时，应加快资源整合，利用兼并、混改等多种方式淘汰技术装备落后、创新力不足、成本较高、依靠补贴发展及生长在政策温室里的劣势企业，将重点从扩大规模向提质增效过渡。

（2）整合人力资源，出台人才优惠政策，吸引国内外高端精英，组建联合攻关团队，培养储备高端技术人才，在巩固优势技术的基础上，积极开展如光伏逆变器中的核心元器件、控制芯片等高端技术研发，避免过分依赖进口造成的核心技术受制于人，逐步摆脱国外对我国经济、技术的制裁、围堵与封锁，持续提升企业竞争力，确保企业高质量健康发展。

（3）借助"一带一路"，积极开拓国际市场，加大国际市场合作力度，让国内技术、产品走出去，提高国际市场占有率。同时，要持续优化产业结构，科学决策，强化管理，不断提升主营业务获利水平，提高投入产出效率。对于上市光伏企业而言，还要重视每股收益增长率、资本保值增值率等指标，以良好的发展表现为企业价值创造能力的提升提供保障，让股东和资本市场对企业发展更有信心。

2. 风电产业价值链增值因素总结与效率提升建议

近年来，我国风能产业迅速发展，新增装机容量规模、累计装机容量规模目前均稳居世界第一，技术水平整体也有了较大提升，但由于规划布局前瞻性不强、投资不合理、研发滞后等多种因素影响造成国内风电产业的发展失衡，严重制约了产业的可持续发展。我们根据主成分分析及 DEA - Malmquist 模型从价值链角度得出以下结论：

（1）风电产业价值链上游上市公司纯技术效率低于产业平均值，管理和技术水平不符合增值活动的现实需要。

（2）风电产业价值链中游上市公司综合技术效率和技术进步指数表现均不佳，中游公司在规模调整和技术创新层面都存在较大的改进空间。

（3）风电产业价值链下游上市公司相比于上游、中游公司来说发展较好，但纯技术效率及规模效率仍有提升空间，合理地调整投资规模、适当增加技术创新是下游上市公司提高效率的关键。

因此，提出以下四点针对性建议：

（1）加强企业自主创新，提升自主创新能力。近年来，我国风电设备的科技创新能力实现了较大的进步，但与国外发达国家相比，仍有很大差距，远远不能适应新形势下国际市场竞争的要求。风电设备上市公司应有强烈的紧迫感和危机感，及时调整发展战略，制定适合其发展的创新驱动目标，建立健全创新体系，整合各种优势资源，吸引国内外尖端科技人才，组建核心技术攻关团队，加大科技研发投入，加快核心技术的开发研究，积极应对国外核心技术掣肘带来的挑战。

（2）开展投资风险评估。风电产业应认真开展市场需求调研，编制可行性方案，严格进行投资风险评估，制定科学的企业战略发展规划，正确处理研发、制造、销售、建设、服务等方面的关系，优化资源，精准投资，降低风险，实现企业利益最大化，确保企业健康发展。

（3）加强规划、建设和调度管理。积极开展陆上集中式、分散式风电规划以及海上风电规划发展的前瞻性研究，统筹规划，合理布局，先行试点，分步实施，有效利用资源优势，避免建设无序、投资浪费等现象；同时，加大电网基础建设的力度，确保风电输送通道畅通，缓解风电输出压力；另外，充分发挥政府职能作用，强化全网统一调度，通过市场手段消除区域间壁垒，利用好现有电能输送通道功能，摆脱弃风困境。

3. 风储联合运行的效应分析总结与促进建议

风电储能联合运行的多维效应分析总结如下：

（1）经济效应。首先分析了在不考虑储能成本的情况下，风储联合运行对风电运行日收益的影响，风电储能联合运行减小出力偏差进而减少了惩罚费用，蓄电池储能技术提高了风能利用率，进而增加了风电场收益。其次分析了不同储能容量和功率对风电储能联合运行系统的净收益影响，在固定风电机组容量的系统中，只有储能的容量和功率达到最佳配置才能实现风储联合系统的经济效应最优化，超出或者低于最佳配置值都会导致风储联合系统的日净收益降低。

（2）社会效应。进行了社会效应神经网络仿真，风电储能联合运行项目 A、B、C 的社会效应均为优，风电独立运行项目 D、E、F 的社会效应均为中。储能参与风电消纳可以更好地提升地区行业综合效益和行业综合竞争力。风电储能联合运行既降低了弃风率，又促进了风电的大规模应用，进一步带动了其他行业的发展速度和效率，提升了风储示范项目所在地区整体的行业综合效益。

（3）环境效应。通过物元可拓模型分析了风电储能联合运行的环境效应，评价结果表明风储联合运行的环境效应良好，在提高二氧化碳、二氧化硫等污染物的减排水平和提高电力系统的能源利用率等方面效果更佳，从各个指标权重可以看出烟尘减排水平、降低燃煤量和能源利用率等限制了项目的环境效应，所以未来风储联合系统应在这些方面提高并优化技术。

从风电和储能联合运行的经济效应、社会效应和环境效应三个维度进行了论述分析，并从有助于我国风电和储能市场的发展角度出发，提出以下几点建议：

（1）目前风力发电主要集中在内陆，土地占比高且弃风率较高，而海上风能资源利用率高且可以节约土地资源，所以国家建议加大海上风电的发展力度，并需要加大技术投入以降低设备成本，实现风电产业低碳化发展。

（2）储能技术有助于降低风电弃风量。所以建议国家要继续加大对风电等清洁能源的利用以减少弃风量，各个地区可以实行联合运行提高弃风消纳率，然后进行模式优化并向智能化方向发展。

（3）风力发电会导致植被破坏并产生噪声污染、灰土扬尘等，所以内陆低风速区域应该优先发展分布式风电以减少对自然环境的影响。在风电项目开发设计阶段提前做好整体规划，尽量降低风电设备安装、运输、施工和运行阶段对周边环境的影响并加强生态环境恢复工作，努力做到风电产业与自然和谐发展。

（4）近年来国家在储能市场的政策支持力度不断加大，但是储能在发电侧目前还不具备独立的辅助服务提供商身份。建议国家层面从政策上明确储能市场身份和地位，明确储能设施并网和接入电力系统的方式，并允许储能市场可作为独立的市场主体开展运营，以更好地激发储能市场活力。

（5）我国的储能试点项目在不断增加，但是因为辅助服务补偿力度小，储能试点项目大多数不具备盈利条件，所以建议相关部门颁布鼓励性政策来支持试点项目的开展运行，同时也要积极寻求增加辅助服务资金来源的途径，加快电力市场对储能这类辅助服务主体的接受度。

（6）储能技术的发展需要开放、规范和完善的电力市场，储能技术的价值不仅体现在通过削峰填谷来促进风电消纳，而且可以提高电力系统的电能质量。但是目前我国的电力市场仍在建设阶段，市场机制尚不完善，所以建议国家层面加快完善市场机制，推进电力市场和辅助服务市场的建设速度，为储能技术提供一个可以充分发挥其优势的舞台。

3.4 外部环境维影响因子解析

针对外部环境维影响因子，主要从风险评估和政策导向两方面展开分析。在外部复杂环境的影响下，清洁能源"发电-储能-用能"价值链联盟的建设存在着各种风险和不确定性，面临着前所未有的发展瓶颈。特别是由于我国电力能源市场环境的复杂性，这些风险已经渗透到整个电力能源领域，使得价值链联盟的风险管理更加困难。因此，在以上对清洁能源价值链影响因子分析的基础上，有必要对外部环境维，即清洁能源价值链的主要风险，进行识别、评价和分析，探索清洁能源"发电-储能-用能"价值链联盟发展的新途径和新方向。

中国政策体系正处在由选择性产业政策为主导向功能性产业政策为主导转变的重要时期，在此背景下，探讨政策支持在中国光伏行业发展中的作用及政策倾斜策略，提高中国光伏产业的政策协同效率进而促进产业高质量发展，成为亟待解决的重要课题。因此，针对碳中和背景中国光伏行业的政策驱动能力进行了评价研究，并根据评价结果从宏观、中观及微观角度给出了碳中和背景下中国光伏行业发展政策建议。

3.4.1　清洁能源价值链外部风险评估

1. 风险评估模型的构建

在这一部分中，旨在对风险因素进行合理的确定，有效地评价清洁能源"发电-储能-用能"价值链的总体风险水平，并根据最终的评价结果提出合理建议。

（1）第一阶段——风险标准识别。我们通过文献综述和专家访谈考察了清洁能源企业与电力企业的内外部风险，以及未来合作的风险，从而对清洁能源价值链的风险进行了分类。风险研究框架如图 3-17 所示。

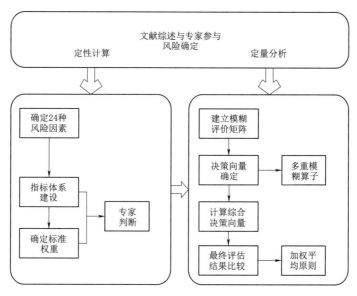

图 3-17　风险研究框架

清洁能源"发电-储能-用能"价值链的风险评估非常重要，不仅可以识别联盟的直接风险，还可以识别利益相关者之间联系所导致的间接风险。根据现有文献资料和网络资源，将提出的清洁能源"发电-储能-用能"价值链风险评估因子发送给高校、企业、政府和研究机构的专家进行评审。最后，我们确定了清洁能源"发电-储能-用能"价值链的风险指标。

最后的 24 个风险评估因素见表 3-35，分为市场风险、社会政治和环境风险、能力风险、合作与协调风险、联盟形成风险、风险承担和利润分配风险六类。

确定风险指标后，构建清洁能源价值链风险评价指标体系（如图 3-18 所示）。

（2）第二阶段——确定标准权重。任何独立的风险因素不足以全面评估联盟所面临的风险。因此，有必要在各个层面考虑综合风险指数，以免影响单一风险因子指数对整体风险评估的影响。这里采用层次分析法确定各层次指标的权重。

评估模型设定了三个原则：①从清洁能源"发电-储能-用能"价值链的角度设置 6 个相关指标；②所选指标适用于清洁能源"发电-储能-用能"价值链的风险评估；③入选专家均为清洁能源及相关行业具有较高声誉的专家，评价结果可信。

表 3 - 35   风 险 评 估 因 素

基准层风险	指标层风险	基准层风险	指标层风险
市场风险 B_1	市场机遇风险（B_{11}）	能力风险 B_3	成本风险（B_{37}）
	市场竞争风险（B_{12}）		质量风险（B_{38}）
社会政策和环境风险 B_2	社会风险（B_{21}）	合作与协调风险 B_4	信任风险（B_{41}）
	政策风险（B_{22}）		组织协调风险（B_{42}）
	政府干预风险（B_{23}）		利益建立风险（B_{43}）
	环境风险（B_{24}）	联盟形成风险 B_5	数据传输风险（B_{51}）
能力风险 B_3	技术引进风险（B_{31}）		软硬件信息安全风险（B_{52}）
	技术创新投资风险（B_{32}）		数据泄露危险（B_{53}）
	技术风险（B_{33}）		合作伙伴选择风险（B_{54}）
	人才引进和培训风险（B_{34}）		联盟沟通风险（B_{55}）
	弃能风险（B_{35}）	风险承担与利润分配风险 B_6	利润分配风险的合理性（B_{61}）
	时间风险（B_{36}）		风险承担与收益匹配（B_{62}）

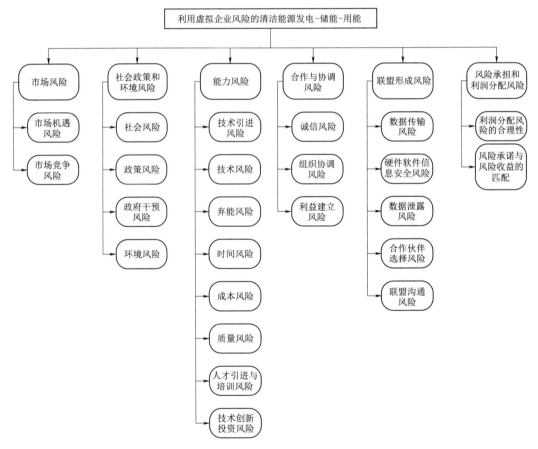

图 3 - 18   清洁能源发电-储能-用能价值链风险评估指标体系示意图

为全面征求专家意见，我们从储能、能源价值链、能源联盟、电力领域风险等领域选取了 20 位主要在国内知名能源企业和高校工作的专家（见表 3-36）。

表 3-36　　　　　　　　　　　　专 家 组 的 个 人 职 业

研究领域	专家人数	个 人 职 业
储能	9	电力研究所 4 名教授/2 名研究员/电力企业 3 名员工
能源价值链	3	电力研究所 1 位教授/2 位研究员
能源联盟	3	电力研究所 3 位教授/1 名研究员
电力领域的风险	5	电力研究所 2 位教授/2 名研究员/电力企业 1 名员工
总计	20	

根据层次分析法，首先定义决策问题，确定总体目标、主要准则和约束条件。然后，根据子目标和评价标准的不同，建立多层次的层次结构，并对评价指标进行配对比较。构造比较矩阵以确定层次结构中层次元素的关联度。层次分析法有 5 个步骤。

步骤 1：确定层次结构图。确定影响清洁能源"发电-储能-用能"价值链的风险因素。

步骤 2：根据专家意见确定指标的重要性（如以表 3-37 所示 AHP 比例评价量表作为评判依据）。

表 3-37　　　　　　　　　　　　AHP 比 例 评 价 量 表

重要程度	定　　　义
1	表明与两个因素相比，因子 i 与因子 j 同样重要
3	与两个因素相比，因子 i 的重要性略高于因子 j
5	与两个因素相比，因子 i 比因子 j 更重要
7	与两个因素相比，因子 i 比因子 j 重要得多
9	与两个因素相比，因子 i 比因子 j 更重要
2，4，6，8	评估值中间值
倒数	如果因子 i 与因子 j 的比较判断为 a_{ij}，那么因子 j 与因子 i 的比较判断为 $a_{ji}=1/a_{ij}$

步骤 3：根据专家评价结果构造比较矩阵。构建不同层次指标的成对判断矩阵。

步骤 4：用式（3-42）计算各层次指标的权重和最大特征值，即

$$A\omega = \lambda_{max}\omega \qquad (3-43)$$

其中 A 为 $n \times n$ 比较矩阵。ω 是 $n \times 1$ 的特征向量，即权重。λ_{max} 是最大特征值。

步骤 5：确定比较矩阵的一致性。为了避免偏好不一致的发生，有必要通过一个标准来判断矩阵的一致性。即需要一致性比和一致性指数 CI 的确定，计算公式如下：

$$CR \leqslant 0.1 \qquad (3-44)$$

$$CI = \frac{\lambda_{max} - n}{n-1}, CI \geqslant 0 \qquad (3-45)$$

$$CR = \frac{CI}{RI} \qquad (3-46)$$

一致性指数 CI 越接近 0，矩阵的一致性就越高。RI 是平均随机一致性指标。表 3- 38 显示了不同阶数下的判断矩阵的 RI。

表 3-38　　　　　　　　　　　平均随机一致性指标 RI 表

n	1	2	3	4	5	6	7	8	9
RI	0	0	0.58	0.90	1.12	1.32	1.41	1.45	1.49

利用层次分析法计算指标权重是评价指标体系的一个重要组成部分，本文着重对综合评价方法进行权重确定后的评价与分析。

（3）第三阶段——基于综合算子的模糊综合评价法。清洁能源"发电-储能-用能"价值链的风险评价具有模糊性和不确定性。通过专家打分和统计分析，各指标一般由主观因素确定，很难用统计方法直接计算这些因素的具体值。因此，量化和评估不确定信息尤为重要。模糊综合评价法（Fuzzy Comprehensive Evaluation method，FCE）是目前评价应用领域的主流方法。然而，传统的模糊综合评价是基于线性加权平均的，很难重新评价某些评价指标对评价结果的显著影响。针对清洁能源"发电-储能-用能"价值链风险模型，这里采用 3 种模糊算子对模型的稳定性进行检验。

步骤 1：构造因子集 $U=\{U_1, U_2, \cdots, U_m\}$。

步骤 2：设置评论集合 $V=\{V_1, V_2, \cdots, V_n\}$。

步骤 3：建立综合评价层次体系，根据层次分析法确定风险指标的权重，并根据权重值建立评价指标的权重向量。

步骤 4：对风险指标进行评价，建立模糊评价矩阵 $\boldsymbol{R}$。

选择三角形隶属度函数，其中横轴表示风险指数，纵坐标表示指标的隶属度。根据隶属函数和风险水平 $R_{ij}=(r_{ij})_{n \times m}$，得到模糊评价矩阵为

$$R_{ij}=\begin{bmatrix} r_{ij}^{11} & r_{ij}^{12} & \cdots & r_{ij}^{1m} \\ r_{ij}^{21} & r_{ij}^{22} & \cdots & r_{ij}^{2m} \\ \vdots & \vdots & \vdots & \vdots \\ r_{ij}^{n1} & r_{ij}^{n2} & \cdots & r_{ij}^{nm} \end{bmatrix}$$

步骤 5：使用各种模糊算子的 FCE 来计算索引层，标准层和目标层 $X=\omega \cdot R$ 的每个因子的决策向量。模糊运算符使用 $M(\wedge-\oplus)$，$M(\cdot-\oplus)$ 及其组合运算符。

由合成算子获得的综合决策向量 $B=(b_1, b_2, \cdots, b_m)$ 的元素表达式为

$$b_j=\lambda\left[\min\left(1, \sum_{i=1}^{n} a_i r_{ij}\right)\right]+(1-\lambda)\left\{\min\left[1, \sum_{i=1}^{n} \min(a_i, r_{ij})\right]\right\} \qquad (3-47)$$

式中　　　$\min\left(1, \sum_{i=1}^{n} a_i r_{ij}\right)$ ——使用加权平均类型综合算子 $M(\wedge-\oplus)$ 所获得的综合隶属度；

$\min\left[1, \sum_{i=1}^{n} \min(a_i, r_{ij})\right]$ ——通过使用主要因子突出的合成算子 $M(\wedge-\oplus)$ 获得的综合隶属度；

$$\lambda \text{——对} M(\wedge-\oplus) \text{的偏好程度；}$$

$$1-\lambda \text{——对} M(\wedge-\oplus) \text{的偏好程度。}$$

步骤 6：确定每个指标的权重。请参阅步骤 3。确定 B 级指标的模糊综合评价矩阵，求出 B 层指标的评价指标的综合评价矢量，形成 B 层的评价矩阵 $\boldsymbol{R}$。

步骤 7：确定目标层的综合决策向量。目标层的模糊评价向量计算公式为

$$X=\omega_B \boldsymbol{R} \tag{3-48}$$

步骤 8：确定目标层的最终评估结果。归一化目标层 $X=(x_1, x_2, \cdots, x_m)$ 的模糊评估向量，以获得 $X'=(x_1', x_2', \cdots, x_m')$。

步骤 9：基于加权平均原理，确定最终的模糊评估结果。

2. 算例分析

（1）数据分析。为了帮助清洁能源企业做出正确的联盟决策，分析了 3 个价值链联盟的总体风险状况，并对其风险水平进行了评价。在对清洁能源价值链联盟风险水平进行专家评估的基础上，建立专家组，收集初始数据，得到初始模糊评价矩阵。这里以 VE_1 为例进行分析。

步骤 1：通过专家咨询，得出评价指标体系的判断矩阵。这里仅给出 $A \sim B$ 的判断矩阵，见表 3-39。

表 3-39　　　　　　　　　　　**$A \sim B$ 判 断 矩 阵**

A	B_1	B_2	B_3	B_4	B_5	B_6
B_1	1	5	1/2	3	4	5
B_2	1/5	1	1/4	1/3	1/3	1/2
B_3	2	4	1	2	3	2
B_4	1/3	3	1/2	1	3	4
B_5	1/4	3	1/3	1/3	1	3
B_6	1/5	2	1/2	1/4	1/3	1

步骤 2：计算目标层各判断矩阵特征向量的权重，进行一致性检验（见表 3-40）。

表 3-40　　　　　　　　　　　**一 致 性 测 试 结 果**

矩阵	λ_{max}	CI	CR	是否通过一致性测试
$A \sim B$	6.5244	0.1049	0.0833<0.1	Yes
$B_1 \sim C_1$	2	0	0<0.1	Yes
$B_2 \sim C_2$	4.1212	0.0404	0.0454<0.1	Yes
$B_3 \sim C_3$	8.9513	0.1359	0.09638<0.1	Yes
$B_4 \sim C_4$	3.0246	0.0123	0.0237<0.1	Yes
$B_5 \sim C_5$	5.2184	0.0546	0.0488<0.1	Yes
$B_6 \sim C_6$	2	0	0<0.1	Yes

步骤 3：对各级判断矩阵的最大特征根和特征向量进行一致性检验，得到各指标对 A 目标层的权重（见表 3-41）。

表 3 - 41　　　　　　　　　　　　　风险评价指标体系的权重

基准层	权重	标 准 权 重
B_1	0.3426	(0.6667，0.3333)
B_2	0.3800	(0.1464，0.4393，0.3106，0.1036)
B_3	0.0775	(0.1087，0.0708，0.0313，0.1557，0.0672，0.1044，0.1913，0.2705)
B_4	0.1082	(0.1169，0.6833，0.1998)
B_5	0.0563	(0.1446，0.1040，0.0696，0.4072，0.2746)
B_6	0.0354	(0.2500，0.7500)

步骤 4：构建因子集 $U = \{U_1, U_2, \cdots, U_m\}$，其中 m 是指标层中指标的数量。

步骤 5：设置评估集 {低风险，低风险，一般风险，高风险，高风险}。量化风险等级后，即为 $V = \{0.1, 0.3, 0.5, 0.7, 0.9\}$。

步骤 6：确定每个指标的权重。请参阅步骤 3。

步骤 7：单因素模糊评估。根据专家评估结果 R' 构造单因素模糊关系矩阵。

$$R' = \begin{bmatrix} 0.0 & 0.3 & 0.5 & 0.2 & 0.0 \\ 0.0 & 0.5 & 0.4 & 0.1 & 0.0 \\ 0.1 & 0.7 & 0.2 & 0.0 & 0.0 \\ 0.0 & 0.2 & 0.7 & 0.1 & 0.0 \\ 0.1 & 0.3 & 0.5 & 0.1 & 0.0 \\ 0.3 & 0.5 & 0.1 & 0.1 & 0.0 \\ 0.2 & 0.4 & 0.3 & 0.1 & 0.0 \\ 0.2 & 0.5 & 0.3 & 0.0 & 0.0 \\ 0.4 & 0.3 & 0.2 & 0.1 & 0.0 \\ 0.0 & 0.1 & 0.3 & 0.4 & 0.2 \\ 0.1 & 0.3 & 0.3 & 0.2 & 0.1 \\ 0.1 & 0.2 & 0.4 & 0.3 & 0.0 \\ 0.0 & 0.2 & 0.4 & 0.3 & 0.1 \\ 0.0 & 0.3 & 0.4 & 0.2 & 0.1 \\ 0.0 & 0.2 & 0.5 & 0.2 & 0.1 \\ 0.1 & 0.2 & 0.4 & 0.2 & 0.1 \\ 0.1 & 0.2 & 0.3 & 0.3 & 0.1 \\ 0.2 & 0.3 & 0.2 & 0.2 & 0.1 \\ 0.1 & 0.2 & 0.3 & 0.3 & 0.1 \\ 0.1 & 0.2 & 0.4 & 0.2 & 0.1 \\ 0.0 & 0.2 & 0.5 & 0.2 & 0.1 \\ 0.2 & 0.3 & 0.3 & 0.2 & 0.0 \\ 0.1 & 0.2 & 0.5 & 0.1 & 0.1 \\ 0.0 & 0.2 & 0.4 & 0.3 & 0.1 \end{bmatrix}$$

根据调查数据，与标准层 B_2 对应的 C 级指标的模糊评价矩阵为

$$R^2 = \begin{bmatrix} 0.1 & 0.7 & 0.2 & 0 & 0 \\ 0 & 0.2 & 0.7 & 0.1 & 0 \\ 0.1 & 0.3 & 0.5 & 0.1 & 0 \\ 0.3 & 0.5 & 0.1 & 0.1 & 0 \end{bmatrix}$$

与基准层 B_2 相对应的索引权重向量为 $\omega_B^2 = (0.0556, 0.1669, 0.1181, 0.0394)$。

1）利用模糊算子 $M(\wedge - \oplus)$，计算基准层 B 的模糊综合评价向量，见表 3-42。

2）使用模糊算子 $M(\cdot - \oplus)$，计算基准层 B 的模糊综合评价向量，见表 3-43。

表 3-42　　　　使用 $M(\wedge - \oplus)$ 的基准层 B 的模糊综合评价向量

X^*	模糊综合评价向量	X^*	模糊综合评价向量
1	(0, 0.3426, 0.3426, 0.3000, 0)	4	(0.0895, 0.1022, 0.1022, 0.1022, 0.1022)
2	(0.1950, 0.3800, 0.3800, 0.2394, 0)	5	(0.0334, 0.0563, 0.0563, 0.0563, 0.0563)
3	(0.0296, 0.0775, 0.0775, 0.0720, 0.0531)	6	(0.0081, 0.0010, 0.0010, 0.0010, 0.0010)

表 3-43　　　　使用 $M(\cdot - \oplus)$ 的基准层 B 的模糊综合评价向量

X^{**}	模糊综合评价向量	X^{**}	模糊综合评价向量
1	(0, 0.1256, 0.1599, 0.0571, 0)	4	(0.0090, 0.0204, 0.0406, 0.0220, 0.0102)
2	(0.0292, 0.1274, 0.1909, 0.0324, 0)	5	(0.0057, 0.0136, 0.0211, 0.0119, 0.0056)
3	(0.0051, 0.0205, 0.0274, 0.0180, 0.0065)	6	(0.0009, 0.0002, 0.0049, 0.0012, 0.0001)

3）使用 $M(\cdot - \oplus)$ 和 $M(\wedge - \oplus)$ 的综合算子，计算基准层 B 的模糊综合评估向量，见表 3-44。

表 3-44　　　　使用合成算子的基准层 B 的模糊综合评价向量

X	模糊综合评价向量
1	$(0, 0.1256\lambda + 0.3426(1-\lambda), 0.1599\lambda + 0.3426(1-\lambda), 0.0571\lambda + 0.3000(1-\lambda), 0)$
2	$(0.0292\lambda + 0.1956(1-\lambda), 0.1274\lambda + 0.3800(1-\lambda), 0.1909\lambda + 0.3800(1-\lambda),$ $0.0324\lambda + 0.2394(1-\lambda), 0)$
3	$(0.0051\lambda + 0.0296(1-\lambda), 0.0205\lambda + 0.0755(1-\lambda), 0.0274\lambda + 0.0755(1-\lambda),$ $0.0180\lambda + 0.0720(1-\lambda), 0.0065\lambda + 0.0531(1-\lambda))$
4	$(0.0090\lambda + 0.0895(1-\lambda), 0.0204\lambda + 0.1022(1-\lambda), 0.0406\lambda + 0.1022(1-\lambda),$ $0.0220\lambda + 0.1022(1-\lambda), 0.0102\lambda + 0.1022(1-\lambda))$
5	$(0.0057\lambda + 0.0334(1-\lambda), 0.0136\lambda + 0.0563(1-\lambda), 0.0211\lambda + 0.0563(1-\lambda),$ $0.0119\lambda + 0.0563(1-\lambda), 0.0056\lambda + 0.0563(1-\lambda))$
6	$(0.0009\lambda + 0.0081(1-\lambda), 0.0002\lambda + 0.0010(1-\lambda), 0.0049\lambda + 0.0010(1-\lambda),$ $0.0012\lambda + 0.0010(1-\lambda), 0.0001\lambda + 0.0010(1-\lambda))$

步骤 8：多因素模糊评估。

利用模糊算子 $M(\wedge - \oplus)$ 和 $M(\cdot - \oplus)$，目标层对应的评价矩阵为

$$R_1 = \begin{bmatrix} 0 & 0.3426 & 0.3426 & 0.3000 & 0 \\ 0.1950 & 0.3800 & 0.3800 & 0.2394 & 0 \\ 0.0296 & 0.0775 & 0.0775 & 0.0720 & 0.0531 \\ 0.0895 & 0.1022 & 0.1022 & 0.1022 & 0.1022 \\ 0.0334 & 0.0563 & 0.0563 & 0.0563 & 0.0563 \\ 0.0081 & 0.0010 & 0.0010 & 0.0010 & 0.0010 \end{bmatrix}$$

$$R_2 = \begin{bmatrix} 0 & 0.1256 & 0.1599 & 0.0571 & 0 \\ 0.0292 & 0.1274 & 0.1909 & 0.0324 & 0 \\ 0.0051 & 0.0205 & 0.0274 & 0.0180 & 0.0065 \\ 0.0090 & 0.0204 & 0.0406 & 0.0220 & 0.0102 \\ 0.0057 & 0.0136 & 0.0211 & 0.0119 & 0.0056 \\ 0.0009 & 0.0002 & 0.0049 & 0.0012 & 0.0001 \end{bmatrix}$$

目标层的模糊综合评价向量见表 3-45。

表 3-45　　　　　　　　　目标层的模糊综合评价向量

算　子	X	模糊综合评价向量
$M(\wedge-\oplus)$	1	(0.3556, 0.9576, 0.9576, 0.7709, 0.2126)
$M(\cdot-\oplus)$	2	(0.0128, 0.0960, 0.1351, 0.0363, 0.0019)
$M(\cdot-\oplus)$ and $M(\wedge-\oplus)$	3	(0.0886−0.0758λ, 0.2818−0.1859λ, 0.2818−0.1470λ, 0.2137−0.1773λ, 0.0184−0.0165λ)

步骤 9：确定最终评估结果。

由于最大隶属度原则和加权平均原则两种方法的重点不同，在风险水平评估过程中获得的评估结果不一致。加权平均原理的计算公式如下：

$$F = X' \cdot V^{\mathrm{T}} \tag{3-49}$$

归一化目标层的模糊综合评价向量。类似地，可以获得 VE_2 和 VE_3 的指标权重和评估结果见表 3-46。比较 3 个模糊运算符下的总评估结果：

$W_{VE_1} = (0.2284, 0.1142, 0.0556, 0.1669, 0.1181, 0.0394, 0.0084, 0.0055, 0.0024, 0.0121,$
$0.0052, 0.0081, 0.0148, 0.0210, 0.0127, 0.0740, 0.0155, 0.0081, 0.0059, 0.0039,$
$0.0229, 0.0155, 0.0089, 0.0011)$

$W_{VE_2} = (0.2419, 0.1210, 0.0490, 0.1470, 0.1040, 0.0347, 0.0101, 0.0066, 0.0029, 0.0144,$
$0.0062, 0.0097, 0.0178, 0.0251, 0.0129, 0.0756, 0.0233, 0.0090, 0.0065, 0.0043,$
$0.0254, 0.0171, 0.0092, 0.0275)$

$W_{VE_3} = (0.2556, 0.1278, 0.0461, 0.1383, 0.0978, 0.0327, 0.0095, 0.0062, 0.0027,$
$0.0136, 0.0059, 0.0091, 0.0168, 0.0238, 0.0117, 0.0682, 0.0199, 0.0103,$
$0.0074, 0.0050, 0.0291, 0.0196, 0.0107, 0.0322)$

表 3-46　　　　　　　　　综　合　评　估　结　果

指　标		VE_1	VE_2	VE_3	风险等级
模糊层次分析法（算子）	$M(\cdot-\oplus)$	0.4422	0.5037	0.4037	普通
	$M(\wedge-\oplus)$	0.4709	0.5149	0.4129	普通
	$\lambda=0.4$	0.4434	0.4952	0.4012	普通
	$\lambda=0.5$	0.4503	0.5018	0.4068	普通
	$\lambda=0.6$	0.4494	0.4997	0.3993	降低

根据表 3 - 57 的评价结果，模糊单值采用加权平均原则。从综合评价结果来看，3 个评价指标的次标准依次为：

$C_{11} > C_{12}$，$C_{22} > C_{23} > C_{21} > C_{24}$，$C_{38} > C_{37} > C_{34} > C_{31} > C_{36} > C_{32} > C_{35} > C_{33}$，$C_{42} > C_{43} > C_{41}$，$C_{54} > C_{55} > C_{51} > C_{52} > C_{53}$ 和 $C_{61} > C_{62}$。VE_1、VE_2 和 VE_3 的总体风险水平分别见表 3 - 46。从综合评价结果来看，风险等级排序为 $VE_3 > VE_1 > VE_2$，即 VE_3 的风险等级最低，VE_1 的风险等级中等，VE_2 的风险等级最高。

（2）结果分析。根据表 3 - 46 可知，基于加权平均原理的模糊层次分析法的总评价等级为 $VE_1 > VE_2 > VE_3$，表明 VE_3 的风险水平最低。采用模糊层次分析法，基于算子的结果为（0.4422，0.4709，0.4434，0.4503，0.4494），（0.5037，0.5149，0.4952，0.5018，0.4997）和（0.4037，0.4129，0.4012，0.4068，0.3993）。当 $\lambda = 0.6$ 时，VE_3 的风险水平较低。根据结果，对模糊层次分析法中的标准和建议者进行了排序（见表 3 - 46）。研究结果表明，企业联盟在构建清洁能源"发电-储能-用能"价值链时，更多地考虑了市场风险、社会政治和环境风险等方面。表 3 - 47 对次级标准进行了排序，"市场机会风险"和"政策风险"是第三层的前两个次级标准，这些次级标准很好地反映了清洁能源的发展方向。因此，联盟成员应该更加关注市场需求和国家政策。

表 3 - 47　　　　　　　　　基于模糊层次分析法的子标准的优先级排序

等级	评价结果	标准	等级	评价结果	标准	等级	评价结果	标准
1	0.2284	C_{11}	9	0.0210	C_{38}	17	0.0081	C_{36}
2	0.1669	C_{22}	10	0.0155	C_{43}	18	0.0081	C_{51}
3	0.1181	C_{23}	11	0.0155	C_{55}	19	0.0059	C_{52}
4	0.1142	C_{12}	12	0.0148	C_{37}	20	0.0055	C_{32}
5	0.0740	C_{42}	13	0.0127	C_{41}	21	0.0052	C_{35}
6	0.0556	C_{21}	14	0.0121	C_{34}	22	0.0039	C_{53}
7	0.0394	C_{24}	15	0.0089	C_{61}	23	0.0024	C_{33}
8	0.0229	C_{54}	16	0.0084	C_{31}	24	0.0011	C_{62}

风险类别分为市场风险、社会政治环境风险、能力风险、合作协调风险、联盟形成风险、风险承诺风险和利润分配风险。标准权重分别为 34％、38％、8％、11％、6％ 和 3％（如图 3 - 19 所示）。其中市场风险、社会政策和环境风险占比较大，对风险评估的影响也较大。因此，清洁能源"发电-储能-用能"价值链联盟要想在市场中立足，必须优先发展市场机会和竞争能力以及自身的能力。除此之外，合作与协调、联盟形成、风险承担和利润分配同样是清洁能源"发电-储能-用能"价值链建设必须考虑的重要因素。如果价值链联盟的建设仅仅依靠市场风险和国家支持，往往会存在较高的失败率和发展风险。

3.4.2　中国光伏政策驱动能力评价

1. 指标体系构建

（1）基于钻石模型的指标体系构建。政策评价指标体系的构建是对中国光伏行业政策进行客观分析与综合评价的基础，我们在充分梳理国内外相关文献和调查资料的基础上，使用访谈、资料分析等方法确定了政策评价的相关指标。为对相关指标进行类别划分，以构建合理的政策评价指标体系，引入了钻石模型。为与中国光伏行业相适应，特对其进行改进如图3-20所示。

（2）基于区间二型模糊数的评价标体系构建。我们采用基于区间二型模糊数的专家意见对各政策指标进行打分评判，专家人员由政府、企业、教授、研究员等组成，具体邀请人员及其权重见表3-48。

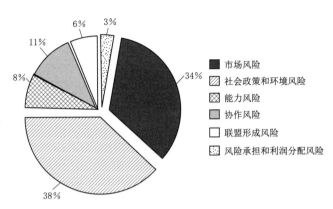

图 3-19　关键风险类别和标准权重

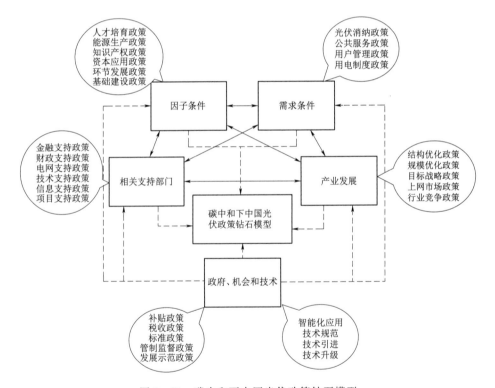

图 3-20　碳中和下中国光伏政策钻石模型

表 3-48　　　　　　　专 家 数 量 及 权 重 表

人员类型	政府人员	教授	企业人员	研究员
人数	5	5	3	7
权重	0.3	0.3	0.2	0.2

根据区间二型模糊数设定评价标准见表 3－49。

表 3－49　　　　　　　　　光伏驱动能力模糊二型评价标准表

等级	影响程度	区 间 二 型 模 糊 数
1	很小 VS	[(0, 0, 0, 0.1; 1, 1), (0, 0, 0, 0.05; 0.9, 0.9)]
2	小 S	[(0, 0.1, 0.1, 0.3; 1, 1), (0.05, 0.1, 0.1, 0.2; 0.9, 0.9)]
3	较小 OS	[(0.1, 0.3, 0.3, 0.5; 1, 1), (0.2, 0.3, 0.3, 0.4; 0.9, 0.9)]
4	一般 O	[(0.3, 0.5, 0.5, 0.7; 1, 1), (0.4, 0.5, 0.5, 0.6; 0.9, 0.9)]
5	较大 OB	[(0.5, 0.7, 0.7, 0.9; 1, 1), (0.6, 0.7, 0.7, 0.8; 0.9, 0.9)]
6	大 B	[(0.7, 0.9, 0.9, 1; 1, 1), (0.8, 0.9, 0.9, 0.95; 0.9, 0.9)]
7	很大 VB	[(0.9, 1, 1, 1; 1, 1), (0.95, 1, 1, 1; 0.9, 0.9)]

2. 基于模糊 OWA 算子赋权法的指标权重确定

采用 OWA 算子赋权法确定权重，具体步骤如下：

步骤 1：数据获取及排序。根据上述排序值计算，得到各组政策因子 X 的初始评价数据 $\{x_1, x_2, \cdots, x_n\}$，对因子的决策数据从 0 开始编号，并按照从大到小的规则重新集结得到新的数列 $\{y_0, y_1, y_2, \cdots, y_{n-1}; y_0 \geqslant y_1 \geqslant y_2 \geqslant \cdots \geqslant y_{n-1}\}$。

步骤 2：赋权向量的确定。运用组合数确定 y_k 的赋权向量 $\delta_k = \dfrac{C_{n-1}^k}{\sum\limits_{k=0}^{n-1} C_{n-1}^k} = \dfrac{C_{n-1}^k}{2^{n-1}}$，$k = 0, 1, 2, \cdots, n-1$。

步骤 3：绝对权重计算。通过赋权向量 δ_k 对决策数据加权，得出 X_i 的绝对权重 $\overline{\omega_i} = \sum\limits_{k=0}^{n-1} (\delta_k \cdot y_k)$。

步骤 4：实际权重计算。计算政策因子 X_i 的实际权重值 $\omega_i = \dfrac{\overline{\omega_i}}{\sum\limits_{i=1}^{m} \overline{\omega_i}}$，$i = 1,2,3,\cdots,m$。

3. 基于模糊二型可拓物元法的评价结果分析

方法步骤同 3.3.3，这里不再赘述。

4. 算例分析

（1）将评价结果转化成区间二型模糊数，并依次计算各等级排序值，见表 3－50。

表 3－50　　　　　　　　　区间二型模糊数结果

一级指标	二级指标	1	2	3	4	5	6	7	8	9	10	11	12	13	14	15	16	17	18	19	20
因子条件 P_1	人才培育政策 P_{11}	OS	O	OS	O	OB	OB	OB	OS	O	OB	O	OS	OS	OB	O	OB	O	O	OS	OS
	能源生产政策 P_{12}	OB	B	O	OB	OB	B	O	OB	OB	B	OB	O	OB	O	OB	OB	B	O	OB	OB
	知识产权政策 P_{13}	S	OS	O	S	OS	O	OS	OS	S	OS	OS	S	O	OS	O	OS	O	OS	S	S
	资本应用政策 P_{14}	B	OB	OB	B	OB	OB	B	B	OB	VB	B	B	OB	OB	B	B	OB	B	OB	OB
	环节发展政策 P_{15}	B	VB	OB	B	VB	OB	OB	VB	OB	B	VB	VB	OB	B	OB	VB	OB	B	B	B
	基建政策 P_{16}	OB	O	OS	O	O	OB	OB	OB	O	OB	O	OS	O	OB	O	OB	OB	OS	S	O

续表

一级指标	二级指标	1	2	3	4	5	6	7	8	9	10	11	12	13	14	15	16	17	18	19	20
需求条件 P_2	光伏消纳政策 P_{21}	VB	B	B	OB	VB	B	B	VB	B	OB	VB	VB	B	VB	B	OB	B	B	VB	VB
	公共服务政策 P_{22}	OB	B	OB	OB	B	VB	B	OB	OB	B	OB	OB	B	B	OB	B	B	VB	B	B
	用户管理政策 P_{23}	OS	O	S	OS	OB	O	S	OS	O	OS	O	OS	O	O	OS	OS	S	OB	O	O
	用电制度政策 P_{24}	O	OB	B	O	O	OB	O	B	O	O	O	O	OB	OB	O	O	OB	B	OS	OS
相关支持产业 P_3	金融支持政策 P_{31}	B	OB	B	VB	O	OB	B	OB	B	VB	VB	B	O	B	VB	B	OB	OB	OB	OB
	财政支持政策 P_{32}	B	B	B	B	O	B	OB	OB	O	B	B	B	B	B	B	OB	O	B	B	B
	技术支持政策 P_{33}	OB	B	B	B	O	B	B	B	B	OS	B	OB	B	B	B	OS	B	B	B	B
	电网支持政策 P_{34}	OB	B	B	B	O	B	B	B	B	B	B	B	B	B	B	OB	B	B	B	B
	信息支持政策 P_{35}	VB	B	B	OB	VB	VB	B	B	VB	B	B	OB	B	VB	VB	B	VB	OB	B	VB
	项目支持政策 P_{36}	S	OS	S	B	OB	S	S	B	OS	B	OS	OS	OS	S	S	S	O	OS	S	S
产业发展 P_4	结构优化政策 P_{41}	B	B	OB	VB	VB	B	VB	B	OB	VB	B	OB	B	B	OB	B	OB	B	B	B
	规模优化政策 P_{42}	O	OB	OB	O	B	OB	B	OB	O	OB	O	O	B	B	OB	O	OB	B	O	OB
	目标战略政策 P_{43}	OB	O	O	O	B	OS	O	O	B	O	O	O	B	OB	O	O	O	O	OS	OS
	上网市场政策 P_{44}	B	OB	B	O	OB	B	O	VB	B	B	B	VB	O	B	B	OB	O	B	OB	OB
	行业竞争政策 P_{45}	OS	OS	O	OS	O	B	OS	OS	OS	S	VS	OS	OB	O	O	OS	S	O	OS	S
政府 P_5	补贴政策 P_{51}	OB	B	B	OB	B	OB	B	B	VB	B	B	B	VB	B	OB	OB	B	VB	B	O
	税收政策 P_{52}	B	VB	VB	B	VB	B	B	OB	B	B	VB	VB	B	B	B	B	B	VB	B	B
	标准政策 P_{53}	O	OS	OS	O	OS	O	O	OS	O	OS	O	OS	O	OS	OS	O	OS	OS	O	OS
	管制监督政策 P_{54}	OB	B	B	OB	B	OB	B	B	O	OS	B	OB	B	B	B	B	B	B	B	O
	发展示范政策 P_{55}	S	OS	S	O	OB	OS	S	S	O	OS	OS	S	OB	O	OS	OS	S	S	S	OS
机会和技术 P_6	智能化应用 P_{61}	OB	B	VB	B	VB	VB	VB	B	O	VB	B	OB	B	VB	VB	B	VB	B	VB	B
	技术规范 P_{62}	S	S	OS	VS	O	OS	S	S	OS	O	S	S	O	S	S	S	O	OS	OS	S
	技术引进 P_{63}	O	OS	O	OS	OS	B	O	O	OB	OS	O	O	O	OS	O	OS	O	O	S	OB
	技术升级 P_{64}	B	OB	B	B	B	B	B	B	B	OB	B	OB	B	B	OB	B	OB	B	OB	OB

表 3-51　　　　　　　　　等　级　排　序　值

等级	影响程度	区 间 二 型 模 糊 数	排序值
1	很小 VS	[(0, 0, 0, 0.1; 1, 1), (0, 0, 0, 0.05; 0.9, 0.9)]	3.788437
2	小 S	[(0, 0.1, 0.1, 0.3; 1, 1), (0.05, 0.1, 0.1, 0.2; 0.9, 0.9)]	4.295432
3	较小 OS	[(0.1, 0.3, 0.3, 0.5; 1, 1), (0.2, 0.3, 0.3, 0.4; 0.9, 0.9)]	5.370437
4	一般 O	[(0.3, 0.5, 0.5, 0.7; 1, 1), (0.4, 0.5, 0.5, 0.6; 0.9, 0.9)]	6.5625
5	较大 OB	[(0.5, 0.7, 0.7, 0.9; 1, 1), (0.6, 0.7, 0.7, 0.8; 0.9, 0.9)]	7.770437
6	大 B	[(0.7, 0.9, 0.9, 1; 1, 1), (0.8, 0.9, 0.9, 0.95; 0.9, 0.9)]	8.952665
7	很大 VB	[(0.9, 1, 1, 1; 1, 1), (0.95, 1, 1, 1; 0.9, 0.9)]	9.656231

（2）基于模糊 OWA 算子法计算各指标权重。

以人才培育政策为例，通过模糊二型 OWA 算子法对其权重进行计算，首先得到专家打分排序值向量

$$x_1 = \left\{ \begin{array}{l} 5.370, 6.563, 5.370, 6.563, 7.770, 7.770, 7.770, 5.370, 6.563, 7.770 \\ 6.563, 5.370, 5.370, 7.770, 6.563, 7.770, 6.563, 6.563, 5.370, 5.370 \end{array} \right\}$$

然后按照从大到小的顺序进行排序，得

$$y_1 = \left\{ \begin{array}{l} 7.770,7.770,7.770,7.770,7.770,7.770,6.563,6.563,6.563,6.563 \\ 6.563,6.563,6.563,5.370,5.370,5.370,5.370,5.370,5.370,5.370 \end{array} \right\}$$

运用组合数确定赋权向量，得

$$\delta_1 = \left\{ \begin{array}{l} 1,19,171,969,3876,11628,27132,50338,75582,92378 \\ 92378,75582,50338,27132,11628,3876,969,171,19,1 \end{array} \right\}$$

计算指标的绝对权重，得

$$\overline{\omega}_1 = 5.501315035$$

进而得到剩余各指标绝对权重，为

$$\overline{\omega} = \left\{ \begin{array}{l} 6.501315035,7.761449755,5.347719024,8.569857058,8.963670979,6.589440828 \\ 9.078623782,8.74031396,5.966122838,6.779063826,8.855462412,7.680888471 \\ 6.768090689,5.966908442,9.180050801,5.292089654,8.948064518,7.796410044 \\ 6.950996019,8.361760898,5.179957632,8.7417977,9.180436393,5.9664473457 \\ 7.381916719,5.28327687,9.180050801,4.643955274,5.754491942,7.868753217 \end{array} \right\}$$

然后计算各指标的相对权重，得

$$\omega = \left\{ \begin{array}{c} (0.148657713,0.17747169,0.122279827,0.195956563,0.20496143,0.150672778) \\ (0.297035297,0.285966444,0.195200188,0.221798071) \\ (0.20244069,0.17558929,0.154722237,0.136406775,0.209860958,0.12098005) \\ (0.24029914,0.209371605,0.186668118,0.22455403,0.139107107) \\ (0.239148146,0.251147924,0.163223986,0.201946071,0.144533872) \\ (0.334461572,0.169195641,0.209656402,0.286686384) \end{array} \right\}$$

（3）基于模糊二型可拓物元法确定驱动能力水平。

首先得到经典域物元、节域物元和待评物元。

$$R_{B1} = \left[\begin{array}{cccccccc} & N_1 & N_2 & N_3 & N_4 & N_5 & N_6 & N_7 \\ C_{11} & <0,3.788437> & <3.788437,4.295432> & <4.295432,5.370437> & <5.370437,6.5625> & <6.5625,7.770437> & <7.770437,8.952665> & <8.952665,9.656231> \\ C_{12} & <0,3.788437> & <3.788437,4.295432> & <4.295432,5.370437> & <5.370437,6.5625> & <6.5625,7.770437> & <7.770437,8.952665> & <8.952665,9.656231> \\ C_{13} & <0,3.788437> & <3.788437,4.295432> & <4.295432,5.370437> & <5.370437,6.5625> & <6.5625,7.770437> & <7.770437,8.952665> & <8.952665,9.656231> \\ C_{14} & <0,3.788437> & <3.788437,4.295432> & <4.295432,5.370437> & <5.370437,6.5625> & <6.5625,7.770437> & <7.770437,8.952665> & <8.952665,9.656231> \\ C_{15} & <0,3.788437> & <3.788437,4.295432> & <4.295432,5.370437> & <5.370437,6.5625> & <6.5625,7.770437> & <7.770437,8.952665> & <8.952665,9.656231> \\ C_{16} & <0,3.788437> & <3.788437,4.295432> & <4.295432,5.370437> & <5.370437,6.5625> & <6.5625,7.770437> & <7.770437,8.952665> & <8.952665,9.656231> \end{array} \right]$$

$$R_{p1} = \left[\begin{array}{ccc} R_p & C_{11} & <0,9.656231> \\ & C_{12} & <0,9.656231> \\ & C_{13} & <0,9.656231> \\ & C_{14} & <0,9.656231> \\ & C_{15} & <0,9.656231> \\ & C_{16} & <0,9.656231> \\ & C_{17} & <0,9.656231> \end{array} \right]$$

$$R = \begin{bmatrix} R & N_{11} & 0.148658 \\ & N_{12} & 0.177472 \\ & N_{13} & 0.12228 \\ & N_{14} & 0.195957 \\ & N_{15} & 0.204961 \\ & N_{16} & 0.150673 \end{bmatrix}$$

然后确定各指标关于各等级的关联度，二级指标的等级关联度见表 3-52，一级指标的等级关联度见表 3-53。

表 3-52   二级指标的等级关联度

二级指标	各 等 级 关 联 度						
	很小 VS	小 S	较小 OS	一般 O	较大 OB	大 B	很大 VB
人才培育政策 P_{11}	−0.70903	−4.29809	−1.02707	0.028431	−0.07282	−1.09615	−3.52223
能源生产政策 P_{12}	−1.03978	−6.7696	−2.19269	−0.97737	0.022722	−0.03624	−1.74124
知识产权政策 P_{13}	−0.38953	−1.91073	0.024796	−0.08915	−1.07484	−2.11996	−5.24257
资本应用政策 P_{14}	−1.25387	−8.36936	−2.94717	−1.65776	−0.63598	0.588439	−0.58844
环节发展政策 P_{15}	−1.38209	−9.32743	−3.39902	−2.06524	−1.03810	−0.06067	0.128065
基建政策 P_{16}	−0.74009	−4.53019	−1.13654	−0.02493	0.009794	−0.99661	−3.35497
光伏消纳政策 P_{21}	−1.40854	−9.52508	−3.49223	−2.14930	−1.12106	−0.14543	0.47801
公共服务政策 P_{22}	−1.24583	−8.30926	−2.91883	−1.63220	−0.61075	0.631749	−0.63175
用户管理政策 P_{23}	−0.55162	−3.12186	−0.47233	0.155266	−0.5665	−1.60057	−4.36983
用电制度政策 P_{24}	−0.83079	−5.20791	−1.45616	−0.31317	0.159056	−0.70597	−2.8666
金融支持政策 P_{31}	−1.31152	−8.80012	−3.15033	−1.84097	−0.81678	0.278031	−0.27803
财政支持政策 P_{32}	−1.01687	−6.59842	−2.11196	−0.90457	0.068744	−0.10965	−1.86459
技术支持政策 P_{33}	−0.8317	−5.2147	−1.45937	−0.31606	0.160995	−0.70306	−2.86171
电网支持政策 P_{34}	−0.62719	−3.68656	−0.73866	0.128647	−0.32949	−1.3584	−3.9629
信息支持政策 P_{35}	−1.4101	−9.53674	−3.49773	−2.15426	−1.12595	−0.15044	0.511254
项目支持政策 P_{36}	−0.42056	−2.14258	−0.01049	0.002645	−0.97753	−2.02053	−5.0755
结构优化政策 P_{41}	−1.3379	−8.99727	−3.2433	−1.92482	−0.89952	0.135966	−0.13597
规模优化政策 P_{42}	−1.05993	−6.92012	−2.26368	−1.04139	−0.0277	0.018397	−1.63278
目标战略政策 P_{43}	−0.81958	−5.12419	−1.41668	−0.27756	0.136051	−0.74187	−2.92693
上网市场政策 P_{44}	−1.2253	−8.15583	−2.84646	−1.56695	−0.54635	0.742313	−0.74231
行业竞争政策 P_{45}	−0.34414	−1.57151	0.064925	−0.23342	−1.21721	−2.26543	−5.48702
补贴政策 P_{51}	−1.28371	−8.59229	−3.05231	−1.75258	−0.72955	0.104482	−0.42779
税收政策 P_{52}	−1.43044	−9.68875	−3.56942	−2.21891	−1.18975	−0.21562	0.152304
标准政策 P_{53}	−0.5606	−3.18899	−0.504	0.140717	−0.53833	−1.57178	−4.32145
管制监督政策 P_{54}	−0.94372	−6.05181	−1.85416	−0.67209	0.572258	−0.34407	−2.25848

二级指标	各 等 级 关 联 度						
	很小 VS	小 S	较小 OS	一般 O	较大 OB	大 B	很大 VB
发展示范政策 P_{55}	−0.39035	−1.91683	0.195173	−0.08656	−1.07228	−2.11734	−5.23818
智能化应用 P_{61}	−1.40438	−9.494	−3.47758	−2.13608	−1.10801	−0.13211	0.051621
技术规范 P_{62}	−0.29046	−1.17043	0.332818	−0.40401	−1.38556	−2.43743	−5.77604
技术引进 P_{63}	−0.54054	−3.0391	−0.4333	0.118638	−0.60124	−1.63606	−4.42947
技术升级 P_{64}	−1.12748	−7.42491	−2.50175	−1.25608	−0.23957	0.349425	−1.26902

表 3-53　　　　　　　　　　　　一级指标的等级关联度

一级指标	很小 VS	小 S	较小 OS	一般 O	较大 OB	大 B	很大 VB
因子条件 P_1	−0.97806	−6.30837	−1.98422	−0.93203	−0.47414	−0.4759	−2.06825
需求条件 P_2	−1.06659	−6.96995	−2.28718	−1.14433	−0.58295	−0.33155	−1.52747
相关支持产业 P_3	−1.00510	−6.51042	−2.07045	−1.01465	−0.52787	−0.53306	−1.87377
产业发展 P_4	−1.01942	−6.61747	−2.14792	−1.11672	−0.48857	−0.25041	−1.85087
政府 P_5	−1.00475	−6.50785	−2.0549	−1.10167	−0.60056	−0.66123	−1.98261
机会和技术 P_6	−0.95542	−6.13920	−1.91487	−1.11802	−0.79975	−0.69942	−2.25249

最后计算待评物元对各等级的关联度。

$$K_j(p) = (-1.00443271, -6.505456239, -2.074549479, -1.061023593,$$
$$-0.564305582, -0.487763336, -1.925946509)$$

由 $\text{Max}[K_j(p)] = K_6 - 0.487763336$ 得，中国光伏政策驱动能力为大，证明了政策驱动在中国光伏行业发展以及碳中和目标实现中的重要作用。

3.4.3　结论与建议

将风险评估和政策导向作为外部环境维影响因子进行研究分析，可以得出以下结论与建议。

1. 外部风险因子总结与风险规避建议

市场风险、社会政策和环境风险对风险评估的影响较大。清洁能源"发电-储能-用能"价值链联盟要想在市场中立足，必须优先发展市场机会和竞争能力以及自身的能力。除此之外，合作与协调、联盟形成、风险承担和利润分配同样是清洁能源"发电-储能-用能"价值链建设必须考虑的重要因素。如果价值链联盟的建设仅仅依靠市场风险和国家支持，往往会存在较高的失败率和发展风险。

因此，本书针对清洁能源"发电-储能-用能"价值链可能面临的风险，从市场风险、社会政治与环境风险、能力风险、合作协调风险、联盟形成风险、风险承诺和利润分配风险等方面提出建议。

（1）市场风险。市场风险包括市场机会风险和市场竞争风险。针对这些风险，应做到：①建立合理的定价模型，参考市场的运行效果，适当增加客户服务内容；②战略合作前，对市场合作伙伴进行考察，重点考察其年度回报和长期合作项目；③关注竞争对手的经营状况和合作状况，分析其涉及的领域。对有发展前景的行业，判断其未来发展的可能性。

（2）社会政治与环境风险。清洁能源企业在中国能源领域受益于政府的大力支持。尽管政府大力支持能源企业之间的相互合作，但考虑到能源企业的形成和发展需要较长的时间，国内外产业政策的不断调整和能源环境的变化对其产生的影响是不确定的。清洁能源企业应重点关注：①要慎重选择合作伙伴，建立相应的检查制度，确认合作伙伴的完整性和经营能力；②始终关注国家最新政策，与有关部门建立紧密合作关系，确保交易价格和政府补贴支持。

（3）能力风险。清洁能源企业应从以下方面提升其清洁能源联盟的建设和运作能力：①联盟组建的全过程应注重提高效率，构建规范的运作管理机制。在联盟组建过程中，要提高员工的工作效率，并进行严格的资格审查；②加强发电和储能技术研发，掌握核心技术，减少能源浪费，提高能源利用效率，降低产能风险。

（4）合作协调风险。企业之间的合作可以实现双赢。在组建联盟之前，需要考虑以下方面：①企业之间的信任是联盟更好发展的关键。因此，为了保证联盟的顺利运作，在联盟成立前必须签订合理的合同；②按照联盟成员的贡献进行利益分配，主企业应起主导作用。

（5）联盟形成风险。联盟成立后的主要考虑是：①聘请高水平的技术人员，确保联盟信息的安全；②联盟成员通过信息化进行数据传输和通信。因此，公司应积极引进信息技术，提高企业管理的智能化水平。

（6）风险承诺和利润分配风险。联盟解散后，成员需要考虑利润分配问题。作为回应：①除了联盟期间产生的共同利益外，还应考虑联盟合作产生的创新和技术专利，如绿色证书、储能技术和新能源汽车；②选择合理的利润分配方式，如根据结算合同进行利润分配，或采用固定支付方式。同时，应建立激励与补偿机制，以降低联盟成员在信息不对称条件下采取机会主义行为的概率；③充分发挥政府在联盟利润分配中的作用。政府可以成立专门的清洁能源联盟管理机构，解决联盟的多层次管理问题，降低风险，确保联盟所有成员利润分配的实现。

2. 政府政策导向作用总结与发展建议

在政策导向方向，我们在充分收集相关领域专家意见的基础上，对碳中和背景下的光伏政策驱动能力进行了评价研究，首先根据改进的钻石模型建立了多维度的政策评价体系，然后邀请专家按照模糊二型评价标准，就各指标对光伏发展的驱动能力进行打分评价，继而依据打分结果按照 OWA 方法确定各政策指标权重，再根据模糊二型可拓物元法对各政策指标的驱动能力进行评价研究，研究充分证明了政策驱动在中国光伏行业发展以及碳中和目标实现中的重要作用。

（1）宏观发展建议。可以看出，政策在助力光伏行业发展进而实现碳中和目标方面的作用显著，需要大力加强政策建设，从宏观政策层面引导与加强光伏行业建设，助力碳中和目标达成。

1）加强战略规划，制定科学合理的碳中和宏观战略路径。在充分考虑各行业、各地区经济发展水平、资源禀赋特点、产业与能源结构特征、社会接受程度等重要因素的基础上，兼顾科学性、可行性、公平性、有效性等要求，研究制定科学合理的宏观战略路径，然后在宏观层面自上而下实现任务分解，进而在微观层面广泛动员社会各界参与，推动协调机制设计与政策措施相衔接。

2）完善法律法规，建立系统有效的碳中和执行机制。针对当前中国碳中和在项目设计、实施标准、第三方认证等方面存在的不规范情况，需要加快建立碳中和执行机制。首先需要建立碳中和标准规范体系，确保行业碳中和持续健康发展；其次需要建立碳中和认证支持机制，推动企业开展碳中和认证，进而促进经济体系向零碳经济全面升级；最后需要推动建立企业碳排放信息披露机制，倡导和推动企业开展碳排放信息公开，加快构建碳中和社会监督机制，助力碳中和目标达成。

3）推动建立碳中和的市场化参与机制。积极探索碳中和实现路径，充分发挥碳交易等市场机制的激励作用，加大绿色金融对能源转型、产业升级、技术创新的支持作用，为中国各行业碳中和稳步推进提供有力保障。

4）做好政策设计和规划，引导资源向绿色发展领域倾斜。通过建立科学有效的宏观政策设计与规划，加大可再生能源、零碳技术和储能技术等领域的投资力度，增强能源体系应对气候变化相关风险的能力，推进能源结构清洁低碳化。

因此，为落实推动国家碳中和目标，需要加快研究制定碳中和战略及规划实施路线图，构建宏观微观一体化的碳中和政策体系，从宏观角度持续有效地推进产业革命、能源革命、贸易革命，确保如期实现碳中和目标。

（2）中观发展建议。从一级指标角度出发进行分析，可以看出需求条件建设在所有层次中的重要性都很明显，因此为加速光伏行业发展以实现碳中和目标，需要重视需求层次建设。

1）从消费层面完善基础设施以及公共服务建设，完善支持用碳行为改变的基础设施，并提供增强生活便利度的公共服务，提供绿色低碳行为的基础条件。

2）研究制定多样化、创新型的激励性碳补偿、碳普惠措施，推进电网改革以提高"绿电"消纳能力，改革上网电价制度以向绿电倾斜，推进绿电技术创新应用，以提高其技术性能与经济性能。

3）从社会层面倡导绿色低碳生活，以提升社会碳中和践行度，改变碳中和"认知度高、践行度低"的现象，促使碳中和及碳达峰的"全民行动"变成现实。

当然，碳中和目标的实现也需要研究光伏行业各环节发展战略以及相关支持产业的政策建设，推进能源结构清洁低碳化与能源系统先进化；同时也需要从发展动因、政府、机会及技术建设层面加强政策支持力度，制定科学合理的碳中和宏观战略路径。

（3）微观发展建议。为探究各层次下各指标的驱动能力，需要从政策指标层面进行微观分析。首先应从因子条件角度出发，重视光伏行业的各环节发展质量及资本投入分配，加大研发投入以及绿色低碳投资力度；其次从需求条件方面出发，应重视光伏消纳问题并加强公共服务建设，积极引导国家碳市场与服务供应链建设；再次应大力发展金融、信息等相关支持产业，完善绿色金融政策框架和激励机制，推动能源低碳绿色转型；还要从政府角度建立合理的补贴政策及税收政策，从宏观角度优化产业结构及能源结构；最后要注重技术升级以及智能化应用在光伏行业发展中的重大作用，加强光伏发展技术攻关以及信息化建设，促进光伏发展再上新台阶。

3.5　本章小结

本章从复杂系统维、运营节点维、主体能效维和外部环境维四个维度入手，识别并分析"发电-储能-用能"价值链耦合协同影响因子。首先，以风电价值链为例，采用钻石模型综合分析价值链的主导因素，充分论述风电价值链复杂系统的价值创造和创新效果，最后提出提高风电价值链能力的创新策略。其次，基于解释结构模型、BOCR 模型、德尔菲法对发电、储能和电动汽车的影响因素进行识别分析，针对各环节影响因素提出可持续发展建议。再次，重点解析了光伏企业价值创造能力、风电产业价值链增值效率、风储联合运行的经济、社会和环境效应，通过识别处理影响因子，以谋求各利益主体在能力、效率和效益上的协同耦合。最后，为适应外部环境的变化，保证价值链联盟的稳定运行，从风险因子和政策导向两方面展开分析，一方面采用模糊层次分析（fuzzy AHP）的集成方法计算价值链联盟的总体风险水平，另一方面对碳中和背景下的光伏政策驱动能力进行了评价研究，论证了政策驱动在中国光伏行业发展以及碳中和目标实现中的重要作用。

参 考 文 献

［1］戴琼洁. 光伏-储能-充电站价值链能力分析模型及云平台研究［D］. 北京：华北电力大学，2020.

［2］Liu Jicheng，Wei Qiushuang，Dai Qiongjie，et al. Overview of Wind Power Industry Value Chain Using Diamond Model：A Case Study from China［J］. Applied Sciences，2018，8（10）.

［3］Liu Jicheng，Li Yinghuan. Study on environment - concerned short - term load forecasting model for wind power based on feature extraction and tree regression［J］. Journal of Cleaner Production，2020，264.

［4］Liu Jicheng，Yin Yu. An integrated method for sustainable energy storing node optimization selection in China［J］. Energy Conversion and Management，2019，199.

［5］Liu Jicheng，Wei Qiushuang，et al. Risk evaluation of electric vehicle charging infrastructure public - private partnership projects in China using fuzzy TOPSIS［J］. Journal of Cleaner Production，2018，189：211 - 212.

［6］刘吉成，闫文婧，颜苏莉，等. 光伏企业价值创造能力评价研究——基于模糊综合评价法［J］. 会计之友，2019（3）：78 - 82.

［7］Liu Jicheng，Li Yuanyuan，Yan Suli. Assessing the Value Added Efficiency of Wind Power Industry Value Chain using DEA - Malmquist models［J］. Journal of Renewable and Sustainable Energy. 2021.

［8］范森. 风电和储能联合运行的多维效应分析模型研究［D］. 北京：华北电力大学，2019.

［9］Liu Jicheng，Yin Yu，Yan Suli. Research on clean energy power generation - energy storage - energy using virtual enterprise risk assessment based on fuzzy analytic hierarchy process in China［J］. Journal of Cleaner Production，2019，236.

清洁能源"发电-储能-用能"价值链耦合协同机理分析

第4章

清洁能源"发电-储能-用能"价值链系统是由若干相互联系、相互制约和相互依存的子系统构成的有机整体，其内部各个部分相互影响、相互作用，在不断的发展与演进中形成了系统独特的耦合协同机理。从耦合协同影响因子的角度来看，不同的耦合协同影响因子与价值链系统的价值创造水平往往互相关联，呈现出关联效用。从价值链节点及链路的角度来看，发电、储能、用能三方节点及链路耦合存在，展现出特定的结构性与协调性。从价值链整体系统的角度来看，各个节点在不断的演化发展中又形成了独特的协同演进关系。另外，由于清洁能源"发电-储能-用能"价值链耦合协同机理是一个较为复杂的概念，单从抽象的角度进行分析并不能很好的体现价值链耦合协同机理的特性。所以，我们在进行清洁能源"发电-储能-用能"价值链耦合协同机理测度与分析时，与具体决策、优化、评价和博弈等问题相结合，以此体现清洁能源"发电-储能-用能"价值链耦合协同机理中的特性。

本章在考虑价值链耦合协同影响因子关联效用、价值链耦合协同节点间结构关系、价值链耦合节点间协调性和价值链耦合协同演进关系的基础上，分别构建相应的协同决策模型、节点优化模型、协同与增值效应评价模型和演化博弈模型，以揭示清洁能源"发电-储能-用能"价值链系统提升价值共创能力进而达到价值增值的耦合协同机理。

4.1 考虑价值链耦合协同影响因子关联效用的协同决策模型

清洁能源"发电-储能-用能"价值链系统中存在多种耦合协同影响因子，这些影响因子与价值链的价值增值、价值共创水平有着密切的联系，对系统的价值创造能力产生了独特的关联效用。在清洁能源"发电-储能-用能"价值链系统进行协同决策的过程中，考虑价值链耦合协同影响因子的关联效用可以提升决策的准确度。

清洁能源"发电-储能-用能"价值链中的储能节点发挥了关键作用。储能可以在负荷需求较小时吸收存储能量，也可以在负荷需求较大时释放能量，一方面能够促进电能的消纳，另一方面也能为解决配电网的调峰调频问题做出重要贡献。储能系统与风力发电系统联合运行形成的风储联合发电系统能减少弃风现象，解决能源浪费问题并提高"风电-储能"价值链价值增值能力，针对其协同决策问题进行研究具有重要的理论和实践意义。

由于风储联合发电系统具有复杂性特征，所以我们使用多准则决策法来处理风电商和储能商在协同运作中涉及的多方面影响因素。在进行协同决策前，从不同维度分析影响风储联合发电系统运行效益的耦合协同影响因子，构建决策指标体系。通过对决策指标体系中各个影响因子进行分析，考虑其对价值创造能力的关联效用并确定其指标权重，进而进行科学的协同决策。

4.1.1　协同决策指标体系设计

决策指标体系的构建是对风储联合发电系统协同影响因子进行客观分析和综合评价的基础。通过构建合适的决策指标体系可以有效对风储联合发电系统的综合效益进行分析，从而进行正确的协同决策。在此，我们从四个不同的维度确定了风储联合发电系统协同决策指标体系，该评价指标体系包括复杂系统维、运营节点维、主体能效维和外部环境维等4个一级指标和11个二级指标，见表4-1。

表4-1　　　　　　　　　风储联合发电系统协同决策指标体系

目　标	一级指标	二级指标	符号
风储联合发电系统协同表现评价	复杂系统维（F_1）	风力发电技术及产业发展	C_1
		储能技术及产业发展	C_2
		储能技术平均成本	C_3
	运营节点维（F_2）	风电装机容量	C_4
		储能装机容量	C_5
		风电商与储能商风险承担情况	C_6
	主体能效维（F_3）	风电场并网能力	C_7
		储能辅助服务能力	C_8
		风储主体协同效率及效益	C_9
	外部环境维（F_4）	风电相关政策及规划	C_{10}
		储能相关政策及规划	C_{11}

1. 复杂系统维影响因子（F_1）

"风电-储能"价值链中，风储联合发电系统的耦合协同过程是一个复杂的系统工程，受到多方因素的共同影响。在技术方面，风力发电的弱致稳性和弱抗扰性使得风电并网难度较大，风力发电技术及产业发展（C_1）对价值链的协同运行有着重要影响，储能技术及相关产业发展（C_2）为提高风电消纳提供了较好的解决方案，同时也影响了风储联合发电系统的耦合协同效果；在经济方面，储能技术平均成本（C_3）会对风储联合发电系统协同优化的经济性产生一定影响。

2. 运营节点维影响因子（F_2）

"风电-储能"价值链中，风储联合发电系统协同涉及风电商和储能商两个关键节点。风电装机容量（C_4）、储能装机容量（C_5）和风电商与储能商风险承担情况（C_6）等因素相互联系、相互作用，对风储联合发电系统的协同运行效率和稳定程度产生协同影响。

3. 主体能效维影响因子（F_3）

在能力方面，风电场并网能力（C_7）和储能辅助服务能力（C_8）是影响协同表现的基本因素；在效率和效益方面，风储主体协同效率及效益（C_9），是影响协同表现的关键。

4. 外部环境维影响因子（F_4）

风储联合发电系统所处的外部环境主要指相关政府政策导向情况，包括风电相关政策及规划（C_{10}）和储能相关政策及规划（C_{11}）等方面。

4.1.2　协同决策模型构建

在多准则决策法中，理想点法（Technique for Order Preference by Similarity to an Ideal Solution，TOPSIS）被广泛应用于各领域的评估研究中。TOPSIS 法通过计算备选方案与正、负理想解的距离获得各备选方案与理想方案的贴近度，根据贴近度排序确定最佳备选方案，能够应用于风储联合发电协同运行效果的整体评价研究，使协同决策研究更具合理性。由于 TOPSIS 法无法有效处理模糊性和不确定性较强的语义变量，因此我们引入区间二型模糊数对指标和权重进行处理，构建基于区间二型模糊 TOPSIS 的风储联合发电系统协同决策综合评价模型。

1. 区间二型模糊集介绍

定义 1：如果 $\tilde{A}$ 是论域 X 上的区间二型模糊集，则 $\tilde{A}$ 可由区间二型隶属度函数 $\mu_{\tilde{A}}$ 表示

$$\tilde{A}=[((x,u),\mu_{\tilde{A}}(x,u))\mid \forall x\in X,\forall u\in[0,1],0\leqslant\mu_{\tilde{A}}(x,u)\leqslant 1] \tag{4-1}$$

定义 2：区间二型模糊集 $\tilde{A}$ 的不确定性覆盖范围可由上界隶属度函数 $\overline{\mu_{\tilde{A}}}(x)$ 和下界隶属度函数 $\underline{\mu_{\tilde{A}}}(x)$ 表示。区间二型模糊数可表示为

$$\tilde{A}=(A^{\%U},A^{\%L})=\begin{bmatrix}(a_1^U,a_2^U,a_3^U,a_4^U;H_1(A^{\%U}),H_2(A^{\%U})),\\(a_1^L,a_2^L,a_3^L,a_4^L;H_1(A^{\%L}),H_2(A^{\%L}))\end{bmatrix} \tag{4-2}$$

其中，$a_1^U<a_2^U<a_3^U<a_4^U$，$a_1^L<a_2^L<a_3^L<a_4^L$，$a_1^U<a_4^L$，$a_4^L<a_4^U$；

定义 3：给定两个区间二型模糊数 $\tilde{A}_1=(\tilde{A}_1^U,\tilde{A}_1^L)$ 和 $\tilde{A}_2=(\tilde{A}_2^U,\tilde{A}_2^L)$，他们之间及其与常数 k 的算法可表示为

$$\tilde{A}_1\oplus\tilde{A}_2=\begin{bmatrix}(a_{11}^U+a_{21}^U,a_{12}^U+a_{22}^U,a_{13}^U+a_{23}^U,a_{14}^U+a_{24}^U;\\\min(H_1(\tilde{A}_1^U),H_1(\tilde{A}_2^U)),\min(H_2(\tilde{A}_1^U),H_2(\tilde{A}_2^U))),\\(a_{11}^L+a_{21}^L,a_{12}^L+a_{22}^L,a_{13}^L+a_{23}^L,a_{14}^L+a_{24}^L;\\\min(H_1(\tilde{A}_1^L),H_1(\tilde{A}_2^L)),\min(H_2(\tilde{A}_1^L),H_2(\tilde{A}_2^L)))\end{bmatrix} \tag{4-3}$$

$$\tilde{A}_1\otimes\tilde{A}_2=\begin{bmatrix}(a_{11}^U\times a_{21}^U,a_{12}^U\times a_{22}^U,a_{13}^U\times a_{23}^U,a_{14}^U\times a_{24}^U;\\\min(H_1(\tilde{A}_1^U),H_1(\tilde{A}_2^U)),\min(H_2(\tilde{A}_1^U),H_2(\tilde{A}_2^U))),\\(a_{11}^L\times a_{21}^L,a_{12}^L\times a_{22}^L,a_{13}^L\times a_{23}^L,a_{14}^L\times a_{24}^L;\\\min(H_1(\tilde{A}_1^L),H_1(\tilde{A}_2^L)),\min(H_2(\tilde{A}_1^L),H_2(\tilde{A}_2^L)))\end{bmatrix} \tag{4-4}$$

$$k\widetilde{A}_1 = [(ka_{11}^U, ka_{12}^U, ka_{13}^U, ka_{14}^U; H_1(\widetilde{A}_1^U), H_2(\widetilde{A}_1^U)),$$
$$(ka_{11}^L, ka_{12}^L, ka_{13}^L, ka_{14}^L; H_1(\widetilde{A}_1^L), H_2(\widetilde{A}_1^L))] \quad (4-5)$$

$$\sqrt[1/k]{\widetilde{A}_1} = [(\sqrt[1/k]{a_{11}^U}, \sqrt[1/k]{a_{12}^U}, \sqrt[1/k]{a_{13}^U}, \sqrt[1/k]{a_{14}^U}; H_1(\widetilde{A}_1^U), H_2(\widetilde{A}_1^U)),$$
$$\sqrt[1/k]{a_{11}^L}, \sqrt[1/k]{a_{12}^L}, \sqrt[1/k]{a_{13}^U}, \sqrt[1/k]{a_{14}^U}; H_1(\widetilde{A}_1^L), H_2(\widetilde{A}_1^L)] \quad (4-6)$$

定义4：我们使用式（4-7）对区间二型模糊数 $\widetilde{A}_i = (\widetilde{A}_i^U, \widetilde{A}_i^L)$ 进行排序。式（4-7）中：$M_p(\widetilde{A}_i^U)$ 是元素 a_{ip}^j 和 $a_{i(p+1)}^j$ 的平均数，$M_p(\widetilde{A}_i^j) = (a_{ip}^j + a_{i(p+1)}^j)/2$，$1 \leqslant p \leqslant 3$；$s_q(\widetilde{A}_i^j)$ 是元素 a_{ip}^j 和 $a_{i(p+1)}^j$ 的标准差，$s_q(\widetilde{A}_i^j) = \sqrt{\frac{1}{2}\sum_{k=q}^{q+1}\left(a_{ik}^j - \frac{1}{2}\sum_{k=q}^{q+1}a_{ik}^j\right)^2}$，$1 \leqslant q \leqslant 3$；$s_4(\widetilde{A}_i^j)$ 是元素 a_{i1}^j，a_{i2}^j，a_{i3}^j，a_{i4}^j 的标准差，$s_4(\widetilde{A}_i^j) = \sqrt{\frac{1}{4}\sum_{k=1}^{4}\left(a_{ik}^j - \frac{1}{4}\sum_{k=1}^{4}a_{ik}^j\right)^2}$；$H_p(\widetilde{A}_i^j)$ 是梯形隶属函数 $\widetilde{A}_i^j$ 中元素 $a_{i(p+1)}^j$ 的隶属度值，$1 \leqslant p \leqslant 2$，$j \in \{U, L\}$，$1 \leqslant i \leqslant n$。

$$Rank(\widetilde{A}_i) = M_1(\widetilde{A}_i^U) + M_1(\widetilde{A}_i^L) + M_2(\widetilde{A}_i^U) + M_2(\widetilde{A}_i^L)$$
$$+ M_3(\widetilde{A}_i^U) + M_3(\widetilde{A}_i^L) - \frac{1}{4}(s_1(\widetilde{A}_i^U) + s_1(\widetilde{A}_i^L) + s_2(\widetilde{A}_i^U)$$
$$+ s_2(\widetilde{A}_i^L) + s_3(\widetilde{A}_i^U) + s_3(\widetilde{A}_i^L) + s_4(\widetilde{A}_i^U) + s_4(\widetilde{A}_i^L))$$
$$+ H_1(\widetilde{A}_i^U) + H_1(\widetilde{A}_i^L) + H_2(\widetilde{A}_i^U) + H_2(\widetilde{A}_i^L) \quad (4-7)$$

2. 基于关联效用的指标权重确定

清洁能源"发电-储能-用能"价值链耦合协同影响因子与价值链的价值共创、价值增值等能力具有关联性，关联效用的大小可以反映出耦合协同影响因子对价值链的影响水平，关联效用大的影响因子能够更大程度上提升价值链的价值增值水平，创造出更多的价值。这里便利用耦合协同影响因子的关联效用来进行指标权重的确定，进而得出更加合适的决策结果。

我们采用基于区间二型模糊数的专家意见确定关联效用及指标权重。首先，邀请 p 位专家，判断每个影响因子在价值链系统中的重要程度 IL（Importance Level）。其次，判断该影响因子对风储联合发电系统协同效果的影响程度 ID（Influence Degree）。再次，综合指标的 IL 和 ID，计算其与价值链价值增值、价值共创水平的关联效用 RE（Relevance Effect）。最后，确定每个影响因素的权重。指标权重由权重语义值确定，权重语义值和区间二型模糊数之间的对应关系见表4-2。

$$\omega_i = RE_i = \sqrt{(\sum_{k=1}^{p} IL_i^p \times ID_i^p)/p}, \quad W = \{\omega_1, \omega_2, \cdots, \omega_m\} \quad (4-8)$$

式中 $\omega_i(i=1, 2, \cdots, n)$ ——指标权重；

$RE_i(i=1, 2, \cdots, m)$ ——影响因子的关联效用。

3. 区间二型模糊 TOPSIS 综合评价模型构建

首先将具有不确定性和模糊性的语义值转换为区间二型模糊数，其次采用 TOPSIS

法进行综合评价并求解最佳方案。

表 4-2 权重确定语义值及评价语义值对应的区间二型模糊数

重要程度 IL	影响程度 ID	评价语义值	区间二型模糊数
很低（VL）	很小（VS）	很小（VP）	（（0，0，0，0.1；1，1），（0，0，0，0.05；0.9，0.9））
低（L）	小（S）	小（P）	（（0，0.1，0.1，0.3；1，1），（0.05，0.1，0.1，0.2；0.9，0.9））
较低（ML）	较小（OS）	较小（MP）	（（0.1，0.3，0.3，0.5；1，1），（0.2，0.3，0.3，0.4；0.9，0.9））
中等（M）	一般（O）	一般（O）	（（0.3，0.5，0.5，0.7；1，1），（0.4，0.5，0.5，0.6；0.9，0.9））
较高（MH）	较大（OB）	较大（MG）	（（0.5，0.7，0.7，0.9；1，1），（0.6，0.7，0.7，0.8；0.9，0.9））
高（H）	大（B）	大（G）	（（0.7，0.9，0.9，1；1，1），（0.8，0.9，0.9，0.95；0.9，0.9））
很高（VH）	很大（VB）	很大（VG）	（（0.9，1，1，1；1，1），（0.95，1，1，1；0.9，0.9））

设共有 n 个备选方案集合，和 m 个评价指标集合：$X = \{x_1, x_2, \cdots, x_n\}$，$C = \{c_1, c_2, \cdots, c_m\}$。同时邀请 p 位专家 $D = \{D_1, D_2, \cdots, D_p\}$ 分别对风储联合发电系统的耦合协同影响因子和备选方案进行评价，区间二型模糊 TOPSIS 的计算步骤如下。

步骤 1：构建决策矩阵 Y_p 和平均决策矩阵 $\overline{Y}$。

$$Y_p = [\tilde{f}_{ij}^p]_{n \times m} = \begin{bmatrix} \tilde{f}_{11}^p & \tilde{f}_{12}^p & \cdots & \tilde{f}_{1n}^p \\ \tilde{f}_{21}^p & \tilde{f}_{22}^p & \cdots & \tilde{f}_{2n}^p \\ \vdots & \vdots & \vdots & \vdots \\ \tilde{f}_{m1}^p & \tilde{f}_{m2}^p & \cdots & \tilde{f}_{mn}^p \end{bmatrix}, \overline{Y} = [\tilde{f}_{ij}]_{n \times m}$$

$$\tilde{f}_{ij} = \frac{\tilde{X}_{ij}^1 \oplus \tilde{X}_{ij}^2 \oplus \cdots \oplus \tilde{X}_{ij}^p}{p} \tag{4-9}$$

其中：$\tilde{X}_{ij}^p$ 为第 p 位专家对于备选方案 i 的第 j 个指标的评估值；$\tilde{X}_{ij}$ 为备选方案 i 的第 j 个指标的平均评估值，$0 \leqslant i \leqslant m$，$0 \leqslant j \leqslant n$。

步骤 2：构建权重矩阵。基于之前使用的基于区间二型模糊数的专家意见确定指标权重的方法，确定评价指标权重矩阵 $W = \{\omega_1, \omega_2, \cdots, \omega_m\}$。

步骤 3：构建加权平均决策矩阵 $\overline{Y}_W = [\tilde{v}_{ij}]_{m \times n}$，$\tilde{v}_{ij} = \omega_i \otimes \tilde{f}_{ij}$，$0 \leqslant i \leqslant m$，$0 \leqslant j \leqslant n$。

步骤 4：使用式（4-7）对加权平均决策矩阵的每个值进行排序处理，得到排序加权平均决策矩阵 $\overline{Y}_{WR} = [Rank(\tilde{v}_{ij})]_{m \times n}$。

步骤 5：计算正理想解 x^+ 和负理想解 x^-。

$$x^+ = (v_1^+, v_2^+, \cdots, v_m^+) = \begin{cases} \max(Rank(\tilde{v}_{ij})), \text{效益型指标} \\ \min(Rank(\tilde{v}_{ij})), \text{成本型指标} \end{cases}$$

$$x^- = (v_1^-, v_2^-, \cdots, v_m^-) = \begin{cases} \min(Rank(\tilde{v}_{ij})), \text{效益型指标} \\ \max(Rank(\tilde{v}_{ij})), \text{成本型指标} \end{cases} \tag{4-10}$$

步骤 6：计算各备选方案与正理想解和理想解的距离，计算各方案的贴近度并进行排序：

$$d^+(x_j) = \sqrt{\sum_{i=1}^m (Rank(\tilde{v}_{ij}) - v_i^+)^2}$$

$$d^-(x_j) = \sqrt{\sum_{i=1}^{m}(Rank(\tilde{v}_{ij}) - v_i^-)^2}$$

$$CC(x_j) = \frac{d^-(x_j)}{d^+(x_j) + d^-(x_j)} \qquad (4-11)$$

其中，$0 \leqslant i \leqslant m$，$0 \leqslant j \leqslant n$。

4.1.3 算例分析

为了实现"风电-储能"价值链的可持续发展，并有针对性地提升风储协同能力，某公司欲对风储联合发电系统的协同影响因子进行分析，并对协同表现情况进行整体评估。为此，邀请三位专家根据构建的评价指标对三个备选方案进行评价，采用区间二型模糊TOPSIS法对方案进行评估和排序。其中，一位专家为风电领域专家，一位专家为储能领域专家，另外一位专家在风电和储能项目方面具备丰富的经验。同时，在评价指标体系中，除"储能技术平均成本"为成本型指标外，其他指标均为效益型指标。

第一，三位专家 $\{D_1, D_2, D_3\}$ 对各备选方案 $\{x_1, x_2, x_3\}$ 的项目相关资料进行分析并进行实地调研，在充分了解风储联合发电系统项目的基础上，对各方案的评价指标 $\{c_1, c_2, \cdots, c_{11}\}$ 进行打分，打分使用表 4-2 中的语义值，即 $\{$协同影响很小（VP），协同影响小（P），协同影响较小（MP），协同影响一般（M），协同影响较大（MG），协同影响大（G），协同影响很大（VG）$\}$，得到的打分情况见表 4-3，据此构建平均决策矩阵 $\overline{Y} = [\tilde{\overline{f}}_{ij}]_{11 \times 3}$。

表 4-3   风储联合系统备选方案评价表

评价指标		方案	专家		
			D_1	D_2	D_3
复杂系统维（F_1）	风力发电技术及产业发展	x_1	M	MP	M
		x_2	MG	M	M
		x_3	G	MG	G
	储能技术及产业发展	x_1	MG	G	VG
		x_2	G	G	VG
		x_3	VG	G	VG
	储能技术平均成本	x_1	MP	MG	MG
		x_2	MP	M	G
		x_3	VP	VP	P
运营节点维（F_2）	风电装机容量	x_1	MP	M	MG
		x_2	MP	MG	G
		x_3	MP	MG	G
	储能装机容量	x_1	MG	M	G
		x_2	G	MG	G
		x_3	VG	MG	VG

评价指标		方案	专 家		
			D_1	D_2	D_3
运营节点维（F_2）	风电商与储能商风险承担情况	x_1	VP	VP	G
		x_2	MP	M	G
		x_3	G	VG	VG
主体能效维（F_3）	风电场并网能力	x_1	P	MP	G
		x_2	G	P	M
		x_3	G	M	VG
	储能辅助服务能力	x_1	G	VP	MG
		x_2	MG	M	MG
		x_3	VG	VG	VG
	风储主体协同效率及效益	x_1	MG	M	M
		x_2	G	MG	M
		x_3	G	VG	VG
外部环境维（F_4）	风电相关政策及规划	x_1	MG	M	MP
		x_2	MG	M	MP
		x_3	MG	M	MP
	储能相关政策及规划	x_1	VG	MP	G
		x_2	VG	M	G
		x_3	VG	G	G

第二，三位专家 $\{D_1,D_2,D_3\}$ 判断每个评价指标在风储联合发电系统整体影响因素中的重要程度 IL，并评价了风储联合发电系统协同效果的影响程度 ID，对指标权重评价采用表 4-2 所示语义值，得到指标评价结果。在此基础上，计算指标的综合协同影响程度 $RE=\sqrt{IL\times ID}$，转为区间二型模糊数，得到指标权重：

$$W=(\omega_1,\omega_2,\cdots,\omega_{11})$$

$$=\begin{bmatrix}
(0.04,0.06,0.06,0.07;1,1) & (0.05,0.06,0.06,0.06;0.9,0.9)\\
(0.09,0.1,0.1,0.1;1,1) & (0.09,0.1,0.1,0.1;0.9,0.9)\\
(0.12,0.11,0.11,0.1;1,1) & (0.11,0.11,0.11,0.11;0.9,0.9)\\
(0.05,0.06,0.06,0.07;0.9,0.9) & (0.05,0.06,0.06,0.07;0.9,0.9)\\
(0.07,0.08,0.08,0.08;1,1) & (0.08,0.08,0.08,0.08;0.9,0.9)\\
(0.12,0.11,0.11,0.1;1,1) & (0.11,0.11,0.11,0.11;0.9,0.9)\\
(0.09,0.09,0.09,0.09;1,1) & (0.09,0.09,0.09,0.09;0.9,0.9)\\
(0.12,0.11,0.11,0.1;1,1) & (0.11,0.11,0.11,0.11;0.9,0.9)\\
(0.12,0.11,0.11,0.1;1,1) & (0.11,0.11,0.11,0.11;0.9,0.9)\\
(0.07,0.08,0.08,0.08,0.09;1,1) & (0.08,0.08,0.08,0.08;0.9,0.9)\\
(0.1,0.1,0.1,0.1;1,1) & (0.1,0.1,0.1,0.1;0.9,0.9)
\end{bmatrix}$$

第三，基于平均决策矩阵和权重矩阵，构建加权平均决策矩阵 $\overline{Y}_w = [\widetilde{v}_{ij}]_{11\times3}$，以下仅列出部分结果：

$$\widetilde{v}_{11} = ((0.07,0.22,0.22,0.43;1,1),(0,10,0.22,0.22,0.39;0.9,0.9))$$

$$\widetilde{v}_{12} = ((0.11,0.29,0.29,0.53;1,1),(0.16,0.29,0.29,0.48;0.9,0.9))$$

$$\widetilde{v}_{13} = ((0.19,0.42,0.42,0.67;1,1),(0.26,0.42,0,42,0.60;0.9,0.9))$$

第四，对加权平均决策矩阵进行排序处理，求解指标值的排序，得到排序加权平均决策矩阵 $\overline{Y}_{WR} = [Rank(\widetilde{v}_{ij})]_{11\times3}$，$\widetilde{v}_{11}$ 排序值计算如下：

$$
\begin{aligned}
Rank(\widetilde{v}_{11}) &= M_1(\widetilde{v}_{11}^U) + M_1(\widetilde{v}_{11}^L) + M_2(\widetilde{v}_{11}^U) + M_2(\widetilde{v}_{11}^L) + M_3(\widetilde{v}_{11}^U) + M_3(\widetilde{v}_{11}^L) \\
&\quad - \frac{1}{4}(s_1(\widetilde{v}_{11}^U) + s_1(\widetilde{v}_{11}^L) + s_2(\widetilde{v}_{11}^U) + s_2(\widetilde{v}_{11}^U) + s_3(\widetilde{v}_{11}^U) + s_3(\widetilde{v}_{11}^L) \\
&\quad + s_4(\widetilde{v}_{11}^U) + s_4(\widetilde{v}_{11}^U)) + H_1(\widetilde{v}_{11}^U) + H_1(\widetilde{v}_{11}^L) + H_2(\widetilde{v}_{11}^U) + H_2(\widetilde{v}_{11}^L) \\
&= 0.14 + 0.16 + 0.22 + 0.22 + 0.32 + 0.3 - \frac{1}{4}(0.07 + 0.06 + 0 + 0 \\
&\quad + 0.11 + 0.09 + 0.13 + 0.1) + 1 + 0.9 + 1 + 0.9 = 5.01
\end{aligned}
$$

第五，计算正理想解 x^+ 和负理想解 x^-。

$$x^+ = (6.15,8.52,3.85,5.68,7.4,9.39,7.49,9.6,9.33,5.83,7.78)$$

$$x^- = (5.01,8.03,7,5.29,6.57,5.54,5.64,6.85,7,5.83,6.44)$$

第六，计算各备选方案与正理想解和负理想解的距离，计算各方案的贴近度。

$$CC(x_1) = \frac{d^-(x_1)}{d^-(x_1)+d^+(x_1)} = 0$$

$$CC(x_2) = 0.3$$

$$CC(x_3) = 1$$

第七，由于 $CC(x_3) > CC(x_2) > CC(x_1)$，因此方案3相较于方案1和方案2更贴近理想解。在三个备选方案中，方案3具有最优的风储联合发电系统协同运作表现，可以实现更高的价值共创与价值增值水平，因此通过协同决策选择方案3来构建风储联合发电系统。

4.1.4　结论与建议

绿色能源可持续发展背景下，清洁能源"发电-储能-用能"价值链的研究对清洁能源的发展提供了重要的助力。其中，风储联合发电系统是提升风电消纳能力的有效应对方案，对风储联合协同决策进行研究有利于提升"风电-储能"价值链的协同运作，并且通过考虑价值链系统中影响因子的关联效用可以更好地解决风储联合发电系统的协同决策问题，能使风储联合发电系统发挥更大的价值增值效应。

通过对风储联合发电系统的协同决策研究，可以发现该价值链耦合协同影响因子间的关联效用在一定程度上决定了其价值创造的水平。因此，通过对该价值链耦合协同影响因子的分析，可以给出以下建议：

（1）大力发展风力发电技术及其相关产业，通过创造良好的技术条件以及产业环境，为我国清洁能源的发展奠定良好的技术基础。

（2）大力发展储能技术，储能技术是提升风电利用效率，减少弃风现象的关键，其相关产业除了可以进行自身的价值创造之外，还可以促进风力发电产业的发展，提升清洁能源价值链价值创造水平。

（3）加强政府引导，政府的引导作用在风电技术及储能技术的发展中是非常重要的，与风电以及储能相关的政策及规划很大程度上影响了整体产业的外部环境，良好的外部环境可以极大地促进相关产业的发展。

本节通过对价值链耦合协同影响因子的关联效用进行分析，为解决风储联合发电系统中的协同决策问题提供了新的路径，之后我们将从价值链耦合节点间结构关系的角度对清洁能源"发电–储能–用能"价值链耦合协同机理进行更深入地分析。

4.2 考虑价值链耦合节点间结构关系的节点优化模型

清洁能源"发电–储能–用能"价值链由发电、储能和用能3个主要节点构成，节点与节点之间相互关联，彼此影响，具有独特的节点间结构关系。清洁能源发电商负责生产电能，储能商负责将无法消纳的电能进行储存，在用电高峰时期再将储存的电能输送给用户，构成了典型的"发电–储能–用能"的电能消纳模式。而价值链的价值创造水平很大程度上与节点企业的能力、效率有关，为了实现价值链价值的最大化，达到更高的价值增值水平，进行考虑价值链耦合节点间结构关系的节点优化研究是非常有必要的。

近年来，在国家能源战略和政府政策指导下，我国风能得到了快速发展，但弃风弃能现象依然存在，这在一定程度上限制了我国风电产业的发展。从之前的分析可以得出，储能的参与能够在一定程度上缓解弃风问题，实现风电的有效利用，促进风电产业的良好发展。目前主流的储能技术有压缩空气储能、飞轮储能、抽水蓄能、化学储能等。风电价值链中储能节点的优化，本质上是指在风电价值链发展中引入储能，对备选储能节点进行评价并选择，这是实现价值共创、价值增值的关键。

本节首先在考虑节点间结构关系的基础上，进行节点优化指标体系设计，然后结合区间二型模糊数与灰色累积前景理论构建节点优化模型，最终根据备选方案的综合累积前景值进行储能节点的优化。

4.2.1 节点优化指标体系设计

传统风电价值链由基础活动和辅助活动两部分组成，这里构建的价值链不同于传统的价值链，为储能参与的风电价值链，如图4–1所示。

在风电价值链中，风电的有效利用是不可忽视的。而传统的风电价值链忽视了储能对风电发展的重要作用。从目前的发展趋势来看，具有价值创造和价值增值能力的储能节点部分应得到重视。从图4–1可以看出，风电价值链包括上游风电设备制造商和发电商、中游储能企业和下游能源消费用户。在风电价值链中，风电主要有两个发展方向：并网和非并网。所谓非并网，是指离网或微网。然而，并网和非并网都需要通过储能来减轻风电波动对电网和用户的影响。因此，储能节点企业的优化选择有利于进一步促进风电消费，实现风电价值链的价值协同创造。

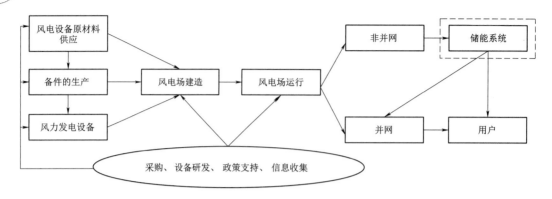

图 4-1 储能参与的风电价值链

结合风电价值链耦合节点间的结构关系，考虑到风电价值链中储能节点企业的可持续发展，将储能节点企业选择的决策准则分解为更具体的层次。BOCR 是选择决策准则和评审准则的重要工具，主要用于解决复杂的多目标决策评价问题。BOCR 是指决策者根据效益（Benefit）、机会（Opportunity）、成本（Cost）和风险（Risk）对决策指标进行分类。为了明确表达该指标体系的设计目标，我们还绘制了鱼骨图（fishbone diagram，FD)，如图 4-2 所示。FD 由日本东京大学辛一教授创造，它因其形状像鱼骨而被称为鱼骨图，又称因果图，是一种寻找问题根本原因的创新分析方法。从 FD 可以看出，设计该评价指标体系的目的是通过选择合适的指标来进行储能节点企业的优化选择。

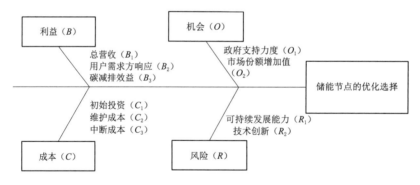

图 4-2 多维度影响因素的节点优化选择

（1）效益维度（B）。效益维度主要包括 3 个指标，即总营收（B_1）、用户需求响应（B_2）和碳减排效益（B_3）。当前，中国发展风电储能价值链的主要目的就是实现整个价值链的利润增长和碳减排。而用户需求响应反映了下游节点对储能节点优化选择及价值链整体效益水平的影响。

（2）机会维度（O）。在机会方面，主要选择了政府支持力度（O_1）和市场份额增加值（O_2）两个指标。我国是世界上最大的发展中国家，是世界上人口最多的国家。与此同时，我国也是世界上最大的清洁能源消费国。随着清洁能源价值链的发展，我国的环境质量得到了改善，同时中国政府制定了相关优惠政策来促进风能等清洁能源的发展，各级政府也增加了对清洁能源的投资，因此可以考虑政府支持力度与市场份额增加值两个因素。

（3）成本维度（C）。成本维度主要包括初始投资（C_1）、维护成本（C_2）和价值链的中断成本（C_3）。在价值链中进行有效投资、运营管理及降低成本，是实现价值链优化的重要途径。

（4）风险维度（R）。风电价值链中的诸多风险主要表现为可持续发展能力（R_1）和技术创新（R_2）的不确定性。风电价值链中所选企业的可持续发展能力直接影响到整个价值链的可持续发展能力。选择合适的节点企业，有利于提升价值链整体可持续发展能力。技术创新在风电价值链的发展中也占有非常重要的地位。发展风电价值链可选择技术创新水平较高的企业，以降低技术创新过程中可能出现的技术风险。

4.2.2　节点优化模型构建

1. 指标解释及计算

在设计好相应的节点优化指标体系之后，我们需要给出部分指标的解释以及计算过程，具体有以下几个指标：

（1）总营收（B_1）。总营收包括销售收入和政府补贴收入。主要收入来自区域电网的输出功率和上网电价。同时，由于风力发电的成本较高，又注重环保，政府制定了一系列补贴政策来发展风力发电价值链。我们采用净现值来计算风电价值链的总收益，计算公式为

$$I_{NPV} = \sum_{t=1}^{n} E_{out}(P_b + P_g)(1 + i_0)^{-t} \qquad (4-12)$$

式中　I_{NPV}——风电价值链的总收益；

　　　　E_{out}——风能价值链所能产生的电量；

　　　　P_b——区域上网价格；

　　　　P_g——政府补贴价格；

　　　　n——发电寿命；

　　　　i_0——年利润率。

（2）用户需求响应（B_2）。用户需求侧响应是电力市场实现节能减排的关键因素。它是指电力用户根据不同时期的电价，有选择地进行电力消费，实现用电负荷削峰填谷的效果。通过设置不同的电价，一般为用电高峰时高电价，用电低谷时低电价，作为用户进行需求侧响应的激励机制。最终，可以提高电力消费弹性，有效改善风电消费结构，起到负荷曲线的削峰填谷作用，实现电能更高层次的有效利用。

（3）碳减排效益（B_3）。发展清洁能源可以有效减少污染气体的排放，促进环境的可持续发展，提高环境效率。在众多的排放中，碳排放占最大的比例。节约碳排放的环境效益可以用下式计算：

$$E_{env} = \Delta O_{pol} P_{val} \qquad (4-13)$$

式中　E_{env}——碳减排的环境效益；

　　　　ΔO_{pol}——风电价值链各节点在周期内的碳减排量；

P_{val}——二氧化碳的环境值。

（4）风电价值链的初始投资（C_1）。其主要为用于各节点的初始建设投资，主要包括选址成本、设备采购成本和人力资本。初始投资计算公式为

$$C_T = C_s + C_P + C_h \tag{4-14}$$

式中　C_T——初始投资；

$\quad\quad C_s$——选址成本；

$\quad\quad C_P$——设备采购成本；

$\quad\quad C_h$——人员雇佣成本。

（5）风电价值链的维护成本（C_2）。在风电价值链运行过程中，需要对发电、储能、利用等各个环节进行维护。这些维护包括设备维护和节点企业关系维护。维护成本计算公式为

$$C_M = (C_s + C_P)R_m + C_n \tag{4-15}$$

式中　C_M——维护成本；

$\quad\quad R_m$——区域内选址成本和设备采购成本的维护费率；

$\quad\quad C_n$——节点企业之间关系的维护费。

（6）风电价值链的中断成本（C_3）。由于风电的随机性和波动性，风电设备有发生故障的可能性，风力发电也会有停电的风险。一旦发生停电事件，对自身和供货企业、商家都会造成一定的经济损失。中断成本计算公式为

$$C_{out} = E_{out}(P_b + P_g)r \tag{4-16}$$

式中　C_{out}——总中断成本；

$\quad\quad r$——可能停电的概率。

（7）风电价值链的可持续发展能力（R_1）和技术创新能力（R_2）的计算公式为

$$\max SE = \max \sum_{j=1}^{3} \min(SE_i^j, K_i^j)\ i \in [1, I] \tag{4-17}$$

$$\max TE = \max \sum_{j=1}^{3} \min(TE_i^j, K_i^j)\ i \in [1, I] \tag{4-18}$$

$$K_i^j = \begin{cases} 0 & 不选择\ E_i\ 为节点企业 \\ 1 & 选择\ E_i\ 为节点企业 \end{cases} \tag{4-19}$$

式中　SE_i^j、TE_i^j——替代方案的可持续发展能力和技术创新水平。

2. 节点优化模型

我们采用改进的累积前景理论（Cumulative Prospect Theory，CPT）从多个维度对各方案进行评价。将灰色理论与CPT相结合，解决了风电价值链节点企业的选择问题。在该混合模型中，其权重由优化模型确定，减少了方法的主观性。

（1）累积前景理论。Kahneman 和 Tversky（1979）提出了考虑决策者心理特征的前景理论，并在1992年提出了基于前景理论的累积前景理论。其中，前景值由价值函数和决策权重来确定。计算公式为

$$V(x) = \sum_{i=1}^{n} p(\omega_i)\nu(x_i) \tag{4-20}$$

式中　$v(x_i)$——价值函数，即决策者的风险偏好；

　　　$p(\omega_i)$——决策函数，指的是决策权重。

价值函数和决策权重可以用下式计算：

$$v(x) = \begin{cases} x^{\alpha} & x \geqslant 0 \\ -\lambda(-x)^{\beta} & x < 0 \end{cases} \tag{4-21}$$

式中　x——决策目标和参考点之间的差异，也就是得失。当 $x > 0$，代表收入；当 $x < 0$，
　　　代表损失；

　　α 和 β——分别表示对收益回报的偏好和风险厌恶程度；

　　λ——损失厌恶系数，$\lambda > 1$ 表示决策者是损失（风险）厌恶型的。

$$p(\omega_k) = \begin{cases} p^+(\omega_k) = \dfrac{\omega_k^{\varphi^+}}{\left[\omega_k^{\varphi^+} + (1-\omega_k)^{\varphi^+}\right]^{\frac{1}{\varphi^+}}} & x \geqslant 0 \\[4mm] p^-(\omega_k) = \dfrac{\omega_k^{\varphi^-}}{\left[\omega_k^{\varphi^-} + (1-\omega_k)^{\varphi^-}\right]^{\frac{1}{\varphi^-}}} & x < 0 \end{cases} \tag{4-22}$$

式中　$p^+(\omega_k)$——收入的权重函数；

　　　$p^-(\omega_k)$——损失的权重函数；

　　　φ^+ 和 φ^-——收入和损失的估计系数。

Kahneman 和 Tversky 通过式（4-21）和式（4-22）得到了各系数的值。通过众多其他学者的实证研究和验证，$\alpha = \beta = 0.88$，$\lambda = 2.25$，$\varphi^+ = 0.61$，$\varphi^- = 0.69$。

（2）区间二型模糊集。区间二型模糊集的定义参考 4.1.2 节相关内容。

（3）灰色累积前景理论。当使用累积前景理论（Cumulative Prospect Theory，CPT）做决策时，决策者将使用一个参考点来确定当前决策是利润型或损失型。而且决策者通常更关注结果与参考点之间的差距，而不是结果本身。研究表明，风险参考点附近的决策者偏好将呈现相反态度。例如，面对收入时，决策者更倾向于规避风险；面对亏损时，决策者更倾向于追求收益。可以看出，参考点的选择将对最终的决策结果产生重要影响。在此基础上，我们进行了相应梳理。

假设第 i 次备选方案的第 j 项指标判断值表示为 $x_{ij}(1 \leqslant i \leqslant m，1 \leqslant j \leqslant n)$，参考点为 t，改进后的值函数为

$$v(x_{ij}) = \begin{cases} (1-\psi_{ij})^{\alpha} & x_{ij} \geqslant t \\ -\lambda(\psi_{ij}-1)^{\beta} & x_{ij} < t \end{cases} \tag{4-23}$$

其中

$$\psi_{ij} = \frac{\min_i \min_j |x_{ij}t| + \tau \max_i \max_j |x_{ij}t|}{|x_{ij}t| + \tau \max_i \max_j |x_{ij}t|} \tag{4-24}$$

式中　ψ_{ij}——x_{ij} 的灰色相关系数；

　　　τ——灰度相关的分辨系数，一般取 0.5。

（4）区间二型灰色累积前景理论的决策计算步骤。在风电价值链节点企业的选择中，分为备选集和准则集。根据实际情况，确定备选集和准则集中第 i 个方案和第 j 个准则的值。基于上述情况，其基本决策步骤如下：

第一步：标准化决策矩阵。一般来说，为了消除利益类型、成本类型属性和其他不同

的物理维度对决策结果的影响,在此对各维准则进行了规范化,将决策矩阵 X 转化为标准化矩阵 f。利用奖惩线性变化算子对效益指标和成本指标进行归一化处理。

效益指标计算公式为

$$e_{ij} = \frac{x_{ij} \frac{1}{n}\sum_{i=1}^{n}x_{ij}}{\max\{\max_{j}(x_{ij}) - \frac{1}{n}\sum_{i=1}^{n}x_{ij}, \frac{1}{n}\sum_{i=1}^{n}x_{ij} - \min(x_{ij})\}} \quad (4-25)$$

成本指标计算公式为

$$e_{ij} = \frac{x_{ij} \frac{1}{n}\sum_{i=1}^{n}x_{ij} - x_{ij}}{\max\{\max_{j}(x_{ij}) - \frac{1}{n}\sum_{i=1}^{n}x_{ij}, \frac{1}{n}\sum_{i=1}^{n}x_{ij} - \min(x_{ij})\}} \quad (4-26)$$

第二步:确定每个备选方案的前景值。如上所述,使用 CPT 进行决策的决策者非常关注结果与预期结果之间的差距。参考点的选择可以直接影响决策结果,以及决策管理者在风险中的不同态度。结合 TOPSIS 的概念,设置正理想方案集和负理想方案集作为决策者的参考点。决策者的正理想和负理想的集合表示为

$$E^{+} = \{\max_{i}e_{i1}, \max_{i}e_{i2}, \cdots, \max_{i}e_{in}\}$$
$$E^{-} = \{\min_{i}e_{i1}, \min_{i}e_{i2}, \cdots, \min_{i}e_{in}\}$$

基于此,式(4-23)的价值可进一步简化为

$$v(x_{ij}) = \begin{cases} v^{+}(x_{ij}) = (1-\psi_{ij}^{-})^{\alpha} & E^{-} \text{为参考点} \\ v^{-}(x_{ij}) = -\lambda(\psi_{ij}^{+}-1)^{\beta} & E^{+} \text{为参考点} \end{cases} \quad (4-27)$$

$$\psi_{ij}^{-} = \frac{\min_{i}\min_{j}|e_{ij}-t_{j}^{-}| + \tau\max_{i}\max_{j}|e_{ij}-t_{j}^{-}|}{|e_{ij}-t_{j}^{-}| + \tau\max_{i}\max_{j}|e_{ij}-t_{j}^{-}|} \quad (4-28)$$

$$\psi_{ij}^{+} = \frac{\min_{i}\min_{j}|e_{ij}-t_{j}^{+}| + \tau\max_{i}\max_{j}|e_{ij}-t_{j}^{+}|}{|e_{ij}-t_{j}^{+}| + \tau\max_{i}\max_{j}|e_{ij}-t_{j}^{+}|} \quad (4-29)$$

灰度相关分辨系数 τ 的精度为 0.5。由上式可得各方案的前景值矩阵。

第三步:构造决策矩阵 G_{K} 和平均决策矩阵 $\overline{G}$。

$$G_{k} = [\tilde{g}_{ij}^{k}]_{m\times n} = \begin{matrix} B_{1} \\ B_{2} \\ \vdots \\ B_{n} \end{matrix} \begin{bmatrix} \tilde{g}_{11}^{k} & \tilde{g}_{12}^{k} & \cdots & \tilde{g}_{1m}^{k} \\ \tilde{g}_{21}^{k} & \tilde{g}_{22}^{k} & \cdots & \tilde{g}_{2m}^{k} \\ \vdots & \vdots & \vdots & \vdots \\ \tilde{g}_{n1}^{k} & \tilde{g}_{n2}^{k} & \cdots & \tilde{g}_{nm}^{k} \end{bmatrix} \quad (4-30)$$

$$\overline{G} = [\tilde{g}_{ij}^{k}]_{m\times n}, \tilde{g}_{ij}^{k} = \frac{\tilde{\tilde{E}}_{ij}^{1} \oplus \tilde{\tilde{E}}_{ij}^{2} \oplus \cdots \oplus \tilde{\tilde{E}}_{ij}^{m}}{k} \quad (4-31)$$

第四步:构造权重矩阵 $W = \{\omega_{1}, \omega_{2}, \cdots, \omega_{n}\}$。在本步骤中,专家使用的语义值和相应的区间类型二型模糊数见表 4-2。重要性水平(IL)表示各因素在整体影响因素中的重要性,影响程度(ID)表示该因素对储能节点优化选择的影响程度。最后,通过对 IL 和 ID 积分计算综合协同效应(SE),其表达式为

$$\omega_i = SE_i = \sqrt{\sum_{n=1}^{k} IL^k \times ID^k / P}$$

$$W = \{\omega_1, \omega_2, \cdots, \omega_n\} \tag{4-32}$$

第五步：计算各方案的综合前景值。各方案的最优综合前景值计算公式为

$$V_i = \sum_{j=1}^{n} v_{ij}^+ p^+ (\omega_j^*) + \sum_{j=1}^{n} v_{ij}^- p^- (\omega_j^*)$$

$$\text{s. t.} \sum_{i=1}^{n} \omega_i = 1, \ \omega_i \geqslant 0 \quad \omega \in W \tag{4-33}$$

根据式（4-33）的计算结果，对备选方案的综合最优前景值进行排序。综合前景值越大，备选方案越有可能满足决策者的期望，最优选择结果可表示为

$$\max V = \sum_{i=1}^{m} \sum_{j=1}^{n} v_{ij}^+ p^+ (\omega_j) + \sum_{i=1}^{m} \sum_{j=1}^{n} v_{ij}^- p^- (\omega_j) \tag{4-34}$$

然后选择得分最高的企业作为最适合的企业。

4.2.3 算例分析

目前，中国是世界上最大的能源生产国和消费国，为了进一步推动清洁能源的发展，中国高度重视清洁能源价值链的发展。我们选取了三家储能公司作为备选方案，采用区间二型灰色累积前景理论对三个备选方案进行了研究。最后，选择最佳的能源公司参与风电价值链的建设和发展。经过相应的计算，我们将对结果进行排序。选择风电价值链储能节点的过程如图4-3所示。

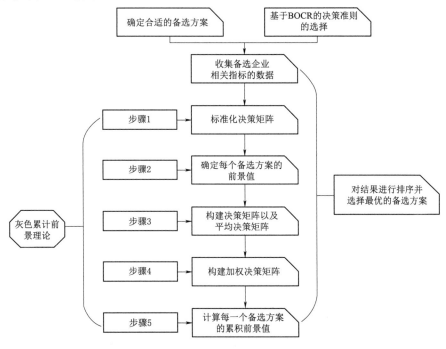

图4-3 风电价值链节点企业优化的决策步骤

1. 数据收集

目前，有三个储能企业 E1、E2、E3 可供选择，选择的标准也在之前部分进行了分类。这里主要收集相关决策准则的数据值，见表 4-4。

表 4-4　　　　　　　　　　　　　决策标准相应数据值

备选方案	B_1 (M\$)	B_2 (M\$)	B_3 (M\$)	O_1 (M\$)	O_2
E1	31.03	7.3	1.31	5.4	0.36
E2	39.82	2.1	1.93	4.2	0.46
E3	15.16	9.1	1.1	2.39	0.18
备选方案	C_1 (M\$)	C_2 (M\$)	C_3 (M\$)	R_1	R_2 (M\$)
E1	4.8	26.09	1.27	0.9	11.36
E2	4.2	35.12	1.35	0.82	10.2
E3	4.7	15.93	1.13	0.65	12.7

这些数据大部分来自 2019 年上半年的财务报告，数据按照上文的计算公式进行整理。其中，市场份额增加值根据三个备选企业在总收入中所占的比例来确定，可持续发展能力的评价来自对企业的主观评价。

2. 决策过程

根据之前的分类，以效益为导向的指标包括总收入、用户需求侧响应、碳排放节约、政府支持、市场份额增加值和可持续发展能力。基于成本的指标包括初始投资、维护成本、中断成本和技术创新。根据式（4-25）、式（4-26）建立初始决策矩阵。

得到初始决策矩阵后，由初始矩阵可得到正理想方案集和负理想方案集。正理想方案集为

$$E^+ = (0.83, 0.72, 1, 0.87, 0.83, 1, 1, 1, 0.79, 0.95)$$

负理想方案集为

$$E^- = (-1, -1, -0.72, -1, -1, -0.64, -0.96, -0.83, -1, -1)$$

得到正、负理想集后，计算正、负灰色关联度，得到各备选方案的前景值。根据式（4-27），可以得到以下数据

$$V^- = \begin{bmatrix} -1 & -0.81 & -1.37 & 0 & -1 & -1.49 & -1.25 & -1.32 & 0 & -1.18 \\ 0 & -1.51 & 0 & -1.08 & 0 & 0 & -1.58 & -1.54 & -0.93 & 0 \\ -1.54 & 0 & -1.51 & -1.55 & -1.54 & -1.4 & 0 & 0 & -1.53 & -1.57 \end{bmatrix}$$

$$V^+ = \begin{bmatrix} 0.59 & 0.61 & 0.35 & 0.69 & 0.59 & 0 & 0.53 & 0.45 & 0.68 & 0.56 \\ 0.69 & 0 & 0.67 & 0.58 & 0.69 & 0.66 & 0 & 0 & 0.59 & 0.7 \\ 0 & 0.67 & 0 & 0 & 0.26 & 0.71 & 0.69 & 0 & 0 \end{bmatrix}$$

为了确定合适的权重，我们邀请了三位相关行业的专家对权重进行打分。三位专家（P1、P2、P3）对三个备选方案的情况进行了分析和调查，然后使用表中的语义值对每个评价指标打分，得分结果见表 4-5。

表 4-5　　　　　　　　　　　　储能节点优化选择方案评价表

评价指标		备选方案	专家			评价指标		备选方案	专家		
			P1	P2	P3				P1	P2	P3
效益 (B)	B_1	E1	M	M	MP	成本 (C)	C_1	E1	P	P	P
		E2	MG	G	MG			E2	VP	M	P
		E3	MP	MP	M			E3	P	P	M
	B_2	E1	MP	MG	MG		C_2	E1	MP	M	MG
		E2	VP	M	P			E2	M	MG	MG
		E3	MP	M	G			E3	MP	P	MP
	B_3	E1	G	MG	G		C_3	E1	M	MP	MP
		E2	VG	G	VG			E2	M	MG	MP
		E3	G	M	MG			E3	MP	MP	P
机会 (O)	O_1	E1	P	M	MP	风险 (R)	R_1	E1	G	MG	VG
		E2	MP	P	MP			E2	G	G	MG
		E3	M	MP	M			E3	MG	G	VG
	O_2	E1	MP	MG	M		R_2	E1	G	VG	G
		E2	MP	MG	M			E2	VG	MG	G
		E3	MP	M	P			E3	G	M	G

在此基础上计算综合影响程度和指标权重，为

$$\omega_i = \begin{bmatrix} 0.09 & 0.1 & 0.1 & 0.1 & 1 & 1 & 0.1 & 0.1 & 0.1 & 0.1 & 0.9 & 0.9 \\ 0.1 & 0.11 & 0.12 & 0.1 & 1 & 1 & 0.1 & 0.1 & 0.11 & 0.1 & 0.9 & 0.9 \\ 0.23 & 0.19 & 0.19 & 0.14 & 1 & 1 & 0.2 & 0.2 & 0.19 & 0.15 & 0.9 & 0.9 \\ 0.07 & 0.09 & 0.09 & 0.09 & 1 & 1 & 0.08 & 0.1 & 0.09 & 0.09 & 0.9 & 0.9 \\ 0 & 0.06 & 0.06 & 0.08 & 1 & 1 & 0.05 & 0.1 & 0.06 & 0.07 & 0.9 & 0.9 \\ 0 & 0 & 0 & 0.06 & 1 & 1 & 0 & 0 & 0 & 0.06 & 0.9 & 0.9 \\ 0.07 & 0.07 & 0.07 & 0.09 & 1 & 1 & 0.07 & 0.1 & 0.07 & 0.08 & 0.9 & 0.9 \\ 0 & 0 & 0 & 0.07 & 1 & 1 & 0 & 0 & 0 & 0.07 & 0.9 & 0.9 \\ 0.24 & 0.2 & 0.2 & 0.14 & 1 & 1 & 0.21 & 0.2 & 0.2 & 0.15 & 0.9 & 0.9 \\ 0.2 & 0.18 & 0.17 & 0.13 & 1 & 1 & 0.18 & 0.2 & 0.18 & 0.14 & 0.9 & 0.9 \end{bmatrix}$$

经专家最终决策后，各指标权重为 $p = (0.1, 0.1, 0.19, 0.08, 0.09, 0.02, 0.07, 0.02, 0.19, 0.17)$。因此，根据式（4-33）得到各方案的综合前景价值，结果为

$$V_{E1} = -0.46, V_{E2} = -0.13, V_{E3} = -1.56$$

结果表明：各备选方案的排序为 E2＞E1＞E3，表明 E2 备选方案效果最好。因此，该风电价值链节点优化的最佳选择为 E2。

4.2.4　结论与建议

利用结合区间二型模糊数的灰色累积前景理论从三家储能公司中选出最优储能公司，

对价值链中的储能节点进行优化，提升了价值链的价值增值水平。主要结论如下：

（1）从可持续发展的角度出发，从效益、机会、成本、风险四个维度，用 BOCR 选取 10 个标准，对三个方案进行综合评价。并利用累计前景理论对所选的 10 个指标进行计算和处理，对三种方案的前景值进行排序，确定最优方案。此外，为了处理不同信息中存在的各种不确定性，引入灰色理论来减少这种不确定性，并利用区间二型模糊数和优化模型来计算权重，减少了主观因素对计算的影响。

（2）利用结合区间二型模糊数的灰色累积前景理论选择储能进行节点优化的模式是有效的，算例分析表明了该方法的可行性。

（3）与以往的研究相比，我们考虑了价值链耦合节点间的结构关系，结合区间二类模糊数、灰色理论和累计前景理论，提出了一种新的方法，并将其应用于风电领域，选择风电价值链节点企业。该方法对指标权重和不确定性的处理更加客观。然后，利用该方法对风电价值链中的储能节点进行优化选择，实现价值链的价值增值，提高了价值链的运行效率和竞争力。

另外，从价值链链路的角度进行分析，除了耦合节点间的结构关系之外，耦合节点间的协调性也是我们进行清洁能源"发电-储能-用能"价值链协同耦合机理分析的关键部分，之后我们将就此方面进行具体的分析。

4.3 考虑价值链耦合节点间协调性的协同与增值效应评价模型

清洁能源"发电-储能-用能"价值链各个节点之间的协调性，对价值链的协同与增值效应具有很大的影响。节点间协调性越好，价值链的协同与增值效应越强，价值创造、价值增值的水平也越高。例如，在风电价值链中，风电场与储能商之间协同合作可以满足不同时段的用户需求，双方之间的协调性与协作效果联系紧密，风电场与储能商之间较高的协调程度更好地服务不同时段电能用户，而用户也可以联合风电场和储能商根据发电计划和储能配置调整用能方案，实现三方的协调，最终提高整体的能源利用水平，取得更高的协同与增值效应。

通过考虑价值链耦合节点间协调性，构建风电价值链多主体协同与增值效应评价模型，以衡量价值链中各利益主体的协同与增值效应。首先从多主体协同效应和价值增值效应两个维度设计相应的指标体系，然后对指标数据进行处理，之后采用综合赋权法对指标进行赋权，最后通过基于多指标类型的灰色累积前景理论得出评价结果。

4.3.1 协同与增值效应评价指标体系设计

价值链节点间的协调性影响着多主体的协同效应与价值增值效应，我们将从多主体协同效应和价值增值效应两个维度，设计由 7 个一级指标和 22 个二级指标组成的多主体协同与增值效应评价指标体系。

1. 多主体协同与增值效应评价维度

风电价值链是一个包含发电商、储能商、运维商、消费者和政府等主体的多主体系统，主体之间进行纵向或横向的协同合作，达到价值增值的目的。从价值链整体来说，发电主体是价值链的起点，多发电商的协同供电，可以有效利用风电资源，保证供电效率；储能主体作为核心的中间环节，与正向和逆向主体之间的协同能力关系到价值链整体的运营效率。各主体在同一个协同目标下，相互协调、合作运营，打造出一个全新的价值链系统，在此过程中，系统的协调程度、协同效率大幅提升，并且由于主体间的协同网络体现出了价值层面的增值效应。所以，评价多主体协同与增值效应时，主要从多主体协同效应和价值增值效应两个层面来论述。

（1）多主体协同效应。风电价值链中的多主体协同效应的提升主要在于协同程度和协同效率的提升。所以，我们将从组织协同能力、业务协同能力和知识协同能力三方面来评价主体间协同程度。组织协同能力指标分为协同目标一致性、主体间信任度、风险共担能力、主体类型多样性和合作伙伴稳定率。在共同的战略目标驱使下，有合作意向的企业达成合作伙伴关系，主体之间互相信任，共同承担风险，能够创造良好的合作环境，提升合作深度。增强主体类型的多样性，有利于企业在资源和技术之间进行互补、共享和整合，进一步提升资源整合度。另外，合作伙伴的稳定程度也可以反映主体之间的协同效应。从发电、储能和用能三个环节来考虑，业务协同能力指标分为发电预测准确性、资源配置合理性、供电缺电率和客户满意度。在业务方面提升协同能力有利于提高资源的利用率，提高供电可靠性。在知识协同方面，企业间的知识交流能够在企业合作的过程中弥补各自的短板，进一步达到数据的有效整合。同时，知识创新水平也是一项重要的指标，能够反映企业间知识协同能力，进而影响到主体间的协同程度。

多主体协同效应的提升也依赖于协同效率的提升，在如今信息化程度飞速增长的情况下，我们主要利用信息技术能力指标来反映协同效率。建立联盟关系的主体之间为了协调资源与交换信息，可以建设相应的信息化协同平台，因此，信息化协同平台的建设程度能够反映多主体协同效应。信息共享程度决定着主体间资源调配的敏捷性、合理性，而信息流的畅通性直接反映了企业间的信息和数据交流与共享是否得到了较好的实现。

（2）价值增值效应。风电价值链中多主体协同效果的核心在于增值性。价值增值是指通过企业的价值链管理，将低投入转化为高产出。价值链上企业之间的协同合作、信息技术的应用、技术更新和进步等都会增强价值链总体的价值增值效应。这种增值效应最直接的表现在于经济价值增值。然而，除了在经济利益上的表现，社会价值增值和环境价值增值也是增值效应的重要方面。因此，我们从经济价值、社会价值和环境价值三方面构建风电价值链价值增值效应方面的指标体系。

经济价值的增值主要表现为主体企业在一定时期内的经济流入减去经济流出。因此，将风电价值链系统年利润、内部收益率和动态投资回收期作为衡量经济价值增值效应的指标。并且其将本应被废弃的能源进行再利用，缓解了弃风问题，为社会提供了更多的工作岗位，因此产生的社会增值效应通过协同后弃风率和新增就业人数来评价。更高的清洁能源利用率减少了燃煤使用，降低了碳排放，增加了环境效益，因此，将减少煤炭消耗量、二氧化碳减排量和环境污染补偿费用三个指标作为环境增值效应评价指标。

2. 多主体协同与增值效应评价指标体系构建

基于价值链和系统的视角，分别从多主体协同效应和价值增值效应两方面来构建科学合理的评价指标体系，全面评估风电价值链的多主体协同和增值效应。根据以上分析，风电价值链多主体协同和增值效应评价指标体系见表 4 - 6。

表 4 - 6　　　　　　　　风电价值链多主体协同和增值效应评价指标体系

系统目标	评价维度	一级指标	二级指标	单位	指标类型	评价值类型
价值链多主体协同和增值效应	多主体协同效应	组织协同能力 I_1	协同目标一致性 C_1	—	效益指标	语言变量
			主体间信任度 C_2	—	效益指标	语言变量
			风险共担能力 C_3	—	效益指标	语言变量
			主体类型多样性 C_4	—	效益指标	语言变量
			合作伙伴稳定率 C_5	—	效益指标	语言变量
		业务协同能力 I_2	发电预测准确性 C_6	—	效益指标	语言变量
			资源配置合理性 C_7	—	效益指标	语言变量
			供电缺电率 C_8	%	成本指标	区间数
			客户满意度 C_9	—	效益指标	语言变量
		知识协同能力 I_3	企业间知识交流效果 C_{10}	—	效益指标	语言变量
			知识创新水平 C_{11}	—	效益指标	语言变量
		信息技术能力 I_4	协同平台建设情况 C_{12}	—	效益指标	语言变量
			信息共享程度 C_{13}	—	效益指标	语言变量
			信息流的畅通性 C_{14}	—	效益指标	语言变量
	价值增值效应	经济价值增值 I_5	系统年利润 C_{15}	元/MWh	效益指标	实数
			系统内部收益率 C_{16}	%	效益指标	实数
			动态投资回收期 C_{17}	年	成本指标	实数
		社会价值增值 I_6	新增就业人数 C_{18}	人	效益指标	实数
			协同后年弃风率 C_{19}	%	成本指标	实数
		环境价值增值 I_7	减少煤炭消耗量 C_{20}	t	效益指标	实数
			二氧化碳减排量 C_{21}	t	效益指标	实数
			环境污染补偿费用 C_{22}	万元	效益指标	实数

4.3.2　评价模型构建

在对风电价值链协同效益评价问题中，假设备选评价方案有 m 个，评价指标有 n 个，分别表示为 $A_i(i=1，\cdots，m)$ 和 $C_j(j=1，\cdots，n)$；每一个方案的每一个指标都有相应的评价值，用 r_{ij} 表示。指标体系中含有部分定性指标，其评价值需要通过专家评价得出，因此假设邀请的专家个数为 p，用 $D_s(s=1，2，\cdots，p)$ 来表示。

我们提出一种基于灰色累积前景理论的协同效益评价模型，分为指标归一化预处理、对指标进行综合赋权、运用灰色累积前景理论计算综合评价值 3 个阶段。模型流程如图 4 - 4 所示。

1. 指标值归一化预处理

由于指标选取标准的复杂性，各指标的评价值很难直接用精确的数值进行表示。根

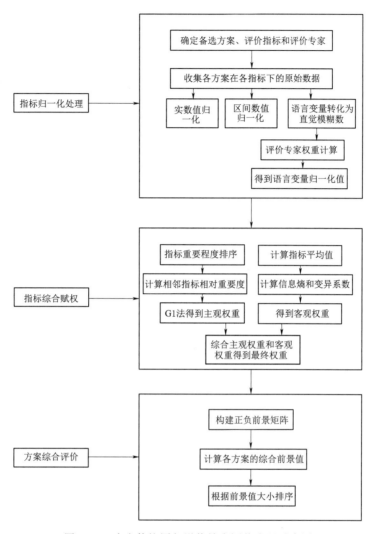

图 4-4 多主体协同与增值效应评价流程示意图

据上节构建的评价指标体系，将评价指标的评价值分为实数、区间数和语言变量三类。其中，评价值为实数和区间数的指标由统计和调查得出，而用语言变量表示的部分定性指标将根据一定的标准由若干决策者给出。一般情况下，为了消除指标量纲的影响，需要将所有指标评价值进行归一化处理，才能得到准确的决策结果。按照评价值的类型将准则集分为三个准则子集 C^1，C^2，C^3，分别代表用实数、区间数和语言变量表示的准则。根据指标特性，将指标分为效益型指标和成本型指标。效益型指标即评价值越大越好的指标，成本型指标即评价值越小越好的指标。不同类型的指标评价值的归一化处理过程如下：

（1）实数型准则归一化。实数型准则往往是通过客观的统计数据或者调查数据获得，指标类型相对简单。其归一化处理方法为

效益型指标

$$f_{ij} = \frac{r_{ij} - \min_{1 \leqslant i \leqslant m}\{r_{ij}\}}{\max_{1 \leqslant i \leqslant m}\{r_{ij}\} - \min_{1 \leqslant i \leqslant m}\{r_{ij}\}} \tag{4-35}$$

成本型指标

$$f_{ij} = \frac{\max_{1 \leqslant i \leqslant m}\{r_{ij}\} - r_{ij}}{\max_{1 \leqslant i \leqslant m}\{r_{ij}\} - \min_{1 \leqslant i \leqslant m}\{r_{ij}\}} \tag{4-36}$$

（2）区间数型准则归一化。由于某些定量指标的不确定性程度稍高，该指标无法用一个精确的数值来描述准则的评价值，因此区间数可以用来表示决策过程中该指标的不确定性。区间数的相关定义和归一化过程如下。

定义 1：设 $\tilde{r} = [R^L, R^U] = \{x \mid R^L \leqslant x \leqslant R^U\}$，其中 R^L 和 R^U 为两个实数，满足 $R^L \leqslant R^U$。$\tilde{r}$ 为一个区间数，即实数轴上的一个闭区间。

定义 2：设 $\tilde{a} = [a^L, a^U]$ 和 $\tilde{b} = [b^L, b^U]$ 为两个区间数，则 $\tilde{a}$ 与 $\tilde{b}$ 的距离定义为

$$d(a, b) = \sqrt{\frac{1}{2}\left[(a^L - b^L)^2 + (a^U - b^U)^2\right]} \tag{4-37}$$

区间数型准则的归一化也分为效益型指标和成本型指标。

效益型指标

$$f_{ij} = \left[\frac{r_{ij}^L}{\sum\limits_{i=1}^{m} r_{ij}^U}, \frac{r_{ij}^U}{\sum\limits_{i=1}^{m} r_{ij}^L}\right] \tag{4-38}$$

成本型指标

$$f_{ij} = \left[\frac{1/r_{ij}^U}{\sum\limits_{i=1}^{m}(1/r_{ij}^L)}, \frac{1/r_{ij}^L}{\sum\limits_{i=1}^{m}(1/r_{ij}^U)}\right] \tag{4-39}$$

（3）语言变量型准则归一化。定性指标的好坏通常由语言变量来衡量，这些语言变量一般用非常好（Very good）、好（Good）、一般（Medium）、不好（Poor）和非常不好（Very poor）进行描述。可以看出，相比于定量评价，这种评价方法不能准确地反映出被评价指标的所有信息，具有一定的模糊性和随机性。所以，为了处理这种不确定性，Zadeh 于 1965 年提出了模糊集理论，用来描述模糊的、不确定的信息。我们将引入直觉模糊集来度量语言变量型指标评价值。

定义 3：设 X 为非空论域，则 X 上的直觉模糊集定义为

$$A = \{(x, \mu_A(x), v_A(x)) \mid x \in X\}$$

式中　$\mu_A(x)$——隶属度函数；$\mu_A：X \rightarrow [0, 1]$，$x \in X \rightarrow \mu_A(x) \in [0,1]$；

　　　$v_A(x)$——非隶属度函数，$v_A：X \rightarrow [0, 1]$，$x \in X \rightarrow v_A(x) \in [0, 1]$。

对于任意 $x \in X$，$0 \leqslant \mu_A(x) + v_A(x) \leqslant 1$。

定义 4：任意 $x \in X$，对于直觉模糊集 A 的犹豫度定义为

$$\pi_A(x) = 1 - \mu_A(x) - v_A(x)$$

式中　$0 \leqslant \pi_A(x) \leqslant 1$。

定义 5：特别地，称 $\alpha = (\mu_\alpha, v_\alpha, \pi_\alpha)$ 为直觉模糊数，其中，$\mu_a \in [0, 1]$，$v_a \in [0,$

1]，$\mu_\alpha + v_\alpha \leq 1$。

定义6：设 $\alpha = (\mu_\alpha,\ v_\alpha,\ \pi_\alpha)$ 和 $\beta = (\mu_\beta,\ v_\beta,\ \pi_\beta)$ 为两个直觉模糊数，则 α 和 β 的距离定义为

$$d(\alpha,\beta) = \sqrt{\frac{1}{2}\left[(\mu_\alpha - \mu_\beta)^2 + (v_\alpha - v_\beta)^2 + (\pi_\alpha - \pi_\beta)^2\right]}$$

定性指标的评价值通过专家评价的方法来获取，为了降低评价的随机性，将整合多个决策专家的评价意见，并将语言评价值转化为直觉模糊数。语言变量处理和整合过程分为以下三步。

第一步：将决策者的语言变量转化为直觉模糊数。

决策者根据自己的经验，使用表4-7给出的语言变量评价定性指标的表现，并将其转化为直觉模糊数。

表 4-7 　　　　　　　　　　　**语 言 变 量 转 换 规 则**

语言变量	标记	对应直觉模糊数
极差/极低	EP	(0.05, 0.95, 0.00)
非常差/非常低	VP	(0.15, 0.80, 0.05)
差/低	P	(0.25, 0.65, 0.10)
较差/较低	MP	(0.35, 0.55, 0.10)
中等	M	(0.50, 0.40, 0.10)
较好/较高	MG	(0.65, 0.25, 0.10)
高/好	G	(0.75, 0.15, 0.10)
非常高/非常好	VG	(0.85, 0.10, 0.05)
极高/极好	EG	(0.95, 0.05, 0.00)

第二步：计算决策者权重。

犹豫度代表决策者提供的评价信息的不确定性。较大的犹豫度意味着较低的置信度，应给予相应的决策者较低的权重。因此，在信息熵理论的基础上，构建置信函数，从而得到决策者的目标权重，表示为 $\lambda = (\lambda_1,\ \cdots,\ \lambda_s,\ \cdots,\ \lambda_p)$。决策者权重计算公式为

$$b_s(\pi) = -\frac{1}{\left(\sum\limits_{i=1}^{m}\sum\limits_{j=1}^{n}\pi_{ij}^s\right)\ln\left(\sum\limits_{i=1}^{m}\sum\limits_{j=1}^{n}\pi_{ij}^s\right)} \tag{4-40}$$

$$\lambda_s = \frac{b_s(\pi)}{\sum\limits_{s=1}^{p}b_s(\pi)} \tag{4-41}$$

第三步：整合所有决策者对各指标的评价值。

通过将决策者的权重和评价信息进行整合，可以计算出最终的指标评价值。设由决策者 D_s 给出的针对备选方案 A_i 中评价准则 C_j 的评价值为 $r_{ij}^s = (u_{ij}^s,\ v_{ij}^s,\ \pi_{ij}^s)$，多个专家的综合评价值计算公式为

$$f_{ij} = \lambda_1 r_{ij}^1 \oplus \lambda_2 r_{ij}^2 \oplus \cdots \oplus \lambda_s r_{ij}^s \oplus \cdots \oplus \lambda_p r_{ij}^p$$

$$= \left(1 - \prod\limits_{s=1}^{p}(1-u_{ij}^s)^{\lambda_s},\ \prod\limits_{s=1}^{p}(v_{ij}^s)^{\lambda_s},\ \prod\limits_{s=1}^{p}(1-u_{ij}^s)^{\lambda_s} - \prod\limits_{s=1}^{p}(v_{ij}^s)^{\lambda_s}\right) \tag{4-42}$$

2. 综合指标赋权方法

指标赋权方法分为主观赋权法和客观赋权法。主观赋权法主要评价专家和决策者的主观经验衡量指标的重要程度，而客观赋权法是在一定数据集的基础上通过数学理论和模型计算指标的权重。我们提出了一种综合的指标赋权方法，结合了主观赋权法和客观赋权法，既可以保留指标值包含的客观信息，又能兼顾人的知识经验。

（1）序关系法。序关系分析法，又称 G1 法，是一种无需考虑标准数据信息的主观权重确定方法。与层次分析法相比，G1 法不需要构建判断矩阵，也不需要进行一致性检验，使用起来更加方便。因此，可以采用 G1 法获取准则的主观权重，具体步骤如下。

第一步：根据指标的重要程度对所有指标进行排序。对于指标集 $C = \{C_1, \cdots, C_j, \cdots, C_n\}$，可以确定唯一的顺序关系。

第二步：确定相邻指标之间 C_{j-1} 和 C_j 的相对重要度 $r_j = \omega_{j-1}/\omega_j$，其中，$r_j$ 的赋值参考表 4-8。

表 4-8   指标相对重要度赋值

r_j	说　明	r_j	说　明
1.0	C_{j-1} 与 C_j 同样重要	1.6	C_{j-1} 比 C_j 强烈重要
1.2	C_{j-1} 比 C_j 稍微重要	1.8	C_{j-1} 比 C_j 极端重要
1.4	C_{j-1} 比 C_j 明显重要		

第三步：计算指标的主观权重值，计算公式为

$$\omega_{sn} = \left(1 + \sum_{i=1}^{n} \prod_{j=i}^{n} r_j\right)^{-1} \tag{4-43}$$

$$\omega_{sj} = \prod_{k=j+1}^{n} r_k \omega_{sn} \tag{4-44}$$

若计算中存在多个决策专家，则最终主观权重将结合专家权重进行计算，计算公式为

$$\omega_{sj} = \sum_{s=1}^{p} \omega_{sj}^{s} \lambda_s \tag{4-45}$$

（2）熵权法。熵的概念是 Shannon 在 1948 年提出的，用来测量信息的不确定性。在决策过程中，熵可以用来量化数据中的信息。因此，熵权法可以根据信息熵客观评价准则的重要性，是一种客观的赋权方法。指标的信息熵越大，其权值越高。基于此原理，熵权法的具体步骤如下：

第一步：计算各指标归一化后评价值的平均值，计算公式为

$$\tilde{f}_j = (f_{1j} \oplus \cdots \oplus f_{ij} \oplus \cdots \oplus f_{mj})/m$$

$$= \begin{cases} \dfrac{1}{m}\sum_{i=1}^{m} f_{ij}, C_j \in C^1 \\[2mm] \left[\dfrac{1}{m}\sum_{i=1}^{m} f_{ij}^L, \dfrac{1}{m}\sum_{i=1}^{m} f_{ij}^U\right], C_j \in C^2 \\[2mm] \left(1 - \prod_{i=1}^{m}(1-\mu_{ij})^{1/m}, \prod_{i=1}^{m}(v_{ij})^{1/m}, \prod_{i=1}^{m}(1-\mu_{ij})^{1/m} - \prod_{i=1}^{m}(v_{ij})^{1/m}\right), C_j \in C^3 \end{cases}$$

$$\tag{4-46}$$

第二步：计算各准则的信息熵，计算公式为

$$h_j = -K \sum_{i=1}^{m} f'_{ij} \ln f'_{ij} \qquad (4-47)$$

其中，$f'_{ij} = d(f_{ij}, \widetilde{f_j}) / \sum_{i=1}^{m} d(f_{ij}, \widetilde{f_j})$ $(i=1, 2, \cdots, m, j=1, 2, \cdots, n)$，$K=1/\ln m$。

第三步：计算变异系数，计算公式为

$$b_j = 1 - h_j \qquad (4-48)$$

第四步：计算指标的客观权重，计算公式为

$$\omega_{oj} = \frac{b_j}{\sum_{j=1}^{n} b_j} \qquad (4-49)$$

（3）基于矩估计理论的综合赋权法。由于主客观权重均不能代表准则的最终重要性，我们建立了基于矩估计理论的优化模型，得到了准则的综合权重。假设主观权重为 $\omega_s = (\omega_{s1}, \cdots, \omega_{sj})$，客观权重为 $\omega_o = (\omega_{o1}, \cdots, \omega_{oj})$。那么每个准则的目标优化函数为 $\min H(\omega_j) = x_j (\omega_j - \omega_{sj})^2 + y_j (\omega_j - \omega_{oj})^2$，其中，$x_j = \omega_{sj}/(\omega_{sj} + \omega_{oj})$，$y_j = \omega_{oj}/(\omega_{sj} + \omega_{oj})$。通过线性加权方法，将多个准则的目标函数转化为单目标函数进行求解。通过求解优化模型可得到各准则的综合权重，即

$$\min H = \sum_{j=1}^{n} x(\omega_j - \omega_{sj})^2 + \sum_{j=1}^{n} y(\omega_j - \omega_{oj})^2$$

$$\text{s. t. } \sum_{j=1}^{n} \omega_j = 1, \omega_j \in (0,1) \qquad (4-50)$$

其中

$$x = \sum_{i=1}^{n} x_j / n, \quad y = \sum_{i=1}^{n} y_j / n$$

3. 灰色累积前景理论

这里的灰色累计前景理论的计算与 4.2.2 节的基本相同。其中，方案的前景值由价值函数和权重函数求出，即

$$V(x) = \sum_{i=1}^{n} \pi(\omega_i) v(x_i) \qquad (4-51)$$

价值函数表示风险偏好，权重函数表示决策权重。这两个函数分别为

$$v(x) = \begin{cases} x^\alpha & x \geqslant 0 \\ -\theta(-x)^\beta & x < 0 \end{cases} \qquad (4-52)$$

$$\pi(\omega_j) = \begin{cases} \pi^+(\omega_j) = \dfrac{\omega_j^{\gamma^+}}{[\omega_j^{\gamma^+} + (1-\omega_j)^{\gamma^+}]^{1/\gamma^+}} & x \geqslant 0 \\ \pi^-(\omega_j) = \dfrac{\omega_j^{\gamma^-}}{[\omega_j^{\gamma^-} + (1-\omega_j)^{\gamma^-}]^{1/\gamma^-}} & x < 0 \end{cases} \qquad (4-53)$$

其中，参数 $\alpha = \beta = 0.88$，$\theta = 2.25$，$\gamma^+ = 0.61$，$\gamma^- = 0.69$。

在引入灰色理论后，对价值函数的定义如下：

定义 7：假设第 i 个备选方案在第 j 个指标下的评价值表示为 r_{ij}（$1 \leqslant i \leqslant m$，$1 \leqslant j \leqslant n$），参考点为 r。则 r_{ij} 的前景价值函数定义为

$$v(r_{ij}) = \begin{cases} (1-\xi_{ij})^{\alpha} & r_{ij} \geqslant r \\ -\theta[-(\xi_{ij}-1)]^{\beta} & r_{ij} < r \end{cases}$$

式中 ξ_{ij}——r_{ij} 和 r 的灰色关联系数，计算公式为

$$\xi_{ij} = \frac{\underset{i}{\min}\underset{j}{\min}|r_{ij}-r| + \rho\,\underset{i}{\max}\underset{j}{\max}|r_{ij}-r|}{|r_{ij}-r| + \rho\,\underset{i}{\max}\underset{j}{\max}|r_{ij}-r|}$$

式中 $\rho \in [0,1]$——灰关联的分辨系数，ρ 一般取 0.5。

在以上基本概念的基础上，提出灰色累积前景理论，具体步骤如下。

第一步：根据指标归一化预处理方法对评价矩阵进行归一化处理，处理后的决策矩阵变为 $F = \{f_{ij}\}$。

第二步：构建正负前景价值矩阵。参考点在评价过程中起着至关重要的作用，因为前景理论更关注结果与期望之间的差异。基于 TOPSIS 方法的理念，这里分别以正理想解和负理想解为参考点，来体现决策者面对风险的态度。当参考点为正理想解时，决策者往往是风险爱好者，能够承担损失；而当参考点为负理想解时，决策者往往倾向于规避风险。

正理想解用 $S^+ = \{r_1^+, r_2^+, \cdots, r_n^+\}$ 表示，其中 $r_j^+ = \underset{j}{\max}\{f_{ij}\}(1 \leqslant j \leqslant n)$；负理想解用 $S^- = \{r_1^-, r_2^-, \cdots, r_n^-\}$ 表示，其中 $r_j^- = \underset{j}{\min}\{f_{ij}\}(1 \leqslant j \leqslant n)$。价值函数根据参考点的不同用不同公式表达，即

$$v(r_{ij}) = \begin{cases} (1-\xi_{ij}^-)^{\alpha} & S^- \text{为参考点} \\ -\theta[-(\xi_{ij}^+-1)]^{\beta} & S^+ \text{为参考点} \end{cases} \tag{4-54}$$

其中，灰色关联系数的表达式为

$$\xi_{ij}^- = \frac{\underset{i}{\min}\underset{j}{\min}|r_{ij}-r^-| + \rho\,\underset{i}{\max}\underset{j}{\max}|r_{ij}-r^-|}{|r_{ij}-r^-| + \rho\,\underset{i}{\max}\underset{j}{\max}|r_{ij}-r^-|}$$

$$\xi_{ij}^+ = \frac{\underset{i}{\min}\underset{j}{\min}|r_{ij}-r^+| + \rho\,\underset{i}{\max}\underset{j}{\max}|r_{ij}-r^+|}{|r_{ij}-r^+| + \rho\,\underset{i}{\max}\underset{j}{\max}|r_{ij}-r^+|}$$

根据以上公式可得，方案 A_i 在指标 C_j 下的正前景价值为 $v_{ij}^+ = (1-\xi_{ij}^-)^{\alpha}$，负前景价值为 $v_{ij}^- = -\theta[-(\xi_{ij}^+-1)]^{\beta}$，得到正负前景价值矩阵分别为 $V^+ = (v_{ij}^+)_{m \times n}$ 和 $V^- = (v_{ij}^-)_{m \times n}$。

第三步：根据之前提出的综合指标赋权方法得到的指标权重，计算各方案的综合前景值，并根据方案的综合前景值对各方案进行排序。综合前景值计算公式为

$$V_i = \sum_{j=1}^{n} v_{ij}^+ \pi^+(\omega_j) + \sum_{j=1}^{n} v_{ij}^- \pi^-(\omega_j) \tag{4-55}$$

4.3.3   算例分析

在我国西北部某地区已针对风电消纳做出了多种尝试，目前已有多个项目开始运营，在此选取其中三个项目进行算例分析，评价项目形成的风电价值链的多主体协同与增值效应。

项目一为某工业园区，发电环节为园区内的分布式风电，用于供给园区各方面用电，

储能环节配置有蓄电池组，用能环节主要为工业用电、办公用电和园区内电动汽车充电站用电；项目二为某弃风消纳项目，发电环节为周边若干风电场，储能环节配置有多种类型蓄电池和储热装置，用能环节主要为该地区的居民电用户、采暖用户、电动汽车充电站等，通过能量管理系统进行各环节的协同运营；项目三为弃风供热项目，发电环节为某风电场的弃风电量，用能环节为周边若干小区和学校的采暖用户，全部采用电锅炉供电，未配置任何储能装置。

根据提出的灰色累积前景理论的多指标决策方法，对多个风电项目的多主体协同与增值效应进行评价。在本算例中，被评价项目分别用 A1、A2、A3 来表示，评价指标见表4-6，共有 22 个。在构建的评价指标体系中，指标的评价值分为实数、区间数和语言变量三种类型，其中，实数型和区间数型的指标值通过实际采集数据获得，而语言变量型指标值需要通过专家评价获取。因此，邀请了 4 位专家组成专家评价小组，根据对实际情况的考察，对定性指标进行评估。最终，得到的指标初始评价值见表4-9。

第一步：处理评价指标值。首先，将实数型和区间数型指标进行归一化，得到指标标准评价值。然后，根据表4-7给出的转换规则将 4 位专家给出的评价值转化为直觉模糊数，并根据式（4-40）至式（4-41）得出专家的权重值，为 $\lambda = \{0.2623, 0.2538, 0.2457, 0.2831\}$。最后，根据式（4-42），结合专家权重，得到每个指标的综合评价值。预处理后的指标值见表4-10。

表4-9   指 标 初 始 评 价 值

项目		A1				A2				A3			
指标		D1	D2	D3	D4	D1	D2	D3	D4	D1	D2	D3	D4
I_1	C_1	VG	G	VG	G	VG	G	VG	VG	G	G	G	G
	C_2	VG	MG	G	G	MG	G	G	VG	G	MG	G	G
	C_3	VG	VG	G	VG	VG	VG	VG	VG	G	M	VG	VG
	C_4	G	G	MG	G	VG	MG	MG	G	VG	G	G	G
	C_5	G	G	M	VG	G	VG	G	G	G	G	MG	G
I_2	C_6	VG	MG	G	G	MG	G	G	VG	VG	VG	G	MG
	C_7	VG	VG	G	VG	G	G	G	G	VG	VG	VG	G
	C_8	[0.1, 3.45]				[0.3, 4.23]				[0.04, 5.40]			
	C_9	VG	VG	G	VG	VG	VG	G	VG	G	VG	VG	G
I_3	C_{10}	G	G	VG	G	G	G	MG	VG	VG	VG	MG	MG
	C_{11}	EG	VG	G	VG	VG	EG	VG	VG	VG	G	G	VG
I_4	C_{12}	VG	G	VG	EG	VG	VG	G	VG	VG	VG	VG	G
	C_{13}	G	VG	EG	VG	G	G	G	G	G	EG	MG	G
	C_{14}	G	VG	G	G	G	G	VG	G	VG	G	VG	VG
I_5	C_{15}	203				175				180			
	C_{16}	10.2				11.1				10.4			
	C_{17}	12.4				9.8				11.3			

续表

项目		A1				A2				A3			
指标		D1	D2	D3	D4	D1	D2	D3	D4	D1	D2	D3	D4
I_6	C_{18}	23				31				25			
	C_{19}	1.35				0.35				1.13			
I_7	C_{20}	1300				1180				1240			
	C_{21}	125.81				103.40				140.33			
	C_{22}	2.21				2.59				3.10			

表 4 - 10　　　　　　　　　　　　　　指标归一化后评价值

指标	A1	A2	A3
C_1	(0.81, 0.12, 0.07)	(0.83, 0.11, 0.06)	(0.75, 0.15, 0.10)
C_2	(0.69, 0.22, 0.09)	(0.78, 0.14, 0.08)	(0.68, 0.22, 0.10)
C_3	(0.83, 0.11, 0.06)	(0.85, 0.10, 0.05)	(0.77, 0.16, 0.07)
C_4	(0.73, 0.17, 0.10)	(0.74, 0.17, 0.09)	(0.78, 0.14, 0.08)
C_5	(0.74, 0.17, 0.09)	(0.78, 0.14, 0.08)	(0.73, 0.17, 0.10)
C_6	(0.76, 0.15, 0.09)	(0.79, 0.14, 0.07)	(0.79, 0.14, 0.07)
C_7	(0.83, 0.11, 0.06)	(0.75, 0.15, 0.10)	(0.81, 0.12, 0.07)
C_8	[0.0075, 14.0558]	[0.0061, 4.6852]	[0.0048, 35.1396]
C_9	(0.83, 0.11, 0.06)	(0.83, 0.11, 0.06)	(0.81, 0.12, 0.07)
C_{10}	(0.78, 0.14, 0.08)	(0.73, 0.17, 0.10)	(0.77, 0.16, 0.07)
C_{11}	(0.87, 0.09, 0.04)	(0.89, 0.08, 0.03)	(0.81, 0.12, 0.07)
C_{12}	(0.87, 0.09, 0.04)	(0.81, 0.12, 0.07)	(0.83, 0.11, 0.06)
C_{13}	(0.87, 0.09, 0.04)	(0.78, 0.14, 0.08)	(0.82, 0.13, 0.05)
C_{14}	(0.81, 0.12, 0.07)	(0.78, 0.14, 0.08)	(0.83, 0.11, 0.06)
C_{15}	1	0	0.1785
C_{16}	0	1	0.2222
C_{17}	0	1	0.4231
C_{18}	0	1	0.2500
C_{19}	1	0	0.2200
C_{20}	1	0	0.5000
C_{21}	0.6068	0	1
C_{22}	0	0.4269	1

第二步：计算指标综合权重。在此，构建了一种结合主观权重和客观权重的综合赋权法。首先，计算指标的主观权重。由 4 位专家给出一级指标的序关系；然后，再由专家给出每个一级指标对应的二级指标的序关系。根据式（4-43）～式（4-45），可以得到一级指标和二级指标的主观权重。然后，结合表 4-10 中给出的指标评价值，计算出指标的客观权重。求解之后得到指标的综合权重，见表 4-11。指标的权重代表着指标的重要

性。通过最后的综合权重，可以发现，经济价值增值效应是一级指标中最重要的指标，而二级指标中内部收益率的重要度是最高的。

表 4 - 11   指 标 权 重 表

一级指标	权重	二级指标	主观权重	客观权重	综合权重
I_1	0.1178	C_1	0.0518	0.0236	0.0337
		C_2	0.0270	0.0233	0.0212
		C_3	0.0161	0.0428	0.0255
		C_4	0.0622	0.0063	0.0302
		C_5	0.0161	0.0064	0.0072
I_2	0.1322	C_6	0.0622	0.0368	0.0455
		C_7	0.0193	0.0287	0.0200
		C_8	0.0432	0.0396	0.0374
		C_9	0.0161	0.0503	0.0293
I_3	0.0856	C_{10}	0.0674	0.0055	0.0324
		C_{11}	0.0674	0.0469	0.0532
I_4	0.0976	C_{12}	0.0468	0.0303	0.0346
		C_{13}	0.0468	0.0167	0.0278
		C_{14}	0.0562	0.0222	0.0352
I_5	0.2481	C_{15}	0.1148	0.1026	0.0755
		C_{16}	0.0562	0.1382	0.1225
		C_{17}	0.0956	0.0126	0.0501
I_6	0.1135	C_{18}	0.0598	0.0293	0.0406
		C_{19}	0.0598	0.0939	0.0729
I_7	0.2054	C_{20}	0.0523	0.0739	0.0592
		C_{21}	0.0628	0.1557	0.1054
		C_{22}	0.0753	0.0143	0.0408

第三步：根据灰色累积前景理论计算各方案的评价值。首先，根据式（4-54）计算正负前景价值矩阵，结果见表 4-12。

表 4 - 12   正 负 前 景 价 值 矩 阵

指标	正前景价值矩阵			负前景价值矩阵		
	A1	A2	A3	A1	A2	A3
C_1	0.0009	0.0012	0	−0.0007	0	−0.0023
C_2	0.0003	0.0013	0	−0.0020	0	−0.0022
C_3	0.0009	0.0011	0	−0.0006	0	−0.0020
C_4	0	0.0003	0.0008	−0.0015	−0.0013	0
C_5	0.0001	0.0004	0	−0.0005	0	−0.0006

续表

指标	正前景价值矩阵			负前景价值矩阵		
	A1	A2	A3	A1	A2	A3
C_6	0	0.0005	0.0006	-0.0012	-0.0003	0
C_7	0.0010	0	0.0007	0	-0.0016	-0.0005
C_8	0.0702	0.0793	0	-0.0894	0	-0.1464
C_9	0.0004	0.0004	0	0.0000	0	-0.0007
C_{10}	0.0008	0	0.0008	0	-0.0015	-0.0007
C_{11}	0.0014	0.0016	0	-0.0007	0	-0.0031
C_{12}	0.0010	0	0.0004	0	-0.0018	-0.0012
C_{13}	0.0013	0	0.0007	0	-0.0022	-0.0014
C_{14}	0.0005	0	0.0008	-0.0008	-0.0016	0
C_{15}	0.0185	0	0.0043	0	-0.0369	-0.0315
C_{16}	0	0.0235	0.0066	-0.0494	0	-0.0403
C_{17}	0	0.0151	0.0074	-0.0287	0	-0.0183
C_{18}	0	0.0135	0.0042	-0.0252	0	-0.0199
C_{19}	0	0.0182	0.0051	-0.0361	0	-0.0295
C_{20}	0.0164	0	0.0093	0	-0.0318	-0.0179
C_{21}	0.0145	0	0.0218	-0.0208	-0.0451	0
C_{22}	0	0.0067	0.0135	-0.0252	-0.0160	0

最终，根据式（4-55）得出各方案的最终评价值，见表4-13。将结果由大到小排序，可以得出结论，各方案的排序为 A2＞A1＞A3，其中，方案 A2 为最优方案，表示A2 方案在所有方案中实现了价值链整体协同和增值效应的最大化。其中，针对每个一级指标，也可以计算出响应的综合评价值，结果见表4-14。

表 4-13　　　　　　　评 价 结 果

方案	A1	A2	A3
评价值	-0.1547	0.0229	-0.2412

表 4-14　　　　　一 级 指 标 评 价 结 果

能力与增值	A1	A2	A3
组织协同能力	-0.0031	0.0030	-0.0062
业务协同能力	-0.0190	0.0782	-0.1463
知识协同能力	0.0015	0.0001	-0.0030
信息技术能力	0.0019	-0.0056	-0.0006
经济价值增值	-0.0595	0.0016	-0.0716
社会价值增值	-0.0612	0.0317	-0.0401
环境价值增值	-0.0151	-0.08621	0.02667

从表 4-14 可以看出，A2 方案在组织协同能力、业务协同能力、知识协同能力、经济价值增值和社会价值增值共 5 个一级指标下都具有最高的前景值，而 A1 方案在信息技术能力和环境价值增值方面均表现最优。因此，从一级指标的表现来看，A2 也是最优的消纳项目。

4.3.4　结论与建议

风电价值链链条节点之间和多方利益主体之间需要不断进行动态协同，才能实现价值创造和价值增值，本节构建了风电价值链多主体协同与增值效应评价模型，衡量价值链中各利益主体的协同性和增值效应。首先，从组织协同能力、业务协同能力、知识协同能力和信息技术能力四方面确定了主体间协同程度评价指标体系，从经济价值增值、社会价值增值和环境价值增值三方面构建了风电价值链价值增值效应方面的指标体系；其次，以灰色累积前景理论为研究方法，构建了多主体协同与增值效应评价模型；最后，进行了实例分析，运用上述评价模型进行多主体协同与增值效应评估，选择出了具有最大协同与增值效应的项目。

通过对风电价值链多主体协同与增值效应的评价分析，可以发现风电价值链的价值创造与价值增值能力与价值链各主体之间的协同程度与增值效应有关。因此，为了实现提升价值链的价值创造水平与价值增值能力，我们有以下的建议：价值链系统内部的协调性是非常关键的，通过提升价值链各主体间的组织协同能力、业务协同能力、知识协同能力、信息技术能力可以增强多主体间的协同效应；在考虑如何提升价值链的增值效应时，应该同样注重价值链的社会价值增值效应与环境价值增值效应，价值链并不是一个封闭的系统，它与外部环境有着紧密的联系，风电价值链除了可以创造内部的经济价值以外，也可以创造丰富的社会价值，比如为社会提供就业机会，帮助减少资源浪费等，同样也可以创造环境价值，如可以减少煤炭消耗量与二氧化碳减排量、减轻环境污染，实现绿化发展；信息的有效沟通可以提高价值链多主体的协同能力，因此，大力发展信息技术，加速推动信息技术在风电价值链中的应用可以加强价值链的多主体协同效应，从而实现价值共创效益的提高。

当我们从影响因子及节点两方面对价值链耦合协同影响因子的关联效用、耦合节点的结构关系与协调性进行分析之后，我们将从价值链系统整体的角度出发，对清洁能源"发电-储能-用能"价值链系统中存在的协同演进关系进行研究，在具体问题中对价值链耦合协同机理的最后一部分进行阐述。

4.4　考虑价值链耦合协同演进关系的协同交易博弈模型

随着能源互联网和电力物联网的不断发展，基于互联网和信息技术的新商业模式得到了电力行业的关注和重视。风电商与储能商的协同交易作为新商业模式的一种，其关注的焦点在于风电商将风能转变为可利用电能和风电场盈利的价值创造过程，以及与储能商通过储存和向电力用户释放电能的价值增值过程。从资源整合的角度来说，风电商-储能商协同交易模式能够用于整合风电资源和储能资源的特性和优势，促进投资主体积极参与、探索电力交易行为的多样性。

协同演进是存在于自然界的一种普遍现象。1964 年，生物学家 Ehrlich 和 Raven 首先提出了"协同演进"的概念，而后，这一概念被越来越多地应用于地质学、天文学、经济学和管理学等非生物学领域的研究中。20 世纪 80 年代以后，西方学术界掀起了协同演化的研究高潮，到 21 世纪初，基本建立起了协同演进的理论体系，并在社会经济领域取得了丰硕的研究成果。协同演进理论说明了系统中的各主体之间协同演进关系的存在。系统中各个主体相互作用、相互影响，互相之间构成了多层次具有复杂结构的影响关系。在清洁能源"发电-储能-用能"价值链中，各个节点在进行决策之时既会影响别的节点的决策策略也会受到别的节点的影响，在彼此不断的影响当中协同演进，构成了价值链的协同演进关系。

因此，考虑价值链耦合协同演进关系的风电商-储能商协同交易分析具有深刻意义。本节利用演化博弈理论对风电商-储能商协同交易进行研究，演化博弈作为一种经典的博弈模型，可以有效对价值链中存在的协同演进关系进行分析。通过利用演化博弈模型对风电商-储能商价值链中的风电商与储能商在协同交易过程中的协同演进关系进行研究，明确演化均衡结果，并结合相关敏感性分析，确定各种影响因子对演化均衡结果的影响，最终实现对风电商-储能商协同交易中协同演进关系的分析。

4.4.1 协同演化博弈模型构建

1. 风电商-储能商协同交易模式

风电商和储能商的协同交易，是双方主体在电能交易过程中相互影响和相互作用，满足用户用能需求的过程。除此之外，构建风电商-储能商协同交易模式，还需要政府主体作为"监督者"的角色对交易主体之间资源的互配性进行监督和协调，并通过一系列的补贴政策、税收优惠等政策手段激励协同交易模式的顺利开展和进行。同时，政府主体还需充分借助市场手段和管理手段，利用先进的信息技术，如物联网技术、云计算技术等，实现辅助电能交易管理和价值链信息传递等多重功能。风电商-储能商协同交易模式框架如图 4-5 所示。

（1）风电-储能价值链的协同交易模式中，关键利益主体为风电商和储能商，二者作为相对独立的利益相关者进行协同交易与合作，基于合作关系共同满足用户用能需求，追求个体利润的最大化与价值增值；其他主体包括政府主体和用户主体，政府主体对交易进行监管和政策支持，用户主体积极购买风电-储能系统项目供应的清洁、可再生电能。

（2）风电商为储能商和用户提供足够的电能供应，通过与储能商协同合作，在风电高发期储存电能，能够更大程度地利用弃风电量，增加风电商增值收益。

（3）储能商在风电高发期储存电能，并在用电高峰期与电力用户进行交易来实现交易收入，并促进价值链的价值增值效应。

（4）政府监督和补贴机制在中国风电行业和储能行业发展中起着重要作用，稳健的补贴机制可以有效鼓励和支持风电商-储能商协同交易模式的开展和实施。对于风电商和储能商这两个利益相关者而言，协同交易模式可以增加相应的社会效益和环境效益，二者可以直接通过政府补贴机制反映出来。

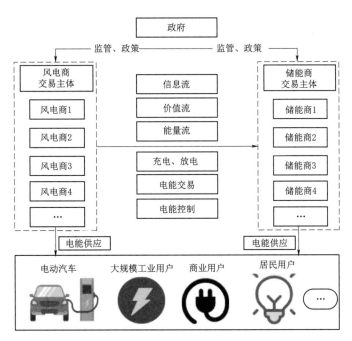

图 4-5　风电商-储能商协同交易模式

（5）协同交易模式下，风电商与储能商之间存在信息不对称的情况。例如，受风能资源波动和间歇特性的限制，实时风力输出和实时弃风数据不断变化，利益相关者的交易策略随时都可能受到价值链信息不对称的影响。因此，风电商和储能商制定交易策略时应充分考虑信息不对称情况并做出相应的决策。

（6）随着居民环保意识的逐步提升，清洁能源发电带来的环境效益和社会效应使得广大用户积极响应风电消纳需求。用户作为风电-储能价值链下游的用能主体，与风电系统、储能系统形成多向的能量流、信息流和价值流的流动和价值传导，助力风电商-储能商协同交易模式的顺利推进。

2. 演化博弈理论

演化博弈理论由 Maynard Smith 和 Price 提出，用于解决有限冲突问题的求解及描述利益相关者的行为。演化博弈理论中，博弈主体为一组由有限或无限个独立个体组成的利益相关者群体，且假设博弈主体为"逐利的有限理性经济人"。该理论通过分析影响博弈主体行为策略的影响因素，构建演化博弈模型，动态分析并预测博弈进程中利益相关者的策略选择，讨论不同博弈主体之间的动态平衡。由于演化博弈理论在模拟群体决策方面表现卓越，能够简化数据可用性要求，因此被广泛使用在能源领域的决策分析中。

我们将从演化博弈理论在研究中的适用性、演化博弈模型的三要素、复制动态方程和演化稳定策略等四个方面进行简要分析。

（1）演化博弈理论的适用性。演化博弈理论在研究中的适用性如下：

1）求解方法具有稳定性。相较于纳什均衡点的不唯一性，演化博弈理论使用复制动态方程确定演化稳定策略（Evolutionary stable strategy，ESS），当达到演化稳定点时复制动态方程恒为零，即在均衡点，风电商和储能商获得最优稳定解，即最佳交易策略。

2）博弈过程具有动态性。在演化博弈过程中，风电商和储能商在信息不对称的条件下无法立即确定其交易策略，而是在动态博弈过程中通过学习、比较、模仿等手段寻求更优的交易策略。该演化博弈过程贴合风电商、储能商在实际场景中的交易行为，因此博弈策略的演化速度较为缓慢。同时，演化博弈模型能够有效描述相关参数变化对利益主体交易策略的动态影响过程。

3）博弈过程的复杂性。演化博弈理论能够解释利益相关者为何以及如何达到博弈均衡状态，能够考虑政府行为与企业主体之间博弈的群体策略。使用演化博弈理论研究政府补贴机制下的风电商和储能商的交易策略和演化博弈过程，能将相关的约束、激励因素纳入博弈模型和动态博弈过程中，能够体现利益相关者行为的复杂性。

（2）演化博弈模型的三要素。演化博弈模型由三部分组成，即博弈的利益相关者、博弈策略、不同交易策略下利益相关者的收益函数。风电商-储能商协同交易模式中的演化博弈模型，包括以下三个要素：①协同交易模式的关键利益相关者为风电商群体和储能商群体；②风电商和储能商根据协同交易情况选择不同的交易（博弈）策略，不同交易策略下的收益函数有所不同；③风电商和储能商根据收益函数动态调整协同交易策略，并最终确定其演化稳定策略。

（3）复制动态方程。风电商和储能商的演化博弈过程中，通过复制动态方程体现博弈主体选择不同交易策略的动态选择过程。对于两策略博弈，若博弈主体选择合作策略的比例为 x_c，选择不合作策略的比例为 x_d，$f_c(x)$ 和 $f_d(x)$ 分别表示合作策略和不合作策略的适应度，则复制动态方程为

$$F_c = x_c(f_c(x) - \overline{f}) \tag{4-56}$$

$$F_d = x_d(f_d(x) - \overline{f}) \tag{4-57}$$

其中，$\overline{f}$ 表示平均适应度且 $\overline{f} = x_c f_c(x) + x_d f_d(x)$，两策略博弈中 $f_c(x) + f_d(x) = 1$，同时 $f_c(x)$ 和 $f_d(x)$ 与 x_c 直接相关。若 $f_c(x) > \overline{f}$，则演化过程中选择合作策略的比例增加；若 $f_c(x) < \overline{f}$，则选择不合作策略的比例增加。

（4）演化稳定策略。演化博弈过程中存在演化稳定策略（ESS），根据复制动态方程得到 F_c 和 F_d，可以进一步求解得到风电商-储能商协同交易模式演化博弈的均衡点和相应的演化稳定策略。风电商-储能商演化博弈模型中的演化稳定策略可以表述为：若被风电商和储能商选择的策略 A 能够成功抵抗所有除 A 外的策略的入侵，则策略 A 被称为协同演化博弈模型的演化稳定策略。对于风电商与储能商之间的两策略博弈，若策略 A 为演化稳定策略，则

$$U(A,A) > U(B,A), B \neq A \tag{4-58}$$

或

$$U(A,A) = U(B,A), B \neq A$$
$$U(A,B) > U(B,B), B \neq A \tag{4-59}$$

式中　$U(A，B)$ ——策略 A 遇到策略 B 时 A 得到的收益。

3. 模型假设

假设 1：风电–储能价值链利益管理的协同演化博弈模型包括两个利益相关者群体，即风电商群体和储能商群体。利益相关者为"逐利的有限理性经济人"，希望通过协同交易模式最大化其预期收益。由于风电–储能价值链中风电商和储能商之间的信息不对称，它们无法立即做出最优交易决策，需要通过不断比较它们在动态演化博弈过程中获得的收益来调整交易策略。值得注意的是，只有在风电商和储能商的协同参与下，协同交易模式才能平稳实施和运行，才能促进风电–储能价值链上利益主体的稳定合作关系。

假设 2：这里构建政府补贴机制下的两策略模型。风电商可选择合作/不合作交易策略，即积极参与协同交易（IP）策略和消极参与协同交易（PP）策略。同样，储能商可选择积极投资（IS）策略和消极投资（NS）策略。因此，博弈主体的交易策略集为：{IP, IS}，{PP, IS}，{IP, NS} 和 {PP, NS}。

假设 3：当风电商选择 IP 策略时，风电商优先考虑协同交易模式，并保证储能商的电力供应；当风电商选择 PP 策略时，优先考虑其他交易模型。我们假设风电场出售电力给电网和储能商能够获得相同的收益。

假设 4：目前，我国储能行业的发展仍然面临成本效益方面的挑战。为鼓励储能商积极参与绿色电力交易及协同交易模式，我们假设政府为积极参与投资的储能商提供低息贷款甚至是无息贷款等优惠。因此，储能商选择 IS 策略时将产生额外的增值收益。

假设 5：当风电商选择 IP 策略而储能商选择 NS 策略，或风电商选择 PP 策略而储能商选择 IS 策略时，消极参与方会获得额外的搭便车收益。

假设 6：风电–储能价值链中存在信息不对称的现象，在演化博弈过程中，博弈主体之间所拥有的信息不完全。风电商或储能商在选择博弈策略时，无法事先知道对方的交易策略。

假设 7：电动汽车充电用户、商业用户等价值链下游用户主体积极参与风电商–储能商交易模式，优先响应风电–储能系统项目的风电消纳需求。

4. 协同交易策略及收益函数

使用演化博弈理论和方法对我们构建的风电商–储能商协同交易模式进行建模和分析，博弈主体之间通过风电交易获得交易利润和相应的政府补贴。博弈主体（风电商和储能商）作为利益相关者，需要确定自己在协同交易模式参与过程中的交易策略来实现各自利润最大化的目标。考虑到风电–储能价值链的信息不对称性，风电商和储能商在不同交易策略所取得的收益将互相影响并根据交易策略的变动而发生变化，因此，博弈主体在满足相应的约束条件的前提下，通过改变交易策略进行动态演化博弈，所获得的演化稳定策略即为风电商–储能商利益管理的协同决策模型最优解。基于模型假设，我们探讨不同交易策略组合情境下，风电商–储能商协同交易模式中利益相关者的收益函数，收益函数是博弈主体之间发生动态演化的基本依据。

假设风电商选择积极参与协同交易策略的比例为 x，选择消极参与协同交易策略的比例为（$1-x$）；储能商选择积极投资策略的比例为 y，选择消极投资策略的比例为（$1-y$）。表 4-15 列出利益相关者的收益矩阵，表 4-16 列出政府补贴机制下风–储演化博弈模型中使用的参数及相关描述。

表 4-15   收 益 矩 阵

风电商	储能商	
	IS(y)	NS($1-y$)
IP（x）	（R_{WIP1}，R_{EIS1}）	（R_{WIP2}，R_{ENS1}）
PP（$1-x$）	（R_{WPP1}，R_{EIS2}）	（R_{WPP2}，R_{ENS2}）

表 4-16   模型参数及相关描述

参数	定　义	描　述
D_W	风电商交易收入	风电商和储能商间的风电交易收入
S_{W1}	风电商政府补贴收益	当博弈策略集为 {IP, IS} 时的风电商补贴收入
S_{W2}	风电商政府补贴收益	当博弈策略集为 {IP, NS} 时的风电商补贴收入
ΔF_W	风电商搭便车收益	消极参与策略带来的搭便车收益
V_W	风电商增值收益	风电商降低价值链信息不对称带来的增值收益
α	风电商增值因子	减少弃风带来的风电商增值收益因子
C_W	风电商交易成本	参与协同交易模式产生的交易成本
D_E	储能商交易收入	所得电量与用户交易后获得的交易收入
S_{E1}	储能商政府补贴收益	当博弈策略集为 {IP, IS} 时的储能商补贴收入
S_{E2}	储能商政府补贴收益	当博弈策略集为 {PP, IS} 时的储能商补贴收入
ΔF_E	储能商搭便车收益	消极参与策略带来的搭便车收益
V_E	储能商增值收益	储能商降低价值链信息不对称带来的增值收益
β	储能商增值因子	储能商参与绿色电力交易所得的增值收益因子
C_E	储能商交易成本	储能商参与电能交易产生的成本

（1）风电商收益。对于策略集 {IP, IS}，风电商获得的收益为 R_{WIP1}，包括：①通过向储能商出售风电获得的交易收入 D_W；②积极参与协同交易模式条件下获得的政府补贴收益 S_{W1}；③通过降低风电－储能价值链信息不对称带来的增值收益 V_W，以及减少弃风带来的风电商增值收益 αV_W，α 为增值收益因子；④交易成本 C_W，因此 $R_{WIP1}=D_W+S_{W1}+(1+\alpha)V_W-C_W$。对于策略集 {IP, NS}，风电商获得收益 R_{WIP2}，包括向其他购电主体出售风电而获得的收益 D_W 以及政府补贴收益 S_{W2}，因此 $R_{WIP2}=D_W+S_{W2}-C_W$。当策略集为 {PP, IS} 时，风电商将取得收益 R_{WPP1} 且 $R_{WPP1}=D_W+\Delta F_W$，其中 ΔF_W 表示协同交易中风电商的搭便车行为获得的收益。此外，如果风电商和储能商都选择消极参与策略，则无法获得额外收益，仅获得与其他购电主体进行交易的基本收入，此时收益为 R_{WPP2}，且 $R_{WPP2}=D_W$。

（2）储能商收益。对于策略集 {IP, IS}，储能商所获收益为 R_{EIS1}，包括交易收入 D_E，积极参与策略下的政府补贴 S_{E1}，减少风电－储能价值链信息不对称所带来的增值收益 ΔF_E 以及支持绿色电力交易所带来的额外增值收益 $\beta\Delta F_E$，此时产生交易成本 C_E，因此 $R_{EIS1}=D_E+S_{E1}+(1+\beta)V_E-C_E$。对于策略集 {PP, IS}，储能商收益为 R_{EIS2}，且

$R_{EIS2} = D_E + S_{E2} - C_E$。若储能商选择 NS 策略，则在风电商选择 IP 策略的情况下，储能商可得到收益 R_{ENS1}，包括电力交易收入 D_E 和搭便车行为获得的收益 ΔF_E，因此 $R_{ENS1} = D_E + \Delta F_E$。同时，若博弈主体均采取消极参与策略，储能商将仅获得收益 R_{ENS2}，$R_{ENS2} = D_E$。表 4-17 列出风电商和储能商在不同交易策略下获得的收益。

表 4-17 　　　　　　　　　　　　博弈主体收益函数

收益函数	风电商	储能商
(R_{WIP1}, R_{EIS1})	$D_W + S_{W1} + (1+\alpha)V_W - C_W$	$D_E + S_{E1} + (1+\beta)V_E - C_E$
(R_{WIP2}, R_{ENS1})	$D_W + S_{W2} - C_W$	$D_E + \Delta F_E$
(R_{WPP1}, R_{EIS2})	$D_W + \Delta F_W$	$D_E + S_{E2} - C_E$
(R_{WPP2}, R_{ENS2})	D_W	D_E

5. 动态演化博弈模型及分析

基于模型假设、协同交易策略及风电商和储能商的收益函数，构建风电商-储能商协同交易模式的两策略演化博弈模型，对博弈主体在协同交易模式中的交易策略进行讨论和分析，使用复制动态方程寻求均衡点，得到演化稳定策略（ESS），即风电-储能价值链利益管理的最优交易策略。

（1）风电商和储能商的复制动态分析。基于风电商和储能商均为"逐利的有限理性经济人"的假设，博弈主体无法立即做出协同交易模式的最佳交易决策，而是随着时间的推移和根据对方的行为不断调整策略，产生向演化稳定策略的缓慢演化。根据复制动态方程的定义和博弈主体的收益函数，得到风电商和储能商的复制动态方程。

假设 U_{IP} 和 U_{PP} 分别代表风电商积极参与协同交易（IP）策略和消极参与协同交易（PP）策略的预期收益，$\overline{U}_W$ 表示平均收益，则有

$$U_{IP} = yR_{WIP1} + (1-y)R_{WIP2} = y[D_W + S_{W1} + (1+\alpha)V_W - C_W] + (1-y)[D_W + S_{W2} - C_W]$$

$$(4-60)$$

$$U_{PP} = yR_{WPP1} + (1-y)R_{WPP2} = y(D_W + \Delta F_W) + (1-y)D_W \qquad (4-61)$$

$$\overline{U}_W = xU_{IP} + (1-x)U_{PP} \qquad (4-62)$$

假设 U_{IS} 和 U_{NS} 分别表示储能商在积极投资（IS）策略和消极投资（NS）策略选择下的预期收益，$\overline{U}_E$ 表示平均收益，则有

$$U_{IS} = xR_{EIS1} + (1-x)R_{EIS2} = x[D_E + S_{E1} + (1+\beta)V_E - C_E] + (1-x)[D_E + S_{E2} - C_E]$$

$$(4-63)$$

$$U_{NS} = xR_{ENS1} + (1-x)R_{ENS2} = x(D_E + \Delta F_E) + (1-x)D_E \qquad (4-64)$$

$$\overline{U}_E = yU_{IS} + (1-y)U_{NS} \qquad (4-65)$$

风电商和储能商的复制动态方程分别为

$$F(x) = \frac{dx}{dt} = x(U_{IP} - \overline{U}_W)$$

$$= x(1-x)[y(R_{WIP1} - R_{WIP2} - R_{WPP1} + R_{WPP2}) + (R_{WIP2} - R_{WPP2})]$$

$$= x(1-x)[y(S_{W1} - S_{W2} - \Delta F_W + (1+\alpha)V_W) + (S_{W2} - C_W)] \qquad (4-66)$$

$$F(y) = \frac{dy}{dt} = y(U_{IS} - \overline{U}_E)$$

$$= y(1-y)[x(R_{EIS1} - R_{ENS1} - R_{EIS2} + R_{ENS2}) + (R_{EIS2} - R_{ENS2})]$$

$$= y(1-y)[x(S_{E1} - S_{E2} - \Delta F_E + (1+\beta)V_E) + (S_{E2} - C_E)] \quad (4-67)$$

基于复制动态方程，风电商和储能商参与协同交易模式的概率受到收益函数的影响。如式（4-66）和式（4-67）所示，当风电商（储能商）选择积极参与策略（积极投资策略）的预期收益高于其平均预期收益时，其协同参与的意愿将会提高。选择积极参与策略（积极投资策略）得到的预期收益与平均预期收益之差越大，风电商（储能商）参与协同交易模式的意愿就越大。同时，协同参与的意愿也受到对方协同合作概率的影响。

（2）均衡策略及稳定性分析。令复制动态方程 $F(x)=0$ 和 $F(y)=0$，则风电商和储能商之间的演化博弈可以达到相对稳定的均衡状态。根据式（4-66）和式（4-67）可得5个平衡点，即 $EP_1(0,0)$，$EP_2(0,1)$，$EP_3(1,0)$，$EP_4(1,1)$ 和 $EP_5(x^*,y^*)$，其中

$$x^* = \frac{C_E - S_{E2}}{S_{E1} - S_{E2} - \Delta F_E + (1+\beta)V_E}, y^* = \frac{C_W - S_{W2}}{S_{W1} - S_{W2} - \Delta F_W + (1+\alpha)V_W} \quad (4-68)$$

为保证鞍点 $EP_5(x^*,y^*)$ 处于0和1之间，需要满足以下约束条件

$$\begin{cases} 0 < C_E - S_{E2} < S_{E1} - S_{E2} - \Delta F_E + (1+\beta)V_E \\ 0 < C_W - S_{W2} < S_{W1} - S_{W2} - \Delta F_W + (1+\alpha)V_W \end{cases} \quad (4-69)$$

为进一步确定演化博弈模型的均衡点，需要根据 $F(x)$ 和 $F(y)$ 计算 Jacobian 矩阵 J、相应的行列式 $\det(J)$ 和 $\operatorname{tr}(J)$。演化博弈模型中的均衡点的稳定性可分为3种情况进行分析：1）若 $\det(J)>0$ 且 $\operatorname{tr}(J)<0$，则该均衡点是稳定点；2）若 $\det(J)>0$ 且 $\operatorname{tr}(J)>0$，则该点是不稳定点；3）若 $\det(J)<0$，则该点为鞍点。计算得到 Jacobian 矩阵 J 为

$$J = \begin{bmatrix} \dfrac{\partial F(x)}{\partial x} & \dfrac{\partial F(x)}{\partial y} \\ \dfrac{\partial F(y)}{\partial x} & \dfrac{\partial F(y)}{\partial y} \end{bmatrix} = \begin{bmatrix} M_1 & M_2 \\ M_3 & M_4 \end{bmatrix} \quad (4-70)$$

其中

$$M_1 = (1-2x)[y(S_{W1} - S_{W2} - \Delta F_W + (1+\alpha)V_W) + S_{W2} - C_W] \quad (4-71)$$

$$M_2 = x(1-x)(S_{W1} - S_{W2} - \Delta F_W + (1+\alpha)V_W) \quad (4-72)$$

$$M_3 = y(1-y)(S_{E1} - S_{E2} - \Delta F_E + (1+\beta)V_E) \quad (4-73)$$

$$M_4 = (1-2y)[x(S_{E1} - S_{E2} - \Delta F_E + (1+\beta)V_E) + S_{E2} - C_E] \quad (4-74)$$

对于均衡点 $EP_1(0,0)$、$EP_2(0,1)$、$EP_3(1,0)$、$EP_4(1,1)$ 和 $EP_5(x^*,y^*)$，分别计算 Jacobian 矩阵的行列式和迹，得到结果见表4-18。

表 4-18   均 衡 点 相 关 参 数

均衡点	$\det(J)$	$\operatorname{tr}(J)$
$EP_1(0,0)$	$(S_{W2}-C_W)(S_{E2}-C_E)$	$(S_{W2}-C_W)+(S_{E2}-C_E)$
$EP_2(0,1)$	$-(S_{W1}-\Delta F_W+(1+\alpha)V_W-C_W)(S_{E2}-C_E)$	$(S_{W1}-\Delta F_W+(1+\alpha)V_W-C_W)-(S_{E2}-C_E)$

均衡点	$\det(J)$	$\mathrm{tr}(J)$
$EP_3(1,0)$	$-(S_{W2}-C_W)(S_{E1}-\Delta F_E+(1+\beta)V_E-C_E)$	$-(S_{W2}-C_W)+(S_{E1}-\Delta F_E+(1+\beta)V_E-C_E)$
$EP_4(1,1)$	A^*	B^*
$EP_5(x^*,y^*)$	C^*	D^*

注　$A^*=(S_{W1}-\Delta F_W+(1+\alpha)V_W-C_W)(S_{E1}-\Delta F_E+(1+\beta)V_E-C_E)$；

$\quad B^*=-(S_{W1}-\Delta F_W+(1+\alpha)V_W-C_W)-(S_{E1}-\Delta F_E+(1+\beta)V_E-C_E)$；

$\quad C^*=(1-2x^*)[y^*(S_{W1}-\Delta F_W+(1+\alpha)V_W)+(1-y^*)S_{W2}-C_W]\times(1-2y^*)[x^*(S_{E1}-\Delta F_E+(1+\beta)V_E)$
$\quad +(1-x^*)S_{E2}-C_E]-x^*(1-x^*)(S_{W1}-S_{W2}-\Delta F_W+(1+\alpha)V_W)y^*(1-y^*)(S_{E1}-S_{E2}-\Delta F_E+(1$
$\quad +\beta)V_E)$；

$\quad D^*=(1-2x^*)[y^*(S_{W1}-\Delta F_W+(1+\alpha)V_W)+(1-y^*)S_{W2}-C_W]+(1-2y^*)[x^*(S_{E1}-\Delta F_E+(1+\beta)V_E)$
$\quad +(1-x^*)S_{E2}-C_E]$

为鼓励风电商和储能商参与协同交易模式，应保证二者在选择积极参与/投资策略时获得的收益大于消极参与策略（消极投资策略）时得到的收益，即

$$R_{WIP1}>R_{WPP1}$$
$$R_{EIS1}>R_{ENS1} \tag{4-75}$$
$$S_{W1}-\Delta F_W+(1+\alpha)V_W-C_W>0$$
$$S_{E1}-\Delta F_E+(1+\beta)V_E-C_E>0 \tag{4-76}$$

基于式（4-75）、式（4-76）和式（4-69），计算得到风电商-储能商协同交易模式演化博弈模型的演化稳定策略，见表4-19，均衡点 $EP_1(0,0)$ 及 $EP_4(1,1)$ 是 ESS 点，$EP_2(0,1)$ 及 $EP_3(1,0)$ 是不稳定点，$EP_5(x^*,y^*)$ 为鞍点。据此，得到风电商-储能商利益管理的协同演化博弈过程如图4-6所示。

表 4-19　　　　　　　　　　均衡点及稳定性分析

均衡点	$\det(J)$ 符号	$\mathrm{tr}(J)$ 符号	局部稳定性
$EP_1(0,0)$	$+$	$-$	稳定点（ESS）
$EP_2(0,1)$	$+$	$+$	不稳定点
$EP_3(1,0)$	$+$	$+$	不稳定点
$EP_4(1,1)$	$+$	$-$	稳定点（ESS）
$EP_5(x^*,y^*)$	$-$	0	鞍点

博弈主体间的演化博弈可分为图4-6中的A、B、C、D四个区域，分别对应博弈主体的交易策略 {PP，NS}、{PP，IS}、{IP，IS}、{IP，NS}，而每个区域的面积分别表示选择该交易策略的概率。博弈主体间的交易策略缓慢演化并最终稳定在 ESS 点，利益相关者的交易策略稳定于交易策略 {PP，NS} 和 {IP，IS}。

由式（4-68）可知，鞍点 x^* 和 y^* 的值受到博弈模型参数变化的影响，同时，图4-6所示鞍点位置也会收到相应的影响，最终导致交易策略的缓慢演化。均衡点 $EP_4(1,1)$ 代表的交易策略为演化博弈模型的最优解，此时得到风电商-储能商协同交易模式演化博弈的演化稳定策略，该结果表明风电商和储能商在政府补贴机制条件下积极参加/投资协同交易模式，此时博弈主体获得的电力交易收入、增值收益和补贴收益大于参与协同交

模式产生的交易成本。此外，该结果表明在补贴机制和监督下，博弈主体积极参与绿色电力交易，这也符合电力市场改革的实际情况。

（3）演化博弈模型稳定性讨论。如前文所述，协同演化博弈系统鞍点 $EP_5(x^*, y^*)$ 的稳定性和动态演化状态受风电商和储能商初始比例 x 和 y 值的影响，即风电商选择 IP 交易策略的比例和储能商选择 IS 交易策略的比例。我们将进一步讨论初始比例值的变动对博弈系统动态演化状态的影响。为了讨论这个问题，我们将 x 的初始值设置为 0 和 1 之间的随机值，令 $y = 0.5$，使用表 4-20 设置的博弈模型参数模拟演化博弈系统的动态演化情况，得到结果如图 4-7 所示。

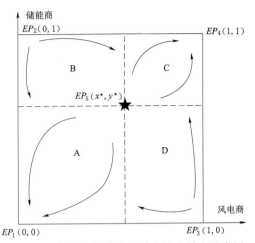

图 4-6　协同交易模式的动态演化博弈示意图

表 4-20　　　　　　　相 关 参 数 值

参数	D_W	S_{W1}	S_{W2}	ΔF_W	α	V_W	C_W	D_E	S_{E1}	S_{E2}	ΔF_E	β	V_E	C_E
取值	40	18	10	5	0.5	10	20	40	18	10	5	0.8	10	20

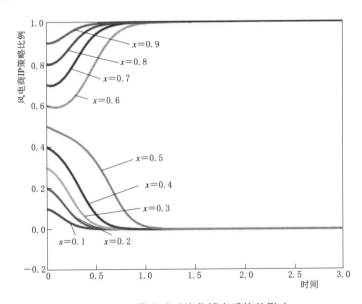

图 4-7　x 值变动对演化博弈系统的影响

假设博弈主体参与的初始意愿为高、中、低三种情况，分别对应 G1 组（$x = 0.1$，$y = 0.3$）、G2 组（$x = 0.5$，$y = 0.5$）和 G3 组（$x = 0.9$，$y = 0.7$）。使用表 4-20 中参数值，分别对 3 种情况进行模拟仿真，结果如图 4-8 所示。

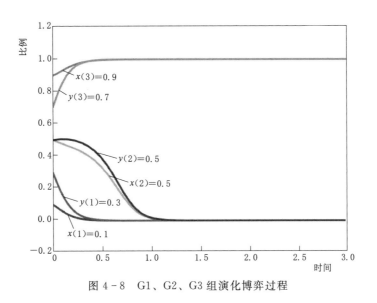

图 4 - 8　G1、G2、G3 组演化博弈过程

在 G1 组中，博弈主体参与协同交易模式的初始比例较低，随着演化过程的推进，博弈双方的演化稳定策略稳定于｛PP，NS｝，即博弈主体均选择消极参与/投资交易策略，此时系统达到稳定状态所需的时间较为中等。在 G2 组模拟仿真中，博弈主体参与协同交易模式的初始意愿为中等，演化博弈进程达到稳定状态花费较长时间并最终稳定于｛PP，NS｝，该种情况下博弈主体仍选择消极参与/投资交易策略。G3 组则假设博弈主体参与协同交易模式的初始比例较高，二者在最短时间内达成合作决定。考虑博弈主体初始比例变化对演化博弈系统的影响，进行模拟仿真的结果证明：风电商和储能商参与协同交易模式的初始比例对最终交易策略的确定有很大的影响。

4.4.2　仿真验证及结果分析

1. 仿真设计

这里基于协同演化模型，重点讨论政府补贴机制下风电商和储能商在协同交易模式的演化博弈过程，讨论博弈模型参数变化对演化博弈系统的影响，并验证协同交易模式的经济性和有效性。仿真验证及结果分析的框架图如图 4 - 9 所示。选取该地区某风电场 GP 为研究对象，该风电场近五年弃风率有所下降但仍高于 10%。风电场 GP 愿通过与储能商协作提高其风电利用率，并降低弃风率。同时，储能商 EP 需分析协同交易模式的经济性和预期收益从而确定其交易策略。风电商 GP 和储能商 EP 协同交易模式的演化博弈模型

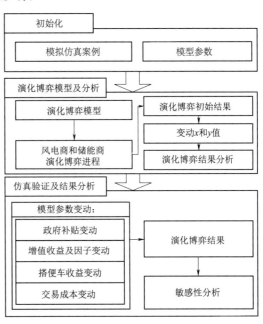

图 4 - 9　仿真验证及结果分析框架图

的相关参数设置如下：$S_{W1}=100$，$S_{W2}=50$，$\Delta F_W=10$，$\alpha=0.5$，$V_W=56$，$C_W=125$，$S_{E1}=100$，$S_{E2}=50$，$\Delta F_E=12$，$\beta=0.8$，$V_E=78$，$C_E=125$。使用 MATLAB R2017b 对风电商-储能商演化博弈过程进行模拟仿真。

2. 结果分析

将初始参数值代入风电-储能价值链利益管理的协同演化博弈模型中，并对结果进行相应分析。基于式（4-68），可以获得演化博弈鞍点的值，即

$$x^*=\frac{C_E-S_{E2}}{S_{E1}-S_{E2}-\Delta F_E+(1+\beta)V_E}=0.70$$

$$y^*=\frac{C_W-S_{W2}}{S_{W1}-S_{W2}-\Delta F_W+(1+\alpha)V_W}=0.60$$

使用 MATLAB R2017b 模拟风电商 GP 和储能商 EP 协同交易模式的动态演化博弈过程，令博弈主体参与协同交易模式的初始比例为 $0.1\sim0.9$，得到演化博弈结果如图 4-10（a）所示，相应的动态演化示意图如图 4-10（b）所示。

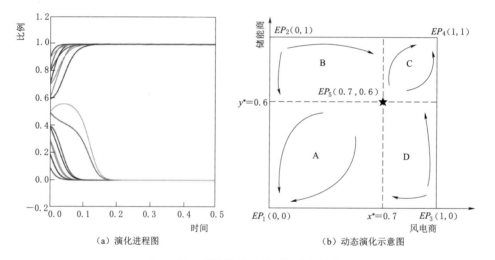

（a）演化进程图　　　　　　　　　（b）动态演化示意图

图 4-10　演化进程及动态演化示意图

基于初始参数值，进一步分析风电商选择积极参与交易策略的初始比例 x 和储能商选择积极投资交易策略的初始比例 y 的变化对演化博弈过程和演化稳定策略的影响。为此，令 $x=0.5$，y 等于 0.2、0.6 和 0.8，得到博弈主体间的演化过程如图 4-11（a）所示，再令 $y=0.5$，x 等于 0.2、0.6 和 0.8，得到仿真结果如图 4-11（b）所示。

可以看出，当储能商显示出较低的合作意愿时，协同交易模式中风电商和储能商最终选择消极参与/投资交易策略；当储能商表现出中等合作意愿时，风电商仍然希望通过参加协同交易模式来提高其风电利用率并降低弃风限电，储能商根据风电商的表现逐渐改变其合作意愿，系统博弈策略逐渐稳定在 1，即双方达成积极参与/投资战略；若储能商表现出强烈的合作意愿，则风电商会迅速做出反应，二者用较短时间达成主动参与/投资的交易决策。同样，储能商选择交易策略的演化过程也受到风电商选择 IP 策略的影响。

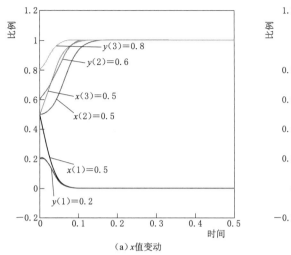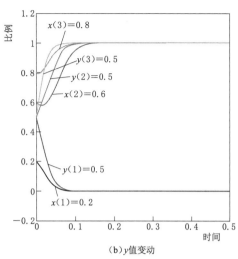

(a) x 值变动　　　　　　　　　(b) y 值变动

图 4 - 11　比例变化对动态演化进程的影响

4.4.3　敏感性分析

风电商和储能商之间的演化博弈和交易决策由二者在参与协同交易模式能获得的预期收益决定，收益函数的相关参数变动将影响风电-储能价值链利益管理的协同演化进程和最终的演化稳定策略。对此，我们就收益函数模型的参数变化进行敏感性分析，包括政府补贴收入 S_{W1}、S_{W2}、S_{E1}、S_{E2}，增值收益 V_W、V_E，增值因子 α、β，搭便车收益 ΔF_W、ΔF_E，以及交易成本 C_W、C_E。为便于进行对比分析，以 4.4.2 节和 4.4.3 节设置的参数值和得到的演化博弈结果作为参考情景，讨论风电商和储能商之间的动态博弈过程和演化稳定策略对参数变化的敏感性。

1. 政府补贴收入变动

政府补贴机制是中国风电产业和储能行业发展的有效鼓励手段，对于风电商和储能商而言，政府补贴是企业收益的一部分。我们将探讨风电商-储能商协同交易模式中，政府补贴增加 20% 的情景对博弈主体协同交易策略和协同演化博弈结果的影响，其他参数值保持不变。基于此，同时将收益函数模型参数 S_{W1}、S_{W2}、S_{E1}、S_{E2} 的值增加 20%，使用演化博弈模型进行模拟仿真，得到政府补贴变动对动态演化过程的影响结果，如图 4 - 12 所示。与参考情景相比，风电商和储能商取得演化稳定策略所需的时间较短，这是因为有效的政府补贴能够增加博弈主体的预期收益，增强了风电商积极参与及风电商选择积极投资协同交易模式的意愿，从而有效缩短了决策周期，博弈过程稳定于 {IP，IS}。

同等条件下，计算演化博弈模型鞍点的值，得到：$x^* = 0.35$、$y^* = 0.49$。该情景下的动态演化示意图并与参考情景进行对比，如图 4 - 13 所示。可以看出，区域 A 的面积大大减少，即博弈主体选择消极参与/投资策略的概率大大减少，概率值由 42% 降低到 $x^* \times y^* = 0.35 \times 0.49 \times 100\% = 17\%$。此时，风电商选择积极参与且储能商选择积极投资协同交易模式的可能性从 12% 增加到 $(1-0.35) \times (1-0.49) \times 100\% = 33\%$。因此，增加政府补贴可以有效地鼓励利益相关者参与协同交易模式。然而,尽管政府补贴增加20%时利益相关者合作的可能性会增加,但当博弈主体中的一方显示出较低的合作意愿时时,演化稳定策略将逐渐稳定在(0,0),即双方均采取消极参与/投资策略。

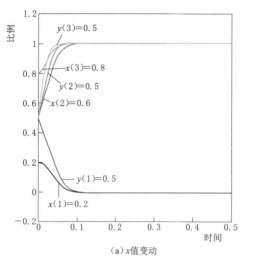 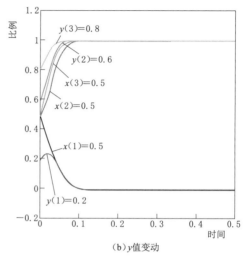

（a）x值变动 （b）y值变动

图4-12 政府补贴变动对动态演化进程的影响

2. 增值收益及增值因子变动

随着风电商-储能商协同交易模式合作的实施与信息技术的不断发展,减少价值链信息不对称和完善信息共享机制所带来的增值收益可鼓励利益相关者开展合作。风电商积极参与能够提高风电利用效率和整体效益,实现风电场的可持续发展。储能商支持绿色电力交易的合作策略,可以带来相应的社会效益和环境效益。因此,将增值收益（V_W 和 V_E）和增值因子（α 和 β）同时增加20%,并分析该情景下的演化博弈进程和演化稳定策略,结果如图4-14和图4-15所示。

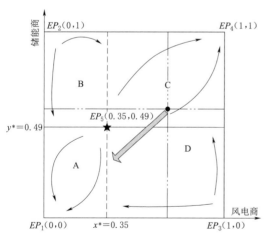 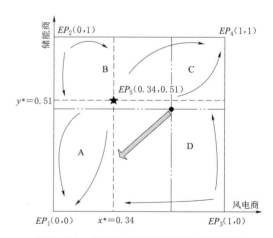

图4-13 政府补贴变动时的动态演化博弈示意图

图4-14 增值收益和增值因子变动时的动态演化博弈示意图

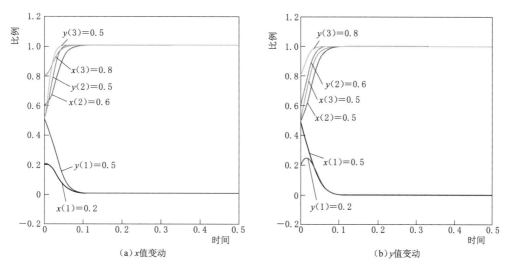

（a）x值变动　　　　　　　　　（b）y值变动

图 4-15　增值收益和增值因子变动对动态演化进程的影响

3. 搭便车收益变动

这里将探讨收益函数中的搭便车收益增加 20％情境对博弈进程和演化稳定策略的影响。当其他参数值保持不变时，使用构建的演化博弈模型计算得到鞍点值：$x^*=0.43$，$y^*=0.62$。此时，产生搭便车收益的策略集 {PP，NS} 和 {IP，IS} 的概率分别为 27％和 22％。图 4-16 展示了该模拟情景下的系统动态演化示意图，图 4-17 展示了搭便车收益变动对动态演化进程的影响。

相较于参考情景，博弈主体选择策略集 {IP，NS} 和 {PP，IS} 的概率从

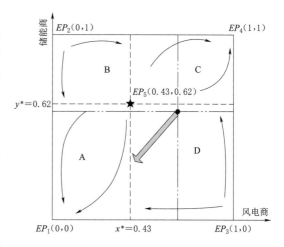

图 4-16　搭便车收益变动时的动态演化博弈示意图

46％增加到 51％，也就是说，当搭便车收益增加 20％时，利益相关者选择搭便车行为的意向会增加。与其他情景相比，该种情况下系统的动态演化过程需要更多时间才能达到博弈均衡点，并确定最终的演化稳定策略。此外，该情境下系统演化过程与参考情景的结果差异较小，这是因为搭便车收益仅占利益相关者总体收益中的较小部分。

4. 交易成本变动

随着协同交易机制的推进和完善，降低交易成本对促进利益相关方的协同合作将产生积极影响。当其他参数值保持不变并且将交易成本降低 10％时，探究演化博弈系统的演化进程和演化稳定策略，如图 4-18 和图 4-19 所示。

此时，演化博弈模型的鞍点为：$x^*=0.35$，$y^*=0.5$。如图 4-18 所示，区域 A 的面积大幅度减小，策略集 {PP，NS} 的概率从 42％减小至 18％，区域 C 的面积也发生

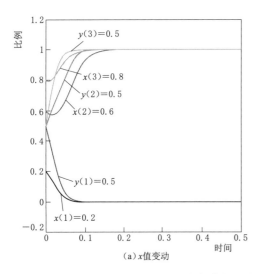 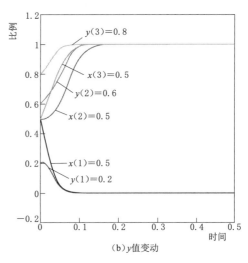

图 4-17　搭便车收益变动对动态演化进程的影响

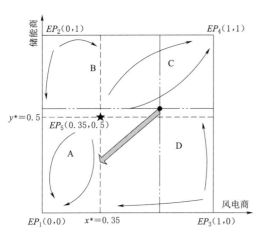

图 4-18　交易成本变动时的动态演化博弈示意图

较大改变，即博弈主体选择策略集〔IP，IS〕的概率从 12％增加到 33％，这意味着风电商和储能商选择积极参与/投资协同交易模式的可能性得到有效增加，二者之间的演化博弈进程对交易成本呈现出较大的敏感性。为验证该结论，假设博弈主体参与协同交易模式的交易成本增加 10％，进一步讨论交易成本对系统演化过程的影响，结果如图 4-20 所示。

对比图 4-19 和图 4-20 可见，当交易成本降低时，博弈主体能快速做出交易决策且演化进程缓慢稳定于策略集〔IP，IS〕（当 $x=0.5$ 且 $y>0.2$ 或 $x>0.2$ 且 $y=0.5$），而当交易成本增加 10％时，风电商和储能商对成本因素反应强烈，演化博弈逐渐稳定于策略集〔PP，NS〕（当 $x=0.5$ 且 $y<0.6$ 或 $x<0.6$ 且 $y=0.5$）。因此，交易成本的增加将严重影响利益相关者参加协同交易模式的意向，而降低交易成本则可以有效地促进利益相关者的合作交易策略。随着科学技术的发展和进步，风力发电和储能技术的成本将有所下降，也将有效促进风电商-储能商协同交易模式的实施和发展。

4.4.4　结论与建议

为确保价值链价值创造和价值增值效应的最大化，促进风电商和储能商间的稳定合作关系，本节从价值链耦合协同演进关系的角度，探讨价了值链利益主体参与协同交易的利益博弈关系，为实现风电-储能价值链的利益管理提供协同决策基础。

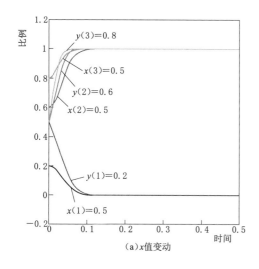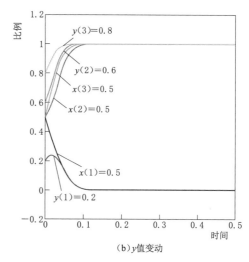

(a) x值变动 　　　　　　　　　　　(b) y值变动

图4-19　交易成本减少对动态演化进程的影响

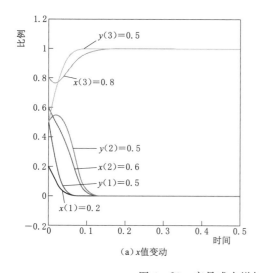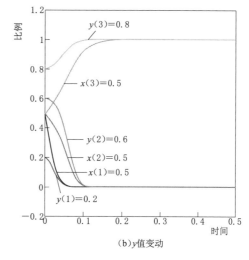

(a) x值变动 　　　　　　　　　　　(b) y值变动

图4-20　交易成本增加对动态演化进程的影响

　　风电商和储能商确定交易策略的过程是一个动态演化博弈问题,演化博弈结果和演化稳定策略决定了能否成功实施协同交易模式。基于演化博弈理论,可以从风电商和储能商的角度构建协同演化博弈模型,分析参数变化对动态演化博弈的影响,确定风电商和储能商的交易策略。首先,通过确定风电商-储能商协同交易模式,为进一步分析奠定了理论基础;其次,基于演化博弈理论,构建了风电-储能价值链利益管理的协同演化博弈模型;最后,对风电商-储能商协同交易模式中的演化博弈进程进行仿真验证及结果分析。结果表明,基于风电-储能价值链构建协同交易模式对风电商和储能商来说是有利的,政府补贴收益、增值收益及增值因子、搭便车收益和交易成本等参数能有效影响博弈主体之间的交易策略。

4.5　本章小结

　　本章从价值链耦合协同影响因子关联效用、耦合节点间结构关系、耦合节点间协调性以及耦合协同演进关系四个方面，分别对风储联合发电系统的协同决策问题、储能节点优化问题、多主体协同效应与增值效应评价问题、风电商-储能商协同交易问题等进行研究，以剖析清洁能源"发电-储能-用能"价值链耦合协同机理。在对风储联合发电系统协同决策问题进行研究时，从四个不同的维度构建了全方位的决策指标体系，通过考虑风-储价值链耦合协同影响因子的关联效用确定了指标的权重，利用区间二型模糊 TOPSIS 法从多个备选方案中做出了最合适的决策。在对节点优化问题的研究中，结合风电价值链耦合节点间的结构关系利用 BOCR 方法制定了全面科学的指标体系，通过灰色累积前景理论完成了最优化的决策。在对协同效应与增值效应评价问题的研究中，通过考虑节点间协调性构建风电价值链多主体协同与增值效应评价模型，衡量了价值链中各利益主体的协同性和增值效应，从多主体协同效应和价值增值效应两个维度建立相应的指标体系，并通过基于多指标类型的灰色累积前景理论得出评价结果。在对风电商-储能商协同交易问题的研究中，考虑到价值链的耦合协同演进关系，构建了演化博弈模型，通过仿真验证、结果分析以及灵敏度分析对风电商和储能商的协同交易策略进行了论证，确保了价值链价值创造和价值增值效应的最大化。通过对清洁能源"发电-储能-用能"价值链耦合协同演进机理的研究，更好地解决了价值链中存在的协同决策问题、节点优化、协同效应与增值效应评价以及协同交易等问题，为清洁能源的发展提供了助力，为未来对清洁能源的进一步深入研究提供了参考。

参 考 文 献

[1] 刘吉成，韦秋霜，黄骏杰，等. 基于区间二型模糊 TOPSIS 的风储联合发电系统协同决策研究[J]. 技术经济，2019，38（5）：110-116.

[2] Liu Jicheng, Wang Zhenzhen, Yin Yu, et al. Optimal selection of energy storage nodes based on improved cumulative prospect theory in China [J]. Journal of Renewable and Sustainable Energy, 2020，12（6）.

[3] 徐方秋. 非并网风电价值链优化与评价模型及协同云平台研究 [D]. 北京：华北电力大学，2019.

[4] 郑春勇. 协同演化理论的研究进展 [J]. 经济界，2011（4）：88-92.

[5] 韦秋霜. 风电-储能价值链协同决策模型及信息系统研究 [D]. 北京：华北电力大学，2020.

清洁能源"发电-储能-用能"价值链耦合协同机制设计

第5章

在对清洁能源价值链耦合协同机理进行分析与建模后，需要建立合理的耦合协同发展机制，以保证价值链中多方利益主体协同运作，实现整体的价值链增值和整体效益最大化。由于价值链的主要环节中涉及发电企业、电网企业、储能企业、用户和政府等多方利益主体，各方作为"逐利的理性经济人"均以自身利益最大化为目标，因此需要设计相应的机制来促进价值链整体的协同发展。本章将以清洁能源"发电-储能-用能"价值链为研究对象，在充分考虑发电商、储能商和用户等各利益主体能量流、价值流、信息流交互的基础上，利用 Shapley 值法、Stackelberg 博弈模型、Nash 均衡模型及委托代理理论等模型方法，进行清洁能源价值链信息共享激励机制、价值创新机制、风险承担机制、容量优化机制、利益分配机制和协同演化机制研究，以期为清洁能源"发电-储能-用能"价值链耦合协同运作提供一些创新的思路。

5.1 不完全契约下清洁能源价值链信息共享激励机制

清洁能源价值链中的利益主体会根据其他节点反馈的信息进行决策，这种信息双向反馈模式使信息共享的重要性大幅提高。信息共享可以避免信息孤岛的产生，从而促进多方利益主体耦合协调发展，增强协同效应。在能源互联网电力与信息的深度融合背景下，大数据技术、云计算技术、商务智能技术和高端智能设备的大量应用增强了交易信息的透明化，使得信息获取成本降低。在清洁能源价值链中，利益主体之间往往会通过信息共享技术和平台进行信息交流和传递，信息共享的程度越深，价值链整体效益越大。因此，需要设计最优的信息共享及激励机制，促进多方利益主体之间进行信息共享，从而实现协同发展。

当前，关于信息共享激励机制的研究较为广泛，诸多学者分别针对信息共享程度、激励机制、实现方式等进行了理论研究。首先诸多学者针对信息的完全程度进行了信息共享激励机制研究，如樊斌分别基于委托代理理论和企业内部知识共享过程中所呈现的完全信息特征以及不完全信息特征，构建了完全信息条件下及不完全信息条件下企业内部知识共享多阶段激励机制模型；Yu 等从政府环境政策和公众环保意识考虑，在不共享信息、部分信息共享和公共信息共享等情境下，分别探究了其与碳排放及供应链管理之间的关系。其次，诸多学者在探讨信息共享程度重要性的基础上，进行了信息共享激励机制研究，如刘开军认为分散式供应链由于各个成员企业间的信息不对称，在缺乏有效激励机制的情况下，难以达到集中式供应链中的整体绩效最优，在此基础上提出了分散式供应链的信息共享激励机制；张跃平等认为委托人之间以及委托人与代理人之间的非对称信息会导致中介机构非效率性的问题，在此基础上针对有中介机构存在的供应链建立了信息共享激励机制。最后，诸多学者采用不同的模型方法探究了信息共享激励机制的实现方式，如刘元元根据委托代理理论，以一个制造商和一个零售商组成的二级供应链为基础，在核心企业和成员企业之间设置了一类用来激励双方提高信息共享努力水平的激励机制；赵楠等针对认知无线网络中网络信息的非对称性和无线节点的自私性，提出一种基于契约的协作频谱共享动态激励机制；和征等根据博弈论建立了一种激励机制来促使企业主动参与供应链信息共享。可以看出，当前关于供应链信息共享激励机制的研究较为充分，但是鲜有文献对电力供应链及清洁能源供应链的信息激励机制进行研究。

然而，合理信息共享机制的设立对于电力行业的发展具有重要意义，随着电力市场不断放开和国家供给侧改革的不断深入，发电主体开展混合所有制业务，谋求与购电主体合作经营将是大势所趋，主体间的合作效果很大程度上取决于信息共享机制的设定。合理的信息共享机制既可以有效集成外部企业资源，快速响应市场形势变化和顾客需求，降低成本，又可以提高能源产品服务质量，促进电力行业产业价值链的增值延伸。对于储能参与的清洁能源价值链而言，信息共享程度对其价值实现、价值创造与价值创新具有重要的激励作用。在此，我们将以发电商与储能商组成的清洁能源价值链为例，基于演化博弈模型探讨信息不对称也即不完全契约下清洁能源价值链主体间的信息共享激励机制问题。

5.1.1　发电商与储能商合作博弈情景假设

清洁能源发电商与储能商在参与电力市场竞争时，其行为与决策具有不确定性。并且由于双方信息不完全对称，双方的合作就是一种不完全的契约形式。可以采用复制动态演化博弈方法来分析发电商与储能商基于不完全契约理论的合作博弈演化过程，并提出一些情景假设条件。

不完全契约理论即 GHM 模型（Grossman - Hart - Moore 模型），是分析企业理论和公司治理结构中控制权的配置对激励和对信息获得的影响的重要工具。不完全契约理论认为，由于人们的有限理性、信息的不完全性及交易事项的不确定性，使得明晰所有的特殊权力的成本过高，拟定完全契约是不可能的，不完全契约是必然和经常存在的。为了更直观地从不完全契约视角下展示双方合作演化的博弈特性，假设在满足以下情景条件的基础上进行建模及分析。

1. 发电商与储能商的博弈策略假设

假设发电商与储能商的策略集合为｛合作，不合作｝。当发电商与储能商均采取不合作策略时，发电商不经由储能商为用户供电，而是与负荷用户直接交易，其经营收益设为 E_1。储能商不从发电商处购买电量，主要收入方式是为用户提供各类综合能源服务，其

经营收益设为 E_2。发电商选择与储能商合作的概率为 x，储能商选择与发电商合作的概率为 y。

2. 发电商与储能商的直接合作效益假设

发电商与储能商直接合作效益是指发电商经由储能商向用户合作供电时的直接效益，设为 $Q_i (i=1, 2)$。发电商与储能商合作时生产要素的投入量 R_i 越多、直接合作效益系数 $a_i (a_i>0, i=1, 2)$ 越高，博弈双方可获取的直接合作效益越高，Q_i 可用 $a_i R_i$ 来表示。

3. 发电商与储能商合作的激励效益假设

发电商与储能商合作经营过程中除了能产生直接效益，还会产生由于博弈双方均采取有效合作策略、优化生产要素组合等原因所形成的合作激励效益，用 $Z_i (i=1, 2)$ 表示。发电商与储能商合作可以优化双方资源配置、降低成本、快速响应顾客需求和提高服务质量，其合作领域不仅局限于为用户供电，还可以延伸到其他系列领域，例如增量配电网建设运营、微电网运营、电动汽车充换电业务、协同能源服务提供等。设 $b_i (b_i>0, i=1, 2)$ 为增值收益系数，可以用来计算发电商与储能商双方合作博弈过程中创造的价值增益。价值增益还与发电商与储能商对对方的信任系数 $\mu_i (0 \leqslant \mu_i \leqslant 1)$、生产要素的投入量 R_i 有关，可表示为 $\mu_i b_i R_i$。此外，在新电力体制改革和国企改革政策持续力挺、激励清洁能源发电、互联网大发展的背景下，发电商与储能商合作经营是响应国家政策、驱动能源互联网发展的有效方式。假设 $p_i (p_i>0, i=1, 2)$ 为合作驱动激励系数，代表发电商与储能商因顺应新形势变化、通过开展合作经营，创造社会贡献的一种激励效益。博弈双方可获取的合作激励效益表示为 $Z_i = \mu_i b_i R_i + p_i R_i$。

4. 发电商与储能商合作的不确定性风险及信息不对称惩罚机制假设

发电商与储能商双方信息不对称、双方信任水平波动、机会行为主义、外部市场环境和政策环境的变动性、监督成本支出等都会为双方合作带来不确定性风险。储能商与发电商的合作契约形式是不完全契约形式，存在不完全契约交易成本 $T_i (i=1, 2)$。这与双方合作过程中生产要素投入量 R_i、双方之间的信任程度 $\eta_i (0 \leqslant \eta_i \leqslant 1)$、双方达成契约过程中支出的交易成本系数 $t_i (t_i>0, i=1, 2)$、信息共享指数 $r_i (0 \leqslant r_i \leqslant 1)$、信息不对称惩罚系数 $s_i (s_i>0, i=1, 2)$ 相关。双方合作过程中的有力决策很大程度上取决于双方信息资源的共享程度，当博弈双方信息资源集成度较高时，更能增加双方在电力市场中的竞争能力。由于博弈双方在达成契约和合作决策中对信息共享与集成的需求，为激励博弈双方信息对称程度，在此特设置信息不对称惩罚机制。假设不完全契约交易成本 $T_i = (1-\mu_i)t_i R_i + s_i(1-r_i)R_i$。

5.1.2 发电商与储能商合作博弈模型建立

1. 博弈矩阵

根据上述假设，得到发电商与储能商的合作博弈矩阵，见表 5-1。

2. 演化博弈模型的复制动态方程

发电商选择与储能商合作与不合作时的期望收益 U_1，U_1' 以及发电商的平均期望收益 $\overline{U_1}$ 分别为

表 5-1　　　　　　　　　　　　　发电商与储能商的博弈矩阵

储能商 发电商	合作 y	不合作 $1-y$
合作 x	$E_1+a_1R_1+\mu_1b_1R_1+p_1R_1-(1-\mu_1)t_1R_1-s_1(1-r_1)R_1$, $E_2+a_2R_2+\mu_2b_2R_2+p_2R_2-(1-\mu_2)t_2R_2-s_2(1-r_2)R_2$	$E_1-(1-\mu_1)t_1R_1-s_1(1-r_1)R_1$, $E_2+a_2R_2$
不合作 $1-x$	$E_1+a_1R_1$, $E_2-(1-\mu_2)t_2R_2-s_2(1-r_2)R_2$	E_1,E_2

$$U_1=y[E_1+a_1R_1+\mu_1b_1R_1+p_1R_1-(1-\mu_1)t_1R_1-s_1(1-r_1)R_1]$$
$$+(1-y)[E_1-(1-\mu_1)t_1R_1-s_1(1-r_1)R_1]$$
$$=E_1+yR_1[a_1+\mu_1b_1+p_1]-(1-\mu_1)t_1R_1-s_1(1-r_1)R_1 \tag{5-1}$$

$$U_1'=y(E_1+a_1R_1)+(1-y)E_1=E_1+yaR_1 \tag{5-2}$$

$$\overline{U_1}=xU_1+(1-x)U_1' \tag{5-3}$$

同理可得储能商选择与发电商合作与不合作时的期望收益 U_2，U_2' 以及储能商的平均期望收益 $\overline{U_2}$ 分别为

$$U_2=E_2+yR_2[a_2+\mu_2b_2+p_2]-(1-\mu_2)t_2R_2-s_2(1-r_2)R_2 \tag{5-4}$$

$$U_2'=x(E_2+a_2R_2)+(1-x)E_2=E_2+xa_2R_2 \tag{5-5}$$

$$\overline{U_2}=yU_2+(1-y)U_2' \tag{5-6}$$

博弈方策略的动态变化速率是有限理性博弈分析的核心，博弈模型的动态变化速度可以用微分方程反映。根据复制动态公式，可得发电商和储能商合作时的复制动态方程为

$$F(x)=\frac{\mathrm{d}x}{\mathrm{d}t}=x(U_1-\overline{U_1})=x(1-x)[yR_1(\mu_1b_1+p_1)-(1-\mu_1)t_1R_1-s_1(1-r_1)R_1]$$

$$F(y)=\frac{\mathrm{d}y}{\mathrm{d}t}=y(U_2-\overline{U_2})=y(1-y)[xR_2(\mu_2b_2+p_2)-(1-\mu_2)t_2R_2-s_2(1-r_2)R_2]$$

$$\tag{5-7}$$

令 $F(x)=\dfrac{\mathrm{d}x}{\mathrm{d}t}=0$，$F(y)=\dfrac{\mathrm{d}y}{\mathrm{d}t}=0$，通过求解微分方程可以得到 5 个演化博弈矩阵的局部均衡点，即

$$O(0,0),A(0,1),B(1,1),C(1,0),$$

$$E\left(x^*=\frac{(1-\mu_1)t_1+s_1(1-r_1)}{\mu_1b_1+p_1},y^*=\frac{(1-\mu_2)t_2+s_2(1-r_2)}{\mu_2b_2+p_2}\right)$$

3. 均衡点分析及稳定性讨论

根据 Friedman 提出的方法，微分方程系统描述的是群体动态，其均衡点的稳定性可由该系统的雅可比（Jacobi）矩阵的局部稳定性分析得到，由式（5-7）可得该系统的 Jacobi 矩阵对应的行列式及其迹分别为

$$\det(J)=(1-2x)(1-2y)[yR_1(\mu_1b_1+p_1)-(1-\mu_1)t_1R_1$$
$$-s_1(1-r_1)R_1]\times[xR_2(\mu_2b_2+p_2)-(1-\mu_2)t_2R_2$$
$$-s_2(1-r_2)R_2]-x(1-x)y(1-y)R_1(\mu_1b_1+p_1)R_2(\mu_2b_2+p_2) \tag{5-8}$$

$$tr(J) = (1-2x)[yR_1(\mu_1 b_1 + p_1) - (1-\mu_1)t_1 R_1 - s_1(1-r_1)R_1]$$
$$+ (1-2y)[xR_2(\mu_2 b_2 + p_2) - (1-\mu_2)t_2 R_2 - s_2(1-r_2)R_2] \quad (5-9)$$

发电商与储能商签订契约进行合作的目的是获得更多的收益，因此双方签订不完全契约的必要条件是发电商与储能商在博弈过程中所采取合作策略时所获得的合作收益均应大于双方不采取合作策略时的收益，即

$$\begin{cases} Z_i - T_i > 0 \\ \mu_1 b_1 R_1 + p_1 R_1 - (1-\mu_1)t_1 R_1 - s_1(1-r_1)R_1 > 0 \\ \mu_2 b_2 R_2 + p_2 R_2 - (1-\mu_2)t_2 R_2 - s_2(1-r_2)R_2 > 0 \end{cases} \quad (5-10)$$

化简式（5-10）得到条件 $\mu_i b_i + p_i - (1-\mu_i)t_i - s_i(1-r_i) > 0 (i=1,2)$。在满足上述条件下，利用式（5-8）、式（5-9），根据系统稳定性判定条件，对5个局部平衡点进行稳定性讨论，结果见表5-2。平衡点 O 和 D 代表两个具有局部稳定性的均衡点，分别对应发电商和储能商在市场交易中不合作和合作的策略。双方博弈系统演化相位图如图5-1所示。

表 5-2   局 部 稳 定 分 析 结 果

均衡点	$\det(J)$ 符号	$tr(J)$	局部稳定性
$O(0, 0)$	$+$	$-$	稳定（ESS）
$A(0, 1)$	$+$	$+$	不稳定
$B(1, 1)$	$+$	$+$	不稳定
$C(1, 0)$	$+$		稳定（ESS）
$D(x^*, y^*)$	$-$	0	鞍点

图5-1的5个均衡点把整个博弈系统划分为两个完全不同演化趋势的演化区域：$ADCB$ 部分演化博弈收敛于 $B(1, 1)$，即发电商与储能商双方均采取合作策略；$AOCD$ 部分演化博弈收敛于 $O(0, 0)$，即发电商与储能商双方均采取不合作策略。发电商具有丰厚的发电经验、技术优势和雄厚的资金实力，储能商能快速响应负荷预测，具有综合能源服务技术优势和较强的市场开拓能力。发电商与储能商合作经营，可以优势互补，达到帕累托最优状态，最终博弈双方为获得最佳收益而选择合作策略，即双方演化博弈收敛于 $B(1, 1)$ 的一个稳定状态。而只有一方选择合作，会导致短期内双方博弈结果是单方获取最大，另一方利益受损，会使博弈双方合作无法达到帕累托最优效应。最终利益受损一方也会不再选择合作策略，即 $O(0, 0)$，是长期内双方演化博弈的另外一个稳定状态。

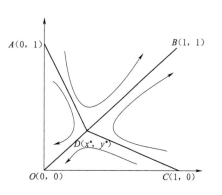

图 5-1 复制动态相位图

4. 参数变化对演化系统收敛的影响

用 S_2 表示区域 $ABCD$ 的面积大小，表示博弈系统收敛于 $B(1, 1)$ 的概率。S_2 越大表示发电商与储能商合作的概率越大。

$$S_2 = 1 - \frac{1}{2}\left[\frac{(1-\mu_1)t_1 + s_1(1-r_1)}{\mu_1 b_1 + p_1} + \frac{(1-\mu_2)t_2 + s_2(1-r_2)}{\mu_2 b_2 + p_2}\right] \tag{5-11}$$

据此，对影响发电商与储能商合作演化博弈系统收敛的参数进行分析：

（1）信任系数 μ_i。由于在鞍点处 $\frac{\partial S_2}{\partial \mu_i} > 0$，在其他参数不变的情况下，博弈双方对对方的信任系数 μ_i 增加，鞍点向左下移动，S_2 越大，系统收敛于 $B(1,1)$ 的概率越大；反之，系统收敛于 $O(0,0)$ 的概率增大。如图 5-2 所示。即发电商与储能商的信任程度越高，双方合作的概率越大。

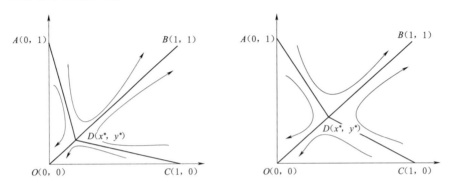

(a) μ_i 增加，t_i 减小，r_i 增加，s_i 减小，b_i 增加，p_i 增加　　(b) μ_i 减小，t_i 增加，r_i 减小，s_i 增加，b_i 减小，p_i 减小

图 5-2　参数变化对系统收敛的影响

（2）交易成本系数 t_i。由于在鞍点处 $\frac{\partial S_2}{\partial t_i} < 0$，在其他参数不变的情况下，不完全契约交易成本系数 t_i 减小，鞍点向左下移动，S_2 越大，系统收敛于 $B(1,1)$ 的概率越大；反之，系统收敛于 $O(0,0)$ 的概率增大。即减少发电商与储能商基于不完全契约的交易成本，双方更有可能采取合作策略。

（3）信息共享指数 r_i。同理，由于在鞍点处 $\frac{\partial S_2}{\partial r_i} > 0$，信息共享指数 r_i 增加，双方合作的可能性越大。发电商与储能商之间深入进行信息共享与集成有助于双方合作契约的达成。

（4）信息不对称惩罚系数 s_i。同理，由于在鞍点处 $\frac{\partial S_2}{\partial s_i} < 0$，信息不对称惩罚系数 s_i 越小，博弈双方合作的可能越大。可以理解为发电商与储能商作为部分理性的市场竞争主体，具有向其他主体隐藏决策信息而获取自身利益最大化的倾向。博弈双方合作契约对双方信息共享要求越大、信息不对称惩罚设置的越高，双方缔结契约的可能性会越低。考虑到博弈双方对信息共享的要求，信息不对称惩罚又不能过低，因此惩罚系数的设定应追求合理和最优。

（5）合作增值收益系数 b_i。同理，由于在鞍点处 $\frac{\partial S_2}{\partial b_i} > 0$，博弈双方合作增值收益系数 b_i 越高，双方合作可能性越大。即储能商与发电商采取合作经营模式时挖掘的市场增值效益越大，双方采取合作经营的意愿就会更加强烈。

（6）合作驱动激励系数 p_i。同理，由于在鞍点处 $\frac{\partial S_2}{\partial p_i}>0$，博弈双方合作增值收益系数 p_i 越高，双方合作的可能性越大。可以理解为发电商与储能商合作受到激励越高，双方合作的概率越大。

5.1.3 算例分析

以某个供电区域内的发电商与储能商为例，进行模拟仿真，改变不同参数取值，模拟发电商与储能商博弈策略的变动，定量分析各因素对发电商与储能商竞争行为的影响。假设发电商投入价值 2000 万元的生产要素、储能商投入价值 500 万元的生产要素来进行合作。双方之间的信任系数 $\mu_1=0.4$，$\mu_2=0.8(\mu_i\in[0.6,0.9])$，达成不完全契约的交易成本系数 $t_1=0.006$，$t_2=0.023(t_i\in[0.002,0.06])$，双方之间的信息共享指数 $r_1=0.003$，$r_2=0.011(r_i\in[0.001,0.04])$，信息不对称惩罚系数 $s_1=0.12$，$s_2=0.23(s_i\in[0.1,0.35])$，双方合作增值收益系数 $b_1=0.31$，$b_2=0.4(b\in[0.2,0.6])$，合作驱动激励系数 $p_1=6\times10^{-5}$，$p_2=4\times10^{-7}(p_i\in[1\times10^{-7},1\times10^{-5}])$。

下面使用 Matlab 模拟仿真，直观描述各因素数值的选取范围下对合作趋势的影响。如图 5-3 所示，可以看出仿真结果与上一节中参数分析结果一致。

从图 5-3（a）可以看出，随着双方信任水平的提升，采取合作策略的概率缓步稳定上升。在不完全契约条件下，信任水平主要由双方合作环境的确定性、双方的信用以及信用度决定。在电改和国企改革新形势下，发电商与储能商之间相互信任和了解，容易寻找到具有良好信誉度的合作伙伴，共同挖掘业务延伸价值，减少利益分配纠纷，有利于建立稳定而持续的合作关系。因此，发电商与储能商在新形势推动下构建合作关系，可考虑构建信用评价、风险监督等相关机制，旨在降低双方合作风险，促进双方开展进一步合作。

从图 5-3（b）可以看出，发电商与储能商通过建立不完全契约来进行合作经营的交易成本系数越小，双方越倾向于合作。图中发电商交易成本变动对合作概率的影响较为明显，主要是因为交易成本还与主体投入的生产要素价值有关，仿真案例中发电商投入的生产要素价值占比较高。交易成本的大小还与双方所掌握的信息量以及双方合作环境等因素相关。从图 5-3（c）可以看出，信息共享指数提升，代表博弈双方信息公开程度提升，双方合作的概率也随之提升。从图 5-3（d）可以看出，信息不对称惩罚系数越低，双方合作的概率越高，这是由于实际市场竞争中博弈方追逐自身利益以及对风险的规避等造成的。因此，发电商与储能商在合作过程中应尽量加大信息公开的透明度，建立合理的信息共享激励和惩罚机制，减少合作过程中的猜忌行为，降低合作交易成本。

从图 5-3（e）和图 5-3（f）可以看出发电商与储能商深化合作的增值收益系数越大、驱动激励系数越大，发电商与储能商采取合作策略的可能性越高。新电力体制改革形势下，发电商与储能商合作，可以充分发挥双方的竞争优势，弥补劣势，进行有效的资源整合，拓展业务链范围和增值手段。发电商与储能商开展混合所有制合作经营的模式目前受到国家政策的强力推动，同时发电商与储能商进行业务合作延伸、资源共享、信息集成，可以有效支持和驱动能源互联网的发展。据此，发电商与储能商应对产业价值链的延

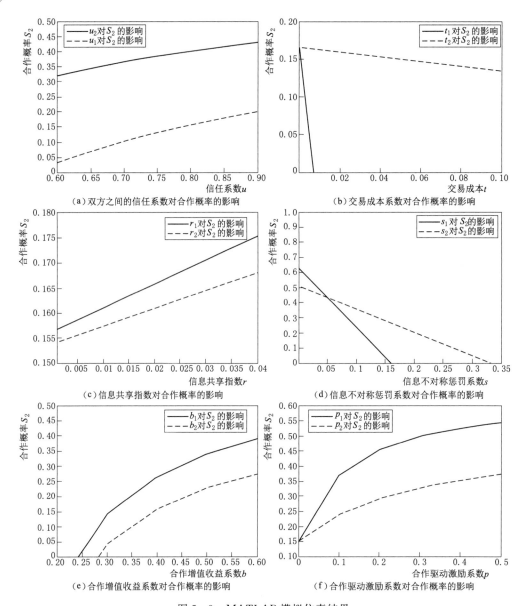

图 5-3　MATLAB 模拟仿真结果

伸进行深入的探索，挖掘价值增值途径；加大资金和技术的投入，加强双方的合作力度与范围；时刻关注外部环境，及时对决策进行调整和改进，探索国家政策导向，顺应新形势要求。

5.1.4　结论与建议

在电力与信息深度融合的背景下，清洁能源发电商与储能商进行深入合作，可以集成企业外部资源，快速准确响应负荷需求，寻求资源配置最优方案。我们利用演化博弈论研究了清洁能源发电商与储能商基于不完全契约关系的信息共享激励机制问题，在分析各清洁能源交易主体功能的基础上，对发电商与储能商合作博弈的条件进行了分析及假设；建立了发电商与储能商的复制动态演化博弈模型，利用雅可比矩阵讨论模型的均衡点和局部稳定性；分析了各参数变化对演化系统收敛的影响程度，并对模型进行算例仿真，提出了发电商与储能商不完全契约合作的激励策略。研究结果表明，顺应新形势政策导向，构建信用评价机制、风险监督机制，加大信息公开的透明度，建立合理的信息共享激励和惩罚机制，强化业务合作的价值链延伸，将有助于提升发电商与储能商的合作概率，实现博弈双方利益共赢和可持续发展。

5.2 考虑努力因素的清洁能源价值链多方利益主体价值创新机制

在清洁能源价值链利益主体的信息共享激励机制研究的基础上，如何构建价值链并探究价值链价值实现及创新机制成为重要研究课题。价值创新概念最先由欧洲国际工商管理学院的 W. Chan Kim 教授和 Rence Mauborgne 教授提出，倡导企业透过目标市场、重新定义顾客的认知质量、经由价值链的重组、新技术的应用等方式来增加产品的价值优势，为顾客创造更多的价值。储能技术的发展和储能商的加入，使得清洁能源价值链中难以并网的弃能电量得到了充分利用，这是一个伴随着能源流而实现的一个价值创新、转化和增值的过程。同时，随着能源互联网技术的发展，信息流成了清洁能源价值链上重要的资源要素，也构成了相应的虚拟价值链。价值创新致力于通过多种能源的融合、节点之间的耦合、信息与能源的融合以及发电-储能-用电业务之间的融合，为用户创造价值、赢得客户支持、提升价值链优势。

价值链各主体能通过协作、竞争与创新来共享模块化经济、增强竞争能力、实现价值创新。对价值链的价值创新机制进行研究能进一步提升价值链优势，当前诸多学者已从理论研究、模型研究、案例研究等角度出发进行了价值创新机制研究。首先，诸多学者针对价值链的价值创新机制进行了理论研究，如盛革基于模块化、虚拟化网络视角，从理论上描绘了制造业价值网系统结构视图，并在考虑信息门户、WEB 界面以及管理应用软件支持的基础上，建立了正反馈的良性发展系统，并形成了互动的价值创新机制；Chesbrough H 等从开放创新的角度出发，对价值创造和价值捕获进行了概念化阐述，并对开放创新、价值创造和价值捕获等进一步研究的方法进行了阐述。其次，诸多学者在明确价值创新概念的基础上进行了进一步的模型研究，如王磊等在"互联网＋"驱动下探究了智能产业元创新机制和产业技术创新机制，并在此基础上进行了"互联网＋"驱动的产业互联网商业模式及其价值创造机制模型研究；Wang M 等通过构建结构方程模型，对供应链价值创新模式进行了模型研究。最后，诸多研究结合各行业实际，在理论模型的基础上对价值创新机制进行了案例分析研究，如戴亦舒等以开放式创新与互补性资产为理论基础，选择腾讯众创空间为代表，采用案例研究方法探究创新生态系统的价值共创机制。可以看出，当前关于价值创新机制的研究较为丰富，但是针对清洁能源价值链的价值创新机制研究尚存在空白。

能源互联网及储能技术的发展，能有效解决清洁能源发电的随机性与波动性。能源互联网通过先进技术实现能源节点互联及能量交互共享，储能不仅能改善电能质量、提升电网调度灵活性更能够存储余电、平抑发电波动、解决消纳问题，能源互联网及储能技术的联合应用，对于清洁能源价值链的价值实现及创新具有重要意义。在此，我们将以光储价值链为例，对能源互联网下的清洁能源价值链价值创新机制进行研究。

5.2.1　分散价值链及集成价值链价值实现机制设计

由于能源危机与环境压力，单一光伏价值链不可避免地暴露出诸多问题，如以单环节价值增值为导向、重视光伏价值链上各个环节价值增值的顺序性、价值增值主要集中在制造环节、均从光电并网角度出发等，因此储能技术、光储价值链、能源互联网及战略联盟的引入尤为重要。光储价值链即为能源互联网背景下，将光伏与储能相结合所构成的价值链。一方面通过引入储能技术使得具有很强间歇性、随机性及波动性的光电变得"可控""可调"，进而促进光电的利用，保障光伏发电系统的稳定运行，提高光伏发电的消纳，进一步优化光伏价值链本身的价值；另一方面通过引入能源互联网思维，实现信息共享，增加价值来源、快速响应电力用户需求、提高资源配置效率，降低成本；与此同时，通过一定的协议、契约形成的优势互补或者强强联合的风险共担、利益共享的战略联盟形式，能够在实现光储价值链资源整合的同时保证价值链的柔性和灵活性，提升价值链的核心竞争力，通过光伏发电商与储能商的协同与合作实现成本地降低以及客户需求的快速响应，进而达到光储价值链价值创新的目的。

价值链价值即为各节点企业在价值共创的基础上，所实现的链条整体利润。价值实现问题即各节点如何在实现自身价值最大化基础上，保证价值链总价值最大化。价值创新即如何在价值实现的基础上，创新其实现方式。为实现价值链的价值最大化，价值链节点企业均应积极参与价值链的价值创造活动，以实现价值链价值。光储价值链作为多节点组成的链条，价值实现与创新不可避免地成为研究重点，一方面各节点企业均应为价值实现付出努力；另一方面价值链各节点企业间的价值创新形式应得到研究。鉴于此，我们将基于能源互联网背景下由光伏发电商与储能商组成的价值链，在考虑二者为提升价值链价值付诸积极努力的基础上，探讨价值链整体价值实现的协同模式与契约形式，具体模型框架如图5-4所示。

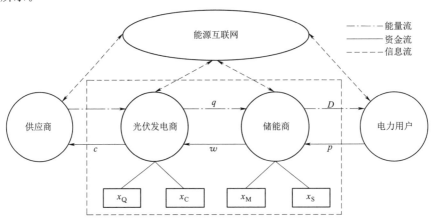

图5-4　能源互联网环境下光储价值链价值实现模型研究框架

在此模型设定下，光伏发电商与储能商通过一定的交易机制与契约模式共同组成光储价值链，与此同时，在能源互联网背景下双方均采取一定的努力共同促成光储价值链价值实现与创新，模型基于以下假设：

（1）价值实现及创新模型研究基于能源互联网背景，各节点企业均通过能源互联网实现信息交互。

（2）光伏发电商与储能商各自投入的努力成本均为双重努力因素，分别为 x_Q、x_C、x_S 以及 x_M，且对市场用电需求有影响。

（3）假设 q 为储能商购电量，且市场用电需求满足 $D = a - b(x_Q + x_C)^{-i}(x_S + x_M)^{-j}$，其中 a 为潜在的不确定市场需求，是服从正态分布 $a \sim N(\mu, \sigma^2)$ 的一个随机变量，其密度函数为 $f(x)$，累积分布函数为 $F(x)$，且 $F(0) = 0$，b 为正常数。由于不同成员的努力水平产生的效果不同，对需求的拉动存在一定的差异，因此设 i 和 j 分别表示光伏发电商和储能商的努力成本对需求的弹性系数，$i \in (0, +\infty)$，$j \in (0, +\infty)$，且 $i \neq j$。

（4）假设光伏发电商的单位发电成本为 c，储能商的购电价为 w，储能商所定市场售电价为 p，其中 $0 < c < w < p$，产品的剩余价值为 0。

后文将在确定双方努力方向的基础上，构建由光伏发电商与储能商组成并由光伏发电商主导的二级价值链。以此为框架，根据节点企业合作方式，分别进行分散价值链与集成价值链价值实现及创新模型研究。

1. 基于改进逐对比较法的努力因素识别模型

将节点企业参与价值链价值共创的方式与水平定义为努力因素，也即节点企业为实现价值选取相关方面进行投入，投入的方向与水平即为努力因素的种类和大小。为实现光储价值链价值实现及创新模型努力因素的精准识别，在确定基本评价指标范围的基础上，采取改进逐对比较法确定节点企业努力因素。

逐对比较法是确定指标重要性的有效方法，采取逐对比较法评价各指标即为在通过指标间两两比较得到评价值的基础上，对各指标评价值进行汇总及归一化处理确定各指标权重。而改进逐对比较法在逐对比较法基础上改变了其原有比较赋值方式，使得指标评价值准确度得到了进一步的提升，采用改进逐对比较法对 m 个指标 $[x_1, x_2, \cdots, x_m]$ 进行评价的步骤如下：

（1）对各指标进行两两比较，改变原有指标比较赋值方式 $v_i = \begin{cases} 1, & v_i' = 0 \\ 0, & v_i' = 1 \end{cases}$，依据两指标相对重要程度实现 "1" 在两指标之间的分配，从而得到 $(m-1)!$ 组评价值 $[(v_1, v_1'), (v_2, v_2'), \cdots, (v_{(m-1)!}, v_{(m-1)!}')]$，具体赋值标准见表 5-3。

（2）汇总 $y_i = \sum v_j$，$v_j \in x_i$，得到各指标总评价值 $[y_1, y_2, \cdots, y_m]$。

（3）通过归一化处理 $w_i = y_i / \sum\limits_{i=1}^{m} y_i$ 得到各指标权重 $[w_1, w_2, \cdots, w_m]$。

逐对比较法及改进逐对比较法的计算矩阵见表 5-4。

在通过改进逐对比较法完成努力因素比较之后，可根据权重大小对各因素重要性进行排序，并以此为基础根据一定原则进行努力因素选择。我们的研究是建立在光伏发电商及储能商各自的双重努力因素上进行的，因此节点努力因素入选原则为权重排序前两位的指标。

表 5 - 3　　　　　　　　　　　　改进逐对比较法赋值标准

指标差距	(v_i, v_i') 赋值	
悬殊	(1, 0)	(0, 1)
极大	(0.9, 0.1)	(0.1, 0.9)
很大	(0.8, 0.2)	(0.2, 0.8)
较大	(0.7, 0.3)	(0.3, 0.7)
稍大	(0.6, 0.4)	(0.4, 0.6)
无差距	(0.5, 0.5)	(0.5, 0.5)

表 5 - 4　　　　　　　　　逐对比较法与改进逐对比较法计算表

评价指标	x_1	x_2	...			x_n
比较值	v_1	v_1'				
	⋮	⋱				
	v_{n-1}		v_{n-1}'			
		v_n	v_n'			
		⋮	⋱			
		v_{2n-3}	v_{2n-3}'			
				⋱		
				$v_{(n-1)!-2}$	$v_{(n-1)!-2}'$	
					$v_{(n-1)!-1}$	$v_{(n-1)!-1}'$
						$v_{(n-1)!}$	$v_{(n-1)!}'$
总评价值	y_1	y_2	...		y_{n-1}	y_n
权重	w_1	w_2	...		w_{n-1}	w_n

2. 分散价值链 Stackelberg 博弈模型

分散价值链即为各节点企业均在不考虑链条整体价值的基础上，以自身利润最大化为目标进行决策，在此条件下，光伏发电商与储能商分别做出决策，并通过能源互联网进行信息交互与交易活动。构建由发电商主导的二级价值链 Stackelberg 博弈模型，在发电商根据自身价值最大化给定努力水平 x_C，x_Q 和单位批发价格 w 的基础上，储能商依据自身利润最大化确定努力水平 x_M、努力水平 x_S、购电量 q 以及市场售电价 p，具体模型运算过程如下：

根据逆向归纳法，考虑储能商的期望价值函数为

$$B_S = p E_{\min}\{D, q\} - wq - x_S - x_M \qquad (5-12)$$

令 $z = q + b(x_Q + x_C)^{-i}(x_S + x_M)^{-j}$ 整理函数表达式得

$$B_S = (p - w)\left[z - b(x_Q + x_C)^{-i}(x_S + x_M)^{-j}\right] - p\int_0^z F(x)\mathrm{d}x - x_S - x_M \qquad (5-13)$$

经计算可得，B_S 是关于 z 的凹函数，因此令 $\dfrac{\partial B_S}{\partial z} = p - w - pF(z) = 0$ 可得 $F(z_d) =$

$\dfrac{p-w}{p}$，代入式（5-13）可化为

$$B_S = (p-w)\left[F^{-1}\left(\frac{p-w}{p}\right) - b(x_Q + x_C)^{-i}(x_S + x_M)^{-j}\right] - p\int_0^{F^{-1}\left(\frac{p-w}{p}\right)} F(x)\mathrm{d}x - x_S - x_M$$

$$(5-14)$$

计算可得，B_S 是关于 x_S 和 x_M 的凹函数，因此分别令 $\dfrac{\partial B_S}{\partial x_S} = 0$，$\dfrac{\partial B_S}{\partial x_M} = 0$ 可得储能商的最优努力水平 x_M 及努力水平 x_S 满足关系式

$$x'_{Sd} + x'_{Md} = \left[bj(p-w)(x_Q + x_C)^{-i}\right]^{\frac{1}{1+j}}$$

$$(5-15)$$

进而计算得到储能商的最优购电量为

$$q'_d = F^{-1}\left(\frac{p-w}{p}\right) - b(x_Q + x_C)^{-i}(x'_{Sd} + x'_{Md})^{-j}$$

$$(5-16)$$

发电商在通过能源互联网得知储能商反应后，确定其最优努力水平 x_Q 及 x_C 以优化其期望利润，此时发电商的期望价值函数为

$$B_G = (w-c)q'_d - x_Q - x_C$$

$$= (w-c)\left[F^{-1}\left(\frac{p-w}{p}\right) - b^{\frac{1}{1+j}}\left[j(p-w)\right]^{\frac{-j}{1+j}}(x_Q + x_C)^{\frac{-i}{1+j}}\right] - x_Q - x_C \quad (5-17)$$

计算可得，B_G 是关于 x_Q 和 x_C 的凹函数，因此分别令 $\dfrac{\partial B_G}{\partial x_Q} = 0$，$\dfrac{\partial B_G}{\partial x_C} = 0$ 可得发电商的最优努力水平 x_Q 及 x_C 满足关系式

$$x_{Qd} + x_{Cd} = \left[\frac{\left[i(w-c)\right]^{1+j}b}{\left[j(p-w)\right]^j(1+j)^{1+j}}\right]^{\frac{1}{1+i+j}}$$

$$(5-18)$$

$$x_{Sd} + x_{Md} = \left[\frac{\left[j(p-w)\right]^{1+i}(1+j)^i b}{\left[i(w-c)\right]^i}\right]^{\frac{1}{1+i+j}}$$

$$(5-19)$$

进而可得，最优购电量为

$$q_d = F^{-1}\left(\frac{p-w}{p}\right) - \left[\frac{(1+j)^i b}{(p-w)^j(w-c)^i j^j i^i}\right]^{\frac{1}{1+i+j}}$$

$$(5-20)$$

即分散价值链中储能商最大价值为

$$B_{Sd} = (p-w)q_d - p\int_0^{F^{-1}\left(\frac{p-w}{p}\right)} F(x)\mathrm{d}x - x_{Sd} - x_{Md}$$

$$(5-21)$$

发电商的最大价值为

$$B_{Gd} = (w-c)q_d - x_{Qd} - x_{Cd}$$

$$(5-22)$$

分散价值链的总期望价值为

$$B_d = B_{Sd} + B_{Gd} = (p-c)q_d - p\int_0^{F^{-1}\left(\frac{p-w}{p}\right)} F(x)\mathrm{d}x - x_{Sd} - x_{Md} - x_{Qd} - x_{Cd}$$

$$(5-23)$$

3. 集成价值链模型

在分散情况下的各参数探讨完之后，考虑价值链集成时的决策情况。在集成价值链的条件下，各节点企业紧密合作为实现链条整体价值最大化共同努力。构建能源互联

网背景下的集成价值链模型，光伏发电商及储能商通过能源互联网进行充分的信息交流与共同决策，将两者看作一个整体，研究集成价值链的最优决策，具体模型运算过程如下：

根据模型基本定义，能源互联网背景下集成价值链光伏发电商为提高电能质量并降低生产成本而产生的努力仍为 x_Q、x_C，储能商做出的努力仍为 x_S、x_M，市场需求仍为 $D = a - b(x_Q + x_C)^{-i}(x_S + x_M)^{-j}$，此时集成价值链的总期望价值函数可以表达为

$$B_c = pE_{\min}\{D, q\} - cq - x_Q - x_C - x_S - x_M \tag{5-24}$$

与分散价值链计算过程相似，令 $\dfrac{\partial B_c}{\partial x_Q} = \dfrac{\partial B_c}{\partial x_C} = \dfrac{\partial B_c}{\partial x_S} = \dfrac{\partial B_c}{\partial x_M} = 0$ 可分别得各最优努力水平及最优购电量满足

$$x_{Qc} + x_{Cc} = \left[\frac{(p-c)i^{1+j}b}{j^j}\right]^{\frac{1}{1+i+j}} \tag{5-25}$$

$$x_{Sc} + x_{Mc} = \left[\frac{(p-c)j^{1+i}b}{i^i}\right]^{\frac{1}{1+i+j}} \tag{5-26}$$

$$q_c = F^{-1}\left(\frac{p-c}{p}\right) - \left[\frac{b}{(p-c)^{i+j}i^ij^j}\right]^{\frac{1}{1+i+j}} \tag{5-27}$$

进而得到价值链整体最优总价值为

$$B_c = (p-c)q_c - p\int_0^{F^{-1}\left(\frac{p-c}{p}\right)} F(x)dx - x_{Qc} - x_{Cc} - x_{Sc} - x_{Mc} \tag{5-28}$$

4. 光储价值链价值实现机制比较分析

综合考虑两种价值实现机制，对分散价值链以及集成价值链的购电量、努力水平及期望利润进行对比，见表 5-5。

表 5-5　　　　　　　　　　分散价值链、集成价值链参数对比

参数 模型	购电量	努力水平		期望利润
		$x_Q + x_C$	$x_S + x_M$	
分散 价值链	$F^{-1}\left(\frac{p-w}{p}\right) -$ $\left[\frac{(1+j)^ib}{(p-w)^j(w-c)^ij^ji^i}\right]^{\frac{1}{1+i+j}}$	$\left[\frac{[i(w-c)]^{1+j}b}{[j(p-w)]^j(1+j)^{1+j}}\right]^{\frac{1}{1+i+j}}$	$\left[\frac{[j(p-w)]^{1+i}(1+j)^ib}{[i(w-c)]^i}\right]^{\frac{1}{1+i+j}}$	$(p-c)q_d - p\int_0^{F^{-1}\left(\frac{p-w}{p}\right)}$ $F(x)dx - x_{Sd} - x_{Md} -$ $x_{Qd} - x_{Cd}$
集成 价值链	$F^{-1}\left(\frac{p-c}{p}\right) -$ $\left[\frac{b}{(p-c)^{i+j}i^ij^j}\right]^{\frac{1}{1+i+j}}$	$\left[\frac{(p-c)i^{1+j}b}{j^j}\right]^{\frac{1}{1+i+j}}$	$\left[\frac{(p-c)j^{1+i}b}{i^i}\right]^{\frac{1}{1+i+j}}$	$(p-c)q_C - p\int_0^{F^{-1}\left(\frac{p-c}{p}\right)}$ $F(x)dx - x_{Qc} - x_{Cc} -$ $x_{Sc} - x_{Mc}$

根据表 5-5 进行对比可得

$$q_c - q_d > 0,\ B_c - B_d > 0 \tag{5-29}$$

$$\frac{x_{Qc} + x_{Cc}}{x_{Sc} + x_{Mc}} = \frac{i}{j},\quad \frac{x_{Qd} + x_{Cd}}{x_{Sd} + x_{Md}} = \frac{(w-c)i}{(p-w)(1+j)j} \tag{5-30}$$

可以发现分散价值链与集成价值链在诸多方面存在差异，主要表现在以下几个方面：

（1）购电量方面。相比于分散价值链，引入集成价值链思想后价值链购电量显著提

升，能在一定程度上促进行业发展。

（2）总利润方面。集成价值链整体利润明显高于分散价值链，也即集成价值链价值实现效果优于分散价值链。

（3）努力投入方面。分散价值链节点企业以自身获利水平为依据确定努力水平，而集成价值链努力投入与市场弹性有关，更能实现价值优化，符合管理理念。根据以上分析可得，集成价值链效益明显优于分散价值链，因此后文将以集成价值链效益指标为目标，在实现链条效益极大化及保证节点企业利益的基础上，通过引入契约创新实现价值链效益在节点企业之间的协同。

5.2.2 基于联合契约的光储价值链价值创新机制设计

在分散价值链博弈模型中，购电量与价值链总价值均较低，节点企业努力投入积极性不足且不合理，集成价值链则在分散价值链的基础上实现了价值优化。为了增加节点企业的期望价值以及优化价值链性能，将在引入能源互联网的背景下采取一些激励措施即联合契约，促使发电商与储能商投入更多努力，并增加购电量，以实现光储价值链价值创新。本小节将在分散价值链的基础上考虑两种价值创新激励机制：一种是收益分享与努力成本共担联合契约（Revenue Sharing and Effort Cost Participation，RSECP），另一种是回购与努力成本共担联合契约（Buyback and Effort Cost Participation，BECP）。

1. 收益分享与努力成本共担联合契约价值创新机制

在分散价值链的基础上引入收益分享及努力成本共担联合契约，引入收益分享参数 s 以及成本共担参数 u、v，也即为了增加储能商的订购量，光伏发电商以较低的价格将电出售给储能商，而储能商将自身收益以 s 比例分享给发电商。与此同时，双方分别以 u 和 v 的比例相互分担对方的努力成本，即光伏发电商承担努力成本 $u(x_Q+x_C)+(1-v)(x_S+x_M)$，储能商承担努力成本 $(1-u)(x_Q+x_C)+v(x_S+x_M)$。

在此基础上，发电商首先确定购电价、收益分享比例及努力成本分担比例，然后储能商确定其最优的购电量以及努力水平，此时储能商的期望价值函数为

$$P_S = spE_{\min}\{D,q\} - w_1q - (1-u)(x_Q+x_C) - v(x_S+x_M) \tag{5-31}$$

由于 RSECP 是在分散价值链的基础上进行的，因此按照分散价值链推导过程可得

$$x'_{Sl} + x'_{Ml} = \left[\frac{jbs(p-c)(x_Q+x_C)^{-i}}{v}\right]^{\frac{1}{1+j}} \tag{5-32}$$

发电商在得知储能商反应后，确定其最优努力水平 x_Q 及 x_C 以优化其期望利润，此时发电商的期望价值函数为

$$P_G = (1-s)pE_{\min}\{D,q\} + w_1q - cq - u(x_Q+x_C) - (1-v)(x'_{Sl}+x'_{Ml})$$

$$= (1-s)(p-c)\left[F^{-1}\left(\frac{p-c}{p}\right) - \left[\frac{js(p-c)}{v}\right]^{\frac{-j}{1+j}}b^{\frac{1}{1+j}}(x_Q+x_C)^{-\frac{i}{1+j}}\right]$$

$$\quad - (1-s)p\int_0^{F^{-1}\left(\frac{p-w}{p}\right)}F(x)\mathrm{d}x - u(x_Q+x_C)$$

$$\quad - (1-v)\left[\frac{jbs(p-c)(x_Q+x_C)^{-i}}{v}\right]^{\frac{1}{1+j}} \tag{5-33}$$

令 $\dfrac{\partial P_{\mathrm{S}}}{\partial x_{\mathrm{Q}}}=0$，$\dfrac{\partial P_{\mathrm{S}}}{\partial x_{\mathrm{C}}}=0$ 可得

$$x_{\mathrm{Ql}}+x_{\mathrm{Cl}}=\frac{1}{\left[usj(1+j)\right]^{\frac{1+j}{1+i+j}}}\left[\frac{jbs(p-c)}{v}\right]^{\frac{1}{1+i+j}}\left[\frac{i(v-sv+sj-sjv)}{1+j}\right]^{\frac{1+j}{1+i+j}} \qquad (5-34)$$

$$x_{\mathrm{Sl}}+x_{\mathrm{Ml}}=\frac{1}{\left[usj(1+j)\right]^{\frac{-ij}{1+i+j}}}\left[\frac{jbs(p-c)}{v}\right]^{\frac{1}{1+i+j}}\left[\frac{i(v-sv+vj-sjv)}{1+j}\right]^{\frac{-i}{1+i+j}} \qquad (5-35)$$

要想实现价值链协同，则须满足 $x_{\mathrm{Ql}}+x_{\mathrm{Cl}}=x_{\mathrm{Qc}}+x_{\mathrm{Cc}}$，$x_{\mathrm{Sl}}+x_{\mathrm{Ml}}=x_{\mathrm{Sc}}+x_{\mathrm{Mc}}$，整理可得 $w_1=sc$，$v=s$，$u=1-s$，进而整理价值公式可得

$$P_{\mathrm{Gl}}=(1-s)(p-c)\left[F^{-1}\left(\frac{p-c}{p}\right)-b\ (x_{\mathrm{Q}}+x_{\mathrm{C}})^{-i}\ (x_{\mathrm{S}}+x_{\mathrm{M}})^{-j}\right]$$
$$-sp\int_{0}^{F^{-1}\left(\frac{p-w}{p}\right)}F(x)\mathrm{d}x-(1-s)(x_{\mathrm{Qc}}+x_{\mathrm{Cc}}+x_{\mathrm{Sc}}+x_{\mathrm{Mc}})=(1-s)B_{\mathrm{c}}$$
$$(5-36)$$

储能商期望价值为

$$P_{\mathrm{Sl}}=s(p-c)\left[F^{-1}\left(\frac{p-c}{p}\right)-b\ (x_{\mathrm{Q}}+x_{\mathrm{C}})^{-i}\ (x_{\mathrm{S}}+x_{\mathrm{M}})^{-j}\right]$$
$$-sp\int_{0}^{F^{-1}\left(\frac{p-w}{p}\right)}F(x)\mathrm{d}x-s(x_{\mathrm{Qc}}+x_{\mathrm{Cc}}+x_{\mathrm{Sc}}+x_{\mathrm{Mc}})=sB_{\mathrm{c}} \qquad (5-37)$$

可以看出，随着 s 从 0 增加到 1，光伏发电商的期望价值从 B_{c} 逐渐减少到 0，而储能商的期望价值从 0 逐渐增加到 B_{c}，因此可以通过调节收益分享比例 s 进而调整发电商和储能商的努力成本共担水平，从而实现集成价值 B_{c} 在发电商和储能商之间的任意分配。

2. 回购与努力成本共担联合契约价值创新模型

在分散价值链的基础上引入回购和努力成本共担联合契约，引入回购价格 r 以及成本共担参数 k、l，也即光伏发电商以 r 价格回购储能商多余的电量。与此同时，双方分别以 k 和 l 的比例相互分担努力成本。

在此基础上，发电商首先确定批发价、回购价及努力成本分享比例，然后储能商以自身价值最大化为目标确定其最优的购电量以及努力水平，此时储能商的期望价值函数为

$$L_{\mathrm{S}}=pE_{\min}\{D,q\}-w_2q+r(q-E_{\min}\{D,q\})-(1-k)(x_{\mathrm{Q}}+x_{\mathrm{C}})-l(x_{\mathrm{S}}+x_{\mathrm{M}})$$
$$(5-38)$$

令 $\dfrac{\partial L_{\mathrm{S}}}{\partial x_{\mathrm{S}}}=\dfrac{\partial L_{\mathrm{S}}}{\partial x_{\mathrm{M}}}=0$ 可得

$$x'_{\mathrm{Sh}}+x'_{\mathrm{Mh}}=\left[\frac{jb(p-w_2)(x_{\mathrm{Q}}+x_{\mathrm{C}})^{-i}}{l}\right]^{\frac{1}{1+j}} \qquad (5-39)$$

发电商在得知储能商反应后，确定其最优努力水平 x_{Q} 及 x_{C} 以优化其期望价值，此

时发电商的期望价值函数为

$$L_G = (w_2 - c)q - r[q - E_{\min}\{D, q\}] - k(x_Q + x_C) - (1 - l)(x'_{Sh} + x'_{Mh})$$

$$= (w_2 - c)\left\{F^{-1}\left(\frac{p - c}{p}\right) - b^{\frac{1}{1+j}}\left[\frac{j(p - w_2)}{l}\right]^{\frac{-j}{1+j}}(x_Q + x_C)^{-\frac{i}{1+j}}\right\}$$

$$- \frac{p(w_2 - c)}{p - c}\int_0^{F^{-1}\left(\frac{p-w}{p}\right)} F(x)\,dx - (1 - l)\left[\frac{jb(p - w_2)}{l}\right]^{\frac{1}{1+j}}(x_Q + x_C)^{-\frac{i}{1+j}}$$

$$- k(x_Q + x_C) \tag{5-40}$$

令 $\dfrac{\partial L_S}{\partial x_Q} = \dfrac{\partial L_S}{\partial x_C} = 0$，解得

$$x_{Qh} + x_{Ch} = k^{\frac{-1-j}{1+i+j}}\left[\frac{jb(p - w_2)}{l}\right]^{\frac{1}{1+i+j}}\left(\frac{i}{1+j}\right)^{\frac{1+i}{1+i+j}}\left[\frac{(w_2 - c)l}{(p - w_2)j} + 1 - k\right]^{\frac{1+j}{1+i+j}} \tag{5-41}$$

$$x_{Sh} + x_{Mh} = k^{\frac{i}{1+i+j}}\left[\frac{jb(p - w_2)}{l}\right]^{\frac{1}{1+i+j}}\left(\frac{i}{1+j}\right)^{\frac{-i}{1+i+j}}\left[\frac{(w_2 - c)l}{(p - w_2)j} + 1 - l\right]^{\frac{-i}{1+i+j}} \tag{5-42}$$

要想实现价值链协同，则须满足 $x_{Qh} + x_{Ch} = x_{Qc} + x_{Cc}$，$x_{Sh} + x_{Mh} = x_{Sc} + x_{Mc}$，整理可得 $l = \dfrac{p - w_2}{p - c}$，$k = \dfrac{w_2 - c}{p - c}$，$r = p\dfrac{w_2 - c}{p - c}$，进而整理价值公式可得

$$L_{Gh} = (w_2 - c)q_c - p\frac{w_2 - c}{p - c}\int_0^{F^{-1}\left(\frac{p-w}{p}\right)} F(x)\,dx - \frac{w_2 - c}{p - c}(x_{Qc} + x_{Cc} + x_{Sc} + x_{Mc})$$

$$= \frac{w_2 - c}{p - c}B_c \tag{5-43}$$

$$L_{Sh} = (p - w_2)q_c - \frac{p(p - w_2)}{p - c}\int_0^{F^{-1}\left(\frac{p-w}{p}\right)} F(x)\,dx - \frac{p - w_2}{p - c}(x_{Qc} + x_{Cc} + x_{Sc} + x_{Mc})$$

$$= \frac{p - w_2}{p - c}B_c \tag{5-44}$$

显然，在区间 $w_2 \in (c, p)$ 内，随着 w_2 的增加，储能商的期望价值从 0 逐渐增加到 B_c，而光伏发电商的期望价值从 B_c 逐渐减少到 0。因此，光伏发电商可以在区间 $w_2 \in (c, p)$ 内通过调整批发价格 w_2，进而调整回购价格和价值链成员的努力成本共担比例，从而实现集成价值 B_c 在价值链节点企业之间的任意分配。

3. 联合契约价值创新机制比较分析

在上述研究论证基础上，可以发现两种联合契约均能有效实现价值链价值创新，并实现集成价值链期望利润在价值链成员之间的任意分配。在 RSECP 契约中，光伏发电商作为主导者，通过选择合适的收益分享因子 s 来实现集成利润的分配；在 BECP 契约中，光伏发电商通过选择合适的批发价格 w_2 来实现集成利润的分配。分析两种联合契约协调下发电商和储能商的期望利润函数可知，当 RSECP 契约中的收益分享因子 s 与 BECP 契约中的批发价格 w_2 满足 $s = \dfrac{p - w_2}{p - c}$ 时，价值链成员的利润函数形式是相同的，见表 5-6。

可以发现，在能源互联网背景下，两种契约均能有效实现价值链价值协同创新，但在协同的效果上仍然存在一些区别。

表 5-6   各协调机制参数比较

协调形式	契约参数与协调条件	光伏发电商期望利润	储能商期望利润	价值链总利润
分散价值链	w，c	B_{Sd}	B_{Gd}	B_d
集成价值链	w，c	B_{Sc}	B_{Gc}	B_c
RSECP 契约	$w_1=sc$ $v=s$ $u=1-s$	$(1-s)B_c$	sB_c	B_c
BECP 契约	$l=\dfrac{p-w_2}{p-c}$ $k=\dfrac{w_2-c}{p-c}$ $r=p\dfrac{w_2-c}{p-c}$	$\dfrac{w_2-c}{p-c}B_c$	$\dfrac{p-w_2}{p-c}B_c$	B_c

（1）努力成本风险共享方面。与分散价值链相比，联合契约的引入可以实现努力成本风险的共享，发电商和储能商之间努力成本的投入将更加公平。

（2）库存风险共享方面。在 RSECP 契约下，库存风险全部由储能商承担。而在 BECP 契约下，若储能商出现滞销状况，发电商将以单位回购价格 r 回收成本，分担储能商的库存风险。虽然表面上看，在 RSECP 中发电商没有分担储能商剩余产品的库存风险，但收益分享契约本身就可以体现发电商分担了储能商库存风险的本质，且其分享力度大于回购契约。

（3）价值链灵活性方面。在 RSECP 契约中，发电商以较低的价格 $w_1<c$ 向储能商提供电力产品，那么储能商将会更加倾向于订购更多的电量。而在 BECP 契约中，发电商提供的批发价格 $w_2>c$，虽然剩余电量可以通过回购契约退还，但对于储能商而言，其前期的投入较 RSECP 时更大。

5.2.3 算例分析

为更直观地展示各模型间的关系，参考相关文献并结合中国实际市场状况对发电成本 c、购电价 w、售电价 p、市场需求参数 (μ, σ^2) 进行数值假设，参考相关文献对用电需求弹性系数 b，i，j 做出数值假设，在此基础上通过 MATLAB 进行具体数值分析以对各模型进行进一步对比说明。具体赋值情况见表 5-7。

表 5-7   数 值 分 析 赋 值 表

指标	假设值	指标	假设值	指标	假设值	指标	假设值
c	0.6	p	1.6	i	0.7	μ	3000000
w	1	b	15000	j	0.6	σ^2	50^2

1. 基于改进逐对比较法的努力因素选择数值分析

在能源互联网背景下，选取能源互联网的智能发电努力、智能电网调度努力、智能储能努力、智能用电努力、智能能源市场努力、智能管理和服务努力六大板块作为光储价值链可采取的努力因素，分别就光伏发电商和储能商对各因素进行逐对比较，得逐对比较矩阵如图5-5所示。

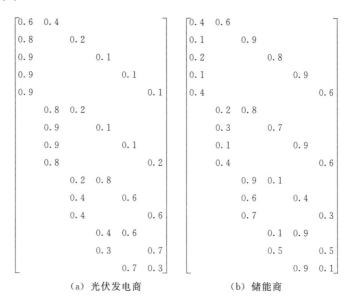

（a）光伏发电商　　　　　　（b）储能商

图5-5　努力因素改进逐对比较矩阵

根据改进逐对比较法计算步骤，可得在光伏发电商可采取的各项努力因素中，各努力因素权重分别为0.27，0.25，0.09，0.12，0.14，0.13。因此对于光伏发电商而言，智能发电努力与智能调度努力权重更大，也对价值链整体价值影响更大，故将其作为光伏发电商的努力因素。同理，储能商各努力因素权重分别为0.08，0.11，0.26，0.15，0.27，0.14，选取智能市场努力和智能储能努力作为储能商的努力因素，进行下一步的能源互联网背景下光储价值链价值实现及创新模型研究。

2. 集成价值链、分散价值链价值实现模型数值分析

在上述数值假设及努力因素选择的基础上，根据各模型所得计算结果，可得到在数值假设下集成价值链及分散价值链储能商购电量、努力投入水平及期望价值参数情况，见表5-8。

表5-8　　　　　　　　　　　数值假设下模型参数值

参数	分散价值链	集成价值链	参数	分散价值链	集成价值链
$x_Q + x_C$	25.40134999	58.31866226	B_G	1798914.248	—
$x_S + x_M$	52.2542057	49.9874248	B_S	1199286	—
q	2998278.503	3001509.884	B	2998200.248	3001400.578

根据表6可知，$q_c > q_d$，$B_c > B_d$，也即相比于分散价值链模型，在集成价值链模型下购电量及期望价值均会增加。此外，如果根据不同的努力水平对需求拉动的效果来决定努力成本投入，则最合适的投入水平比例应该为$\frac{i}{j} = 1.167$，由于在集成价值链中$\frac{x_Q + x_C}{x_S + x_M} = 1.167$，而分散价值链中$\frac{x_Q + x_C}{x_S + x_M} = 0.486$，因此集成价值链努力成本投入比例关系更加合理。

3. 联合契约价值创新模型数值分析

为了协调价值链，我们分别引入了 RSECP 与 BECP 这两种不同类型的联合契约形式。RSECP 联合契约中，在模型推导与数值假设的基础上可以得出节点企业期望价值及价值链总体期望价值如图 5-6 所示。

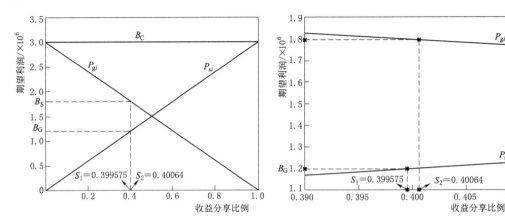

图 5-6 RSECP 契约下节点企业期望价值变化图

可以看出，价值链节点企业的期望利润是收益分享比例 s 的线性函数，光伏发电商的期望价值随收益分享比例 s 的增加而逐渐减少，储能商的期望价值随 s 的增加而增加，两者期望价值之和为集成价值链期望价值，可以通过调节收益分享比例实现价值链价值创新。其中，当收益分享比例处于 (s_1, s_2) 之间时，发电商与储能商的期望价值均得到增加，也即在一定的收益分享比例范围内，能在同时增加发电商与储能商价值的基础上实现链条整体价值最大化，实现光储价值链的价值增值共创与效益协同。

对于 BECP 联合契约，绘制期望价值图如图 5-7 所示。

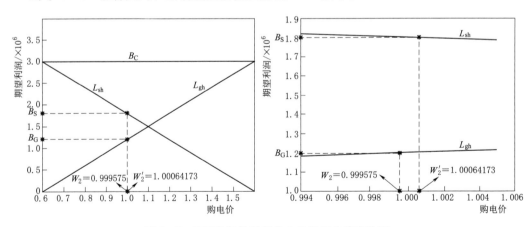

图 5-7 BECP 契约下节点企业期望价值变化图

可以看出，在 BECP 联合契约下，节点企业期望价值是购电价 w_2 的线性函数，光伏发电商的期望价值随储能商购电价的增加而增加，储能商的期望价值随着储能商购电价的增加而减少，两者期望价值之和为集成价值链期望价值，可以通过调节购电价实现价值链价值创新。同时，当购电价处于 (w_2, w_2') 之间时，发电商与储能商的期望价值均得到了增加，也即在一定的购电价格范围内，能在保证链条整体价值最大化的同时使节点企业价值均得到增加，实现光储价值链的价值增值与创新。

5.2.4　结论与建议

本节以光伏发电商与储能商组成的二级光储价值链为对象，研究了能源互联网背景下考虑努力因素的光储价值链效益协同问题。首先，在考虑光伏价值链所存在问题及能源互联网与储能特点的基础上，构建了基于能源互联网的光储价值链；其次，建立了能源互联网背景下的光储价值链效益协同模型，即通过改进的逐对比较法确定了两节点企业各自的努力投入方向，分别构建了能源互联网背景下由发电商主导的分散价值链 Stackelberg 博弈模型以及将光伏发电商与储能商视作一个整体的集成价值链模型，并研究使整体期望利润最大化时的最优努力水平与购电量；然后，通过对集成价值链与分散价值链进行对比，发现在引入价值链思想后，购电量与总利润均得到提升，证明了集成价值链的优越性；再次，建立了能源互联网背景下基于联合契约的光储价值链效益协同模型，通过在分散价值链的基础上引入 RSECP 和 BECP 两种契约形式，探究在引入契约后的价值链价值协同能力及差异点，结果表明两种契约形式均能在保证整体及各节点效益的前提下，有效协调价值链，实现总期望利润在节点企业间的合理分配，只是在部分细节上有所不同；最后，借助 MATLAB 对上述建立的模型进行了数值分析，增强各模型的直观性，进一步验证了各效益协同模型的有效性及差异性。

5.3　基于委托代理理论的清洁能源协同风险承担机制

在价值实现及创新机制得到充分探讨之后，如何解决价值链利益主体间的风险承担问题则成为新的研究点。清洁能源价值链上下游节点的利益主体往往面临着环境风险、技术风险、政策风险、规划风险、结构风险等多种风险，为了提高价值链整体的风险应对能力，减少风险损失，实现各利益主体之间的共赢，需要上下游节点合作承担风险，通过建立合理的风险承担机制，制定相应的契约，达到风险损失最小化的目的。价值链节点利益主体之间属于委托代理关系，因此从委托代理的视角出发识别价值链风险因子、构建风险承担决策模型及建立委托代理契约，是清洁能源价值风险管控的重要途径。

从委托代理的视角研究价值链上风险承担模型对于降低价值风险具有重要意义，当前已有诸多学者从风险识别、分担、激励及规避等角度出发，对价值链风险承担的委托代理机制进行了探讨研究。首先，风险识别研究当前较为广泛，如李欢等采用委托代理理论、Bowtie 模型分析法、归纳总结法对农地经营权交易全过程进行了风险识别，并构建了综合管理屏障，以支撑农地经营权流转保障机制建设；Gouveia E M 等从风险评估的角度处理这一问题，通过引入详细的马尔科夫风电场模型，在考虑到机器故障和不同风力发电水平的基础上，对风力发电系统的运行风险进行了评估研究；其次，有诸多学者针对风险承担模型进行了研究，如夏轶群等以科技型中小企业为例，基于多任务—委托代理模型，对专利质押融资信用风险分担机制进行研究；Tsai H F 等基于前景理论、威胁刚性假说和企业资源基础论，从风险承担能力视角出发，对冒险行为的决定因素进行了研究；再次，风险激励研究也得到了诸多学者的关注，如刘靓晨在信息对称与不对称两种情形下对这两种类型契约的激励机制差异进行研究；最后，风险规避模型的构建也是一大研究点，如韩美贵等从政府"政策风险"和企业行为"道德风险"规避的角度出发，基于委托代理理论构建了风险规避模型；Liu Q L等以地下煤矿为例，提出风险预控连续性和风险梯度控制模型。可以看出，当前关于风险承担模型的研究较为广泛，但是研究深度还有待加强，同时关于清洁能源价值链的风险承担模型研究较少。

在清洁能源价值链中，由于各利益主体之间存在信息不对称等问题，存在着较大的协同合作风险。为提高价值链整体的风险应对能力，本节将以风力发电商与储能商为研究对象，在不对称信息条件下构建基于委托代理理论的协同风险承担模型，引入信息共享努力度探讨不对称信息条件下最优风险承担与契约分享激励的影响因素，为促进风力发电商与储能商信息集成，提高信息共享率、降低协同风险及提升价值链整体效益提供一定参考。

5.3.1   清洁能源协同风险承担机制假设

假设1：储能服务的成本函数。假设储能商（代理人）以单一形式且只为风电场商（委托人）进行储能调节服务，储能商为风电场商提供储能服务的成本为 $C(\mu)$，其中提供储能产品服务的成本系数 $b(b>0)$ 越多，储能商代理行为努力程度 $\mu(0\leqslant\mu\leqslant1)$ 越大，储能商服务的成本函数越大，将直接影响储能产品及服务的质量，进而影响储能技术应用及风电消纳的成本和效率。用 $C(\mu)=\dfrac{1}{2}b\mu^2+C_0$ 表示，其中 C_0 为储能商提供储能服务的固定成本，如固定储能设备、相关初始技术投入等，不受储能商合作行为努力程度影响。

假设2：储能商（代理人）的产出函数。储能商产出函数除了与储能商选择的行为努力度有关，还会受到其产出系数和地区用户负荷需求响应的影响。在风电系统"发电-储能-用能"价值链上，分布式发电技术、储能技术与需求响应（Demand Response，DR）结合，可以平抑风力发电波动性及间歇性，促进风电就地消纳。由于价格型 DR 和激励型 DR 的影响，储能商行为还会受到用户反馈的需求响应的影响。此外，外部市场环境和政策环境的变动性也会对储能商的产出效益带来不确定风险。假设 $K(K>0)$ 为产出系数，Q 表示用能环节用户需求响应影响因子，$\varphi\in(0,\sigma^2)$ 为储能商和风力发电商无法控制的不确定性风险因素，储能商产出函数 $\pi(\mu)=K\mu+Q\mu+\varphi$。

假设3：储能商（代理人）收益报酬激励函数。假设风电场商是属于风险中性的，储能商是风险规避者。储能商与风电场商经过协同决策，签订委托代理合同，风电场商支付储能商一定的报酬，记储能商的报酬函数为 $S(\pi)$，$S(\pi)=\alpha\pi+\beta$。其中 $\alpha(0\leqslant\alpha\leqslant1)$ 为由风电商提供给储能商分享的产出收益报酬激励份额，$\beta(\beta>0)$ 为风电场商与储能商合作的固定报酬，不受储能商产出函数影响。由于双方合作中，储能商作为代理人的主要收益之一是收到的产出分享份额，因此 α 可以代表储能商受到的激励强度。

基于以上假设，可知：储能商的产出函数的期望 $E(\pi)=E(K\mu+Q\mu+\varphi)=K\mu+Q\mu$，方差为 $Var(\pi)=Var(K\mu+Q\mu+\varphi)=\sigma^2$。风电场商（委托人）的收益 $V=\pi-S=-\beta+(1-\alpha)\pi$，由于风电场商（委托人）是风险中性的，它的期望收益为 $E(V)=E(\pi$

$-S)=-\beta+(1-\alpha)(K+Q)\pi$。

储能商（代理人）实际收益 $W=S-C=\beta+\alpha(K\mu+Q\mu+\varphi)-\frac{1}{2}b\mu^2-C_0$。由于储能

商是风险规避者，所以它的确定性等价收入 $E(CE)=E(W)-\frac{1}{2}\rho\alpha^2\sigma^2=\beta+K\alpha\mu+Q\alpha\mu$

$-\frac{1}{2}b\mu^2-C_0-\frac{1}{2}\rho\alpha^2\sigma^2$。其中 $\frac{1}{2}\rho\alpha^2\sigma^2$ 为储能商的风险成本，$\rho(\rho>0)$ 为储能商的风险规

避度量系数。

假设4：参与约束（IR）和激励相容性约束（IC）。储能商与风电场商作为风电价值链中重要的两个利益主体，双方签订契约进行协同合作，共担风险是一种发展趋势。对于契约参与者来说，其接受契约的条件之一为合作后所获得收益应不少于不合作、独自生产经营承担风险时所获的收益，假设为 U。而从风险承担角度来看，应该使契约合作者可以由于承担风险而获得更高收益，即从承担风险中获得不承担风险时更多收益。上述条件为参与约束（IR）。储能商与风电场商作为市场上"理性的"利益主体，都追求自身利益最大化。因此双方共担风险、签订契约时应有一定的激励机制，捆绑利益，储能商选择风电场商的所期行为应能获得收益不低于其他任何行为所获收益，此为激励相容性约束（IC）。

5.3.2 发电商与储能商主体协同风险承担决策机制设计

1. 不对称信息条件下的风险承担机制

在储能参与的风电价值链中，各主体之间信息不对称，一般都会建立不完全的契约形式。双方之间的信息不对称导致风力发电商无法直接观测到储能商的努力水平，只能通过观测一些相关变量来进行判断，无法实现帕累托最优。此时，可以通过价值链主体之间协同决策，签订不完全对称信息下的最优委托代理契约来共同承担风险，提高合作效益。在合作契约中将可以由储能商自主决定的努力程度的因素以风险承担后的产出分享份额激励的形式体现。此时风力发电商可以追求效用最大化，同时间接控制信息不对称下储能商的行为。因此，基于委托代理的风险承担契约的关键是确定风力发电商效益最大化时储能商分享的激励份额。在信息不对称条件下，风力发电商效益最大的函数为

$$\max_{\alpha,\beta,\mu}-\beta+(1-\alpha)(K+Q)\mu$$

$$\text{s.t.}\begin{cases}\beta+K\alpha\mu+Q\alpha\mu-\frac{1}{2}b\mu^2-C_0-\frac{1}{2}\rho\alpha^2\sigma^2\geqslant U & (IR)\\[2mm]\mu\in\arg\max\left(\beta+K\alpha\mu+Q\alpha\mu-\frac{1}{2}b\mu^2-C_0-\frac{1}{2}\rho\alpha^2\sigma^2\right) & (IC)\end{cases}\quad(5-45)$$

将 $\beta+K\alpha\mu+Q\alpha\mu-\frac{1}{2}b\mu^2-C_0-\frac{1}{2}\rho\alpha^2\sigma^2$ 对 μ 求导，可以求出激励相容性约束（IC）

$$\mu=\frac{K\alpha+Q\alpha}{b}$$

将参与约束（IR）和激励相容性约束（IC）代入目标函数，对 α 进行求导，可以求出最优储能商的产出分享份额为

$$\alpha_1=\frac{(K+Q)^2}{b\rho\sigma^2+(K+Q)^2}$$

进而求出储能商（代理人）在协同决策中所承担的风险为

$$Var[S(\pi)]=Var(\alpha\pi+\beta)=\alpha_1^2\sigma^2=\frac{(K+Q)^4\sigma^2}{[b\rho\sigma^2+(K+Q)^2]^2}$$

风力发电商（委托人）在协同决策中所要承担的风险为

$$Var[\pi-S]=Var(\pi-\alpha\pi-\beta)=1-Var[S(\pi)]$$

综上所述，在不完全信息条件下，基于委托代理形式，可以达成风电商与储能商的最优风险承担契约，此时风力发电商应当将受益比例的 $\alpha_1=\dfrac{(K+Q)^2}{b\rho\sigma^2+(K+Q)^2}$ 分给储能商。

并且可以得知，在最优协议下，储能商需要承担的风险为 $\dfrac{(K+Q)^4\sigma^2}{[b\rho\sigma^2+(K+Q)^2]^2}$，风力发电厂所要承担的风险为 $\dfrac{[b\rho\sigma^2+(K+Q)^2]^2-(K+Q)^4\sigma^2}{[b\rho\sigma^2+(K+Q)^2]^2}$。

2. 引入信息共享努力度的风险承担决策机制

电力市场中信息不对称导致风力发电商与储能商的合作产生更大的不确定性，价值链整体风险升高。若提高价值链利益主体之间信息公开的透明度，努力实现数据和信息的共享，可以降低价值链利益主体由于追逐自身利益及对风险规避造成的不努力行为和诸多不确定因素，进而降低价值链协同风险，增加价值链协同效益。风力发电商、储能商与用户主动进行信息传递、双向反馈，建立合理的信息共享机制，尤其是储能商为信息对称做出努力，可以达成更加合理的委托代理和风险承担契约。用信息共享努力度 R 这一变量来表示储能商为合作承担风险，努力提升信息对称水平做出的努力程度。储能商对此的努力程度可能受多种因素干扰，假设此时 R 是与外部不确定因素 φ 相关，$R\in N(0,\sigma_R^2)$。因此，R 与 π 相关，R 与 $S(\pi)$ 相关。即储能商收到的产出分享份额收益受到其为信息共享做出的努力程度的影响，用变量 ξ 来表示两者的关系。当 $\xi\neq0$ 时，两者相关，$\xi=0$ 时，两者不相关。为了能够得到更加合理的风险分担比例，一般考虑两者相关时的结果。

此时储能商收益报酬激励函数变为

$$S(\pi,R)=\alpha(\pi+\xi R)+\beta$$

储能商的实际收益

$$W=S-C=\beta+\alpha(\pi+\xi R)-\frac{1}{2}\mu^2-C_0$$

储能商的确定性等价收入变为

$$E(CE)=\beta+K\alpha\mu+Q\alpha\mu-\frac{1}{2}b\mu^2-C_0-\frac{1}{2}\rho\alpha^2Var(\pi+\xi R)$$

而在此时，风力发电商（委托人）收益最大的函数为

$$\max_{\alpha,\beta,\mu}-\beta+(1-\alpha)(K+Q)\mu$$

$$\text{s. t.}\begin{cases}\beta+K\alpha\mu+Q\alpha\mu-\frac{1}{2}b\mu^2-C_0-\frac{1}{2}\rho\alpha^2Var(\pi+\xi R)\geqslant U & (IR)\\[2mm]\mu\in\arg\max(\beta+K\alpha\mu+Q\alpha\mu-\frac{1}{2}b\mu^2-C_0-\frac{1}{2}\rho\alpha^2Var(\pi+\xi R)) & (IC)\end{cases}\tag{5-46}$$

将 $\beta+K\alpha\mu+Q\alpha\mu-\dfrac{1}{2}b\mu^2-C_0-\dfrac{1}{2}\rho\alpha^2Var(\pi+\xi R)$ 对 μ 求导，可以求出激励相容性约束（IC）

$$\mu=\frac{(K+Q)\alpha}{b}$$

把约束条件中的两个约束条件代入到目标函数中，同时对 ξ 进行导数运算，可以求出

$$\xi=\frac{-Cov(\pi,R)}{\sigma_R^2}$$

对 α 进行求导，可以求出最优储能商的产出分享份额为

$$\alpha_R=\frac{(K+Q)^2}{b\rho\left[\sigma^2-\dfrac{-Cov^2(\pi,R)}{\sigma_R^2}\right]+(K+Q)^2}$$

当储能商信息共享努力程度与其获得收益不相关时，即 $Cov(\pi,R)=0$，$\xi=0$，此时储能商获得的收益不受信息共享努力度的影响，不列入协同决策和风险承担协议中，风险承担不能更好地实现。当储能商信息共享努力程度 R 与 π 存在相关关系时，表示 R 可以写进双方协同合作和风险承担的契约中，提高契约中风险承担的合理性和激励作用。

此时，把 $\xi=\dfrac{-Cov(\pi,R)}{\sigma_R^2}$ 和 $\alpha_R=\dfrac{(K+Q)^2}{b\rho\left[\sigma^2-\dfrac{-Cov^2(\pi,R)}{\sigma_R^2}\right]+(K+Q)^2}$ 代入到函数

$Var[S(\pi,R)]$ 中，可求出储能商（代理人）在协同决策中所承担的风险为

$$Var[S(\pi,R)]=Var(\alpha(\pi+\xi R)+\beta)$$

即

$$Var[S(\pi,R)]=\alpha^2[\sigma^2+\xi^2\sigma_R^2+2\xi Cov(\pi,R)]=\frac{(K+Q)^4\left[\sigma^2-\dfrac{Cov^2(\pi,R)}{\sigma_R^2}\right]}{\left\{b\rho\left[\sigma^2-\dfrac{Cov^2(\pi,R)}{\sigma_R^2}\right]+(K+Q)^2\right\}^2}$$

在风力发电商与储能商之间引入信息共享方面的努力度变量 R 之后，风电商与储能商的最优风险承担契约中，风力发电商要将其收益按 $\alpha_R=\dfrac{K^2}{b\rho\left[\sigma^2-\dfrac{Cov^2(\pi,R)}{\sigma_R^2}\right]+K^2}$ 比例返还给储能商，以弥补之前的损失。同时，可以求得在这种协同决策的情况下储能商所要

承担的风险为：$\dfrac{K^4\left[\sigma^2-\dfrac{Cov^2(\pi,R)}{\sigma_R^2}\right]}{\left\{b\rho\left[\sigma^2-\dfrac{Cov^2(\pi,R)}{\sigma_R^2}\right]+K^2\right\}^2}$。

3. 参数变化分析及模拟仿真

根据上文中的分析和构建的风险承担机制，观测在信息不对称条件下，储能商与风力发电商最优风险承担的影响参数：

（1）储能商产出系数 K。对最优风险承担契约的产出分享额度 $\alpha=\dfrac{(K+Q)^2}{b\rho\sigma^2+(K+Q)^2}$ 求

偏导，$\dfrac{\partial \alpha}{\partial K}=\dfrac{2(K+Q)b\,(\rho\sigma^2)^2}{[(K+Q)^2+b\rho\sigma^2]^2}>0$，在其他参数不变情况下，最优分享额度 α 与储能商产出系数 K 呈正相关，即对于那些生产能力较强的企业，适合增加风险承担度，给予更多的分享份额激励。

（2）储能商成本系数 b。对最优风险承担契约的产出分享额度 $\alpha=\dfrac{(K+Q)^2}{b\rho\sigma^2+(K+Q)^2}$ 求偏导，$\dfrac{\partial \alpha}{\partial b}=-\dfrac{(K+Q)^2\rho\sigma^2}{[(K+Q)^2+b\rho\sigma^2]^2}<0$，在其他参数不变情况下，最优分享额度 α 与储能商成本系数 b 呈负相关，即对储能商中成本较大的代理商给予较小的激励。

（3）储能商的风险规避系数 ρ。对最优风险承担契约的产出分享额度 $\alpha=\dfrac{(K+Q)^2}{b\rho\sigma^2+(K+Q)^2}$ 求偏导，$\dfrac{\partial \alpha}{\partial \rho}=-\dfrac{(K+Q)^2b\sigma^2}{[(K+Q)^2+b\rho\sigma^2]^2}<0$，在其他参数不变情况下，最优风险分享额度 α 与储能商的风险规避系数 ρ 呈负相关，储能商风险规避系数较弱时分享额度越大，即对于敢于承担风险，具有较强风险偏好的储能商，风力发电商应在合同中给予更大的激励分享额度。

（4）不确定因素 σ。对最优风险承担契约的产出分享额度 $\alpha=\dfrac{(K+Q)^2}{b\rho\sigma^2+(K+Q)^2}$ 求偏导，$\dfrac{\partial \alpha}{\partial \sigma^2}=-\dfrac{(K+Q)^2b\rho}{[(K+Q)^2+b\rho\sigma^2]^2}<0$，在其他参数不变情况下，最优分享额度 α 与不确定因素 σ 呈负相关，表示对于那些所处外部环境较为稳定或者受外界影响较小的储能商，风力发电商应基于其更强的激励份额。

（5）用户需求响应影响因子 Q。对最优风险承担契约的产出分享额度 $\alpha=\dfrac{(K+Q)^2}{b\rho\sigma^2+(K+Q)^2}$ 求偏导，$\dfrac{\partial \alpha}{\partial K}=\dfrac{2(K+Q)b\,(\rho\sigma^2)^2}{[(K+Q)^2+b\rho\sigma^2]^2}>0$，在其他参数不变情况下，最优分享额度 α 与用户需求响应影响因素 Q 呈正相关，表示当用户侧需求响应反馈信息对储能商产生正向影响时，可以适当增加储能商风险承担比例，获得更高激励份额。

（6）信息共享努力度 R。引入 R 后，如果 π 和 R 不相关，则 $Cov(\pi,R)=0$，此时 $R=0$，对于风险承担契约是无效的。因此，下面考虑 π 和 R 相关时的情况，此时 $\alpha_R=\dfrac{(K+Q)^2}{b\rho\left[\sigma^2-\dfrac{Cov^2(\pi,R)}{\sigma_R^2}\right]+(K+Q)^2}>\dfrac{(K+Q)^2}{b\rho\sigma^2+(K+Q)^2}=a$，$Var\left[S\left(\pi,R\right)\right]=$

$\dfrac{(K+Q)^4\left[\sigma^2-\dfrac{Cov^2(\pi,R)}{\sigma_R^2}\right]}{\left\{b\rho\left[\sigma^2-\dfrac{Cov^2(\pi,R)}{\sigma_R^2}\right]+(K+Q)^2\right\}^2}<\dfrac{(K+Q)^4\sigma^2}{[b\rho\sigma^2+(K+Q)^2]^2}=Var[S(\pi)]$。这表示在引入

信息共享努力度后，对原有合作契约进行修改，储能商更加努力采取主动行动、共享信息时，可以获得更高的激励份额，降低风险承担份额。

5.3.3　算例分析

基于上述模型和分析，先通过数据仿真分析进行论证，结合某弃风率较高地区的实际

情况，设计相关参数：假设不考虑其他电源对价值链的影响，外部不确定因素是服从 N（0，64）的正态分布，储能商成本系数为1500，产出量为150，用户侧需求响应影响因子为10，且储能商是风险规避型，其规避系数为5，风力发电商是风险中性的。在信息不对称条件下，根据上文中构建的风险承担协同决策模型求解出储能商的产出分享份额为 $\alpha_0=0.039$，即产出分享份额为 3.9%，承担的风险比例为 $\dfrac{K^4\sigma^2}{(b\rho\sigma^2+K^2)^2}=0.099$，即因价值链风险承担协同决策所分担的风险比例 9.9%；可以确定风力发电厂的风险分担比例为 90.1%。

下面改变各因素的取值，分析对储能商产出激励份额与风险承担比例结果的影响。如图 5-8～图 5-13 所示，可以看出与上文中的参数分析结果一致。

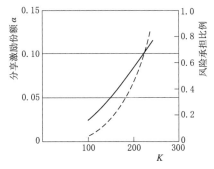

图 5-8　信息不对称下储能商产出系数 K 变化结果

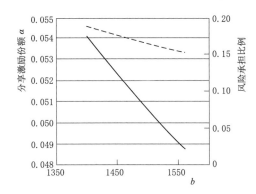

图 5-9　信息不对称下储能商成本系数 b 变化结果

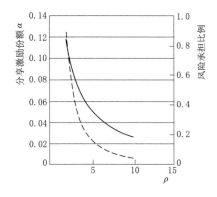

图 5-10　信息不对称下储能商风险规避系数 ρ 变化结果

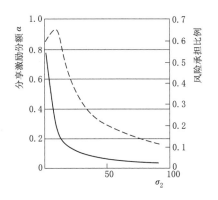

图 5-11　信息不对称下不确定因素 σ^2 变化结果

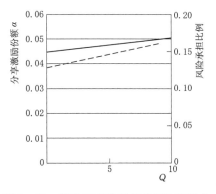

图 5-12　信息不对称下用户侧负荷需求响应影响因子 Q 变化结果

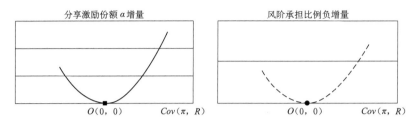

图 5-13　引入信息共享努力度后对储能商产出分享份额与风险承担比例结果影响

（1）在电力市场中风力发电商与储能商都会承担一定风险。储能商的风险规避性导致双方合作的成本和协同风险增加的可能性变大。在信息不对称情况下，帕累托最优不能实现。在风力发电商与储能商协同合作契约中，最优风险承担契约的产出分享额度 $\alpha = \dfrac{K^2}{b\rho\sigma^2 + K^2} > 0$。制定合适的最优分享份额可以有效激励储能商，提升其努力水平，提高储能商承担风险责任性，促进价值链协同风险承担的合理性。

（2）从图 5-8 可以看出，随着储能商产出系数 K 增大，储能商的最优承担风险比例上升，与此同时获得的最优产出份额分享比例上升，储能商能获得更高激励。储能商的产出能力越强，提供储能产品和服务的产出量就越多，有较强的风险承担能力，储能商就越趋向于采取更努力的行为，风力发电商可以增加对发展和生产能力较强的储能商的激励强度，更有效地提高储能商风险承担责任性和合作积极性，使风力发电价值链协同风险得到更合理的分担，减少风险损失。

（3）从图 5-9～图 5-11 可以看出，随着储能商成本系数 b 越大，储能商风险规避系数 ρ 越大，市场上不确定性 σ 越大时，储能商的分享份额都会减小。在生产成本较高，储能商风险偏好越小，市场和政策对生产和合作行为产生的不确定因素较大时，储能商都会趋于不采取相应行为，或者说"偷懒"行为，其在行为中阻碍双方沟通、风险承担意愿薄弱的可能性增大，从而导致其风险承担比例下降，获得的产出激励份额也会随之减少。而与之相反的储能商则会享受更高的份额激励。这一结果表明，对于那些发展能力较强、生产边际成本较小，具有较强风险偏好和承担能力、受外部环境波动影响较小的储能商，应给予更高的激励份额，这样可以有效地调动储能商的风险承担责任和合作积极性；对于风力发电商来说，根据储能商的不同类型、规模和特性，制定对应的风险承担契约和最优合作份额激励，可以有效减少激励效率损失和风险损失，提高风险承担的合理性和有效性，从而提升风电商和储能商乃至风电价值链整体效益。

（4）结合新能源分布式发电、储能技术的用户侧需求响应业务，可以实现用户与发电商和储能商信息流、电力流、业务流的交互，从图 5-12 可以看出用户侧需求响应对储能商行为的正向激励。用能环节中电价机制、激励机制可以直接或间接调控用户负荷需求弹性，进而影响风力发电和储能环节的稳定性，削峰填谷，促进风电消纳。随着用户需求响应对储能商正向影响的增加，储能商趋于更加努力的行为，适当增加风险承担比例，获取更多收益。这也表明，在风电"发电-储能-用能"价值链上，用户需求响应机制等"用能"关键节点的行为对价值链风险承担的影响。用能环节制定优化的需求响应模型，考虑电价变动、个性化需求等多种用户侧信息的及时反馈，可以有效提升储能商激励效率，提高风险承担的合理性，实现风电价值链的价值实现、价值增值和价值创新。

（5）在不对称信息条件下，风力发电商与储能商签订的是不完全契约，契约合理性的提升、整体协同风险的降低和效益的提升都离不开利益主体之间信息资源的共享程度。博弈方之间信息资源集成度较高时，其在电力市场中竞争能力也会提升。提高对储能商信息共享和集成的激励，可以实现更优的风险分担和收益分配。从图 5-13 可以看出，在发电商与储能商合作协同风险承担契约中引入信息共享努力度后，就把风力发电商与储能商协同决策情况中的风险分担和信息共享激励机制改进的更为合理。从储能商（代理人）的角度考虑，储能商采取主动的行动，加大信息公开的透明度，获得信息共享激励效益，一方面提高收益比例，另一方面降低风险承担比例。从风力发电商（委托人）的角度考虑，可以有效降低代理合作的总成本，增加期望收益。

5.3.4　结论与建议

大力发展储能是解决我国清洁能源弃能问题的关键，但清洁能源价值链各节点仍在环境、技术、政策等方面存在着多种风险，为了提高价值链整体的风险应对能力，并进一步实现各利益主体之间的共赢，需要建立合理的风险承担机制。以风电-储能价值链为例，利用委托代理理论研究了考虑储能的风电价值链协同风险承担问题，通过对风力发电商与储能商协同风险承担模型进行分析及假设，建立了在不对称信息条件下风力发电商与储能商协同风险承担模型，引入了信息共享努力度，并结合算例分析验证了模型的可行性。研究结果表明，风力发电商与储能商加强信息沟通，提高信息共享率，能使双方资源得到更好地利用，从而降低清洁能源价值链风险并控制风险，提升价值链整体效益。

5.4　基于 MOPSO 的清洁能源价值链储能容量优化机制

清洁能源发展受电源结构占比低、发电厂建设与负荷分布不匹配、弃风弃光率高等因素的影响较大。在此背景下，如何将弃风弃光电量转变为可有效利用的电能、提高清洁能源使用效率并实现其可持续发展，是提升清洁能源价值链价值创造和增值需要面对和关注的问题。在储能参与的条件下，清洁能源产生的弃风弃光量能够得到消纳，清洁能源使用效率能得到提升。清洁能源-储能系统的容量协同优化则能进一步提升系统价值和促进价值链的价值增值效应。

学者们针对清洁能源使用效率提高问题从发电侧、输电侧及用电侧这三个角度出发开展了相关研究。首先，诸多学者从发电侧进行了清洁能源效率提升研究，以期通过减小风电出力波动、减少发电预测误差、提高输电受限地区的风电传输效率，将风电有效传输到电网和用电负荷中心；其次，还有研究从输电侧角度出发探讨了降低清洁能源传输损耗的方法，将风能与其他可再生能源（例如太阳能）作为分布式电源集成到微网中，构建集成电源系统；最后，多个研究从用电角度出发探讨了储能系统配置在用电侧的重要作用，以最大限度地提高风电利用效率并减少风能浪费。通过以上研究可以看出，由于清洁能源发电阶段和用户用电阶段之间存在一定的时间和地域差异，在发电厂中应用储能系统可以有效地存储发电厂产生的弃能，再将储存的电能提供给本地用户、微网及电网，可以显著减少弃风限电现象，从而实现清洁能源-储能价值链的价值创造和增值。

基于此，国内外关于清洁能源混合储能系统已经开展了相关研究，包括风电-电池储能混合系统、风电-氢储能混合系统等。Triboli L 等对电池储能技术和氢储能技术的协同决策进行了讨论；Hemmati R，Jing W 分别研究超级电容器和电池储能系统的混合储能系统被广泛应用于电动汽车和可再生能源领域，这是因为电池储能系统能够长期、连续地吸收和释放能量，而超级电容器能够响应动态的瞬时功率需求。与超级电容器相比，超导磁储能系统不需要升压/降压接口，能量转换效率达到 90％以上，可在几毫秒内快速响应功率波动；Shu Wang 等构建了基于超导磁储能系统和电池储能系统的混合储能系统模型，探讨其在风力发电应用中的互补性；Lin X 等使用超导磁储能系统和电池储能系统组合方案来平滑风电场功率输出。以上研究综述表明，电池储能系统和超导磁储能系统在促进风电消纳方面具备优势互补性和可行性。在此基础上，本研究基于电池储能系统和超导磁储能系统在清洁能源-储能价值链应用中的互补特性，构建混合储能系统来应对风能波动，以补充研究空白。

面向多目标优化决策问题和多准则决策问题，引入多目标粒子群优化算法（Multi-objective Particle Swarm Optimization，MOPSO）和理想解法（Technique for Order Preference by Similarity to Ideal Solution，TOPSIS）对协同决策问题进行求解，通过算例分析、比较分析和敏感性分析验证上述模型的有效性和可行性。下文以风电为例通过分析与建立风电场-混合储能系统的容量优化机制模型，验证其对提高风电的利用率、降低弃风、提升储能系统价值和促进价值链的价值增值效应的重要作用。

5.4.1 风电-储能价值链容量管理运行机制设计

传统的电力系统结构以电网企业作为中心企业，根据用户负荷的实时变化对发电机组的出力进行主动调节和控制。传统电力系统中，电网基于随机的用户负荷情况，对相对可控的发电侧资源进行调度和调峰：当用户负荷增加，电网则提高发电侧机组出力，而当负荷降低时，电网则降低发电侧出力，从而实现功率平衡。对电网企业来说，风电出力的不确定性和波动性带来了调度、调峰等方面的挑战。对风电企业来说，电网企业对于风电并网的质量和数值要求使其处于价值链的被动地位，其价值增值效应难以有效发挥。随着储能系统的加入，构建风电-储能价值链，以储能系统作为价值链的主体和中心节点，通过储能容量管理实现风电场功率、储能系统功率及用户负荷功率之间的协同，达到实时供需平衡状态，进而实现风电-储能价值链的协同效应和价值增值。基于风电-混合储能系统（Wind Farm - Hybrid Energy Storage System，WF - HESS）的储能容量管理协同框架如图 5 - 14 所示。

面向能源结构转型和用户需求多样化的要求，在电网侧大规模储能建设暂缓的背景下，通过实现风电和储能的综合利用以及储能容量配置的协同决策研究，能充分发挥储能系统在降低风电出力波动性和提高风电利用率的重要作用。目前已经有相关研究对风电-储能混合系统优化决策方面进行了探索，但兼顾储能容量协同决策与价值链价值增值过程，从经济、环境和技术角度探讨 WF - HESS 的总成本、弃风量和供电缺失率协同优化

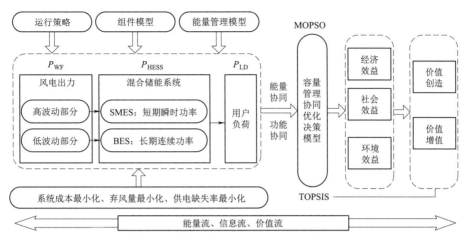

图 5-14　储能容量管理的协同框架

决策的研究较为鲜见。基于以上分析，构建风电-储能价值链容量管理的协同决策模型，旨在有效提高风电利用率、减少弃风、实现风电场和储能系统的价值增值效应。

为实现这一目标，我们将构建基于 WF-HESS 的容量管理协同优化决策模型，考虑风电场、混合储能系统和用户负荷 3 个方面的约束，实现系统总成本最小化、风电场弃风量最小化和系统供电缺失率最小化的多目标协同决策，以满足实时用户负荷需求，为探讨风电-价值链的价值创造和增值效应研究提供基础。

1. WF-HESS 运行策略

为研究风电-储能价值链容量管理问题，首先需要明确 WF-HESS 的运行策略，确保 WF-HESS 系统内风电出力、储能功率和实时用户负荷功率之间的平衡。WF-HESS 系统运行策略如图 5-15 所示。WF-HESS 系统运行策略包括以下部分：

（1）系统组件，即风电出力、由电池储能系统和超导磁储能系统组成的混合储能系统（HESS）、用户负荷需求。

（2）系统输入功率，即风电场的输出功率。

（3）混合储能系统的能量管理策略，由电池储能系统处理风电出力中的低波动部分，而超导磁储能系统处理风电出力中的高波动部分。

（4）系统输出功率，即用户负荷需求功率。

混合储能系统的输入功率由电池储能系统和超导磁储能系统的功率决定

$$P_{HESS} = P_{BES} + P_{SMES} \qquad (5-47)$$

式中　P_{HESS}、P_{BES}、P_{SMES}——混合储能系统的功率、电池储能系统及超导磁储能系统组件的额定功率，当系统处于充电阶段，值为正；反之为负。

为保障风电系统、混合储能系统、用户负荷之间功率的实时平衡，需要根据风电场输出功率和用户负荷功率实时调整混合储能系统的输入功率，即动态调整混合储能系统功率以补偿风电系统功率与负荷需求功率之间的不平衡，从而实现容量管理协同和价值链的能量流协同。当风电出力大于用户负荷需求时，混合储能系统将剩余电能进行储存，当风电

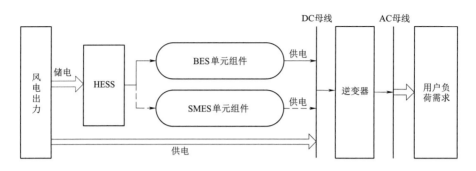

图 5-15 WF-HESS 运行策略

出力无法满足户负荷需求时，混合储能系统将释放所储电能以满足负荷需求。

混合储能系统实时输入功率为

$$P_{HESS}(t) = P_{WF}(t) - P_{LD}(t)/\mu \tag{5-48}$$

式中 $P_{WF}(t)$ ——风电场在 t 时刻的功率输出；

$P_{LD}(t)$ —— t 时刻的用户负荷；

μ ——交流逆变器效率，交流逆变器用于将直流输出转换为可适用于用户负荷的交流电流。

WF-HESS 的用户负荷需求计算公式为

$$P_{LD}(t) = P_{TLD}(t) - P_{GC}(t) \tag{5-49}$$

式中 $P_{TLD}(t)$ ——用户负荷总需求；

$P_{GC}(t)$ ——实时并网功率；

$P_{LD}(t)$ ——用户负荷需求，非负值，当风电输出功率小于用户需求时为正值。

2. WF-HESS 组件模型

（1）电池储能系统组件模型构建。电池储能系统组件模型构建取决于储能单元容量、充电/放电速率、电池寿命、最大允许放电深度等相关参数。在此，电池储能系统组件在额定功率下处理风电出力中的低波动部分。电池储能系统组件的额定容量计算公式为

$$E_{bat} = N_{bat} E_{batunit} \tag{5-50}$$

$$E_{batunit} = \frac{C_{bat} V_{bat}}{10^3} \tag{5-51}$$

式中 E_{bat} ——电池储能系统组件的额定容量，kWh；

N_{bat} ——电池储能单元的数量；

$E_{batunit}$ ——电池储能单元的容量，kWh；

C_{bat} ——电池储能单元的额定容量，Ah；

V_{bat} ——额定电压，V。

假设电池储能系统组件的充电/放电周期为 CF_{bat}，电池组的额定功率 P_{bat} 计算公式为

$$P_{bat} = \frac{E_{bat}}{CF_{bat}} \tag{5-52}$$

为延长电池寿命，设置电池储能系统充放电的上限值 E_{batmax} 和下限值 E_{batmin}，前者设置为电池储能系统组件的额定容量；后者由下式决定，即

$$E_{batmin} = (1 - DOD) E_{bat} \tag{5-53}$$

在混合储能系统容量管理的协同运作过程中，电池储能系统的充电或放电操作取决于混合储能系统的输入功率和电池储能系统组可用的剩余能量。为避免电池储能系统过度充电和放电，应在对电池储能系统进行充放电操作前，检查剩余电量是否处于上下限值之间。充电和放电状态下电池储能系统的剩余电量计算公式为

$$E_{bat}(t) = E_{bat}(t-1) \times (1 - SD_{bat}) + P_{bat}(t) \Delta t k_{bat} \tag{5-54}$$

$$E_{bat}(t) = E_{bat}(t-1) \times (1 - SD_{bat}) - P_{bat}(t) \Delta t / k_{bat} \tag{5-55}$$

式中　$E_{bat}(t)$、$E_{bat}(t-1)$ ——电池储能系统组件在 t 时和 $t-1$ 时所存储的电量；

　　　　SD_{bat} ——电池储能系统的自放电率；

　　　　$P_{bat}(t)$ ——t 时电池储能系统输入功率；

　　　　Δt ——时间间隔。

（2）超导磁储能系统组件模型构建。风电-储能价值链的主要电力来源为具有不确定性和波动性的风电，当这些不确定因素同时存在时，需要具备良好快速响应能力的储能系统对风电出力和实时用户负荷需求进行快速响应。由于超导磁储能系统以磁场形式存储风能，连续放电时间达到 1ms 至 8s，具有较好的瞬时响应能力，可用于处理风电出力中的高波动部分。超导磁储能系统组件额定容量及功率计算公式为

$$E_{SMESunit} = \frac{0.5 L I_{SMES}^2}{3.6 \times 10^6} \tag{5-56}$$

$$E_{SMES} = N_{SMES} E_{SMESunit} \tag{5-57}$$

$$P_{SMES} = N_{SMES} P_{SMESunit} \tag{5-58}$$

式中　$E_{SMESunit}$ ——超导磁储能单元的额定容量，kWh；

　　　　L ——超导磁储能单元的磁感应强度，H；

　　　　I_{SMES} ——超导磁储能单元的额定循环电流，A；

　　　　E_{SMES} ——额定容量；

　　　　N_{SMES} ——单元数量；

　　　　P_{SMES} ——组件功率，kW；

　　　　$P_{SMESunit}$ ——组件单元功率，kW。

为避免超导磁储能系统过度充电和过度放电造成储能系统的损害，应在进行充电/放电协同运作前确定超导磁储能系统组件的剩余电量，计算公式为

$$E_{SMES}(t) = E_{SMES}(t-1) \times (1 - SD_{SMES}) + P_{SMES}(t) \Delta t k_{SMES} \tag{5-59}$$

$$E_{SMES}(t) = E_{SMES}(t-1) \times (1 - SD_{SMES}) - P_{SMES}(t) \Delta t / k_{SMES} \tag{5-60}$$

式中　$E_{SMES}(t)$、$E_{SMES}(t-1)$ ——t 时和 $t-1$ 时超导磁储能系统组件所存储的电量；

　　　　SD_{SMES} ——超导磁储能系统组件的自放电率；

　　　　$P_{SMES}(t)$ ——超导磁储能系统组件在 t 时的输入功率，kW；

　　　　k_{SMES} ——充电/放电效率。

（3）逆变器。逆变器用于将直流母线中的直流电流转换为交流母线中的交流电流，逆

变器转换效率计算公式为

$$\mu = \frac{P_{in}(t)}{P_{out}(t)} \tag{5-61}$$

式中　$P_{in}(t)$、$P_{out}(t)$——逆变器的输入功率和输出功率。

3. WF－HESS 能量管理模型

风电-储能价值链中，实时的风电场出力和负荷需求都具有不确定性，因此 WF－HESS 系统的输入功率也是实时变化的。WF－HESS 能量管理实现对风电出力、混合储能系统功率和用户负荷功率的有效控制，确保系统供电的连续性，满足负荷需求、提高能源效率和系统性能并减少风电侧弃风。WF－HESS 能量管理策略可以分为充电和放电策略。为简化计算，余下部分将电池储能系统和超导磁储能系统的自放电率设置为零。WF－HESS 充放电能量管理策略包括三个方面，其流程图如图 5－16 所示。

（1）当 $P_{HESS}(t)=0$，混合储能系统不会存储任何多余的能量。

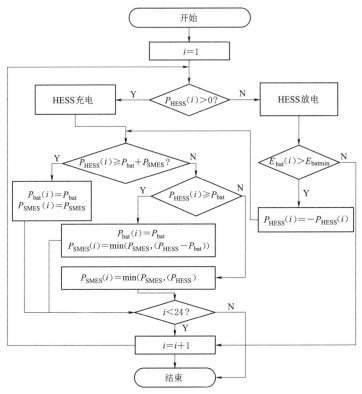

图 5－16　充电和放电策略流程图

（2）当 $P_{HESS}(t)>0$，混合储能系统进入充电状态。当 $P_{HESS}(t)=P_{WF}(t)-P_{LD}(t)/\mu >0$ 时，风电场输出功率大于用户负荷需求，则多余的能量将用于为混合储能系统充电，电池储能系统组件将在额定功率下处理低波动部分能量，而超导磁储能系统组件则根据功率变化状态处理高波动部分能量。在电池储能系统的充电过程中，必须时刻保证电池储能系统的最大允许容量约束和充电状态约束得到完全满足。

当电池储能系统和超导磁储能系统在最大允许功率条件下进行充电，但仍无法完全储存风电出力时，弃风现象仍会产生。WF - HESS 的充电策略及弃风量（Wind Curtailment Magnitude，WCM）的计算步骤如图 5 - 17 所示。

（3）当 $P_{HESS}(t) < 0$，混合储能系统进入放电状态。当 $P_{HESS}(t) = P_{WF}(t) - P_{LD}(t)/\mu < 0$ 时，风电场输出功率小于用户负荷需求，通过释放混合储能系统存储的能量满足用户负荷需求。WF - HESS 在放电状态期间，应完全满足电池储能系统的放电状态限制约束，且在额定功率下进行放电。

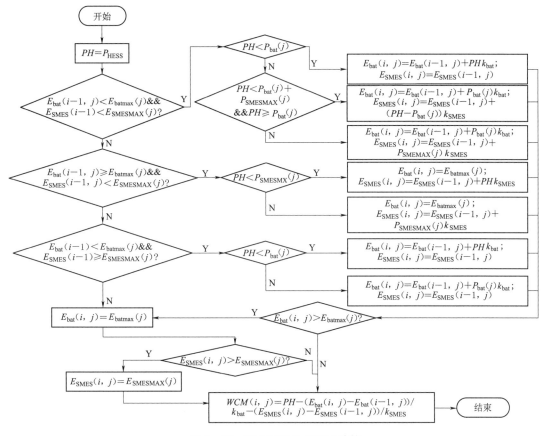

图 5 - 17　充电策略及 WCM 计算

在 WF - HESS 放电过程中，当风电出力和混合储能系统功率之和仍无法满足用户负荷需求，即系统电力供不应求时，就会发生供电缺失现象（Loss of Power Supply，LPS）。供电缺失率（Loss of Power Supply Probability，LPSP）是系统可靠性的重要约束条件和技术性指标，是指系统在时间间隔内的供电缺失量之和与系统负荷需求之和的比值。WF - HESS 的放电策略和 LPSP 计算步骤如图 5 - 18 所示。在放电策略中，将电池储能系统存储电量的最小值设置为零。

5.4.2　风电–储能价值链容量管理优化机制设计

基于 WF - HESS 系统运行策略及模型，探讨风电–储能价值链储能容量管理的多目标协同优化决策模型。协同优化决策模型的变量为电池储能系统组件单元的数量和超导磁储能系统组件单元的数量,优化决策函数为年总成本(包括初始投资、运营成本和维护成本)最小化、弃风量最小化和供电缺失率最小化。模型求解使用多目标粒子群算法 MOPSO 获取最优解集,再使用多准则决策方法 TOPSIS 法从最优解集中获取唯一最优解,确定系统最佳配置。

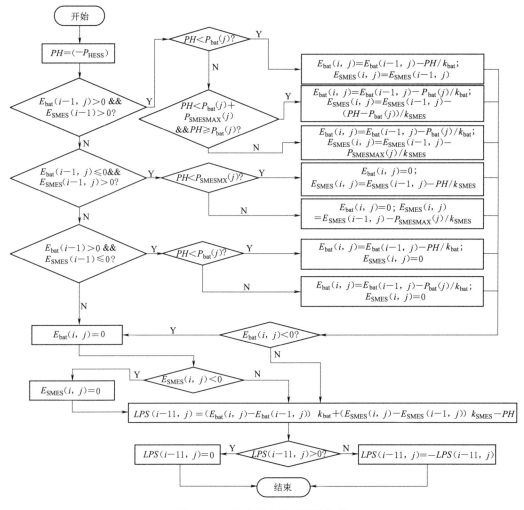

图 5-18　放电策略及 LPSP 计算

1. 多目标协同优化决策模型

所谓优化决策,就是一个确定解决方案的过程,该解决方案通常以数字形式提供利益相关者所关心的最小值问题。优化决策问题通常表示为向量最小化,计算公式为

$$\min_{X \in \Omega} f(X) = (x_1, x_2, \cdots, x_n)^\mathrm{T} \tag{5-62}$$

$$\text{s. t. } g_j(X) \leqslant 0, j = 1, 2, \cdots, m \tag{5-63}$$

式中　x——n 维决策变量;

　　　Ω——可行解空间;

　$f(X)$——具有 n 个目标的目标函数;

$g_j(X)$——包含 m 个约束条件。

要解决多目标优化决策问题，需要相应的多目标优化决策问题的求解算法。储能容量管理的优化目标包括总成本（经济目标）、弃风量（环境目标）和供电缺失率（技术目标）最小化。针对这一问题，我们将构建多目标优化决策模型，该模型在考虑系统相关约束的条件下，确定 WF-HESS 系统最佳的电池储能单元数量和最优超导磁储能单元数量。

（1）目标函数。

1）WF-HESS 总成本最小化。使用总成本来评估 WF-HESS 的经济目标，包括电池储能系统组件和超导磁储能系统组件的安装、运行和维护成本，计算公式为

$$\min TCC = N_{\text{bat}} TC_{\text{bat}} CRF_{\text{bat}} + N_{\text{SMES}} TC_{\text{SMES}} CRF_{\text{SMES}} \tag{5-64}$$

式中　　　　TCC——总成本；

TC_{bat}、TC_{SMES}——电池储能系统和超导磁储能单元成本；

CRF_{bat}、CRF_{SMES}——电池储能系统和超导磁储能系统的资本回收系数，计算公式为

$$CRF_{\text{bat}} = \frac{i_{\text{rr}}(1+i_{\text{rr}})^{y_{\text{bat}}}}{(1+i_{\text{rr}})^{y_{\text{bat}}}-1} \tag{5-65}$$

$$CRF_{\text{SMES}} = \frac{i_{\text{rr}}(1+i_{\text{rr}})^{y_{\text{SMES}}}}{(1+i_{\text{rr}})^{y_{\text{SMES}}}-1} \tag{5-66}$$

式中　i_{rr}、y_{bat}、y_{SMES}——利率及电池储能系统、超导磁储能系统组件寿命。

TC_{bat} 和 TC_{SMES} 分别由初始投资、运营成本和维护成本 3 部分组成。

$$\begin{cases} TC_{\text{bat}} = \text{unitcost}_{\text{bat}}(1+\theta_{\text{bo}}+\theta_{\text{bm}}) \\ TC_{\text{SMES}} = \text{unitcost}_{\text{SMES}}(1+\theta_{\text{so}}+\theta_{\text{sm}}) \end{cases} \tag{5-67}$$

式中　$\text{unitcost}_{\text{bat}}$、$\theta_{\text{bo}}$、$\theta_{\text{bm}}$——电池储能单元的单位成本、运行成本系数和维护成本系数；

$\text{unitcost}_{\text{SMES}}$、$\theta_{\text{so}}$、$\theta_{\text{sm}}$——超导磁储能单元的相应参数。

2）WF-HESS 弃风量最小化。大规模弃风限电现象不利于提升风电场效率和实现风电-储能价值链的价值创造和增值。通过构建 WF-HESS 实现风电-储能价值链的容量管理，可以在风电高发期储存一定比例的弃风，从而满足动态变化的用户负荷需求，并有效降低风电场的弃风量。因此，我们将弃风量最小化作为风电-储能价值链容量管理的第二个优化决策目标。

在混合储能系统充电过程中，如果风电场出力大于混合储能系统输入功率和用户负荷需求功率之和，则仍会产生弃风。弃风量最小化目标函数如式（5-68）表示，具体计算细节如图 5-18 所示。

$$\min WCM = \begin{cases} \sum_{t=1}^{T} P_{\text{WF}}(t)\Delta t - \sum_{t=1}^{T} P_{\text{bat}}(t)\Delta t - \sum_{t=1}^{T} P_{\text{SMES}}(t)\Delta t - E_{\text{LD}}/\mu \, (\text{in charge}) \\ \sum_{t=1}^{T} P_{\text{WF}}(t)\Delta t - E_{\text{LD}} \, (\text{in discharge}) \end{cases}$$

$$\tag{5-68}$$

其中　　　　$$E_{\text{LD}} = \sum_{t=1}^{T} \min\{P_{\text{WF}}(t), P_{\text{LD}}(t)\}\Delta t \tag{5-69}$$

式中　　WCM——弃风量；

　　　　E_{LD}——用户负荷需求。

3）WF-HESS 供电缺失率最小化。供电缺失率表示 WF-HESS 无法满足用户负荷需求的概率，是系统可靠性的体现，是容量管理协同优化决策的第三个目标。t 时刻系统 LPSP 值为 LPS 与总负荷需求的比值，如式（5-70）和式（5-71）所示，计算细节如图 5-18 所示。

$$LPSP = \frac{\sum_{t=1}^{T} LPS(t)}{\sum_{t=1}^{T} P_{TLD}(t)\Delta t} \tag{5-70}$$

$$LPS(t) = (-P_{HESS}(t)) - (E_{bat}(t-1) - E_{bat}(t))/k_{bat} - (E_{SMES}(t-1) - E_{SMES}(t))/k_{SMES} \tag{5-71}$$

为提高 WF-HESS 系统供电可靠性，设置 LPSP 的最大值，即

$$LPSP \leqslant LPSP_{max} \tag{5-72}$$

（2）约束条件。WF-HESS 协同优化模型中，应该满足以下约束条件：

1）电池储能系统组件容量受最大和最小值的限制，当容量达到额定容量时停止充电，且当容量达到最小状态时停止放电，即

$$E_{batmin} \leqslant E_{bat}(t) \leqslant E_{bat} \tag{5-73}$$

2）由于超导磁储能系统组件运行时可被完全释放，但其容量还需小于其最大允许值，即

$$E_{SMES}(t) \leqslant E_{SMES} \tag{5-74}$$

3）对于电池储能系统，变化的充放电功率值会导致不同的最优充放电模式，这将导致无法得到唯一的最优解。因此，对于电池储能系统组件，t 时刻的功率必须等于其额定功率，即

$$P_{bat}(t) = P_{bat} \tag{5-75}$$

4）对于超导磁储能系统组件，需满足相应的电流和功率限制，即

$$I_{SMES}(t) \leqslant I_{SMES} \tag{5-76}$$

$$P_{SMES}(t) \leqslant P_{SMES} \tag{5-77}$$

2. 基于 MOPSO 和 TOPSIS 的求解算法

粒子群优化算法（Particle Swarm Optimization，PSO）作为一种高效的优化决策问题求解算法，具有概念简单、精度高、收敛速度快、易于实现等优点和较高的求解效率，被广泛应用于多维函数的求解中。为解决风电-储能价值链容量管理的多目标协同优化决策问题，我们采用多目标粒子群优化算法（MOPSO）进行求解。通常来说，多目标决策问题的最优解是一个最优解集，即帕累托最优解。在此基础上，我们将使用多准则决策问题求解方法，即 TOPSIS 法，从最优解集中选择唯一最优解。

（1）基础理论。

1）多目标粒子群算法。PSO 算法是一种基于种群的随机优化算法，它由一组随机粒子开始进行初始化，然后通过更新迭代来寻找最优解。该算法的工作原理如下：首先，根据适应度值随机选择粒子，在已有最优解的基础上，对所有粒子进行分析，从而在粒子群中确定当前所得最优解；然后通过对比两个最优解的值，确定粒子的速度和位置。

假设粒子群包含 N 个粒子并在 D 维搜索空间中寻找最优解，第 i 个粒子的参数包括：第 i 个粒子为 X_i 所在的粒子群为 $X_i=(x_{i1}, x_{i2}, \cdots, x_{iD})$，其速度向量为 S_i，当前粒子群中的最优个体位置为 $Pbest_i$，群体最优位置为 $Gbest_i$。粒子更新其速度和位置的函数为

$$x_{ij}(t)=x_{ij}(t-1)+s_{ij}(t) \tag{5-78}$$

$$s_{ij}(t+1)=\omega s_{ij}(t)+J_1 r_1[Pbest_{ij}-s_{ij}(t)]+J_2 r_2[Gbest_{ij}-s_{ij}(t)] \tag{5-79}$$

式中　$x_{ij}(t)$、$s_{ij}(t)$ ——第 i 个粒子在第 j 维进行第 t 次迭代时的位置和速度；

　　　　ω ——惯性权重；

　　　　J_1、J_2 ——位于 $[0, 1]$ 之间的随机数，分别表示个体学习因子和社会学习因子；

　　　　r_1、r_2 ——位于 $[0, 1]$ 之间的随机值；

　　$Pbest_{ij}$、$Gbest_{ij}$ ——当前粒子的最佳位置和群体中所有粒子的最佳位置。

由于 PSO 算法只能处理单目标优化决策问题，为了处理多目标优化决策问题，基于 PSO 发展而来的多目标优化粒子群算法 MOPSO 被应用于各种优化决策问题的求解中。MOSPO 能够避免交叉、变异等单独操作，计算复杂度低，优化过程性能较好，更能满足快速、准确的计算要求。在此基础上，我们选择 MOPSO 算法获得风电-储能价值链容量管理协同的帕累托最优解集。

2）TOPSIS 法。TOPSIS 法通过计算每个解与正理想解、负理想解之间的几何距离来寻找决策问题的最佳解决方案。与其他解相比，最优解与正理想解间的距离最短，与负理想解间的距离最长。

TOPSIS 方法的计算过程如下：

步骤 1：构建评价矩阵 $A=(a_{ij})_{m\times n}$，A 选取基于 MOPSO 求解算法得到的 m 个最优解作为备选方案，同时包含 n 个评价准则，由总成本、弃风量和供电缺失率三个优化目标组成。

步骤 2：对矩阵 A 进行归一化，生成归一化矩阵 $\widetilde{R}=[\tilde{r}_{ij}]$。

$$\tilde{r}_{ij}=\frac{a_{ij}}{\sqrt{\sum a_{ij}^2}} \tag{5-80}$$

步骤 3：构造加权归一化评价矩阵 $\widetilde{Z}=[\tilde{z}_{ij}]$，$\tilde{z}_{ij}=\tilde{r}_{ij}(\cdot)\widetilde{w}_j$。

步骤 4：根据式（5-81）中 $\widetilde{Z}$ 值的最大值和最小值确定正理想解和负理想解。

$$\begin{cases} Q^+=\{\tilde{z}_1^+, \tilde{z}_2^+, \cdots, \tilde{z}_n^+\}, Q_j^+=\min_i(\tilde{z}_{ij}) \\ Q^-=\{\tilde{z}_1^-, \tilde{z}_2^-, \cdots, \tilde{z}_n^-\}, Q_j^-=\max_i(\tilde{z}_{ij}) \end{cases} \tag{5-81}$$

步骤 5：利用式（5-82）计算备选方案到正理想解及负理想解的距离。

$$d_i^+=\left[\sum_{j=1}^n (\tilde{z}_{ij}, z_j^+)^2\right]^{1/2}, d_i^-=\left[\sum_{j=1}^n (\tilde{z}_{ij}, z_j^-)^2\right]^{1/2} \tag{5-82}$$

步骤 6：计算贴近度系数，对备选方案进行排序，即

$$CC_i=\frac{d_i^-}{d_i^+ + d_i^-} \tag{5-83}$$

式中　$\tilde{r}_{ij}$、$\tilde{z}_{ij}$——第 i 个备选方案的第 j 个评价准则的归一化值和加权归一化值；

　　　　$\tilde{w}_j$——指标权重；

　　Q_j^-、Q_j^+——正理想解和负理想解；

　　　　CC_i——贴近度，如果备选方案距离正理想解越近且离负理想解越远，则其贴近度 CC_i 越接近 1。

（2）基于 MOPSO 和 TOPSIS 的优化框架。结合风电-储能价值链容量管理协同优化模型，基于 MOPSO 和 TOPSIS 算法求解的优化决策框架包含 3 个主要步骤：模型和相关参数的初始化、利用 MOPSO 方法求解最优解集、利用 TOPSIS 方法从最优解集中选择唯一最优解。

基于 MOPSO 和 TOPSIS 的容量管理协同优化由输入数据、充放电流程建模和优化求解过程组成，优化框架流程如图 5-19 所示，具体包括以下内容：

图 5-19　基于 MOPSO 和 TOPSIS 的优化框架图

步骤 1：初始化。数据初始化包括风电场的参数和数据、用户负荷需求、电池储能系统/超导磁储能系统组件和逆变器组件参数、相关的利率参数、常数和模型约束参数等。

步骤 2：用 MOPSO 方法得到最优解集。在优化过程中，将充放电策略建模并集成到 MOPSO 方法中。多目标协同优化模型设置的变量（电池储能单元数量和超导磁储能单元数量）作为粒子，执行充放电策略。每次更新迭代中，基于 WF‑HESS 系统每小时的输入功率数据，计算混合储能系统每小时存储和供应的电能数据，同时计算目标函数，并确保满足约束条件。MOPSO 方法求解最优函数值的过程为：①参数确定，定义搜索空间、最大迭代次数、指标权重、个体和社会学习因子、变量的上界和下界；②初始化粒子的位置和速度，根据目标函数确定初始适应度值，设置初始全局最优值；③更新迭代；④更新粒子的位置和速度；⑤基于更新后的数值，根据最小总成本、最小弃风量、最小供电缺失率计算个体和全局最优解，更新档案库；⑥停止标准，如果迭代次数达到最大值，则停止，否则转到步骤④。

步骤 3：用 TOPSIS 方法得到唯一最优解。包括：①标准化各备选方案，得到评价矩阵；②确定多优化目标的权重；③构造加权归一化评价矩阵；④计算正理想解和负理想解；⑤计算各备选方案与正理想解、负理想解之间的距离和贴近度值；⑥对备选方案进行排序，选择唯一最优解，即获得容量管理协同决策问题的最优解。

（3）协同优化效应决策指标。基于 MOPSO 和 TOPSIS 方法的优化框架，得到风电‑储能价值链容量管理的最优解，可以确定电池储能单元和超导磁储能单元的最佳数量。在此基础上，利用能量利用系数（Energy Utilization Coefficient，EUC）、减弃效率系数（Wind Curtailment Reduction Efficiency Coefficient，WCREC）等决策指标对容量管理的协同优化效应进行评价。

1）利用能量利用系数（EUC）。如 WF‑HESS 运行策略所述，WF‑HESS 满足用户负荷需求的途径之一是由风电出力经由逆变器直接供电，另一种途径则是利用混合储能系统中存储的能量满足剩余需求。引入利用能量利用系数，表示混合储能系统在放电过程中满足用户负荷需求的比例，计算公式为

$$\omega_{\text{net}} = \frac{W_{\text{net}}}{\sum\limits_{i=1}^{T=24} P_{\text{LD}}^{-}(t)\Delta t} \tag{5-84}$$

式中　ω_{net}——利用能量利用系数；

W_{net}——混合储能系统供应的电能之和；

$P_{\text{LD}}^{-}(t)$——混合储能系统放电时的用户负荷需求。

2）WF‑HESS 的减弃效率系数（WCREC）。为了评价容量管理的协同决策在减少风电场弃风的表现，在此使用减弃效率系数来评价 WF‑HESS 在减少弃风量方面的效率

$$E_{\text{WCM}} = \frac{\sum\limits_{i=1}^{T} P_{\text{WF}}(t) - WCM}{\sum\limits_{i=1}^{T} P_{\text{WF}}(t)} \tag{5-85}$$

5.4.3 算例分析

1. 基础数据

基于构建的优化决策模型，验证所提方法的有效性和适用性。我们选取包含 4×1.65MW 风力发电机的风电场进行模拟仿真。为提高风电-储能价值链中风电场和储能系统的协同效应，减少风电商和储能商之间的信息不对称，风电商和储能商将积极参与 WF-HESS 系统运行，旨在满足用户负荷需求并提高双方协同交易的经济效益和环境效益。

风电场参与协同的功率、用户总负荷需求、面向 WF-HESS 的用户负荷需求见表 5-9。与风电出力高峰期不同，用户负荷需求高峰期发生在上午 7—12 点和下午 18—22 点之间，这表明风电出力与用户需求之间存在着时间差。

表 5-9 风电出力及用户负荷需求 单位：MW

时间	风电功率	总需求	协同需求	时间	风电功率	总需求	协同需求
1：00	0.80	3.53	0.34	13：00	0.45	3.02	0.46
2：00	0.76	2.85	0.32	14：00	0.48	3.02	0.62
3：00	0.78	2.92	0.32	15：00	0.53	2.96	0.66
4：00	0.75	2.82	0.32	16：00	0.38	2.46	0.36
5：00	0.72	2.71	0.31	17：00	0.38	2.34	0.44
6：00	0.64	2.43	0.30	18：00	0.40	2.50	0.50
7：00	0.64	2.59	0.29	19：00	0.45	3.26	0.46
8：00	0.60	2.97	0.37	20：00	0.56	3.60	0.60
9：00	0.58	2.70	0.38	21：00	0.63	3.90	0.80
10：00	0.54	3.20	0.40	22：00	0.64	3.96	0.96
11：00	0.53	3.29	0.65	23：00	0.66	4.06	0.96
12：00	0.42	3.27	0.52	24：00	0.70	4.08	0.88

电池储能系统组件和超导磁储能系统组件的相关参数设定见表 5-10，WF-HESS 优化模型其他参数见表 5-11。

表 5-10 储 能 系 统 参 数

BES 组件单元			SMES 组件单元		
参数	单位	值	参数	单位	值
充/放电效率	%	90	磁感应强度	H	8
额定容量	Ah	100	额定电流	A	200
额定电压	V	12	充/放电效率	%	98
使用期限	生命周期	6	生命周期	年	20
充电/放电时间	h	10	额定电压	V	600
DOD	%	80	组件单价	元/kWh	7000
组件单价	元/kWh	1960	运营成本系数	%	1
运营成本系数	%	10	维护成本系数	%	3
维护费用系数	%	2			

表 5 - 11 其 他 参 数

其他参数	单位	值	其他参数	单位	值
逆变器效率	%	90	T	h	24
利率	%	5	$LPSP_{max}$	%	5

WF - HESS 应保证系统出力与用户负荷间的供需平衡和功率，因此不平衡功率需要由储能系统进行处理。利用式（5 - 48）得到输入功率，混合储能系统输入功率如图 5 - 20 所示。

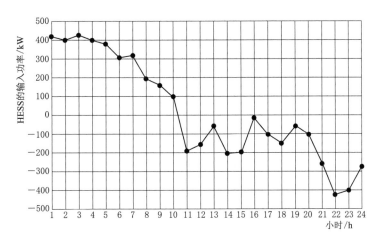

图 5 - 20 混合储能系统输入功率

应用 WF - HESS 能量管理策略和协同优化决策模型，能为用户提供连续的电能供应。在 $LPSP_{max}$ 限制下，通过 MOPSO 方法确定储能单元的最优数量，实现总成本、弃风量和供电缺失率的最小化。MOPSO 方法的参数见表 5 - 12。

表 5 - 12 MOPSO 参 数

参　　数	值	参　　数	值
粒子群	100	个体学习因子	2
最大迭代次数	100	社会学习因子	2
惯性权重	0.5		

2. 协同优化结果分析

在储能容量管理运行策略及模型和协同优化模型基础上，对数据进行处理，基于 MOPSO 方法的多目标优化决策过程如图5 - 21 所示。结果表明，当迭代次数达到最大值时，容量管理的多目标协同优化结果趋于稳定，得到满足优化目标和约束条件的最优解集。

在容量管理的协同优化决策过程中，决策过程兼顾总成本、弃风量和系统供电缺失率的最小化，得到包含 100 个帕累托最优解的最优解集。为提高 WF - HESS 的供电可靠性，在最优解集中选取供电缺失率值小于 5% 的解，得到 27 个最优解作为最优解的备选方案。基于备选方案构建评价矩阵，使用 TOPSIS 法确定电池储能单元和超导磁储能单

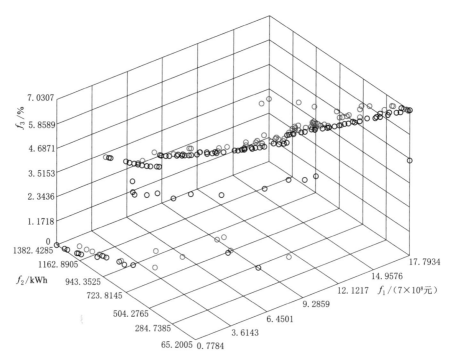

图 5 - 21　MOPSO 优化过程（f_1：总成本；f_2：弃风量；f_3：供电缺失率）

元的最佳数量。将总成本、弃风量和系统供电缺失率作为评价准则，权重设置为 [0.45，0.45，0.1]，按照 TOPSIS 算法的计算步骤对各备选方案进行评价，得到结果见表5 - 13。

表 5 - 13　　最 优 系 统 配 置

参　数	值
电池储能单元数量	1939
电池组容量/kWh	2326.80
超导磁储能单元数量	4617
超导磁储能系统组件容量/kWh	164.16
总成本/(7×10^8 元)	3.58
WCM/kWh	816.46
LPSP/%	3.70

使用最优系统配置模拟混合储能系统的充放电过程，得到电池储能系统和超导磁储能系统各时点的功率，如图 5 - 22 所示。上午 1：00—7：00，电池储能系统组件以额定功率进入充电状态，于下午 21：00—24：00 进入放电状态。对于超导磁储能系统组件，其充电时间为 1：00—10：00，放电时间为 11：00—24：00，呈现较大的功率波动，充放电功率根据混合储能系统输入功率和电池储能系统组件功率的变化而逐小时变化，能够快速响应风电出力和用户需求的波动。

根据 WF - HESS 的负荷需求数据和最佳配置结果，计算 WF - HESS 协同优化的能量利用系数和减弃效率系数。WF - HESS 在供电状态下的能量利用系数 EUC 为21.15%，该指标表明 21.15% 的用户负荷需求由混合储能系统提供，剩余部分由风电出力直接提供。基于式（5 - 85），得到 WF - HESS 的减弃效率系数 EWCM 为 94.18%，即容量管理优化后的 WF - HESS 系统能够充分利用风电出力，有效提高风电利用效率，实现风电-储能价值链的价值创造和增值。

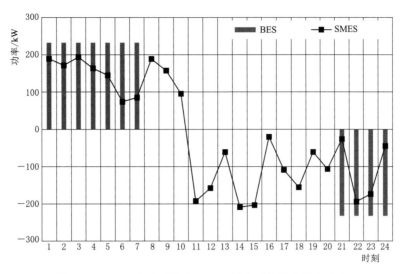

图 5 - 22　BES 储能系统和 SMES 储能系统的充放电功率

3. 对比分析和敏感性分析

（1）对比分析。为了验证 WF - HESS 容量管理在减少风电场弃风和提高风电-储能价值链价值增值效应的有效性，选取弃风量小于 420.6kWh（风电出力总数的 3%）且供电缺失率小于 5% 的帕累托最优解并按弃风量值进行降序排列，得到相应方案的总成本、供电缺失率、储能系统组件数量结果，如图 5 - 23 所示。可以看出，弃风量与系统总成本、供电缺失率、超导磁储能系统组件数量呈明显的负相关关系，而电池储能系统组件数量差异较小。因此，提高 WF - HESS 成本投入、较低的供电缺失率约束、增加超导磁储能单元数量能够有效缓解风电场弃风。

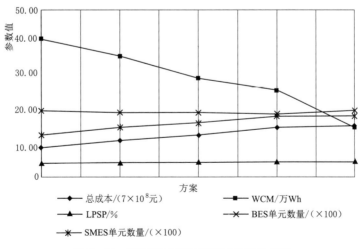

图 5 - 23　按 WCM 值降序排列的优化方案

使用 TOPSIS 确定唯一最优解时，总成本、弃风量和供电缺失率的优化目标权重设置为 [0.45，0.45，0.1]。为满足不同决策者的偏好，我们将改变优化目标的权重进行对比分析，分别从 27 个备选方案中选择相应的唯一最优解。根据不同目标偏好，定义 5 组权重并计算目标函数值，结果见表 5-14。

表 5-14　　　　　　　　　　基于不同目标权重的仿真结果

组别	目标权重	总成本/元	WCM	LPSP	BES 单元数量	SMES 单元数量
C1	[0.45, 0.45, 0.1]	$3.58\times7\times10^8$	816.46	3.7%	1939	4617
C2	[0.8, 0.1, 0.1]	$0.97\times7\times10^8$	1305.95	0.00%	1046	2073
C3	[0.1, 0.8, 0.1]	$15.35\times7\times10^8$	148.38	4.5%	1993	18296
C4	[0.1, 0.1, 0.8]	$2.67\times7\times10^8$	1018.13	0.00%	1871	1380
C5	[0.33, 0.33, 0.33]	$2.67\times7\times10^8$	1018.13	0.00%	1871	1380

令前文中所设的权重为参照组 C1。C2 组中，决策者偏向于较低的总成本方案，权重设置为 [0.8, 0.1, 0.1]，此时最优方案的总成本为 $0.97\times7\times10^8$ 元，该方案需要配置较少的电池储能系统组件和超导磁储能系统组件，但弃风量较高。C3 组中，决策者偏向于降低风电－储能价值链的弃风量，权重设置为 [0.1，0.8，0.1]，此时弃风量为148.3kWh，弃风率为 1.06%，弃风现象得到有效缓解，但该优化方案需要配置 1994 个电池储能单元和 18296 个超导磁储能单元，总成本较高。当决策者偏向于提高 WF-HESS 的供电可靠性时，C2、C4、C5 组的供电缺失率均为零，这说明我们所构建的WF-HESS 能够充分满足用户负荷需求，避免供电缺失现象的发生。C5 组中，总成本、弃风量和供电缺失率具有相等的权重。对比分析表明，优化目标偏好对风电－储能价值链容量管理的协同优化结果有较大影响，基于不同决策偏好，可确定相应的最佳混合储能系统配置结果。

（2）敏感性分析。在这里，我们基于电池储能单元数量和超导磁储能单元数量进行敏感性分析，模拟参数变化对 WF-HESS 总成本和系统弃风量的影响。令电池储能单元和超导磁储能单元的数量分别减少至 40%、60%、80% 及增加至 120%、140%、160%，分别讨论各情景下 WF-HESS 系统的总成本变化、弃风量变化、总成本及弃风量同时变化情况。

1）总成本。基于不同容量配置情况，得到总成本变化结果，如图 5-24 所示。

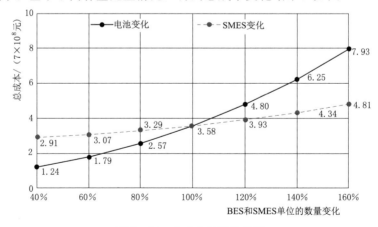

图 5-24　总成本敏感性结果

如果电池储能单元和超导磁储能单元的数量均减少至 80%，WF－HESS 总成本将从 $3.58 \times 7 \times 10^8$ 元降至 $2.57 \times 7 \times 10^8$ 元、$3.29 \times 7 \times 10^8$ 元。如果混合储能系统组件增加至 120%，相应的总成本从 $3.58 \times 7 \times 10^8$ 元增加至 $4.8 \times 7 \times 10^8$ 元、$3.93 \times 7 \times 10^8$ 元。可见，WF－HESS 总成本对电池储能单元数量更为敏感，这是由于电池储能单元的额定容量大于超导磁储能单元的额定容量。总而言之，储能系统的成本对 WF－HESS 总成本有较大的影响，随着储能技术的发展和储能成本的降低，风电-储能价值链的协同效应和价值增值效应将有所增加。

2）弃风量。图 5－25 为电池储能单元数量和超导磁储能单元数量变化时，WF－HESS 系统弃风量的敏感性分析结果。可见，当电池储能单元数量分别增加和减少 20% 时，WCM 值从 816.46kWh 变为 488.16kWh 和 1230.7kWh；当超导磁储能单元数量分别增加和减少 20% 时，WCM 值从 816.46kWh 变为 774.95kWh 和 858.67kWh。当电池储能单元增加 60% 时，弃风量能得到完全消纳，而当超导磁储能单元数量增加至 160% 时，弃风量仍达到 691.19kWh，弃风消纳效果不如电池储能系统显著。因此，弃风量对电池储能系统数量变化更为敏感，这是由于电池储能技术可有效处理连续、低波动部分的风电出力，而超导磁储能系统组件在降低弃风量方面的性能则较为稳定，适用于处理风电出力中的高波动部分，负责瞬时响应功能。

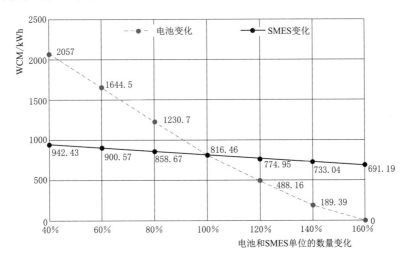

图 5－25　弃风量敏感性结果

3）总成本及弃风量同时变化。同时以同等比例改变电池储能单元和超导磁储能单元的数量，得到总成本和弃风量对储能配置的敏感性结果，如图 5－26 所示。

若混合储能系统组件数量减少至 40% 及增加至 160%，WF－HESS 系统总成本将分别达到 $0.57 \times 7 \times 10^8$ 元和 $9.16 \times 7 \times 10^8$ 元，总成本波动较大，敏感性十分显著。在相同的组件变化情景下，弃风量也呈现了较高的敏感性。可见，增加 WF－HESS 储能组件数量可以有效缓解弃风现象但需要较高成本，而当储能组件数量增加至 160% 时，弃风量接近于零。因此，有效的风电-储能价值链容量管理能减少弃风，呈现良好的价值创造和增值效应。

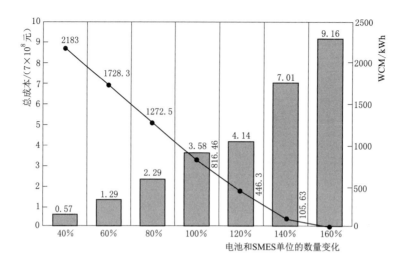

图 5-26　总成本和弃风量敏感性分析结果

5.4.4　结论与建议

为提高清洁能源利用效率并实现发电商及储能商的协同效应，我们基于风电-储能价值链构建了 WF-HESS 系统，对储能容量管理的运行策略、组件模型、能量管理模型、协同优化决策模型进行了分析和探讨，建立了清洁能源价值链容量优化机制。

首先，以储能系统作为价值链主体和中心节点，分析储能容量管理的协同框架；其次，对 WF-HESS 的运行策略、储能系统组件、能量管理策略进行建模构建；再次，以 WF-HESS 系统总成本、弃风量和供电缺失率为优化决策目标，构建储能容量管理的协同优化决策模型，在系统运行约束条件的限制下，使用 MOPSO 多目标优化决策算法和 TOPSIS 多准则决策法确定 WF-HESS 容量管理的最优配置，确定了系统协同优化效应的决策指标；最后，通过对比分析和敏感性分析，验证了所构模型的可行性和有效性。分析结果表明，通过对储能容量管理进行协同优化决策研究，能够在提高系统可靠性的同时得到最优的系统总成本、有效缓解弃风现象，并能实现风电场和储能系统之间的协同运作，从而实现价值链的价值创造和增值。

5.5　基于区块链智能合约的混合电力系统利益分配机制

在利益主体间的信息共享机制、价值创新机制、风险共担机制及容量优化机制得到充分研究之后，如何对混合电力系统进行规划与利益分配成为必要。在有序的市场经济环境下，利益冲突在一般情况下可依靠多方主体自发调整而解决。然而，随着利益的多元化以及利益需求的无限化，利益冲突已超过组织自发调整的范畴。清洁能源价值链上的信息双向流动，使得"发电商-储能商"以及"储能商-用户"上下游节点上的利益主体之间往往为了满足个体利益最大化而进行动态博弈，从而产生了较为严重的双重边际效应。因此，只有发电、储能、用能环节各个利益主体进行合作博弈，对利益的先后顺序、上下位阶予以安排，化解利益冲突并实现利益平衡，才可以使各主体获得比独自运作更多的利益，从而实现帕累托改进，达到价值链上总体协同效益的最大化。区块链智能合约能在保证信息传递安全的基础上，提高混合电力系统的利益分配效率，因此探究区块链智能合约下的混合电力系统利益分配机制能进一步促进协同效益优化。

基于博弈论与契约理论制定利益平衡机制，能在保证各主体利益的基础上，实现价值链整体利益优化，当前有部分学者从利益失衡、利益平衡角度出发，对供应链的利益平衡机制进行了研究。首先，利益失衡及利益冲突作为各行业供应链及价值链利益主体所面临的普遍问题得到了学者的广泛关注，如贾明顺对专利标准化过程中的利益冲突问题及当前利益平衡机制所存在的问题进行了探讨；然后，在此基础上完善专利标准化过程利益冲突的平衡机制，使其更好地发挥对产业发展和创新的促进作用；高鹏等从物质利益和精神利益的视角入手，分析了信息内容服务产业链内各类利益主体的利益诉求，探讨了链内同类利益主体间的利益冲突和异类利益主体间的利益冲突，提出了相应的措施以解决信息内容服务产业链内利益主体的利益冲突，以实现各主体的利益平衡；其次，在利益失衡问题得到关注之后，如何建立合理的利益平衡机制，以平衡各利益主体的利益分配，则进一步成为各学者的研究点，Huo H 等在云环境下通过数学分析建立了港口供应链利益协调模型，为港口供应链风险评估模型的建立和发展提供了参考；檀勤良等从风电产业链纵向角度，探讨垂直整合下利益相关者的利益分配问题，建立基于 Shapley 法的利益分配模型；李伟等基于收益共享契约理论，分析弃风电采暖项目中利益相关者的利益分配模式，并表明通过合理的利益管理，能够实现整体效益的提升，激发决策者的积极性。可以看出，当前关于利益平衡机制的研究广泛度及深度均还不足，本节将引入合作博弈理论，在考虑当前火电与清洁能源同时发展的背景下，针对区块链智能合约下的混合电力系统利益分配机制问题进行探讨。

5.5.1 区块链智能合约下混合电力系统利益分配机制分析

通过区块链技术，可以在参与电力供应链的企业之间建立低成本的直接沟通渠道，实现电力直供供应链企业间利益分配的快速完成，及时推进协调利益，同时分散共识。该机制可以保证系统分布的公平性和安全性。智能合约可以优化利益分配的机制，降低利益分配的时间成本，提高整个电力直接交易供应链参与企业间利益分配的效益和效率。因此，提出的利用融合区块链技术和智能合约的电力直接交易供应链利益分配机制，能够帮助电力直接交易供应链参与各方快速、可信、自动建立和完成利益分配，保障供应链参与方的自身利益，进而保障整个供应链的动态稳定。该模式下，融合区块链和智能合约的电力直接交易供应链分配机制如图 5-27 所示。

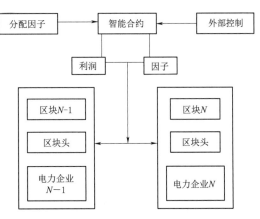

图 5-27 区块链智能合约利益分配机制

1. 智能合约制定步骤

（1）用户首先在区块链上注册，并从区块链平台获取一对公钥和私钥。

（2）两个或更多用户根据需要就权利和义务承诺达成一致。这些权利和义务以电子方式编程为机器语言，参与者使用自己的私人密钥签署，确保合同的有效性。

（3）签署的智能合同将根据承诺的内容引入区块链网络。

2. 合约存入区块链步骤

（1）合同通过 P2P 在区块链网络中传播，每个节点将收到一份副本，验证节点将副本保存到计算机内存中，等待各个节点取得共识，这个需要通过协商一致来实现。

（2）当达成共识时，验证节点将最近时间保存的全部合同打包成合同集，计算合同集的哈希值，然后将合约集的哈希值汇总到一个区域中，以数据块的结构传播到整个网络。接收到块结构后，其他验证节点将取出包含在其中的合同集的哈希值，并将其与自身保存的合同集进行比较，并将自己批准的一组合同发送给其他验证节点，通过多轮传播和比较，最后全部验证节点在指定时间内就最新的合同集达成一致。

（3）新到达的合同集将以区块的形式传播到整个网络。每个数据区块被赋予特定的信息：当前块的哈希值、前一个块的哈希值、一致性、时间戳和其他描述性信息。同时，一系列已经商定的合同是区块链最重要的信息，接收合同集的节点将验证每个合同，并且已验证的合同将返回到最终并写入内存。在区块链中，合同的私钥签名与账户匹配，合同就获得验证。

3. 智能合约自动执行步骤

（1）智能合约定期检查自动机的状态，逐个遍历每个合同中包含的状态机、事务和触发条件。当满足条件时，将事务推送到要验证的队列，等待达成共识；当不满足触发条件时，事务将继续存储在区块链中。

（2）开启最新一轮验证时，首先将区块链事务扩展到每个验证节点。与正常的区块链事务相同，验证节点首先通过对签名与账户的一致性验证来证明事务的有效性。已验证的事务将输入共识集，依此类推。当验证节点的大多数都达成共识后，区块链事务将被自动执行，同时发通知给用户。

（3）交易成功执行后，智能合约的状态与合约的状态保持一致，合同中包含的所有事务都会按顺序被执行，状态机将合同的状态标记为已完成并删除最新的区块以及合同；否则，它将被标记为正在进行中，继续保存在最新的区块中安排在接下来的一轮验证中处理，直到处理完成。合约的交易以及处理执行都是由智能合约系统自动实现的，合约无法篡改并全程公开。

5.5.2　混合电力系统合作博弈及利益分配机制设计

在区块链智能合约机制下，需要建立合理的混合电力系统合作博弈及利益分配模型。

1. 合作博弈模型分析

若一个决策情况存在多个决策者并追求各自的目标，则称其为一个博弈。博弈论分为合作博弈和非合作博弈，合作博弈即存在有约束力的合作协议的博弈，研究多人如何进行合作达到联盟收益的最大化以及联盟收益如何进行分配，强调的是集体理性。合作博弈可以进一步划分为支付可转移的合作博弈和支付不可转移的合作博弈，根据支付可转移的合作博弈进行能源互联网中混合电力系统规划问题研究。

合作博弈的基本要素是参与人以及特征函数，即（N，v），其中 $N=\{1,2,3,\cdots,n\}$ 表示参与人的集合，且 N 为正整数，n 表示参与人的个数，v 表示此联盟的特征函数。S 表示参与人之间的联盟，并且 $S\in N$，定义 s 为联盟 S 中参与人的个数。v_S 表示联盟 S 中参与人相互合作得到的收益。合作博弈中具体的相关定义如下：

（1）特征函数。假设由集合 N 中任意个数的参与人构成联盟 A，并且 $A\in N$。联盟 A 中的成员共同协作以达到整个联盟收益的最大化。显然，该联盟取得的收益与联盟 A 相关，这里用 v 表示。因此，能够反映取得的共同收益的函数称为特征函数，即依靠联盟 S 中成员自身的努力而取得的收益。特殊情况，当 $A=S$ 时，v 等同于 v_S，也就是说，v_S 是联盟 S 的特征函数。

（2）边际贡献。参与者 i 相对联盟 S 的边际贡献定义为

$$r_i = v_S - v_{S/i} \tag{5-86}$$

（3）收益分配。对于支付可转移合作博弈（N，v），其分配策略（x_1，x_2，x_3，$\cdots$，x_i，$\cdots$，x_n）为支付向量，表示参与者联盟总收益的分配方案，其中 x_i 表示第 i 个参与者所分得的收益。

（4）个体理性。对于支付可转移合作博弈（N，v），当且仅当每个参与者分配到的收益都比各自为政时高，则分配（x_1，x_2，x_3，$\cdots$，x_i，$\cdots$，x_n）符合个体理性，即

$$x_i > v_i \tag{5-87}$$

（5）整体理性。对于支付可转移合作博弈（N，v），当且仅当所有参与者所分配得到的收益综合等于联盟的价值，则分配（x_1，x_2，x_3，$\cdots$，x_i，$\cdots$，x_n）符合整体理性，即

$$\sum_{i=1}^{n} x_i = v_N \tag{5-88}$$

当支付可转移合作博弈的分配（x_1，x_2，x_3，$\cdots$，x_i，$\cdots$，x_n）符合个体理性和整体理性时，该分配为一个有效分配。

2. 合作博弈模型分配策略分析

这部分给出 3 种典型的分配策略，用于能源互联网中分配混合电力系统合作博弈规划的收益，详细叙述如下：

（1）等分策略。等分策略即联盟中的参与者平均分配整个联盟的收益。在能源互联网系统火电-风电-光伏-储能构成的联盟中，分配公式为

$$x_t = x_w = x_s = x_e = \frac{v_{t,w,s,e}}{4} \tag{5-89}$$

式中　x_t——火电厂获得的收益分配；

$\quad\quad x_w$——风电场获得的收益分配；

$\quad\quad x_s$——光伏电站获得的收益分配；

$\quad\quad x_e$——储能商获得的收益分配；

$v_{t,w,s,e}$——整个联盟收益。

（2）按容分配策略。按容分配策略即根据组成大联盟的各个参与者的容量与总容量的占比，分配整个联盟的收益。分配公式为

$$x_t = \frac{C_t}{C_t + C_w + C_s + C_e} \times v_{t,w,s,e} \tag{5-90}$$

$$x_w = \frac{C_w}{C_t + C_w + C_s + C_e} \times v_{t,w,s,e} \tag{5-91}$$

$$x_s = \frac{C_s}{C_t + C_w + C_s + C_e} \times v_{t,w,s,e} \tag{5-92}$$

$$x_e = \frac{C_e}{C_t + C_w + C_s + C_e} \times v_{t,w,s,e} \tag{5-93}$$

式中　C_t，C_w，C_s，C_e——火电厂、风电场、光伏电站和储能的装机容量。

（3）Shapley 值分配。设 N 是参与合作博弈的参与者集合；S 表示 N 的一个合作联盟；s 表示联盟 S 中参与者的个数。假设局中人根据随机次序形成联盟，那么各种次序发生的概率为 p，且

$$p = \frac{1}{n!} \tag{5-94}$$

式中　n——联盟中成员总数。

合作成员 i 和其他 $(s-1)$ 人形成联盟 S，其排列次序有 $(s-1)!\ (n-s)!$ 种。因此，包含成员 i 且合作规模为 s 的联盟出现的概率为 $\phi(i)$，且

$$\phi(i) = p(s-1)!\ (n-s)! = \frac{(s-1)!\ (n-s)!}{n!} \tag{5-95}$$

在联盟 S 中，合作成员 i 对规模为 s 的联盟的贡献为 r_i，且

$$r_i = v_S - v_{S/i} \tag{5-96}$$

式中　v_S——包含 i 的规模为 s 的联盟的收益；

$v_{S/i}$——不包含 i 的规模为 $(s-1)$ 联盟的收益。

Shapley 值可以看作合作博弈中参与者所做贡献的期望值，即

$$x_i(N,v) = \sum \phi(i) \times r_i = \sum \frac{(s-1)!\ (n-s)!}{n!} \times (v_S - v_{S/i}) \tag{5-97}$$

式中　$x_i(N,v)$——成员 i 获得的收益分配值。

3. 分配策略倾向分析

1974 年，Dermot Gately 提出 DP（disruption propensity）指标。DP 指标用于定量分析分配策略对每个参与者的吸引力，即合作博弈的参与者对该分配策略的倾向程度，表示参与者 i 拒绝参与合作后，给其他合作者带来的损失与其对自身损失的比值，参与者 i 的 DP 指标 $d(i)$ 定义如下

$$d(i) = \frac{\sum_{j \in (N/i)} x_j - v_{N/i}}{x_i - v_i} \tag{5-98}$$

式中　x_i——参与者 i 参与合作时的收益分配值；

v_i——参与者 i 拒绝参与合作时的收益分配值；

$\sum_{j \in \{N/i\}} x_j$——参与者 i 参与合作后其他参与者获得的总收益分配值；

$v_{N/i}$——参与者 i 拒绝参与合作时，其他参与者的总收益分配值。

MDP（modified disruption propensity）是对 DP 进行修正之后的指标，其计算公式为

$$D(i) = \frac{1}{n-1} \times \frac{\sum_{j \in \{N/i\}} x_j - v_{N/i}}{x_i - v_i} \qquad (5-99)$$

式中　$D(i)$——参与者 i 拒绝合作时其他参与者人均损失与参与者 i 的损失之比，$D(i)$ 所代表的参与者对合作博弈分配策略的倾向，见表 5 - 15。

表 5 - 15　　　　　　　　MDP 指标值合作倾向分析

指标值 $D(i)$	意　义	结　果
$D(i) \geqslant 1$	参与者 i 的非合作行为使其他参与者的平均损失大于等于参与者 i 自身的损失	参与者 i 倾向于拒绝该分配策略
$D(i) < 1$	参与者 i 的非合作行为导致的其他参与者平均损失小于自身损失	参与者 i 倾向于接受该分配策略

合作博弈基础上的能源互联网中混合电力系统的分配指的是火电-风电-光伏-储能进行合作，并达成有约束力的合作协议，在联盟利益最优化的基础上，根据参与者的贡献情况进行利益分摊，从而达到多方共赢的局面。

5.5.3　算例分析

根据已有的合作博弈理论模型及相关分配策略，对能源互联网中的"火电-风电-光伏-储能"四者的利益分配情况进行算例分析。

1. 合作博弈收益分析

以 A 省某地区为例进行分析。已知此地区有火电厂、风电场、光伏发电 3 种电源及一个储能商，A 省处在中国西北地区，风电比光伏发电拥有更好的发展态势。

（1）合作前各个参与主体收益分析。由于储能厂商自身不能为用户供电，因此储能商在不参与合作时其自身的收益为 0。具体的"火电-风电-光伏-储能"合作之前的收益见表 5 - 16。

表 5 - 16　　　　　　　　合作前各主体收益分析

参与者	装机容量/MW	单位电量收益/(元/kWh)	电量/亿 kWh	总收益/亿元
1	300	0.12	183960.00	22075.20
2	200	0.25	100000.00	25000.00
3	100	0.20	80000.00	16000.00
4	100	—	—	—

（2）合作之后的收益。经调查发现，A 省某地区用户用电量基本保持不变，因此当火电、风电、光伏发电进行合作时，其总发电量保持不变。即

$$W_{t,w} = W_t + W_w \qquad (5-100)$$

$$W_{t,s} = W_t + W_s \qquad (5-101)$$

$$W_{w,s} = W_w + W_s \qquad (5-102)$$

$$W_{w,s,t} = W_w + W_s + W_t \qquad (5-103)$$

式中　W_t——火电厂的发电量；

　　　W_w——风电场的发电量；

　　　W_s——光伏电站的发电量；

　　　$W_{t,w}$——火电厂和光伏电站合作时的发电量；

　　　$W_{t,s}$——火电厂和光伏电站合作时的发电量；

　　　$W_{w,s}$——风电场和光伏电站合作时的发电量；

　　　$W_{w,s,t}$——三者合作时的发电量。

由于储能可以提高电网的稳定性，增加可再生能源的渗透性，提高能源系统的效率，因此加入储能之后用户用电量相对提升。因此储能商参与时各电源的发电量均有不同程度的增加，即

$$W_{t,e} > W_t \tag{5-104}$$

$$W_{w,e} > W_w \tag{5-105}$$

$$W_{s,e} > W_s \tag{5-106}$$

$$W_{t,w,e} > W_t + W_w \tag{5-107}$$

$$W_{t,s,e} > W_t + W_s \tag{5-108}$$

$$W_{w,s,e} > W_w + W_s \tag{5-109}$$

$$W_{w,s,t,e} > W_w + W_s + W_t \tag{5-110}$$

式中　$W_{t,e}$——储能商参与时，火电厂的发电量；

　　　$W_{w,e}$——储能商参与时，风电场的发电量；

　　　$W_{s,e}$——储能商参与时光伏电站的发电量；

　　　$W_{t,w,e}$——储能商参与时，火电厂、风电场总共的发电量；

　　　$W_{w,s,e}$——储能商参与时，火电厂、光伏电站总共的发电量；

　　　$W_{w,s,t,e}$——储能商参与时，火电厂、风电场、光伏电站总共的发电量。

根据调研数据显示，不同联盟规模的收益情况见表5-17～表5-27。为便于计算，储能商参与时造成的单位电量收益的改变未考虑在内。从表中可以看出，此合作博弈均满足：

当任意两个参与主体构成联盟时

$$v_{ij} > v_i + v_j \tag{5-111}$$

当任意3个参与主体构成联盟时

$$v_{ijk} > v_i + v_j + v_k \tag{5-112}$$

当4个参与主体共同构成联盟时

$$v_{ijkr} > v_i + v_j + v_k + v_r \tag{5-113}$$

表5-17　　　　　　　　　　火电厂和风电场联盟收益分析

参与者	单位电量收益	电量/万 kWh	收益/万元
1	0.12	134538.00	16144.56
2	0.25	149422.00	37355.50
总计	—	283960.00	53500.06

表 5 - 18　　　　　　　　　　　火电厂和光伏电站联盟收益分析

参与者	单位电量收益	电量/万 kWh	收益/万元
1	0.12	152467.00	18296.04
3	0.20	111493.00	22298.60
总计	—	263960.00	40594.64

表 5 - 19　　　　　　　　　　　火电厂和储能联盟收益分析

参与者	单位电量收益	电量/万 kWh	收益/万元
1	0.12	206153.00	24738.36
4	0.23	—	—
总计	—	206153.00	24738.36

表 5 - 20　　　　　　　　　　　风电场和光伏电站联盟收益分析

参与者	单位电量收益	电量/万 kWh	收益/万元
2	0.25	110000.00	27500.00
3	0.20	70000.00	14000.00
总计	—	180000.00	41500.00

表 5 - 21　　　　　　　　　　　风电场和储能联盟收益分析

参与者	单位电量收益	电量/万 kWh	收益/万元
2	0.25	136342.00	34085.50
4	0.23	—	—
总计	—	136342.00	34085.50

表 5 - 22　　　　　　　　　　　光伏电站和储能联盟收益分析

参与者	单位电量收益	电量/万 kWh	收益/万元
3	0.20	106985.00	21397.00
4	0.23	—	—
总计	—	106985.00	21397.00

表 5 - 23　　　　　　　　火电厂、风电场、光伏电站联盟收益分析

参与者	单位电量收益	电量/万 kWh	收益/万元
1	0.12	136095.00	16331.40
2	0.25	123587.00	30896.75
3	0.20	104278.00	20855.60
合计	—	363960.00	68083.75

表 5 - 24　　　　　　　　火电厂、风电场、储能联盟收益分析

参与者	单位电量收益	电量/万 kWh	收益/万元
1	0.12	142268.00	17072.16
2	0.25	156054.00	39013.50
4	0.23	—	—
总计	—	298322.00	56085.66

表 5 - 25 **火电厂、光伏电站、储能联盟收益分析**

参与者	单位电量收益	电量/万 kWh	收益/万元
1	0.12	139853.00	16782.36
3	0.20	156271.00	31254.20
4	0.23	—	—
合计	—	296124.00	48036.56

表 5 - 26 **风电场、光伏电站、储能联盟收益分析**

参与者	单位电量收益	电量/万 kWh	收益/万元
2	0.25	122651.00	30662.75
3	0.20	95406.00	19081.20
4	0.23	—	—
总计	—	218057.00	49743.95

表 5 - 27 **火电厂、风电场、光伏电站、储能联盟收益分析**

参与者	单位电量收益	电量/万 kWh	收益/万元
1	0.12	134254.00	16110.48
2	0.25	176476.00	44119.00
3	0.20	159351.00	31870.20
4	0.23	—	—
总计	—	470081.00	92099.68

2. 基于不同分配策略的分配结果分析

利用等分策略、按容分配策略和 Shapley 值 3 种不同的分配方式对能源互联网中"火-风-光-储"联盟规模为 4 个主体的合作博弈收益进行分配,并分别计算其 MDP 指标值,分析各个参与主体在不同分配策略下的合作倾向。具体计算过程如下:

(1) 等分策略 (Average Allocation Strategy,AAS)。根据式 (5 - 89) 得到等分策略下联盟个体的收益,再根据式 (5 - 99) 计算其 MDP 指标值,得到结果见表 5 - 28。

表 5 - 28 **等分策略下各个联盟个体的收益及 MDP 指标值**

分配方式	联盟个体收益				MDP 指标			
	火电	风电	光伏	储能	火电	风电	光伏	储能
等分策略	23024.92	23024.92	23024.92	23024.92	6.78	−3.55	0.62	0.01

(2) 按容分配策略 (Capacity Allocation Strategy,CAS)。依据式 (5 - 90) ~式 (5 - 93),计算出按容分配策略下联盟个体的收益,并计算其 MDP 指标值,见表 5 - 29。

表 5 - 29 **按容分配策略下各个联盟个体的收益及 MDP 指标值**

分配方式	联盟个体收益				MDP 指标			
	火电	风电	光伏	储能	火电	风电	光伏	储能
按容分配策略	39471.29	26314.19	13157.10	13157.10	0.06	4.50	−2.68	0.28

（3）Shapley 值分配（Shapley Allocation Strategy，SAS）。将火电厂、风电场、光伏电站及储能构成的联盟记为 $U=\{T，W，S，E\}$，从表 5-16 可以看出其独立运营时获利为 $v_T=22075.20$ 万元，$v_W=25000.00$ 万元，$v_S=16000.00$ 万元，$v_E=0$，在 Shapley 值法分配策略下，根据式（5-94）至式（5-98）可以得到火电厂、风电场、光伏电站及储能的分配利益，计算过程见表 5-30 至表 5-33。然后根据式（5-99）计算此种分配策略下 MDP 指标值，见表 5-34。

表 5-30 　　　　　　　　　　Shapley 值分配策略下火电厂利益计算表

分配模型	组 合 方 式								总利益 /万元
	1	1∪2	1∪3	14	1∪2∪3	1∪2∪4	1∪3∪4	U	
v_i	22075.20	53500.06	40594.64	24738.36	68083.75	56085.66	48036.56	92099.68	
v_{s-i}	0	25000.00	16000.00	0	41500.00	34085.50	21397.00	49743.95	
v_i-v_{s-i}	22075.20	28500.06	24594.64	24738.36	26583.75	22000.16	26639.56	42355.73	
$\phi(i)$	1/4	1/12	1/12	1/12	1/12	1/12	1/12	1/4	
$\phi(i)(v_i-v_{s-i})$	5518.80	2375.01	2049.55	2061.53	2215.31	1833.35	2219.96	10588.93	28862.44

表 5-31 　　　　　　　　　　Shapley 值分配策略下风电场利益计算表

分配模型	组 合 方 式								总利益 /万元
	2	1∪2	2∪3	2∪4	1∪2∪3	1∪2∪4	2∪3∪4	U	
v_i	25000.00	53500.06	41500.00	34085.50	68083.75	56085.66	49743.95	92099.68	
v_{s-i}	0	22075.20	16000.00	0	40594.64	24738.36	21397.00	48036.56	
v_i-v_{s-i}	25000.00	31424.86	25500.00	34085.50	27489.11	31347.30	28346.95	44063.12	
$\phi(i)$	1/4	1/12	1/12	1/12	1/12	1/12	1/12	1/4	
$\phi(i)(v_i-v_{s-i})$	6250.00	2618.74	2125.00	2840.46	2290.76	2612.28	2362.25	11015.78	32115.27

表 5-32 　　　　　　　　　　Shapley 值分配策略下光伏电站利益计算表

分配模型	组 合 方 式								总利益 /万元
	3	1∪3	2∪3	3∪4	1∪2∪3	1∪3∪4	2∪3∪4	U	
v_i	16000.00	40594.64	41500.00	21397.00	68083.75	48036.56	49743.95	92099.68	
v_{s-i}	0	22075.20	25000.00	0	53500.06	24738.36	34085.50	56085.66	
v_i-v_{s-i}	16000.00	18519.44	16500.00	21397.00	14583.69	23298.20	15658.45	36014.02	
$\phi(i)$	1/4	1/12	1/12	1/12	1/12	1/12	1/12	1/4	
$\phi(i)(v_i-v_{s-i})$	4000.00	1543.29	1375.00	1783.08	1215.31	1941.52	1304.87	9003.51	22166.58

表 5-33 　　　　　　　　　　Shapley 值分配策略下储能商利益计算表

分配模型	组 合 方 式								总利益 /万元
	4	1∪4	2∪4	3∪4	1∪2∪4	1∪3∪4	2∪3∪4	U	
v_i	0	24738.36	34085.50	21397.00	56085.66	48036.56	49743.95	92099.68	
v_{s-i}	0	22075.20	25000.00	16000.00	53500.06	40594.64	41500.00	68083.75	

分配模型	组　合　方　式								总利益/万元
	4	1∪4	2∪4	3∪4	1∪2∪4	1∪3∪4	2∪3∪4	∪	
$v_i - v_{s-i}$	0	2663.16	9085.50	5397.00	2585.60	7441.92	8243.95	24015.93	
$\phi(i)$	1/4	1/12	1/12	1/12	1/12	1/12	1/12	1/4	
$\phi(i)(v_i - v_{s-i})$	0	221.93	757.13	449.75	215.47	620.16	687.00	6003.98	8955.41

表 5-34　　**Shapley 值分配策略下各个联盟个体的收益及 MDP 指标值**

分配方式	联盟个体收益				MDP 指标			
	1	2	3	4	1	2	3	4
Shapley 值	28862.44	32115.26	22166.57	8955.41	0.66	0.56	0.75	0.56

3. 结果分析

该部分从两个方面对 3 种分配方案的有效性进行评估：一是个体理性和整体理性；二是 MDP 指标。

(1) 是否满足整体理性和个体理性。由表 5-29 可知，在 SAS 分配策略下满足

$$x_i > v_i, \forall i \in N \tag{5-114}$$

$$\sum_{i=1}^{n} x_i = v_N \tag{5-115}$$

也就是说，SAS 分配策略满足合作博弈的个体理性和整体理性。

显然，比较表 5-16、表 5-28 和表 5-29 中的利润值，可以看出 AAS 策略和 CAS 策略完全满足式（5-115）。然而，这两种情况下，式（5-114）部分满足。从表 5-16 和表 5-27 可以看出，合作前风电场的利润超过 AAS 下的分配利润，导致风电场不服从。此外，从表 5-16 和表 5-29 可以看出，在 CAS 的情况下，合作之前光伏发电的利润大于分配利润，导致光伏发电拒绝合作。因此，这两种方案符合整体理性，但不符合个体理性。因此，就个体理性而言，AAS 和 CAS 策略得不到满足。

(2) 是否满足 MDP 指标。均分策略下，火电厂的 MDP 指标值为 6.78，远远大于 1，即在均分策略下，火电厂倾向于拒绝该合作博弈。而风电场的 MDP 指标值为 -3.55，小于 0。如式（5-116）所示，该值为负的原因是分母 $(n-1) \times (x_{WF} - v_{WF})$ 为负，而分子 $(x_{CPP} + x_{PPS} + x_{ESP} - x_{CPP,PPS,ESP})$ 为正。在实际情况中，这可能是由于风电的利润远低于稳定状态下的下限，导致煤电商、光伏发电商和储能商的利润超过上限，这种情况下，风电场将不同意接受该分配。结合上述两种情况，为获得更多的利润，光伏发电商和储能商可能进行合作。因此，AAS 策略看起来很公平，然而事实上，它忽略了参与者的地位，从而导致其不可接受性和不稳定性。

$$MDP_{WF} = \frac{x_{CPP} + x_{PPS} + x_{ESP} - v_{CPP,PPS,ESP}}{(n-1) \times (x_{WF} - v_{WF})} = -3.55 \tag{5-116}$$

按容分配策略下，风电场的 MDP 值为 4.50，大于 1，表明风电场倾向于拒绝该合作博弈。光伏电站的 MDP 指标值为 -2.68，小于 0，其计算过程如式（5-117）所示。与均分策略相似，在按容分配策略下，分母 $(n-1) \times (x_{PPS} - v_{PPS})$ 为负，而分子 $(x_{CPP}$

$+x_{\mathrm{WF}}+x_{\mathrm{ESP}}-x_{\mathrm{CPP,WF,ESP}}$）为正。

$$MDP_{\mathrm{PPS}}=\frac{x_{\mathrm{CPP}}+x_{\mathrm{WF}}+x_{\mathrm{ESP}}-v_{\mathrm{CPP,WF,ESP}}}{(n-1)\times(x_{\mathrm{PPS}}-v_{\mathrm{PPS}})}=-2.68 \qquad (5-117)$$

究其原因，可能是光伏发电商在稳定分配策略下的分配利润远低于下限，煤电商、风力发电商、储能商的分配利润高于上限，导致光伏发电商不接受合作的现象。因此，煤电商和储能商将形成合作，从而获得更多的利润。因此，这种策略也是不稳定的。

Shapley 值分配策略下，各个参与主体的 MDP 指标值分别为 0.66，0.56，0.75，0.56，处于 0 和 1 之间，即 Shapley 值分配策略下，火电厂、风电场、光伏电站和储能商更倾向于参与该合作博弈。同时，也说明在这 3 种分配策略下，Shapley 值分配策略是更为稳定的分配方式。

综上，通过比较个体理性、整体理性及 MDP 值可以发现，Shapley 值分配是一种有效且比较稳定的利益分配策略。

5.5.4　结论与建议

将智能合约应用于电力直接交易供应链各方利益分配机制的设计中，以期避免人为干预造成的互不信任，保证电力直接交易供应链上参与各方的持久合作。在区块链智能合约背景下，基于合作博弈模型为"火电-风电-光伏-储能"联盟设计了 3 种利益分配机制，并通过 MDP 指标值判断分配模型的稳定性。主要结论如下：

（1）合作博弈后联盟总收益增加，采用等分策略、按容分配策略和 Shapley 值分配策略对收益进行分配均可满足整体利益，但只有 Shapley 值分配策略可同时满足个体利益。

（2）MDP 指标值证实了 Shapley 值分配策略使得各方利益主体都倾向于参与该合作博弈，因此 Shapley 值分配策略是更为稳定的利益分配方式。

（3）储能的参与能够促进新能源发电消纳与发展，有利于促进我国节能减排的实施。

5.6　面向能源互联网的清洁能源价值共创系统协同演化机制

在清洁能源系统的利益分配模式得到研究之后，需要针对系统的协同演化机制进行研究。清洁能源是实现能源转型的关键，但其高效利用和储能技术的开发利用面临着投资大、盈利困难等问题，只有各利益主体相互合作才能实现清洁能源系统协同增值。围绕着清洁能源电力生产及输配过程，发电企业、储能企业和终端用户通过自我增值和相互作用形成清洁能源价值链，其信息流、能量流和价值流的协同流动促进了价值链各节点的价值创造、增值和共创。清洁能源价值链主体通过复杂相互作用组成一个复杂的清洁能源动态联盟，而能源互联网等新一代信息技术的发展将促进动态联盟的稳定性和效率。但在清洁能源快速发展的背景下，能源网络结构和数据系统日益复杂，清洁能源动态联盟增值也需要更加科学的研究方法。因此有必要构建清洁能源价值共创系统（Clean Energy Co-creation System，CEVCS），并对其自组织演化机制进行探究。

随着清洁能源价值链理论的深入发展，虽然研究逐渐向多环节主体合作运作的动态模式发展，但更多研究集中在清洁能源价值链层面，当前关于清洁能源价值系统的研究主要集中在概念框架、复杂系统及价值共创方面。首先，价值链研究已从评价决策、目标优化、数值分析与模型仿真等角度出发得到了较为充分的研究，在此基础上，如何实现横向与纵向的协调发展与优化成为产业发展的关键问题，为此价值网络研究应运而生。如 Samsatli 提出了一种新的时空混合整数线性规划模型——价值网络模型，用于同时优化集成能量价值链的设计、规划和运行。其次，清洁能源价值网络是由清洁能源价值链的相关主体根据不同的生产和消费活动而形成的复杂价值系统，可以看作是一个复杂的自适应系统，当前关于复杂自适应系统的研究已经渗透到许多领域。如 Marchi 等以复杂自适应系统理论为基础，综合动态和全局因素，讨论了作为复杂系统的供应网络及其动态协同演化过程；Cao 等研究了基于复杂自适应系统的企业信息系统的自组织机制。最后，价值共创研究已成为清洁能源系统研究的前沿性问题，Gronroos 等通过分析定义客户和公司的角色，以及价值和价值创造的范围、位点和性质，分析了服务中的价值创造和共同创造；Corsaro 通过提供一个基于相互关联的价值过程的模型，即价值沟通、价值占用、价值测量和价值表示，检验了价值共同创造管理的整体图景。可以看出，当前关于清洁能源价值链的研究仍停留在单一主体一对一对应的链层面，关于清洁能源系统的价值共创机制研究仍存在空白。

因此，将对清洁能源价值共创系统的自组织演化机制和价值共创机制进行研究，在分析 CEVCS 内涵及基本结构的基础上，对其自组织演化机制及信息协同演化机制进行探讨，并建立 CEVCS 耗散结构模型及信息资源协同模型，本研究旨在通过建立满足能源需求和支持社区发展的清洁能源价值共创系统，以促进可再生能源产业的进一步发展。

5.6.1 能源互联网环境下清洁能源价值共创系统分析

1. 系统内涵

清洁能源价值共创系统（Clean Energy Value Co-creation System，CEVCS）是指在能源互联网下，为了确保物联网中的信息能够高效有序地传递，以信息技术为支撑，围绕核心节点企业，根据自身的编程特点形成有序的网格结构（这种有序的关系体现在主体之间的联系上）。CEVCS 的合理构建能实现信息共享和协作，并获取能源信息的增值，使系统效率最大化，实现价值共创。CEVCS 主要由信息主体、信息来源、信息技术和信息环境四部分组成。其中，信息主体以不同的方式参与 CEVCS，如风力发电机、光伏发电机、储能供应商及终端电力用户等，主要将光伏和风能作为主要的清洁能源发电方式。在 CEVCS 中，清洁能源发电企业有责任积极宣传国家清洁节能政策，深入开展节能项目，激发电力用户积极响应，提高系统能效管理水平，进一步实现增值。储能供应商作为系统的核心元素，是系统的中间节点，它关注能源发电商与终端电力用户之间的电力信息协调，同时在满足用户需求的同时向发电商提供适当的电力。随着能源互联网的发展，电力信息可以共享，用户的能耗也可以实时监控。发电商和储能商通过信息分析，协助政府及相关企业开展节能管理，引导用户节能节电。CEVCS 的基本模型如图 5-28 所示。

CEVCS 有效运行的关键目标是以清洁能源为核心的用户价值最大化，提高系统中各信息主体的经济效益，实现能源社会的环境效益和社会效益。可以看出，CEVCS 是由四个组成要素相互关联、相互影响而形成的，它们之间存在相关性。系统中各要素之间的相

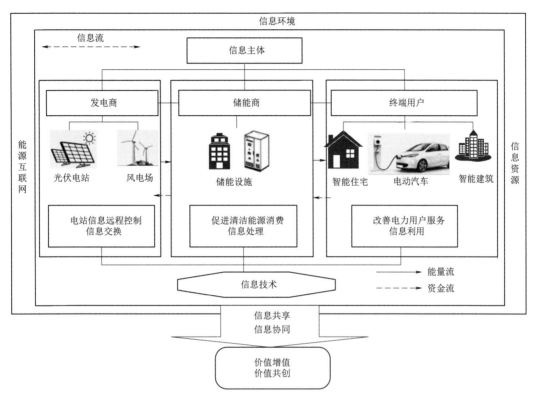

图 5 - 28　CEVCS 的基本模型

互联系和相互影响，意味着系统与外部环境之间存在一定的结构或组织，并且系统、组成要素和外部环境之间需要形成一定的协调机制，以实现系统资源的高效配置和利用。从图 5 - 28 可以看出，信息主体在持续接受环境信息的条件下，通过自组织过程对外部环境的刺激做出响应，然后调整协同机制，实现系统的整体价值增值。

　　CEVCS 中的信息主体为了实现自身价值的最大化，通过竞争与合作博弈不断获取最大限度的信息资源，以及通过系统内部的协调机制和不断演化的适应过程实现新的价值创造。并随着波动现象的出现，逐步实现整个系统的平衡和增值，如图 5 - 29 所示。

　　2. 系统自组织特征

　　CEVCS 是一个可以通过不断的适应过程向不同的稳定状态移动的系统。设 X 是 CEVCS 中所有组成元素的集合（简称 S），R 是元素间关系的集合。那么系统可以表示为 {S，R}。通过了解系统的自组织特征，我们可以清楚地

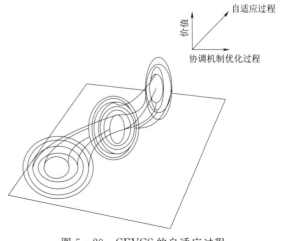

图 5 - 29　CEVCS 的自适应过程

了解系统的自组织本质以及价值创造过程中协调机制的优化。

（1）整体性。整体是任何复杂系统的重要组成部分，在一定程度上存在于空间中。系统是一个不可分割的整体，各组成部分相互依存，相互作用。当各元素的成分属性有利于形成更稳定的系统结构时，整体值会大于部分值之和，产生结构效应。CEVCS 是一个具有特殊的社会、经济和环境功能的有机整体，并以一定的方式组成。在 CEVCS 中，各信息主体的自我发展和彼此之间的紧密程度直接影响着 CEVCS 整体运作能力的强弱。此时，能源互联网起到了一定的推动作用，不仅为 CEVCS 提供了巨大的信息技术支持，而且通过能量流、信息流和资金流的渗透，保证了 CEVCS 的正常运行。在此条件下，各个信息主体的价值创造不断升华，进一步提升了系统的整体价值，即 $S_v > \sum v_i$。其中，v 为各信息主体的价值创造集合，S_v 为整个系统的价值创造集合。

（2）层次结构。层次理论起源于一般系统论，由经济学家 Herbert Simon、化学家 Ilya Prigogine 和心理学家 Jean Piaget 等多学科研究者共同发展而来。层次理论是一种基本的系统方法，它为理解不同控制层次之间的物质和信息流动提供了丰富的视角。系统的层次结构主要分为主体层次结构和整体层次结构。CEVCS 不可能一次完成从主体层次到整体层次的跳跃，各个信息主体作为一个层次进行能源、信息和资源的交流与合作。从低层次到高层次的整合与开发，系统与外部进行的能量、信息和资源的交换，最终形成了 CEVCS 的整体层次。

（3）开放性。作为一个社会和经济系统，CEVCS 可以通过与环境的相互作用，与外界交换能源、信息和资源来进一步发展。CEVCS 的开放性主要体现在两个方面：一方面，各信息主体单位可以根据自身的发展情况有选择地进入系统参与协同优化任务，通过自身的价值创造增强自身的聚集和协同作用；另一方面，系统在与外界不断交换能源、信息和资源的过程中随时调整状态以适应新能源环境，从而形成更稳定的环境依赖关系。

（4）动态性。在一定的外部环境中，CEVCS 通过一个适应过程（刺激反应）来适应环境，然后出现新的系统结构、状态或功能，这是一个动态变化的调整过程。适应环境的动态演化过程实际上是不同信息主体之间相互联系、相互影响的过程，这种非线性相互作用过程将系统从一种稳定状态推到另一种稳定状态。

综上所述，CEVCS 作为一个具有社会经济功能的有机整体，以提高效率、实现价值增值和价值共创为核心理念。不同的信息主体通过相互联系、相互影响完成信息协同过程，提高系统的整体协同力和竞争力，进而为电力用户乃至能源社会提供更加丰富的能源信息资源。结果表明，CEVCS 是一个动态的自适应自组织演化系统。

5.6.2　清洁能源价值共创系统协同演化机制分析

在分析 CEVCS 自组织特征的基础上，以价值共创为目标，从五个方面探讨了 CEVCS 的自组织演化机制。

1. 演化动力-竞争与协同

哈肯认为，系统的自组织演化动力是系统内部各子系统之间的竞争和协作，而不是外部指令。CEVCS 的自组织演化动力是 CEVCS 的基本组成部分，即信息主体（或信息子系统）之间的非线性相互作用。竞争可以促进系统向更有序的高层结构演化，而协同作用可以使子系统以协调运动的方式推动整个系统的演化。

一是外部环境对信息主体的作用和响应。随着外部能源环境和政策的变化，各信息主体的价值活动也在发生变化。例如，发电企业根据需求不断调整清洁能源的生产活动，储能企业根据储能成本、补贴政策和用户用电需求优化容量分配，终端用户可根据电价补贴和市场竞争电价调整其购买行为。二是信息技术对信息主体的跟踪与创新。随着能源互联网的发展，新一代信息技术被应用到能源领域的各个方面。CEVCS 作为一个复杂的信息系统，先进的信息技术有利于信息学科之间的信息共享和决策支持。三是不同信息主体之间的竞争与协同。竞争不仅体现在影响主体价值创造的因素的选择上，还体现在各个信息主体在系统中的定位、作用和利益模式的差异上。协同主要体现为信息主体的合作，促进系统的动态有序发展，防止过度竞争造成的无序干扰系统的演化方向。因此，完善的竞争和协同机制能够促进自组织演化的顺利进行。

2. 演化路径-梯度和突变

突变理论研究连续的逐渐变化如何引起突变或跳跃，并试图用统一的数学模型描述、预测和控制这些突变和跳跃。当导致系统不稳定的负复杂性分量占主导时，系统的稳定性显著降低，可能导致系统状态突变，触发系统重构。CEVCS 的发展受到系统内部和外部因素的双重影响，系统内部因素主要指信息主体决策选择的变化，外部因素主要指能源、技术、政策、经济等宏观因素。当系统结构不变时，自适应调节函数的变化相对较慢，这体现了系统的整体性，体现在系统的渐进式变化。当外部环境发生变化，需要系统进行结构调整时，系统就会发生变化，以适应新的环境。在此过程中，系统功能随着结构的调整，不断更新完善，形成新的动态平衡。由此可见，制度的演变是一个不断调整和过渡的过程。信息主体之间相互关联、相互影响，使得 CEVCS 的演化呈现出复杂的形态，并伴随着价值创新与创造，如图 5-30 所示。

3. 演化形式-超循环

超循环模型由 Eigen 和 Schuster 开创性研究中提出，超循环是通过不断的自我复制和自我演化来连接系统中存在的各种循环而形成的系统。Farre 等认为超循环是双稳态系统，存在两个逐渐稳定的吸引子控制着所有超循环成员的共存和消失。在此运用超循环理论研究了 CEVCS 的演化过程，包括反应循环、演化循环和超循环。CEVCS 是一个超越传统价值链的，集价值链、产业链及信息链于一体的，具有多主体及内外环境因素的动态创新系统。CEVCS 可以看作是一个超循环系统，其中的

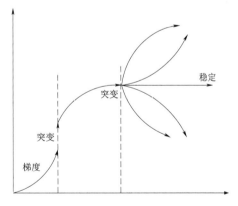

图 5-30 CEVCS 演化中的梯度和突变

技术、生产、管理和消费活动以及为适应能源环境而发生的结构和组织变化都是一种超循环演化行为。在 CEVCS 中也存在吸引子，它反映了 CEVCS 从不稳定状态到稳定状态的运动特征。各信息主体也不断提高自身的自我适应能力，逐步形成绿色创新共同体和价值共创共同体，并进行多个周期的响应。同时，信息主体相互联系、相互影响，权力、资

源、信息不断交换共享，实现主体之间的协同演化，形成信息主体之间的演化循环。这样，CEVCS通过这种内部联系形成了一种自组织机制，系统在竞争与合作的环境下进一步进化，达到新的均衡状态。基于超循环理论，在CEVCS中，每个子系统进行自己的反应循环，在连续的循环过程中积累新的资源和新的知识（K），并提供演化支持。这些演化循环是功能耦合和演化形成的一个超循环系统。

CEVCS中的三个信息主体在不断进行信息传输及共享，所以三元超循环自组织的形成过程如下：有三个密切相关的信息主题 S_1、S_2 和 S_3 系统，及其定向作用力 DF_1、DF_2 和 DF_3。当 DF_1、DF_2 和 DF_3 都朝着有利于对手的方向发展时，耦合发生的方式如下：$IF_{13} > IF_{23}$，$IF_{13} > IF_{11}$。说明对于 S_3 来说，S_1 比 S_2 更有价值。同样，可以得到多种耦合方法，即三个信息主体在各自增加自身价值的同时，也通过协同优化帮助其他信息主体实现自身之间的价值增值。因此，三个信息主体之间的三元关系进入了超周期阶段（如图5-31所示）。

4. 演化过程-混沌与秩序

根据以上对超循环系统的解释，混沌起主导作用。CEVCS表明不确定性包含在确定性中，不确定性行为也包含确定性信息。也就是说，CEVCS的发展过程既有混沌的一面，也有有序的一面。

总之，CEVCS的演化是一个动态的、长期的和不可逆的过程，不断受到系统内外多种因素的影响。根据能源市场的变化趋势，其演变过程既有一定的必然性，又因不确定因素的存在而具有一定的偶然性。CEVCS的演化过程和阶段不同，对应于不同的性质和规则，具有不同的结构和形式，在自组织机制下形成多样性和复杂性。

5.6.3　清洁能源价值共创系统信息协同演化机制设计

CEVCS的协同作用是联合信息主体，建立创新社区，整合社区的能源、信息和资金，有效提升CEVCS的附加值。此外，各信息主体的协调对于确保三者的平衡，实现三者的价值创造具有推动作用。

1. CEVCS 的信息协同变量分析

为了避免牛鞭效应的影响，有必要分析影响 CEVCS 协同的内外部因素，影响 CEVCS 信息协同的变量分为内生变量和外生变量。

（1）内生变量。内生变量主要是指系统中存在的控制参数，这些控制参数之间有着复杂的联系，一个控制参数可以通过不同的通道作用于另一个控制参数。例如，清洁能源发电机组的原材料需求不仅直接影响清洁能源发电机组的合作运行，而且还通过原材料供应商的价格影响清洁能源发电机组。储能技术投资的企业不仅直接

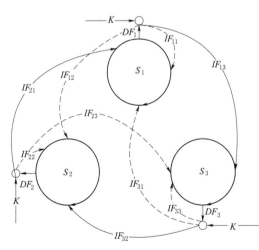

图 5-31　CEVCS 超循环模型

影响着储能合作运营公司，而且也会影响能源存储技术的成本，从而影响储能企业的合作经营。电力用户的购买价格不仅直接影响电力用户的需求协同，而且可以通过作用于用户的需求意愿来影响电力用户的需求协同。

3 个信息主体的控制参数也相互影响。例如，用户的电力需求不仅影响电力用户的需求协同，还通过储能技术的成本影响储能公司的协同运行，进而影响清洁能源发电机组的能耗，影响清洁能源发电机组的协同运行，这也反映了各个子系统（信息主体）之间的耦合和协同作用。

（2）外生变量。根据协同原则，有必要选择对系统发展和演化有直接影响的因素。在此主要考虑了两种不同外部因素对 CEVCS 协同演化的影响，分别是技术因素和政策因素。

技术因素主要是指信息技术和能源企业发展所需要的技术，信息技术的快速发展直接影响着 CEVCS 中信息主体之间的资源共享程度和增值水平。目前，智能电网的应用体现了信息技术在能源发展中的作用，能源互联网的建设和发展将成为中国能源领域的一个新的突破。能源公司发展所需要的技术是实现业务转型的需要，它不仅对降低成本、提高效益、利用资源起着决定性的作用，而且能够促进价值创造的实现。

政策因素主要体现在政府的各项补贴政策和激励政策上。政府明确提出了清洁发电的战略政策和发展目标，逐步完善了价格和财税政策，更加支持和重视分布式发电项目的发展，完善了新能源和清洁能源收购的相关政策，建立了共享、互助、协调及共赢的发展机制。同时，鼓励企业合作，合理配置资源，开展多元化的绿色电力相关项目。

2. 信息协同有序参数演化分析

上述状态变量的相互作用导致系统从梯度到质变的转变过程，即自组织的演化过程。序参量是自组织系统演化过程中的一个重要概念，自组织系统的演化可以用序参量来描述。在 CEVCS 中，每个信息主体都以自身价值和效益最大化为目标，因此 CEVCS 的自组织演化是一个伴随着价值创造的过程，可以将该值设置为顺序参数。

根据协同理论，用 Haken 模型描述了 CEVCS 的自组织演化过程，模型中得到的阶参数方程和演化方程是研究 CEVCS 有序结构自发形成和演化的基础。Haken 模型如下

$$q_1 = -\lambda_1 q_1 - a q_1 q_2 + \tau \qquad (5-118)$$

$$q_2 = -\lambda_2 q_2 - b q_1^2 + \tau \qquad (5-119)$$

式中　q_1 和 q_2——系统的状态变量；

　　　λ_1 和 λ_2——阻尼系数，代表耗散结构的强度；

　　　　t——时间；

　　　a，b——在 q_1 和 q_2 之间的作用强度系数。

如果 $\lambda_1 \leqslant \lambda_2$，$\lambda_2 > 0$，表明 q_2 是快速衰减的快速变量。因此可以采用绝热消去法。令 $q_2 \approx 0$，则

$$q_2(t) \approx \frac{b}{\lambda_2} q_1^2 \qquad (5-120)$$

将式（5-120）代入式（5-118）可得阶参数方程

$$q_1 = -\lambda_1 q_1 - \frac{ab}{\lambda_2} q_1^3 \qquad (5-121)$$

由式（5-120）和式（5-121）可知，q_2 随 q_1 的变化而变化，因此 q_1 是系统的阶数参数，决定了系统的演化。在 CEVCS 中，价值在整个自组织过程中都受到序参量的影响。根据式（5-120），可以得到势函数 $\dfrac{\mathrm{d}q_1}{\mathrm{d}t} = \dfrac{\partial V}{\partial q_1}$，即

$$V = 0.5\lambda_1 q_1^2 + \frac{ab}{4\lambda_2}q_1^4 \tag{5-122}$$

式（5-121）可表示为非标准简谐振动方程。令 $\alpha = -\lambda_1$，$\beta = \dfrac{ab}{\lambda_2}$，$F(t)$ 表示随机涨落力，则 CEVCS 的自组织序参量演化方程为

$$\frac{\mathrm{d}q}{\mathrm{d}t} = \alpha q - \beta q^3 + F(t) \tag{5-123}$$

它的不动点方程是

$$\alpha q - \beta q^3 = 0 \tag{5-124}$$

设 $F(t) = 0$，当 $a < 0$ 时，只有一个稳定解 $q = 0$，表明 CEVCS 处于平衡稳态。当 $\alpha > 0$，$\beta > 0$ 时，有三个不动点，即 $q_1 = 0$，$q_2 = -\sqrt{\alpha/\beta}$ 和 $q_3 = +\sqrt{\alpha/\beta}$。此时 q_1 是一个不稳定解，而 q_2 和 q_3 是稳定解。

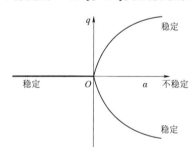

图 5-32   CEVCS 的分岔现象

在此出现了分岔现象，即由于控制参数的变化而使系统的性质发生变化的现象，如图 5-32 所示。从图中可以看出，$\alpha = 0$ 为分岔点。当 α 从负值增加到穿过该分岔点时，系统的稳定性产生变化。随着 α 的增加，原稳定状态变为不稳定分支，新的稳定状态形成对称分支。

在 CEVCS 中，假设 N 为系统中各信息主体保持原始状态的驱动力，M 为协作机制下主体状态的非线性驱动力。CEVCS 序参数的自组织演化方程可以表示为

$$\frac{\mathrm{d}q}{\mathrm{d}t} = (M - N)q - \beta q^3 \tag{5-125}$$

由式（5-125）可知，当 $M < N$ 时，CEVCS 处于稳定状态，如图左侧所示坐标的横轴，说明由于 M 的尺寸较小，很难引起系统的变化，所以仍然保持在原来的状态。此时，CEVCS 处于低水平有序状态。

当 $M > N$，CEVCS 逐渐从一种稳定状态变为一个不稳定的状态，并且系统还出现分岔现象，表明原系统的稳定状态被打破，进入一个不稳定的状态 M，然后系统演化为一个新的稳定的状态。

可以看出，在 CEVCS 的自组织演化过程中，价值作为序参量主导着整个演化过程，并影响着各个信息主体的行为。序参量的形成动机来源于非线性协调机制的驱动力，即在 CEVCS 的自组织演化过程中，根据系统自身协同机制的作用形成价值序参数。同时，在

价值序参数的驱动下，实现各个演化阶段的价值创造，实现整个系统的价值共同创造，如图 5-33 所示。

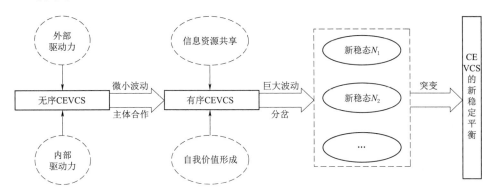

图 5-33 CEVCS 信息资源协同基本演化模型

3. 耗散结构的演化分析

Prigogine 创立了耗散结构理论，这个理论认为一个远离平衡的开放系统不断地与环境交换物质和能量，当系统参数变化达到一定阈值时，系统的状态会突然从无序或低阶状态变为新的时间、空间和功能有序状态，新的宏观稳定有序结构是耗散结构。由于终端电力用户对电力产品和服务的需求不断更新，信息资源也在不断动态变化。信息技术等的不断创新和发展内部因素会引起系统的"内部波动"，而政策和能源环境的变化会引起系统的"外部波动"。当这两种波动现象达到一定程度时，系统可以通过扩散过程从当前状态过渡到另一种更适应环境的状态，可见波动具有一定的适应性和可靠性，当系统达到新的稳定状态时所呈现的有序结构为耗散结构。

通过对 CEVCS 和协同理论的介绍，可以看出 CEVCS 是一个耗散系统。同时，信息主体之间的相互关系是一个非线性效应，它们之间存在正反馈效应。这种非线性效应可以促进 CEVCS 中信息主体之间的合作，进而使微观波动形成巨大波动，使波动效应达到宏观水平。也就是说，原来的稳定状态演化到更高层次的稳定状态。

根据热力学第二定律，孤立系统的熵不能被还原，演化结果必然是朝无序方向，达到熵的最大平衡状态，不可能形成耗散结构。因此，当信息主体与外部环境继续共享和交换信息时，CEVCS 的熵逐渐减小，其变化值逐渐超过系统中自发过程引起的熵，系统也逐渐转变为有序状态，从而维持非平衡耗散结构。基于以上分析，构建 CEVCS 耗散结构模型，如图 5-34 所示。

从图 5-34 可以看出，CEVCS 的耗散结构分为三个阶段：初级阶段信息资源生成（价值原型）、中级阶段信息共享（价值形成）、高级阶段信息增值（价值共同创造），每个阶段都伴随着累进值，具有耗散结构的特征。

初级阶段-信息资源生成（价值原型）。在初级阶段，信息主体与能源环境、政策导向、技术创新通过相互联系和相互作用形成一个有机整体，而信息主体之间的信息共享和沟通协作行为较少。信息资源的生成主要是通过能源信息环境的开放获取、信息技术的创新发展和国家政策导向来实现的。此时 CEVCS 呈现出混沌无序的特征。

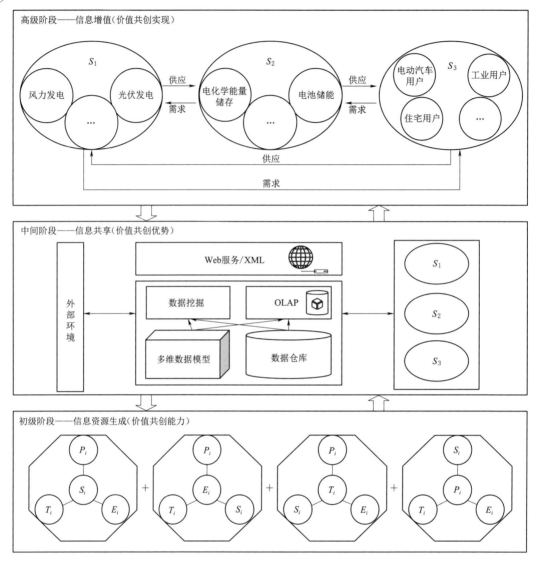

图 5 - 34　CEVCS 耗散结构模型

中间阶段-信息共享（价值形成）。在中间阶段，信息主体之间形成了动态联盟，通过 web 服务和以 xml 为中心的信息技术实现联盟的无缝集成。各信息主体可以与外部环境共享信息资源，在不断共享的过程中信息资源所包含的价值得到了充分的开发和利用，CEVCS 逐渐进入了一个相对有序的价值形成阶段。

高级阶段-信息增值（价值共同创造）。在高级阶段，各信息主体通过相互合作不断创造新的信息资源，同时实现信息资源共享最大化。最后，通过 CEVCS 内部协同机制实现各信息主体的增值，从而形成"1+1＞2"的协同效应。随着信息资源的不断积累和价值增值的实现，CEVCS 进入了价值共同创造的有序阶段。

4. 信息资源协同模型分析

（1）基于价值网络的 CEVCS 信息资源协同模型。信息资源的流动和分布决定了信息资源价值的实现形式，这也是 CEVCS 协同管理的前提。CEVCS 的信息资源分布以 3 大信息主体的内部信息为中心，广泛分布于系统网络中。CEVCS 信息资源的价值实现是一个从电力交易数据到信息资源再到价值的过程，传统清洁能源价值链的增值过程如下，首先清洁能源发电企业是收集电力数据的主要参与者，然后对这些数据进行分析处理形成信息库，结合内部决策和外部能源政策环境的变化提供决策信息，在这个过程中实现了增值（通过减少能源废弃获得一定的效益，实现可持续发展）。这些信息资源被转移给储能供应商，储能供应商根据用电数据确定储能配置，最终将电力资源转移给终端用户。在这种模式下，信息资源的价值实现范围小，增值程度不高。

然而在能源互联网下，信息资源广泛分布于各个信息主体中，并能够在各主体层间传递。这种传递方式既保证了用户电力需求的有效传递，又提高了信息资源的共享效率，为用户需求（信息资源价值）的实现提供了巨大的信息基础。

信息资源的价值实现是信息共享的最终目标。在 CEVCS 中，各信息主体通过竞争与合作的博弈不断实现自身价值最大化的目标，最终通过合作机制实现信息资源的增值。此时，CEVCS 的价值体系是一个价值网络，体现了核心价值在体系中的整合。在 CEVCS 的自组织演化过程中，在一系列的波动、分岔和突变过程中，系统形成了若干相互兼容、相互作用的价值模块。这些价值模块在一定的系统运行规则下进行连接和整合，与各信息主体的核心资源相结合，借助信息载体形成协同效应。通过不同信息主体之间的合作模式，产生新的价值模块，而新的价值模块又形成新的价值循环关系，最终形成价值网络，如图 5-35 所示。

（2）信息主体效益分析模型。根据前文对 CEVCS 的演化分析，确定各信息主体价值实现的主要表现形式为组成动态联盟时获得的纯收益，然后各主体按一定比例分享利益。因此，需要以信息主体所获得的利益最大化为目标，建立信息主体的利益分析模型，然后分析不同情景下几个重要变量对整体利益的影响。以清洁能源发电企业和储能企业的效益分析为例进行探讨，所建立模型中的相关变量符号见表 5-35。

表 5-35 模 型 相 关 变 量

变量	解　释	变量	解　释
q	清洁能源发电量	C_g	单位发电成本
C_E	联盟成本系数	α	联盟利益分享比例
E_0	联盟前单位弃能	μ	社会反馈效益系数
E	联盟后单位弃能	C_s	单位蓄能成本

在建立信息主体效益分析模型时，基本假设如下：

1）每个信息主体都是一个理性的人。

2）清洁能源发电商的需求函数为 $P = a - bq$，减少了与储能商合作后的废弃能源。

3）清洁能源生产商与储能供应商的风险偏好中性，且具有相同的联盟能力。

4）在不考虑能源环境影响的情况下，两个信息主体的社会反馈效益是相同的。

根据以上描述，假设清洁能源发电商选择与储能供应商合作，两者的收益函数表示为发电企业的收益函数

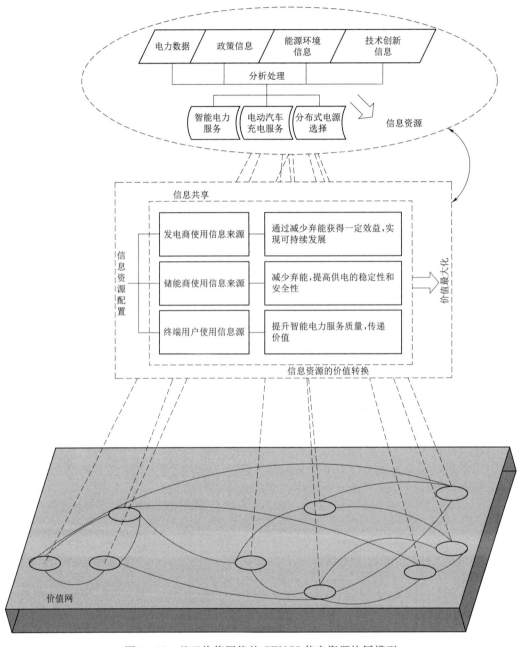

图 5-35 基于价值网络的 CEVCS 信息资源协同模型

$$\pi_g = (a-bq)q - C_E q E_0 + \alpha C_g q(E_0-E) + \mu q(E_0-E) \qquad (5-126)$$

式中　$(a-bq)q$——生产收益;

　　　$C_E q E_0$——发电企业联盟的成本函数;

　$\alpha C_g q(E_0-E)$——发电企业联盟共享效益;

　$\mu q(E_0-E)$——社会反馈效益。

储能供应商效益函数

$$\pi_s = -C_E(E_0-E)^2q + (1-\alpha)C_sq(E_0-E) + \mu q(E_0-E) \tag{5-127}$$

式中　　$(1-\alpha)C_sq(E_0-E)$ ——储能公司联盟共享效益；

　　　　$C_E(E_0-E)^2q$ ——储能供应商联盟成本函数。

这里有两种情况。第一个是分布式决策场景。即清洁能源发电企业和储能企业进行联盟，各自以利益最大化为决策目标，然后将联盟后的总收益按一定百分比进行分配。第二种是联合决策场景。即双方信息主体都自发地参与到 CEVCS 系统中，信息资源在信息主体之间共享，信息共享程度对联盟耦合具有正反馈作用，这种方法以联盟整体利益最大化为目标进行决策。

1）情景 1——分布式决策。分析在情景 1 的情况下，两个信息主体所获得的最大利益。分别对 π_g 和 π_s、q 和 E 求偏导数，可得

$$\frac{\partial \pi_g}{\partial q} = a - C_E E_0 + \alpha C_g(E_0-E) + \mu(E_0-E) - 2bq \tag{5-128}$$

$$\frac{\partial \pi_s}{\partial E} = [(1-\alpha)C_s - \mu]q + 2C_E E_0 q - 2C_E qE \tag{5-129}$$

从 $\frac{\partial^2 \pi_g}{\partial q^2} = -2b < 0$ 可知，当 $\frac{\partial \pi_g}{\partial q} = 0$ 时，发电商获得最大的回报。这时，由发电商提供的能量是

$$q^* = \frac{a - C_E E_0 + (\alpha C_g + \mu)(E_0-E)}{2b} \tag{5-130}$$

从 $\frac{\partial^2 \pi_s}{\partial E^2} = -2C_E q < 0$ 可知，当 $\frac{\partial \pi_s}{\partial E} = 0$ 时，储能公司获得的最优机组弃能为

$$E^* = \frac{(1-\alpha)C_s - \mu + 2C_E E_0}{2C_E} \tag{5-131}$$

将式（5-130）和式（5-131）代入式（5-126）和式（5-127），得到 π_g^* 和 π_s^*，并得到 π_g^* 对 α 的偏导数，从而分析联盟最优利益分享比例。

根据计算结果，当 $\alpha = \frac{C_s - \mu}{2C_s}$，$\frac{\partial \pi_g^*}{\partial \alpha} = 0$，$\alpha < \frac{C_s - \mu}{2C_s}$，$\frac{\partial \pi_g^*}{\partial \alpha} > 0$，$\alpha > \frac{C_s - \mu}{2C_s}$，$\frac{\partial \pi_g^*}{\partial \alpha} < 0$。因此，发电商和储能商可实现的最大利润及整体利润如下

$$\frac{\partial \pi_g^*}{\partial \alpha} = \frac{\partial \left\{ \dfrac{\left[(\alpha C_g + \mu)\dfrac{\mu-(1-\alpha)C_s}{2C_E}\right]^2 + (2a-2C_E E_0)\left[(\alpha C_g+\mu)\dfrac{\mu-(1-\alpha)C_s}{2C_E}\right] - 2aC_E E_0 + a^2 + C_E^2 E_0^2}{4b} \right\}}{\partial \alpha} \tag{5-132}$$

$$\pi_g^* = \left\{ \frac{a - C_E E_0}{2} + \frac{(1-2C_E)\left[\left(\dfrac{C_s-\mu}{2C_s}\right)C_g + \mu\right](\mu - C_s)}{4C_E} \right\} / 4b \tag{5-133}$$

$$\pi_s^* = \frac{(5\mu + 3C_s)(\mu - C_s)}{16C_E} \left\{ a - C_E E_0 + \frac{\left[\left(\dfrac{C_s-\mu}{2C_s}\right)C_g + \mu\right](\mu - C_s)}{4C_E} \right\} / 2b \tag{5-134}$$

$$\pi_T^* = \pi_g^* + \pi_s^* \tag{5-135}$$

2）情景 2——联合决策。下面分析两个信息主体在情景 2 中所获得的利益。将两个收益函数相加，得到整体收益函数

$$\pi_T = \pi_g + \pi_s = (a-bq)q - C_E q E_0 - C_E(E_0-E)^2 q + \mu q(E_0-E) \tag{5-136}$$

分别得到式（5-136）对 q 和 E 的偏导数

$$\frac{\partial \pi_T}{\partial q} = a - 2bq - C_E E_0 - C_E(E_0-E)^2 + \mu(E_0-E) \tag{5-137}$$

$$\frac{\partial \pi_T}{\partial E} = 2(E_0-E)C_E q - \mu q \tag{5-138}$$

从 $\dfrac{\partial^2 \pi_T}{\partial q^2} = -2b < 0$ 可知，当 $\dfrac{\partial \pi_T}{\partial q} = 0$ 可以得到最大效益。这时，发电商的生产量是

$$q^{**} = \frac{a - C_E E_0 - C_E(E_0-E)^2 + \mu(E_0-E)}{2b} \tag{5-139}$$

从 $\dfrac{\partial^2 \pi_T}{\partial E^2} = -2C_E q < 0$ 可得，当 $\dfrac{\partial \pi_T}{\partial E} = 0$ 时，储能商获得的最优机组弃能为

$$E^{**} = E_0 - \frac{\mu}{2C_E} \tag{5-140}$$

通过式（5-139）和式（5-140）可以得到 $\dfrac{a - C_E E_0 + (\mu^2/4C_E)}{2b}$。因此，在联合决策的情况下，两个信息主体能够实现的整体利益最大化为

$$\pi_T^{**} = \frac{a\left(a - C_E E_0 + \dfrac{\mu^2}{4C_E}\right)}{4b} \tag{5-141}$$

（3）变量分析。

1）μ 对利润的影响，如图 5-36（a）所示。μ 为社会反馈效益系数。通过效益函数对 μ 的偏导数，可以发现效益函数大于 0，这意味着它是一个递增函数。由此可以得出结论，当 μ 值增加时，收益也会增加。在 CEVCS 中，在政策的支持下，这种协作方式有助于获得一定的社会反馈效益。在能源社会环境下，清洁能源企业联盟的绩效促进了能源社会的发展。

2）C_E 对利润的影响，如图 5-36（b）所示。C_E 是联盟成本因素。通过效益函数对 C_E 的偏导数，可以发现效益函数小于 0，这意味着它是一个递减函数。结果表明，C_E 越高，效益越低。在 CEVCS 中，信息共享程度影响联盟成本，且二者之间存在负反馈效应。此时，就可以通过制定相关的方案信息反馈机制，提高信息技术的创新能力，或签订智能合同，有效控制联盟成本。

3）E_0 对利润的影响，如图 5-36（c）所示。E_0 是联盟之前被放弃的单位能量。通过收益函数对 E_0 的偏导数，可以发现收益函数小于 0，这意味着它是一个递减函数。结果表明，当 E_0 增加时，收益减少。弃能是清洁能源发电的一个主要问题，单位弃能越高，联盟的发展越差。CEVCS 发电商和储能公司之间的有效合作有利于减少弃能率，实现可持续发展。

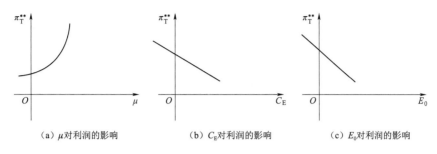

（a）μ 对利润的影响　　　　（b）C_E 对利润的影响　　　　（c）E_0 对利润的影响

图 5 - 36　可变因素对收益的影响

信息资源是中心信息协同的关键要素。信息的生成、利用与共享、信息主体的竞争与协作、信息技术的创新与发展和信息环境的开放获取是实现 CEVCS 信息协同的动力。在协同机制的作用下，各信息主体围绕价值最大化这一共同目标不断追求协同效应的最大化，同时通过相互作用促进 CEVCS 的价值创造。

5.6.4　结论与建议

在能源互联网环境下，首先，分析了 CEVCS 的内涵和结构，并在此基础上阐述了 CEVCS 的自组织特征，然后，从演化动力、演化路径、演化形式和演化过程 4 个方面分析了 CEVCS 的自组织演化机制，即信息中心的演化离不开信息主体之间的竞争与合作的协调博弈；CEVCS 将经历质变以适应新环境，此时将呈现出梯度和突变的特征；信息主体在实现自我价值增加的同时，也辅助其他信息主体实现价值增值，最终形成价值增加的超循环；演化过程伴随着无序的不稳定状态向有序的稳定状态的转变，呈现出一种由混沌到有序的运动状态；再次，分析了信息协同变量，构建并分析了清洁能源价值共创系统协同演化机制；最后，通过研究 CEVCS 中多节点、多主体、多链条的价值共同创造过程，建立了清洁能源价值共创系统协同演化机制，探索了能源高效利用、资源合理配置、清洁低碳的产业可持续发展之路。

5.7　本章小结

以清洁能源价值链各利益主体的耦合协同运作为目标，我们从信息共享、价值创新、风险承担、容量优化、利益平衡和协同演化等六个角度出发，进行了清洁能源"发电-储能-用能"价值链多方利益主体耦合协同机制设计研究。首先，建立了不完全契约也即信息不对称条件下发电商与储能商的演化博弈模型，并通过实证研究证明了建立合理的信息共享激励和惩罚机制有助于提升发电商与储能商的合作概率，实现博弈双方利益共赢和可持续发展；其次，以发电商与储能商为例进行了清洁能源价值链多方利益主体价值创新机制研究，在充分探讨价值链价值实现方式的基础上，通过构建联合契约对价值链进行了价值创新模型研究；再次，基于委托代理理论建立了在不对称信息条件下风力发电商与储能商协同风险承担模型，并在引入信息共享努力度的基础上，结合算例分析模型有效性进行了验证；然后，基于风电-储能价值链构建 WF - HESS 系统，对储能容量管理框架、组件模型、能量管理机制和容量优化机制进行了分析和探讨；继而，在上述两主体间耦合协同机制研究的基础上，进行了多主体系统利益分配模型研究，在区块链智能合约背景下基于合作博弈模型建立了"火电-风电-光伏-储能"联盟系统利益分配模型，并通过 MDP 指标值判断分配模型的稳定性；最后，将清洁能源发电企业、储能企业和电力终端用户联系起来，构建清洁能源价值共同创造系统（CEVCS），并对其协同演化机制进行了探究。本章研究内容旨在为清洁能源价值链耦合协同运作机制提供一定的理论与实践参考。

参 考 文 献

［1］ 樊斌，鞠晓峰. 完全信息条件下企业内部知识共享激励机制研究 ［J］. 商业研究，2010 （11）：53 - 56.

［2］ 樊斌，鞠晓峰. 不完全信息条件下知识共享激励机制研究 ［J］. 科学学研究，2009，27 （9）：1365 - 1369.

［3］ Yu M，Cao E B. Information sharing format and carbon emission abatement in a supply chain with competition ［J］. International Journal of Production Research，2019，58 （22）：6775 - 6790.

［4］ 刘开军，张子刚. 分散式供应链中信息共享的激励机制研究 ［J］. 科技管理研究，2004，24 （2）：50 - 52.

［5］ 张跃平，周基农. 运用中介机构激励制度建立信息共享机制 ［J］. 中南民族大学学报（自然科学版），2004，23 （1）：96 - 97.

［6］ 刘元元，李帮义. 基于委托代理的信息共享激励机制研究 ［J］. 统计与决策，2009 （8）：40 - 41.

［7］ 赵楠，陈洋，刘睿，等. 基于契约理论的协作频谱共享动态激励机制设计 ［J］. 计算机工程与设计，2018，39 （9）：2725 - 2729.

［8］ 和征，陈菊红，姚树俊. 产品服务化供应链信息共享激励的博弈分析 ［J］. 中国机械工程，2014，25 （3）：346 - 351.

［9］ 刘吉成，于晶. 发电商与售电商合作演化博弈模型与激励策略研究——不完全契约下 ［J］. 科技管理研究，2018，38 （15）：246 - 252.

［10］ 盛革. 制造业价值网的系统结构与价值创新机制 ［J］. 技术经济与管理研究，2014 （3）：8 - 12.

［11］ Chesbrough H，Lettl C，Ritter T. Value Creation and Value Capture in Open Innovation ［J］. Journal of Product Innovation Management，2019，35 （6）：930 - 938.

［12］ 王磊，种翌天，谭清美. "互联网＋"驱动产业创新机制及商业模式研究 ［J］. 科技管理研究，2020，40 （16）：1 - 7.

［13］ Wang M，Lee P T W，Chan R Y K. A study of the role of guanxi for value - added supply chain innovation ［J］. International Journal of Logistics - Research and Applications，2021 （1）：926 - 951.

［14］ 戴亦舒，叶丽莎，董小英. 创新生态系统的价值共创机制——基于腾讯众创空间的案例研究 ［J］. 研究与发展管理，2018，30 （4）：24 - 36.

［15］ 刘吉成，卢运媛，李颖欢. 能源互联网背景下中国光储价值链效益协同模型研究 ［J］. 科技管理研究，2021，41 （9）：161 - 173.

［16］ 李欢，金璞，王君，赵俊，等. 农地经营权流转风险识别及预警管理研究——基于委托代理理论 ［J］. 资源开发与市场，2021，37 （7）：774 - 779.

［17］ Gouveia E M，Matos M A. Evaluating operational risk in a power system with a large amount of wind power ［J］. Electric Power Systems Research，2009，79 （5）：734 - 739.

［18］ 夏轶群，梁冉. 科技型中小企业专利质押融资信用风险分担机制研究——基于多任务委托代理模型 ［J］. 南方金融，2019 （3）：42 - 48.

［19］ Tsai H F，Luan C J. What makes firms embrace risks? A risk - taking capability perspective ［J］.

BRQ – Business Research Quarterly，2016，19（3）：219 – 231.

[20] 刘靓晨. 闭环供应链委托代理激励机制设计研究［J］. 商业研究，2016（6）：156 – 169.

[21] 韩美贵，蔡向阳，张悦，等. 风险规避视角下 PPP 项目中的政府作为研究——基于委托代理理论
［J］. 建筑经济，2016，37（9）：16 – 20.

[22] Liu Q L，Meng X F，Li X C. Risk precontrol continuum and risk gradient control in underground
coal mining［J］. Process Safety and Environmental Protection，2019，129：210 – 219.

[23] 刘吉成，于晶. 基于委托代理理论的风力发电商与储能商协同风险承担模型［J］. 技术经济，
2018，37（11）：124 – 130.

[24] Jin H，Liu P，Li Z. Dynamic modeling and design of a hybrid compressed air energy storage and
wind turbine system for wind power fluctuation reduction［J］. Computers & Chemical Engineering，
2018，122：59 – 65.

[25] Johnson J X，De Kleine R，Keoleian G A. Assessment of energy storage for transmission – constrained wind
［J］. Applied Energy，2014，124：377 – 388.

[26] Wang G，Tan Z F，Tan Q K，et al. Multi – Objective Robust Scheduling Optimization Model of
Wind，Photovoltaic Power，and BESS Based on the Pareto Principle［J］. Sustainability，2019，
11（2）：305.

[27] Wang Y H，Wang R R，Wu Z G. Optimal Utilization and Benefit Balance of Clean Environmental
Energy with Multi – side Energy Storage Synergy［J］. EKOLOJI，2019，28（107）：1417 – 1423.

[28] Tribioli L，Cozzolino R，Evangelisti L，et al. Energy management of an off – grid hybrid power
plant with multiple energy storage systems［J］. Energies，2016，9：661.

[29] Hemmati R，Saboori H. Emergence of hybrid energy storage systems in renewable energy and trans-
port applications – a review［J］. Renewable and Sustainable Energy Reviews，2016，65：11 – 23.

[30] Jing W，Lai C H，Wong W S H，et al. A comprehensive study of battery – supercapacitor hybrid
energy storage system for standalone PV power system in rural electrification［J］. Applied Energy，
2018，224：340 – 356.

[31] Chen L，Chen H，Li Y，et al. SMES – battery energy storage system for the stabilization of a pho-
tovoltaic – based microgrid［J］. IEEE Transactions on Applied Superconductivity，2018，28：1 – 7.

[32] Wang S，Tang Y J，Jing S，et al. Design and advanced control strategies of a hybrid energy storage
system for the grid integration of wind power generations［J］. IET Renewable Power Generation，
2015，9：89 – 98.

[33] Lin X，Lei Y. Coordinated control strategies for SMES – battery hybrid energy storage systems［J］.
IEEE Access，2017，5：23452 – 23465.

[34] 韦秋霜. 风电-储能价值链协同决策模型及信息系统研究［D］. 北京：华北电力大学，2020.

[35] 贾明顺. 专利标准化过程的利益冲突与平衡［J］. 科技与法律，2021（1）：29 – 36.

[36] 高鹏，毕达宇，娄策群. 信息内容服务产业链利益冲突与利益平衡［J］. 情报杂志，2014（2）：
144 – 148，127.

[37] Huo H，Wang Z T. Port Supply – Chain Benefit Distribution Model and Algorithm in a Cloud Envi-
ronment［J］. Journal of Coastal Research，2019，98：58 – 61.

[38] 檀勤良，罗开颜，张充，等. 我国风电产业链垂直整合中的利益分配策略研究［J］. 华北电力大
学学报（自然科学版），2015，3：90 – 96.

[39] 李伟，王存悦. 弃风电采暖供应链利益的分配模式及优化研究［J］. 中国市场，2017：187 – 189.

[40] 侯文捷，武鸿鹏，高峰亭，等. 基于区块链智能合约的电力供应链利益分配研究［J］. 信阳师范
学院学报（自然科学版），2020，33（1）：144 – 148.

[41] Liu Jicheng，He Dandan. Profit Allocation of Hybrid Power System Planning in Energy Internet：A

Cooperative Game Study [J]. Sustainability, 2018, 10 (388): 388.

[42] S Samsatli, N J Samsatli. The role of renewable hydrogen and interseasonal storage in decarbonising heat—Comprehensive optimisation of future renewable energy value chains [J]. Applied Energy, 2019, 233: 854 – 893.

[43] J J Marchi, R H Erdmann, CMT Rodriguez. Understanding supply networks from complex adaptive systems [J]. Braz. Admin. Rev. 2014, 11: 441 – 454.

[44] Cao H W, Xue Cg. Self – organization system framework of enterprise information system based on CAS [J]. Manufacturing Engineering and Automation Ⅱ, 2012, 2628: 591 – 593.

[45] C Gronroos, P Voima. Critical service logic: Making sense of value creation and co – creation [J]. Academic Market, 2013, 41 (2): 133 – 150.

[46] D Corsaro. Capturing the broader picture of value co – creation management [J]. European Management, 2019, 37: 99 – 116.

[47] Liu Jicheng, Yin Yu. Research on self – organizing evolution mechanism of clean energy value cocreation system in China [J]. Journal of Renewable and Sustainable Energy, 2021, 13 (4): 48 – 63.

清洁能源"发电-储能-用能"价值链协同优化模型

第6章

对清洁能源"发电-储能-用能"价值链进行优化，不仅要对价值链上的单个节点进行优化，还需要对各个节点形成的链路以及各个节点上利益主体的协同决策行为进行优化，即要研究单一主体优化问题和多方主体联合优化问题。本章旨在通过研究清洁能源"发电-储能-用能"价值链上单一节点上的发电电源结构优化模型、储能容量优化配置模型和用户用能的需求响应优化模型，对清洁能源"发电-储能-用能"价值链上节点本身进行优化。在对单个节点进行优化后通过研究清洁能源"发电-储能-用能"价值链的节点企业选择问题，构建合理的、有利于节点企业间合作的清洁能源"发电-储能-用能"价值链链路。基于此，研究清洁能源价值链多节点上的多目标协同优化模型，运用相关软件进行仿真模拟验证，以探究非并网清洁能源价值链价值创造、创新和增值的发展路径，从而促进清洁能源的健康发展。

6.1 清洁能源"发电-储能-用能"价值链发电环节优化模型

优化电源结构和布局不仅有利于达到节能减排的目标，也有利于加快我国的能源转型升级步伐。不同类型电源投资成本不同，批复的上网发电价格不同，能耗、污染排放也不同。因此，需要进行优化调度，以发电总能耗最小、污染物排放量最小、发电成本最小等不同方面作为优化目标，建立相关约束条件，构建发电侧电源结构优化模型。

有关电源结构优化的研究很多，研究的切入点也较为丰富。比如，李渝等在碳交易环境下研究电源结构优化问题，在满足电力电量平衡等约束条件的前提下，将经济成本最小化、综合能效最大化作为优化的目标，取得很好的效果。谢晓薇的研究探讨了可再生能源发电项目对火电、环境、电网企业以及电力用户的影响，基于此构建了考虑煤电和可再生能源外部性的电源结构优化模型。陶叶炜等在传统电源规划模型的基础上，提出了考虑经济与福利均衡的风光火电源优化配置方案。不难看出，对于发电节点上电源结构的优化一直是电力行业研究的重点问题。随着清洁能源的不断发展，为规避电源建设的盲目性，适应大规模清洁能源发展的愿景，提升能源利用效率，对于电源结构的优化研究也将越来越深入。

为促进电力行业低碳、清洁且高效地发展,首要任务是建立与当下发展需求相适应的电源结构。碳交易是为了减少全球二氧化碳排放所采用的市场机制。因此,本节基于碳交易背景建立多目标的电源结构优化模型,为推动我国电源结构的优化升级提供参考。

6.1.1   碳交易背景下发电环节优化模型构建

1. 目标函数

为了提高模型的实用性,现对模型提出以下假设条件:①只考虑火力发电过程中的碳排放;②火电机组发电燃料只有煤炭,不考虑燃油、燃气等发电机组的影响;③不考虑机组的爬坡特性。基于以上假设,以总经济成本最小、碳排放量最小、清洁能源所占比例最大为目标建立优化模型,具体过程如下:

(1)总经济成本最小。总经济成本分为发电成本和碳交易成本。

发电成本等于各种类电源的单位发电成本与发电量之积的总和,计算公式为

$$\min C_t = \sum_{i=1}^{m} \mu_{i,t} \times x_{i,t} \tag{6-1}$$

式中 C_t——第 t 年的发电总成本,亿元;

$\mu_{i,t}$——第 t 年第 i 种电源的单位发电成本,元/kWh;

$x_{i,t}$——第 t 年第 i 种电源的发电量,亿 kWh。

碳交易成本需要考虑碳排放分配额,因此碳交易成本为第 t 年第 i 种电源发电时产生的二氧化碳总量减去相应的二氧化碳分配额,剩余的部分乘以碳交易价格,计算公式为

$$\min C_t^{CO_2} = \sum_{i=1}^{m} P_{CO_2}(\omega_{i,t} - \eta) \times x_{i,t} \tag{6-2}$$

式中 $C_t^{CO_2}$——第 t 年的碳交易总成本,元;

P_{CO_2}——碳交易价格,元;

$\omega_{i,t}$——第 t 年第 i 种电源的碳排放强度,t/kWh;

η——单位电量碳排放分配额,t/MWh。

总经济成本最小,即发电成本和碳交易成本和最小,计算公式为

$$\min f_1(x) = \min(C_t + C_t^{CO_2}) = \sum_{i=1}^{m} [\mu_{i,t} \times x_{i,t} + P_{CO_2}(\omega_{i,t} - \eta) \times x_{i,t}] \tag{6-3}$$

(2)碳排放量最小。碳排放量等于各种类电源的碳排放强度与发电量之积,计算公式为

$$\min f_2(x) = \sum_{i=1}^{m} \omega_{i,t} \times x_{i,t} \tag{6-4}$$

(3)清洁发电电源所占比例最大。清洁发电电源所占比例最大指在电源结构中,水电、风电、光伏发电等清洁能源发电所占的比例最高,即

$$\max f_3(x) = \frac{\sum\limits_{i=2}^{m} x_{i,t}}{\sum\limits_{i=1}^{m} x_{i,t}} \tag{6-5}$$

2. 约束条件

（1）电量需求约束。各类电源在运行过程中会受到设备运行状态、自然资源条件等的影响，导致不能维持最大出力。但各类电源的总发电量必须满足全社会对电力的需求，因此各类电源的年发电量需要满足公式

$$\sum_{i=1}^{m} x_{i,t} \times (1 - \sigma_{i,t}) \geqslant d_t \tag{6-6}$$

式中　$\sigma_{i,t}$——第 t 年第 i 种电源的综合厂用电率，%；

　　　d_t——第 t 年的全社会电力需求量预测值。

（2）系统备用率约束。每个电力系统都要设置一定的备用容量，以备在设备检修或突发事故时使用。电力备用容量主要包括事故备用容量、检修备用容量和负荷备用容量。为了保证电力系统的可靠性，系统在第 t 年全部可用装机容量应大于或等于最大负荷和备用容量之和，计算公式为

$$\sum_{i=1}^{m} \frac{x_{i,t} \times (1 - \sigma_{i,t})}{h_{i,t}} \geqslant (1 + r) L_{\max t}^{d} \tag{6-7}$$

式中　$h_{i,t}$——第 t 年第 i 种电源的年发电利用小时数，h；

　　　r——电力备用率，%；

　　　$L_{\max t}^{d}$——第 t 年的最大电力负荷，亿 kW。

（3）清洁能源最大装机容量约束。各类清洁能源每年的开采量是受自然资源限制的，在规划期内，可再生能源的开发量要按照国家的相关政策进行，计算公式为

$$\frac{x_{i,t}}{h_{i,t}} \leqslant G_{\max i,t} \tag{6-8}$$

式中　$h_{i,t}$——第 t 年第 i 种电源的年发电利用小时数，h；

　　　$G_{\max i,t}$——第 t 年第 i 种电源的最大装机容量，其中 $i=2$，3，4，万 kW。

（4）能源安全约束。电源结构优化要以安全为前提，在一段时期内以化石能源为主的电源结构不会轻易改变。因此火力发电的占比要大于 40%，计算公式为

$$x_{h,t} \geqslant 40\% \times x_t \tag{6-9}$$

式中　$x_{h,t}$——第 t 年的火电发电量。

（5）非负约束

$$x_{i,t} \geqslant 0 \tag{6-10}$$

6.1.2　基于 NSGA-Ⅱ算法和 TOPSIS 求解

1. NSGA-Ⅱ算法

非支配排序遗传算法（Non-Dominated Sorted Genetic Algorithm-Ⅱ，NSGA-Ⅱ），是一种基于 Pareto 最优解的多目标优化算法。算法的基本思想为：首先，随机产生规模为 N 的初始种群，非支配排序后通过遗传算法的选择、交叉、变异 3 个基本操作得到第一代子代种群；其次，从第二代开始，将父代种群与子代种群合并，进行快速非支配排序，同时对每个非支配层中的个体，进行拥挤度计算，根据非支配关系以及个体的拥挤度选取合适的个体，组成新的父代种群；最后，通过遗传算法的基本操作产生新的子代种

群；依此类推，直到满足程序结束的条件。

2. TOPSIS 方法

理想解法（Technique for Order Preference by Similarity to an Ideal Solution，TOP-SIS）在评价备选方案和准则方面有着突出的性能，并且能够通过计算每个解与正理想解（Positive Ideal Solution，PIS）和负理想解（Negative ideal solution，NIS）之间的几何距离来寻找决策问题的最优解。与其他解相比，最优解与 PIS 的距离最短，与 NIS 的距离最长。TOPSIS 方法的计算过程如下：

步骤 1：构建包含上述 m 个优化解作为备选方案和 n 个评价准则的评价矩阵 $A = (a_{ij})_{m \times n}$，这里准则由总经济成本、碳排放量和清洁能源发电电源所占比例三个优化目标组成。

步骤 2：对矩阵 A 进行归一化，生成归一化矩阵 $R = [r_{ij}]$，r_{ij} 计算公式为

$$r_{ij} = \frac{a_{ij}}{\sqrt{\sum a_{ij}^2}} \tag{6-11}$$

步骤 3：利用权重构造加权归一化评价矩阵 $Z = [z_{ij}]$，其中 $z_{ij} = r_{ij} \cdot \omega_j$。

步骤 4：根据式（6-12）和式（6-13）确定 PIS 和 NIS。

$$Q^+ = \{z_1^+, z_2^+, \cdots, z_j^+\} \tag{6-12}$$

$$Q^- = \{z_1^-, z_2^-, \cdots, z_j^-\} \tag{6-13}$$

其中，$Q_j^+ = \min_i(z_{ij})$、$Q_j^- = \max_i(z_{ij})$。

步骤 5：利用式（6-14）和式（6-15）计算从 PIS 到 NIS 的备选项距离。

$$d_i^+ = \sqrt{\sum_{j=1}^n (z_{ij}, z_j^+)^2} \tag{6-14}$$

$$d_i^- = \sqrt{\sum_{j=1}^n (z_{ij}, z_j^-)^2} \tag{6-15}$$

步骤 6：贴近度系数计算公式为

$$CC_i = \frac{d_i^-}{d_i^+ + d_i^-} \tag{6-16}$$

式中　r_{ij} 和 z_{ij}——第 i 个准则备选项的归一化值和加权归一化值；

ω_j——标准权重。用 Q_j^- 表示时，PIS 用 Q_j^+ 表示，CC_i 为贴近系数，如果备选项离 PIS 越近，离 NIS 越远，则接近 1。

3. 优化框架

利用 NSGA-Ⅱ算法和 TOPSIS 技术的优化框架包含 3 个主要步骤：初始化所构建的模型和相关参数；利用 NSGA-Ⅱ算法得到优化解集；利用 TOPSIS 方法选择唯一最优解。优化的流程如图 6-1 所示。

6.1.3　算例分析

1. 基础数据

（1）电力需求量。以河北省为例，采用灰度预测模型，可得河北省 2022 年、2027 年、2032 年的电力需求量预测值分别为 3440.08 亿 kWh、3633.15 亿 kWh、3837.03 亿 kWh。

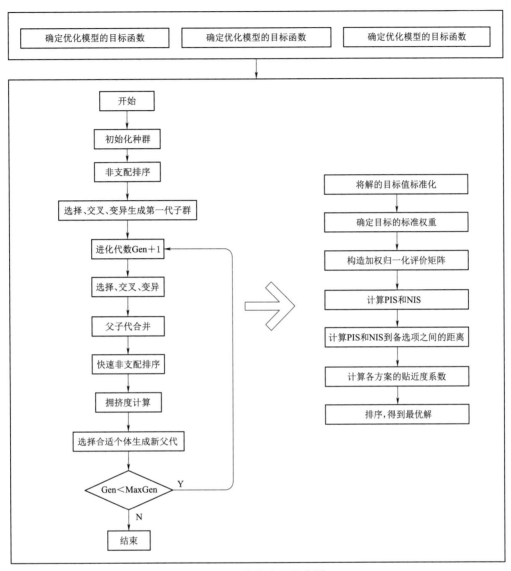

图 6-1 优化流程示意图

（2）单位发电成本。本书采用 0.36 元/kWh、0.38 元/kWh、0.80 元/kWh 和 0.33 元/kWh 分别作为 2022 年河北省的火电、风电、光伏发电和水电的单位发电成本。由于各种能源资源有限，随着社会的发展，以燃煤为主的火电发电成本将有所上升，将 2027 年、2032 年的火电发电成本设为 0.378 元/kWh、0.396 元/kWh。同时，随着科学技术的发展，风电、光伏发电以及水电的投资、维护成本都会有所下降，在本研究中将 0.361 元/kWh、0.342 元/kWh 作为 2027 年及 2032 年风电的发电成本，将 0.76 元/kWh、0.72 元/kWh作为 2027 年及 2032 年光伏发电的发电成本，将 0.31 元/kWh、0.30 元/kWh 作为 2025 年及 2030 年水电的发电成本。

（3）碳排放强度。根据单位标准煤的碳排放系数 0.67 以及火电机组的平均供电煤耗，可计算燃煤获得 1kWh 电力所产生的二氧化碳排放量约为 0.76kg，且该指标在短时期内不会大幅改变。

（4）单位电量排放分配限额。2022 年、2027 年、2032 年的单位电量排放分配限额为 0.73t/MWh、0.68t/MWh、0.64t/MWh。

（5）碳交易价格。碳交易价格每时每刻不断变化，选取 30 元/t、35 元/t、40 元/t 作为河北省 2022 年、2027 年、2032 年的碳交易价格。

（6）电源的厂用电率。火电、风电、光伏发电、水电的厂用电率分别为 7.07%、2.16%、1.30%、1.00%。

（7）电源的年发电利用小时数。火电、风电、光伏发电、水电的发电利用小时数分别为 5351h、2097h、1289h、705h。

（8）最大用电负荷。选取 2022 年、2027 年、2032 年的最大用电负荷为 7600 万 kW、9700 万 kW、11600 万 kW。

（9）电力备用率。一般来说，电力备用率为 12%～25%。本文选取 12% 作为北京市的电力备用率。

（10）可再生能源最大装机容量。2022 年，风电、太阳能发电、水电的装机容量大约为 2080 万 kW、1500 万 kW、364 万 kW。之后用相同增长率可得 2027 年以及 2032 年的大概情况，即 2027 年分别为 3400 万 kW、2250 万 kW、510 万 kW，2032 年分别为 5100 万 kW、3300 万 kW、760 万 kW。

2. 结果分析

根据前文的电源结构多目标优化模型以及基础数据，采用 NSGA-Ⅱ算法和 TOPSIS 方法对河北省 2022 年、2027 年、2032 年的电源结构多目标优化模型进行求解，并分析求解结果。

首先，求解 2022 年河北省的多目标电源结构优化模型的最优解集，在本研究设定的参数下，Pareto 前沿中一共有 10 个初始最优解，见表 6-1。

表 6-1　　　　　　　　2022 年河北省电源结构优化结果

序号	火电发电量 /kWh	风电发电量 /kWh	光伏发电量 /kWh	水电发电量 /kWh	经济成本 /亿元	碳排放量 /亿 t	清洁电源发电所占比例/%
1	3187.9	367.6	130.5	34.5	4272.3	2422.8	14.32%
2	3220.7	363.2	125.7	33.8	4307.9	2447.8	13.96%
3	3196.2	359.5	123.7	31	4273	2429.1	13.86%
4	3235.7	340	137.3	34	4327.3	2459.2	13.65%
5	3164	359.6	131	32.8	4238.9	2404.6	14.19%
6	3204.5	356.7	129.2	30.2	4286.5	2435.4	13.87%
7	3233.3	362.6	138.7	31.7	4333.2	2457.3	14.15%
8	3178.1	341.2	128.1	30.9	4246.7	2415.4	13.60%
9	3230.9	363.8	135.6	30.6	4327.8	2455.5	14.09%
10	3174.3	360.2	120.9	34.7	4244.8	2412.5	13.98%

经过 NSGA-Ⅱ算法对模型求解得到 10 个解作为 TOPSIS 方法的评价矩阵进行进一步处理。以 3 个目标作为评价准则，准则权重为 [0.3, 0.3, 0.4]，按照 TOPSIS 的计算步骤选择河北省 2022 年电源结构优化的最优解。同理，求解河北省 2027 年以及 2032 年的电源结构优化结果，见表 6-2。

表 6-2　　　　　　　　　　　　　河北省电源结构优化结果

年份	火电发电量 /kWh	风电发电量 /kWh	光伏发电量 /kWh	水电发电量 /kWh	经济成本 /亿元	碳排放量 /亿 t	清洁电源发电 所占比例/%
2022	3164.0	359.6	131.0	32.8	4238.9	2404.6	14.19
2027	3242.0	474.0	248.0	85.0	10689.0	2464.0	19.93
2032	3321.0	609.0	348.0	130.0	17754.0	2524.0	24.66

综上，2022 年、2027 年和 2032 年的电源结构优化结果如表 6-3 以及图 6-2、图 6-3 所示。

表 6-3　　　　　　　　　　　　　各类电源发电量比例

年份	火电发电量比例 /%	风电发电量比例 /%	光伏发电量比例 /%	水电发电量比例 /%	总发电量 /亿 kWh
2022	85.81	9.75	3.55	0.89	3687.4
2027	80.07	11.71	6.12	2.10	4049.0
2032	75.34	13.82	7.89	2.95	4408.0

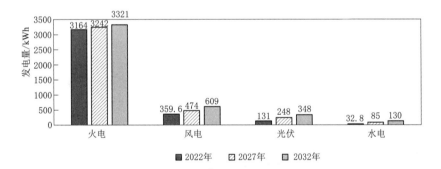

图 6-2　各类电源发电量

从各类发电电源所占的比例来看，河北省火电发电量的比例逐渐减少，而风电、光伏发电、水电等清洁能源的发电比例在逐年增加。火电从 2022 年的 85.81% 降到了 2032 年的 75.34%，风电从 2022 年的 9.75% 升到了 2032 年的 13.82%，光伏发电从 2022 年的 3.55% 上升到了 2032 年的 7.89%，水电从 2022 年的 0.89% 上升到了 2032 年的 2.95%。

从数值的角度看，火电的发电比例虽然在不断下降，但其发电量数值仍在上升，这样就导致河北省 2022 年到 2032 年的碳排放量也在上升。但是另一方面，风电、光伏发电、水电等清洁能源的发电量和发电量比例都在上升，使得河北省未来的电源结构将更清洁、低碳和高效化。

总体来说，在碳交易机制及碳减排目标的作用下，河北省以火电为主的电源结构将逐

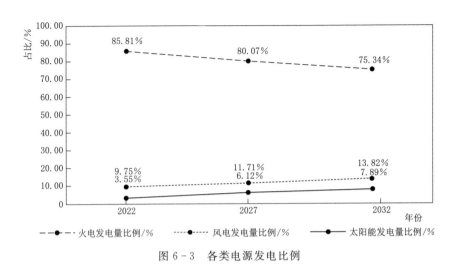

图 6-3　各类电源发电比例

渐改善，向以火电、风电、光伏发电、水电等多种发电能源的多元化结构过渡。

6.1.4　结论与建议

　　本节在考虑碳交易的背景下，建立了含有三个目标函数的多目标电源结构优化模型，使得模型更具体和精准。除此之外，使用 NSGA–Ⅱ算法和 TOPSIS 方法计算河北省 2022 年、2027 年、2032 年的电源结构优化结果，提高了求解的准确性和快速性。结果表明，河北省未来的电源结构将会是由火电、风电、光伏发电和水电等多种发电能源构成，且清洁能源的发电比例会不断提高。通过实例分析，说明本研究建立的电源结构多目标优化模型具有一定的现实意义，也可以为其他地区的电源结构优化提供借鉴。

6.2　清洁能源"发电-储能-用能"价值链储能环节优化模型

　　储能是清洁能源"发电-储能-用能"价值链的中间节点，储能系统具有负荷与电源的双重特性。同时，储能节点也是最为重要的价值链创新和增值节点，承载和发挥弃能电量存储功能。通过与上下游节点的协同作用，对储能系统进行布局优化，能够提高系统调峰能力、减少弃能现象的发生。

　　近些年的研究表明，储能在智能电网、能源互联网以及多种能源协调调度等方面发挥重要作用。比如，Xu 等提出了基于非并网风电-用户侧储能系统的多目标优化模型。Li 等建立了各种收益和成本的模型，建立了考虑储能系统充放电功率约束的光伏储能混合系统容量分配模型。曹建伟等针对含风光储的地区级区域电网，考虑不同比例的风光储组合情况下，以电源侧投资成本、运维成本和碳排放成本最小为经济优化目标，提出了该区域电网风光储容量配置的最佳比例。刘洋等通过构建的"光-储"发电系统拓扑结构分配电站功率，分配过程中寻找最佳均衡点，实现"光-储"发电资源协调均衡。随着清洁能源在电力行业的不断渗透，储能的作用也将越来越明显。解决多种储能的协调优化问题，将有助于清洁能源"发电-储能-用能"价值链的发展。

在能源互联网背景下，储能将成为能源互联网的重要基础支撑和关键技术设备，并发挥能量中转、匹配和优化的重要作用。而各种储能的协调有助于降低能源储存的总需求，提高经济效益。因此，本节根据能源互联网的整体需求，以储能系统的经济性更好及能源的利用效率更高为目标，建立多种储能协调模型，以此来协调配合不同种类的储能。

6.2.1　能源互联网背景下储能环节优化模型构建

1. 目标函数

假设在能源互联网背景下，某能源互联网系统中所需储能装置提供的总能量是 E_{total}（这里所说的能量指的是转换以后的能量，下同），且该价值链系统所需要的固定基本能量为 E_{basic}。同时，假设所有储能形式的种类数为 y，对于该能源互联网系统而言，假定其存在的储能形式的种类数量为 l，且对于每种储能方式，其存储的能量是 $x_i (i=1,$ $2, 3, \cdots, l, l \leqslant y)$，同时假定对于每种不同的储能方式，其用户所需要的基本能量是 $e_i (i=1, 2, 3, \cdots, l)$。此外，对储能形式有实时性需求的能量假设是 E_{real}，无实时性需求的能量假定为 $E_{non-real}$。接下来，分别以成本最低（即经济性最优）以及能量利用率最大为目标，构建能源互联网系统中多种储能协调优化的目标函数。

（1）经济性最优。储能资本成本由中央储能系统成本、功率变换系统成本以及充放电控制系统成本决定。对于某种特定的储能方式，例如液态空气储能，其成本由液化装置、低温储罐及放电单元 3 种成本构成。由于这里讨论的储能形式多种多样，其成本构成较为复杂。因此为了便于计算，考虑到储能成本的通用性，这里所提的储能成本指的是可变成本，不包含固定成本。基于此，能源互联网系统储能总成本的计算公式为

$$C = \sum x_i f(C_{i\min}, C_{i\max}) \tag{6-17}$$

式中　C——储能总成本；

　　　$C_{i\min}$——第 i 种储能形式成本的最小值；

　　　$C_{i\max}$——第 i 种储能形式成本的最大值；

　　　$f(\ )$——函数，依据具体情况针对不同储能所选取的成本。

（2）能量利用率最大。针对能量利用率这一指标，我们通过利用相同转换能量下消耗的存储能量进行表示。为了满足能源互联网背景下能源互联网系统总能量的需求，该系统需要的总存储能量计算公式为

$$E = \sum_{i=1}^{n} x_i \tag{6-18}$$

2. 约束条件

能源互联网系统各储能之间的协调优化应满足的约束条件涵盖能量约束、设备及原料约束、总量约束、基本性能约束及实时性约束。具体约束条件的含义及数学表达如下。

（1）能量约束。不管何种储能形式介入到能源互联网系统，都会改变该系统的能量分布，但是总体而言不管分布如何变化，整个系统都遵循能量守恒，即

$$E_{RE} - E_{SE} = E_{CE} \tag{6-19}$$

式中　E_{RE}——能源互联网系统中不同能源释放的能量；

　　　E_{SE}——该系统中各种储能所存储的能量；

E_{CE}——该系统所消耗的能量。

（2）设备及原料约束。受储能原材料及硬件设备的约束，每种储能形式均存在所储能量的极大值。因此设储能的最大储存量为 $X_{i\max}$，那么需要满足的约束条件为

$$x_i \leqslant X_{i\max} \tag{6-20}$$

（3）总量约束。为了保障能源互联网系统的安全、稳定运行，储能环节所存储的总能量应不小于对储能总量的需求，即应满足下式

$$\sum_{i=1}^{n} x_i \rho_i \geqslant E_{\text{total}} \tag{6-21}$$

式中　ρ_i——第 i 种储能方式的效率。

（4）基本性能约束。为保障能源互联网系统的基本性能，需要保障该系统对储能的基本要求，即

$$x_i \rho_i \geqslant e_i (i \in y) \tag{6-22}$$

（5）实时性约束。为保障能源互联网系统的可靠性，需要实时性相对比较高的储能形式来应对大扰动、瞬时性故障，即系统需存在达到秒级的储能形式，称作实时性储能（Real-time Energy Storage，RTES）。应满足的约束条件为

$$\sum (x_i \rho_i - e_i) \geqslant E_{\text{real}} (x_i \in RTES) \tag{6-23}$$

6.2.2　基于 MAPSO 算法求解

1. 粒子群算法

粒子群算法（Particle Swarm Optimization，PSO）是受到真实世界中鸟群搜索食物的行为的启示而提出的一种优化算法，通过群体之间的信息共享和个体自身经验总结来修正个体行动策略，最终求取优化问题的解。粒子群算法中，用粒子的位置表示待优化问题的解，每个粒子由一个速度矢量来决定粒子的飞行方向和速率大小。设在一个 M 维的搜索空间，粒子 j 的位置信息可表示为 $Q_j = (q_{j1}, q_{j2}, \cdots, q_{jn})^T$，速度信息表示为 $V_j = (v_{j1}, v_{j2}, \cdots, v_{jn})^T$，粒子 j 根据式（6-24）和式（6-25）来更新自己的速度和位置信息。

$$v_{jm}^{t+1} = wv_{jm}^t + c_1 r_1 (p_{\text{best}jm}^t - x_{jm}^t) + c_2 r_2 (g_{\text{best}jm}^t - x_{jm}^t) \tag{6-24}$$

$$q_{jm}^{t+1} = q_{jm}^t + q_{jm}^{t+1} \tag{6-25}$$

式中　　　　w——惯性因子；

　　c_1 和 c_2——学习因子；

　　r_1 和 r_2——介于（0，1）之间的随机数；

$p_{\text{best}jm}^t$ 和 $g_{\text{best}jm}^t$——当前粒子个体最优值和群体最优值。

2. 多智能体系统

智能体（Agent）是一种具有感知能力、问题求解能力、又能够和系统中其他 Agent 通信交互，从而完成一个或多个功能目标的软件实体。单个 Agent 求解问题的能力有限，而多 Agent 系统协作求解问题的能力则大大超过单个 Agent，这正是多智能体系统（Multi-Agent System，MAS）产生的最直接的原因。有多个 Agent 构成的相互作用、相互关联的系统可称为多 Agent 系统。MAS 是由多个松散耦合的、粗粒度的 Agent 组成的网络结构。这些 Agent 在物理上或逻辑上是分散的，其行为是自治的，它们通过协商、

协调和协作，完成复杂的控制任务或解决复杂的问题。

3. 多智能体粒子群算法

多智能体粒子群（Multi‐Agent Particle Swarm Optimization，MAPSO）算法是结合 PSO 算法和 MAS 的学习、竞争与合作操作机制构造的一种全新算法。选取适合 MAS 的体系结构以确定 Agent 的领域。每个 Agent 不但通过与其邻域的 Agent 竞争、合作与自学习操作，而且还吸收了 PSO 算法的进化机制，与全局最优的 Agent 进行信息共享，并根据自身经验总结来修正 Agent 的行动策略，使其能够更快地、更精确地收敛到全局最优解。

（1）单个 Agent 的意图和目的。在 MAPSO 算法中，每一个 Agent 为 α，相当于 PSO 算法中的一个粒子，粒子有一个被优化问题决定的优化目标函数值，即适应值。分别以经济性最优和能量利用率最大为优化目标的适应度函数由式（6‐26）和式（6‐27）表示，即 Agent α_1，Agent α_2 的适应值为

$$f(\alpha_1)=C \tag{6‐26}$$
$$f(\alpha_2)=E \tag{6‐27}$$

Agent α_1 的目的就是在满足运行条件的限制下尽可能减小其适应值。相反，Agent α_2 的目的就是在满足运行条件的限制下尽可能增大其适应值。

（2）MAPSO 的全局环境。对于系统全局环境的定义，这里采用了一种非常简单的格子结构环境，如图 6‐4 所示。每个 Agent 都"居住"在该环境中，并且有固定的物理地址。图 6‐4 中每一个圆圈代表一个 Agent，即 PSO 中的一个粒子，圆圈中的坐标 (i, j) 代表 Agent 在全局环境中的具体位置，并且坐标与 Agent 是一一对应的关系。此外，每一个 Agent 自身应该包含两个数据，即 PSO 算法中每个粒子的速度和位置。图中 ij 是全局环境的格子总数，并且 i, j 和种群数量 n 之间满足的关系为：$n = ij$，即 MAPSO 算法中 Agent 的全局环境相当于 PSO 算法中的粒子数目。

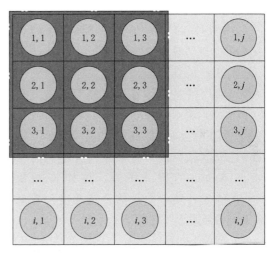

图 6‐4　Agent 的环境结构

（3）MAPSO 的局部环境。在 MAPSO 算法中为了实现粒子与粒子之间的信息交互作用，需要定义一个局部环境，来获取支持该粒子下一步行动策略的依据。也就是说每个 Agent 都将在预定义的局部环境模型内与其邻居粒子进行信息通讯、交互作用。假设 $A_{m,n}$ 表示位置为 (m, n) 的 Agent，其中 $m = 1, 2, 3, \cdots, i$；$n = 1, 2, 3, \cdots, j$（i, j 表示 MAPSO 算法全局环境界限），将 $A_{m,n}$ 的局部环境 $N_{m,n}$ 定义为下式

$$N_{m,n} = \{A_{m,n1}, A_{m,n2}, A_{m1,n}, A_{m1,n1}, A_{m1,n2}, A_{m2,n}, A_{m2,n1}, A_{m2,n2}\} \tag{6‐28}$$

其 中，$m_1 = \begin{cases} m-1, & m \neq 1 \\ i, & m=1 \end{cases}$；$n_1 = \begin{cases} n-1, & n \neq 1 \\ j, & n=1 \end{cases}$；$m_2 = \begin{cases} m+1, & m \neq i \\ 1, & m=i \end{cases}$；$n_2 = $

$$\begin{cases} m+1, & n \neq j \\ 1, & n = j \end{cases}$$。根据上述定义可知，在全局环境中包含若干个局部环境，图中阴影部分便是坐标为（2，2）的 Agent 的局部环境，该粒子周围的 8 个粒子则是它用来获取环境信息的邻居粒子。

（4）单个 Agent 所能采取的行动策略。在 MAPSO 算法中，每个 Agent 和其领域的其他 Agent 进行竞争、合作操作。以能源互联网中多种储能协调的经济性最优为例，假设 Agent$A_{m,n}$ 在优化问题解空间中的位置是 $A_{m,n}=$（a_1，a_2，…，a_n），$M_{m,n}$ 是 $A_{m,n}$ 的 8 个邻居中拥有最小适应值的 Agent，$A_{m,n}$ 变化为

$$f(A_{m,n}) \leqslant f(M_{m,n}) \tag{6-29}$$

$$A_{m,n} = M_{m,n} + \mathrm{rand}(-1,1) \cdot (A_{m,n} - M_{m,n}) \tag{6-30}$$

式中　rand（−1，1）——位于（−1，1）之间的随机数。

从式（6-30）可以看出，在 Agent$A_{m,n}$ 不满足式（6-29）的情况下，它仍然保留了自己原来的有用信息，而且也充分吸收了邻居 $M_{m,n}$ 的有益信息，使其进一步减小其适应值。

Agent 与其邻居的竞争与合作操作相当于 Agent 自身信息在 Agent 环境中的逐步传递，但是这种信息的传递仅仅局限于它的局部环境，有用信息的传递速度相对较慢。受 PSO 算法的启发，Agent 不仅与其邻居进行竞争与合作操作，而且还与全局最优的 Agent 进行信息交换，并根据自身经验总结来修正 Agent 的行动策略，这样将加快 Agent 在整个环境中信息的传递速度，提高其算法的收敛性。

（5）MAPSO 算法流程。具体的 MAPSO 算法流程如图 6-5 所示。

6.2.3　算例分析

本节以我国能源互联网示范项目之一的 A 地区为例进行仿真模拟。该示范项目的电

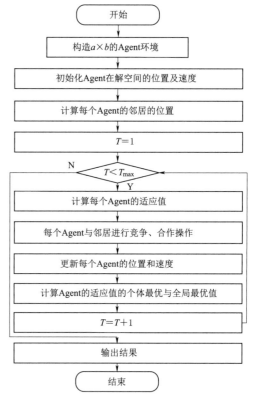

图 6-5　MAPSO 算法流程图

能数据由离网的风力发电厂提供，且为保障系统的安全稳定运行，降低由风力发电带来的不稳定性及随机性，该示范项目管理者欲引进储能技术。基于此，依据 A 地区的实际情况，结合能源互联网系统多种储能协调优化思想，下面将进行基于 MAPSO 算法的多种储能之间的协调优化的理论探索及模拟仿真。其中，为了将目标函数考虑在内，我们提出 3 种仿真模拟情景，分别为：经济性最优（Economical Efficiency，EE）、能量利用率最优（Energy Utilization Efficiency，EUE）、综合考虑经济性及能量利用率（EE & EUE）。

1. 基础数据

根据 A 地区的具体情况，设定相关参数如下：需要由 A 地区引进的储能系统提供的总能量 E_{total} 为 3000MWh，该系统所需要的固定基本能量为 E_{basic} 为 1500MWh，对储能有实时性需求的能量为 600MWh，对储能无实时性需求的能量为 900MWh。

对于需要选择的储能形式，主要从成本、能量利用率、实时性及技术成熟度 4 方面进行考虑，见表 6-4。从表中可以知，铅酸电池和液流电池的及时性及技术成熟度均比较高，但是由于在铅酸电池的负极加入活性炭后其性能会大大提升，这在一定程度上降低了铅酸电池的成本，而液流电池的成本相对较高。基于此，对于能源互联网示范项目 A，选取抽水蓄能、低温储热、铅酸电池、超级电容、高温储热、压缩空气储能、超导储能及飞轮储能这 8 种储能方式。

表 6-4　　　　　　　　　　　首次选择的储能形式

影响因素	储能形式
成本低	抽水蓄能、低温储热、高温储热、压缩空气储能
能量利用率高	超级电容、超导储能、飞轮储能
及时性高	铅酸电池、超级电容、超导储能、飞轮储能、液流电池
技术成熟度高	抽水蓄能、铅酸电池、液流电池

最后，根据 A 地区的实际情况、专家的相关意见及相关参考文献决定此能源互联网系统储能环节的成本、每种储能最大存储能量 X_{imax} 及每种储能的基本需求 e_i；对于能量转换率 ρ_i，选取每种储能形式的边际值。据此，设置能源互联网系统中储能环节的各相关参数，见表 6-5。

表 6-5　　　　　　　　　　储 能 参 数 的 设 置

序号	储能形式	成本/万元	ρ_i/%	X_{imax}/MWh	e_i/MWh
1	抽水蓄能	50	85	1000	700
2	低温储能	15	60	600	300
3	铅酸电池	300	80	600	300
4	超级电容	1000	95	800	200
5	高温储热	45	60	200	0
6	压缩空气	25	70	500	0
7	超导储能	5000	96	400	0
8	飞轮储能	3000	90	500	0

2. 仿真结果

上文构建的能源互联网系统多种储能形式的协调模型属于单目标优化，仅从经济性或能源利用率某一方面出发进行考虑，不能实现两者均衡时储能的优化选择，因此本文分别从 EE、EUE 以及 EE & EUE 三个情景进行了讨论。并利用 MATLAB 软件求解这三种情景下的优化问题。

（1）情景 1（EE）。能源互联网系统中储能的容量需求很大，而储能设备的成本普遍偏高。因此在储能技术尚不能突破的情况下，降低储能设备的成本成为关键。因此，本文以经济性为目标，在节 6.2.2 的约束条件下，分别运用粒子群算法和多智能体粒子群算法进行优化，实现多种储能的优化配置。

PSO 算法及 MAPSO 算法中种群的大小往往取决于所要解决的优化问题的复杂程度。根据文中构建的能源互联网系统储能协调优化问题的复杂程度、求解效率及优化结果，此处设种群大小为 16；全局环境大小设为 8×8；最大迭代次数设为 100。为防止 PSO 算法陷入局部最优解，提升其寻优能力，本文采用线性递减的惯性权重。粒子群算法和多智能体粒子群算法的参数设置见表 6 - 6。

表 6 - 6　　　　　　　　　　　PSO 及 MAPSO 算法参数设置

算法	种群规模	迭代次数	权重上限	权重下限	c_1	c_2	环境大小
PSO	16	100	0.9	0.2	2.0	2.0	
MAPSO	16	100	0.9	0.2	2.0	2.0	8×8

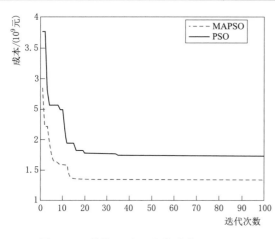

图 6 - 6　情景 1 下 PSO 算法和 MAPSO 算法收敛比较图

使用具有 InterCorei7 - 4720HQ 处理器和 8GBRAM 的 DellInspiron7447 系列笔记本电脑，计算该优化问题所需的 CPU 时间。共计算 20 次，取其平均运行时间，得到 MAPSO 算法的平均运行时间是 0.056915s，PSO 算法的平均运行时间为 0.026558s。从平均运行时间来看，MAPSO 算法的运行时间大于 PSO 算法的运行时间。即使如此，由于 MAPSO 算法的运行时间很短，因此其运行时间在决策者可接受的范围之内。另外，决策者更倾向得到最优的储能协调优化的解，下面详细讨论 PSO 算法和 MAPSO 算法的优化结果。

PSO 算法和 MAPSO 算法收敛情况如图 6 - 6 所示；同时，在情景 1 的情况下，PSO 算法和 MAPSO 算法的计算结果比较见表 6 - 7。

从图 6 - 6 能够看出，MAPSO 算法比 PSO 算法优先达到最优解，突显了 MAPSO 算法的有效性和优越性；且 MAPSO 算法的计算精度要优于 PSO。另外，由表 6 - 7 可见，MAPSO 算法的最优成本、最差成本和平均成本均优于 PSO 算法。由此可见，MAPSO 算法有较好的收敛性和计算精度。因此，尽管 MAPSO 算法比 PSO 算法平均运行时间要长，但是就运算结果而言，MAPSO 算法属于有效的算法。

表 6 - 7　　　　　　情景 1 下 PSO 算法和 MAPSO 算法计算结果比较

算法	$C_{\min}$/元	C_{mean}/元	$C_{\max}$/元
PSO	1.7181×10^9	1.8475×10^9	3.7571×10^9
MAPSO	1.3272×10^9	1.3911×10^9	2.8443×10^9

（2）情景 2（EUE）。由于储能较高的成本，因此探索提升储能设备的能量利用率成为能源互联网系统储能环节优化协调的必要。本节以最大化储能的能量利用率为目标，分别运用 PSO 算法和 MAPSO 算法进行优化求解，以最优化储能环节的协调配置。

同样，此处选择线性递减的惯性权重，其中 PSO 算法和 MAPSO 算法的参数设置与情景 1 中的参数设置一致。但是，根据实验之前测试结果，将最大迭代次数改为 50。利用情景 1 中同一台笔记本电脑，分别计算 PSO 和 MAPSO 算法的运行时间。通过运行 20 次，取平均值，得到 MAPSO 算法的平均运行时间为 0.046338s，PSO 算法的平均运行时间为 0.026641s。

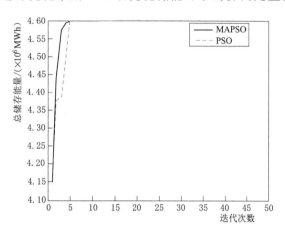

图 6-7　情景 2 下 PSO 算法和 MAPSO 算法收敛比较图

能量利用率目标下 PSO 算法和 MAPSO 算法收敛比较图如图 6-7 所示，计算结果的比较见表 6-8。

由图 6-7 可以发现，情景 2 下 MAPSO 算法在运行 5 步左右达到最优解，PSO 算法同样在运行 5 步左右达到最优解。同样，由表 6-8 可见，MAPSO 算法优化得到的最差、平均总能量均高于 PSO 算法优化得到的结果，但是两者计算得到的最优总能量均是 4.6000×10^6 MWh。就图 6-7 和表 6-8 运算的结果而言，MAPSO 算法的优势并不是很明显，这可能是因为情景 2 下的目标函数相对较简单，MAPSO 算法的优点未能得到很好的体现。

表 6-8　　　　　　　　情景 2 下 PSO 算法和 MAPSO 算法计算结果比较

算法	$E_{\min}$/MWh	$E_{\mean}$/MWh	$E_{\max}$/MWh
PSO	4.1618×10^6	4.5899×10^6	4.6000×10^6
MAPSO	4.1481×10^6	4.5871×10^6	4.6000×10^6

（3）情景 3（EE & EUE）。情景 3 提出将经济性最优与能量利用率最大两个目标函数均考虑在内，属于多目标优化问题。针对解决多目标优化最优解，有两种思路：一是直接求解路径，二是间接求解路径。首先，直接求解最优解能够从全局的角度进行求解，但是其求解过程过于复杂。其次，间接求解路径是通过对每个目标函数赋予权重系数的方式将多目标优化求解转换为单目标优化问题。间接求解路径能够充分将决策者的经验及主观意见考虑在内，同样也会受决策者的主观影响。然而，由于间接求解路径较直接求解路径而言，程序编码比较简单；另外，本节中提到的 MAPSO 算法适用于单目标优化求解问题。基于上述，本节采用间接求解路径求解情景 3 下的多目标优化问题，具体的将多目标转换为单目标的方法如下所述。

由于经济性最优及能量利用率最大属于不同的优化方向，因此，首先需要对其进行处理。设 ϑ_c 及 ϑ_e 分别为目标函数成本 C 及目标函数能量 E 的权重系数，设加权综合后的单

目标函数可表示为 γ。目标函数的一致化及无量纲化处理公式为

$$\gamma = \min\left\{\vartheta_c \frac{C - C^{\min}}{C^{\max} - C^{\min}} + \vartheta_e \frac{E^{\max} - E}{E^{\max} - E^{\min}}\right\} \tag{6-31}$$

其中

$$\vartheta_c + \vartheta_e = 1$$

当目标函数 C 的权重系数由 0.1 变化到 0.9 时，PSO 算法和 MAPSO 算法的优化结果如图 6-8 所示。从式（6-31）可以看出，当目标函数 C 的权重系数为 1 时，属于特殊情况情景 1；当目标函数 C 的权重系数为 0 时，属于特殊情况情景 2，在此不做讨论。从图 6-8 中可以看出，当目标函数 C 的权重系数在 0.2~0.5 时，PSO 算法具有很大的波动性；当权重系数在 0.5~0.9 时，PSO 算法和 MAPSO 算法均呈现稳定的上升趋势。因此，结合专家意见，将 0.5 和 0.9 的中间值 0.7 作为目标函数 C 的权重系数。显然，目标函数 E 的权重系数为 0.3。

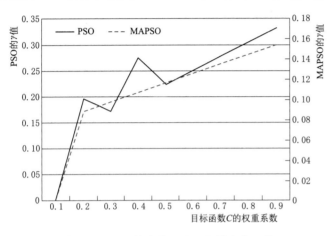

图 6-8　PSO 算法及 MAPSO 算法的 γ 值

按照上述处理流程，对多目标函数进行优化求解。其中 PSO 算法及 MAPSO 算法的参数设置与情景 1 中的参数设置保持一致。PSO 算法及 MAPSO 算法在运行 20 次后的平均运行时间分别为 0.160904s 及 0.081907s。同样，这两种算法求解的收敛比较图及优化结果的比较分别如图 6-9、图 6-10 及表 6-9 所示。

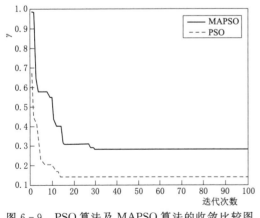

图 6-9　PSO 算法及 MAPSO 算法的收敛比较图

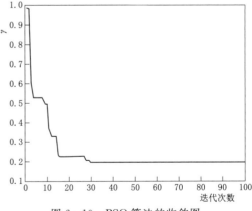

图 6-10　PSO 算法的收敛图

从图 6-9 中可以看出，MAPSO 算法运行约 40 达到最优解，PSO 算法运行 50 左右达到最优解，其中 PSO 算法在运行 30 次后收敛变化比较微小，因此用图 6-10 单独表示 PSO 算法的收敛图。由表 6-9 可见，与 PSO 算法相比，MAPSO 算法得到 γ 的最小值、

均值及最大值都比较小。结合此情景下两种算法的平均运行时间，均证明了 MAPSO 算法的有效性和可行性。

表 6-9 PSO 算法及 MAPSO 算法优化目标函数 γ 结果比较

算法	γ_{min}	γ_{mean}	γ_{max}
PSO	0.27917	0.32659	0.98439
MAPSO	0.13562	0.15468	0.67486

3. 对比分析

从上述结果可以看出，MAPSO 算法的收敛性及计算精度均优于 PSO 算法。因此，由 MAPSO 算法优化的能源互联网系统储能的协调优化结果见表 6-10。

表 6-10 储能协调优化结果

目标	每种储能的容量/MWh								总成本/元	总储存能量/MWh
	1	2	3	4	5	6	7	8		
EE	1000	600	600	800	200	500	0	88.9	1.3272×10^9	3788.9
EUE	1000	600	600	800	200	500	400	500	4.5605×10^9	4600
EE&EUE	1000	502	600	800	200	500	69.8	131.1	1.8013×10^9	3802.9

从表 6-10 中可以得到以下结论：

(1) 以经济性最优得出的储能总量比以利用率最优得出的储能总量低 811.1MWh，同样成本低 3.2333×10^9 元。根据优化结果，当储能总量增加 21.41% 时，成本会相应增加 243.62%。结果表明现有储能技术水平下，在储能总量达到一定程度后，若还想增加储能量容量，需要支付很高的成本。因此，建议在考虑能源互联网系统中储能协调优化时，从经济性最优方面进行考虑。

(2) 与情景 1 下的优化结果相比，随着情景 3 多目标优化的实施，储能成本及储存能量均会增加。然而，当储能容量增加 0.37% 时，储能的成本会增加 35.72%。上述两种结论表现相似，因此建议决策者在对储能环节实施优化选择时应重点关注经济性，从成本角度多加以考虑。然而，如果在协调优化时，需要从储能多样性的角度考虑，那么建议能源互联网系统储能的协调优化结果为：选取抽水蓄能、低温储热、铅酸电池、超级电容、高温储热、压缩空气储能、超导储能及飞轮储能 8 种储能方式，其容量分别为 1000MWh、502MWh、600MWh、800MWh、200MWh、500MWh、69.8MWh 和 131.1MWh。

6.2.4 结论与建议

能源互联网对于不同的储能方式有不同的需求，在一定协调优化原则下，根据需求情况及不同储能的特点合理配置各种储能不仅能够满足能源互联网各种性能的要求，而且可以达到提高经济效益以及提高能源利用率的目的。因此，本章节利用 PSO 和 MAPSO 优化算法进行了仿真。MAPSO 结合了多 Agent 系统中个体间的竞争、合作机制，在保持 PSO 算法结构简单的基础上，克服了 PSO 算法容易陷入局部最优的缺点，改善了全局寻优能力，具有更高的计算精度和收敛速度，是解决能源互联网中多种储能协调的良好方法。在现有储能技术水平下，追求能源利用率最大化将花费很大成本，远远超过以经济性最优下的成本。因此，建议决策者以经济性最优进行能源互联网中多种储能的协调配置。以成本最优协调能源互联网中的多种储能时，建议考虑抽水蓄能、低温储能、铅酸电池、超级电容、高温储热、压缩空气等储能方式。

在仿真模拟时，本章节分别以经济性最优和能量利用率最优为目标进行能源互联网系统中多种储能的优化配置，属于单目标优化。而实际情况中，决策者往往渴望得到多目标优化的结果，因此多目标优化成为将来研究的一个方向。

6.3　清洁能源"发电-储能-用能"价值链用能环节优化模型

用能环节不仅仅是清洁能源"发电-储能-用能"价值链的终端节点，还是决定清洁能源消纳量的重要环节，是清洁能源"发电-储能-用能"价值链价值实现的最终环节。需求响应是应对电网峰谷差持续拉大、间歇性可再生能源大规模并网、能源结构转变等问题的有效方法。合理地调控用户侧的需求响应资源，是实现供需双侧互动以及电力系统协同互联的重要手段。研究用户侧需求响应会降低电网运行风险，同时也能达到减少用电费用的目的。因此，构建清洁能源"发电-储能-用能"价值链用能环节优化模型就显得十分重要。

近些年，有关用户需求响应的研究有很多，对用户用能环节进行需求响应研究的意义也越来越清晰。Cheng等从多种群进化博弈动力学的角度深入研究了多智能体参与电力调度的行为决策问题，结果表明激励定价在鼓励用户参与需求响应方面发挥着重要作用。窦迅等基于节点能源价格，以用户市场消费剩余量化节点区域用户能源消费的估值，考虑多能用户气、电负荷的可替代性，建立基于演化博弈的需求响应模型。林智威等提出了一种基于多智能体的"配电网-代理商-电力用户"需求响应分布式互动模型，通过算例分析证明了模型的有效性和算法的合理性。由以上研究可以看出，用能环节优化不仅仅可以减少用户用电费用，还能使得用能环节与价值链其他环节形成良性互动。

实现清洁能源"发电-储能-用能"价值链价值创造和增值的关键环节之一是通过风电系统和储能系统间的协同运作，满足用户的用能需求，从而获取相应的经济效益和环境效益。随着电力市场的完善，越来越多的用户能够主动参与到需求响应项目中，优化自身负荷，并提升响应潜力。然而，用能环节表现出的状态比较复杂，有必要对用能环节进行优化研究。因此，本节以风电、氢储能、电池储能、电动汽车构成的"风电-储能-充电站"协同运行系统为基础，建立用能管理协同决策模型，以此来优化用能环节。

6.3.1　"风电-储能-充电站"协同运行系统的用能环节优化模型构建

1. 目标函数

由于实现价值链价值创造和增值的最直接手段是满足用户用能需求并创造相应的效益，因此我们把系统年利润最大化作为用能管理协同决策模型的目标函数。系统利润来自使用"风电-储能-充电站"协同运行系统提供电动汽车用能服务，获得的收益和总成本之间的差额，其中系统总成本包括氢储能系统和电池储能系统的生命周期成本的净现值（Net Present Cost，NPC）。

$$f = RY - C_{total} \tag{6-32}$$

式中　f——利润最大化目标函数；

　　　R——日均充电服务收入；

　　　Y——收入年化系数，且取值365；

　　C_{total}——总年化成本。

日均充电服务收入取决于电动汽车充电单价和充电电量

$$R = cp \sum_{t=1}^{24} \left[P_{TD}(t) - SR(t) \right] \tag{6-33}$$

式中　cp——充电单价，元/kWh；

　　$SR(t)$——时间段 t 内系统无法满足电动汽车的用能需求量。

系统总成本 C_{total} 包括氢储能系统和电池储能系统的投资成本净现值、替换成本净现值、运行和维护成本净现值，计算公式为

$$C_{total} = C_{HES} + C_{BES} = (C_{HESc} + C_{HESr} + C_{HESm\&o}) + (C_{BESc} + C_{BESr} + C_{BESm\&o}) \tag{6-34}$$

式中　　　C_{HES} 和 C_{BES}——氢储能系统和电池储能系统的总成本；

C_{HESc}、C_{HESr} 和 $C_{HESm\&o}$——氢储能系统的投资成本净现值、替换成本净现值、运行及维护成本净现值；

C_{BESc}、C_{BESr} 和 $C_{BESm\&o}$——电池储能系统的投资成本净现值、替换成本净现值、运行及维护成本净现值。

氢储能系统成本计算公式为

$$C_{HESc} = N_{EL}CC_{EL} + N_{HT}CC_{HT} + N_{FC}CC_{FC} \tag{6-35}$$

$$C_{HESr} = N_{FC}CR_{FC} \sum_{j=6,11,16} \left(\frac{1+\mu}{1+r} \right)^{j} \tag{6-36}$$

$$C_{HESm\&o} = (N_{EL}CMO_{EL} + N_{FC}CMO_{FC}) \sum_{j=1}^{20} \left(\frac{1+\mu}{1+r} \right)^{j} \tag{6-37}$$

式中　N_{EL}、N_{HT} 和 N_{FC}——电解槽数量、储氢罐数量以及燃料电池数量；

CC_{EL}、CC_{HT} 和 CC_{FC}——电解槽单元、储氢罐单元和燃料电池单元的投资成本；

　　CR_{FC} 和 CMO_{EL}——燃料电池单元的替换成本、运行及维护成本；

　　　　μ 和 r——年成本增长率和利率。

电池储能系统成本构成为

$$C_{BESc} = N_{BES}CC_{BES} \tag{6-38}$$

$$C_{BESr} = N_{BES}CR_{BES} \sum_{j=5,10,15} \left(\frac{1+\mu}{1+r} \right)^{j} \tag{6-39}$$

$$C_{BESm\&o} = N_{BES}CMO_{BES} \sum_{j=1}^{20} \left(\frac{1+\mu}{1+r} \right)^{j} \tag{6-40}$$

式中　CC_{BES}、CR_{BES} 和 CMO_{BES}——电池单元的投资成本、替换成本、运行及维护成本。

为将系统总成本净现值转化为年化成本值，需对其进行相关处理，计算公式为

$$C_{annual} = C_{total}CRF = C_{total} \frac{r(1+r)^{y}}{(1+r)^{y} - 1} \tag{6-41}$$

式中　C_{annual}——系统年化成本；

CRF——成本年化系数；

y——项目周期。

通过使用风电提供充电服务，"风电-储能-充电站"协同运行系统能减少从电网处购买对电动汽车进行充电的相应电量，从而产生"风电-储能-充电站"协同效益和环境效益，以系统的 CO_2 减排量效益为例，计算公式为

$$CE = \sum_{i=1}^{24} \left[P_{TD}(t) - SR(t) \right] \delta \lambda \tag{6-42}$$

式中　　CE——CO_2 排放量，kg；

δ——煤电单位电能 CO_2 排放系数，取 $\delta = 0.997$kg/kWh；

λ——年化系数，取 365 天。

2. 约束条件

为了保证"风电-储能-充电站"协同运行系统的稳定运行，必须满足系统组件约束和系统供能可靠性约束等约束条件。

（1）电解槽组件约束

$$0 \leqslant N_{EL} \leqslant N_{EL}^{max} \tag{6-43}$$

$$P_{EL}(t) \leqslant P_{EL}^{max} \tag{6-44}$$

式中　　N_{EL}^{max}——满足用能负荷的电解槽单元数量；

P_{EL}^{max}——电解槽组件的额定功率。

（2）储氢罐组件约束

$$0 \leqslant N_{HT} \leqslant N_{HT}^{max} \tag{6-45}$$

$$0.2E_{HL}^{max} \leqslant E_{HT}(t) \leqslant E_{HT}^{max} \tag{6-46}$$

式中　　N_{HT}^{max}——满足用能负荷的储氢罐单元数量；

E_{HT}^{max}——储氢罐组件的额定容量。

（3）燃料电池组件约束

$$0 \leqslant N_{FC} \leqslant N_{FC}^{max} \tag{6-47}$$

$$P_{FC}(t) \leqslant P_{FC}^{max} \tag{6-48}$$

式中　　N_{FC}^{max}——满足用能负荷的燃料电池单元数量；

P_{FC}^{max}——燃料电池组件的额定功率。

（4）电池储能系统约束

$$N_{BES} \leqslant N_{BES}^{max} \tag{6-49}$$

$$P_{BES}(t) = \begin{cases} 0, \text{BES 非充放电时} \\ P_{BES}, \text{BES 充放电时} \end{cases} \tag{6-50}$$

$$(1-DOD)E_{BES}^{max} \leqslant E_{BES}(t) \leqslant E_{BES}^{max} \tag{6-51}$$

式中　　N_{BES}^{max}——电池储能系统能满足负荷时的电池单元数量；

E_{BES}^{max}——电池储能系统的额定容量；

DOD——电池储能系统的最大允许放电深度。

（5）系统供能可靠性约束。为保证"风-储-充"协同运行系统供能服务的可靠性，需要进行相应限制，具体限制条件为

$$SRP = 1 - \frac{\sum\limits_{t=1}^{T} SR(t)}{\sum\limits_{t=1}^{T} P_{TD}(t)} \qquad (6-52)$$

$$SR(t) = -P_{DC}(t) - \frac{E_{BES}(t-1) - E_{BES}(t)}{\eta_{BES}} - \frac{E_{HT}(t-1) - E_{HT}(t)}{\eta_{FC}} \qquad (6-53)$$

$$SRP \geqslant SPR^{min} \qquad (6-54)$$

式中　SRP——系统供能可靠性；

$SR(t)$——时间段 t 内系统无法满足电动汽车的用能需求量；

SPR^{min}——供能可靠性的最小值。若 SRP 等于 1，则表示用能需求得到充分满足；

若 SRP 处于区间（0，1）之间，则部分需求未得到满足。

6.3.2　基于 IAGA 算法求解

采用自适应遗传算法（Improved Adaptive Genetic Algorithm，IAGA）对用能管理优化问题进行求解，IAGA 根据种群情况自适应地调整算子和操作的顺序，具体流程如图 6-11 所示。

第一步：采用二进制编码，初始化基本参数。

第二步：以"风-储-充"协同运行系统年利润作为适应度函数，考虑系统组件约束和系统可靠性约束，计算各个体的适应度值 f、种群适应度均值 f_{ave} 和最大值 f_{max}。

第三步：判断是否满足收敛条件，确定进入第四步或得到最优结果。

第四步：基于第三步的计算结果，令自适应判断值 $H = \arcsin\dfrac{f_{ave}}{f_{max}} - \dfrac{\pi}{6}$：若 $H \geqslant 0$ 则优先执行变异操作，再进行单点交叉操作，最后使用"轮盘赌"方法进行选择；若 $H < 0$ 则按交叉、变异、选择顺序进行。

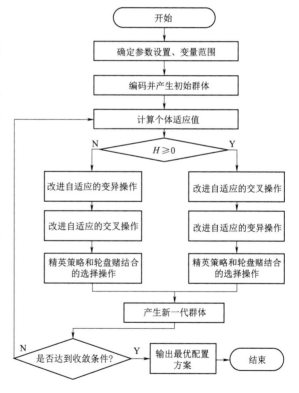

图 6-11　IAGA 算法计算流程

第五步：返回第二步，对更新的个体进行下一轮计算。

其中，交叉算子（p_c）和变异算子（p_m）的自适应确定公式为

$$p_c = \begin{cases} \dfrac{k_1 Q}{(\pi/2)}, & H < 0 \\[3mm] k_1 \dfrac{1-Q}{(\pi/2)}, & H \geqslant 0 \end{cases} \tag{6-55}$$

$$p_m = \begin{cases} k_2 \dfrac{1-Q}{(\pi/2)}, & H < 0 \\[3mm] \dfrac{k_2 Q}{(\pi/2)}, & H \geqslant 0 \end{cases} \tag{6-56}$$

式（6-55，6-56）中，$0 < k_1$，$k_2 \leqslant 1$ 且为常数，$Q = \arcsin \dfrac{f_{ave}}{f_{max}}$。

6.3.3　算例分析

1. 情景设置

应用"风电-储能-充电站"协同运行系统用能管理模型，在风电出力高峰时段，系统利用风电向电动汽车充电站提供用能服务，并使用电池储能系统和电解槽储存富余风电；在电动汽车用能高峰期，电池储能系统和燃料电池释放所储存的能量满足用能需求。这里探讨在不同情景下的设备配置和系统收益情况：

情景 1 为典型场景。根据风电场风电出力数据和电动汽车用能数据，基于本文构建的用能管理协同优化决策模型，确定"风电-储能-充电站"协同运行系统的设备配置情况，分析风电系统、氢储能系统、电池储能系统和电动汽车用能间的能量转换效应，讨论系统产生的经济与环境效益。

情景 2 分别讨论电动汽车用能需求增加 10% 和 20% 的场景下，"风电-储能-充电站"协同运行系统的配置情况和系统的经济与环境效益。

情景 3 是随着风电与储能技术的发展，储能成本呈下降趋势，电动汽车规模也在不断提升。为满足"风电-储能-充电站"协同运行系统日益增长的电动汽车用能需求，风电场主动增加风电供应。因此，该情景综合考虑风电出力增加 10%、储能成本降低 10% 和用能需求增加 10% 时系统的配置情况和经济与环境效益。

2. 基础数据

电池储能系统的主要组件参数见表 6-11。

表 6-11　　　　　　　　　　电池储能系统组件参数

参　　数	单位	值	参　　数	单位	值
投资成本	元	7056	电压	V	24
替换成本	元	350	寿命	年	4
运行及维护成本	元	350	充放电效率	%	90
单体额定容量	Ah	150			

氢储能系统的主要组件参数见表 6-12，主要包括电解槽单元、储氢罐单元、燃料电池单元等。协同运行系统的其他相关参数见表 6-13。

表6-12　　　　　　　　　　　氢储能系统组件参数

组　件	参　数	单位	值
电解槽单元	投资成本	元	14000
	运行及维护成本	元	700
	单体功率	kW	3
	寿命	年	20
	效率	%	74
储氢罐单元	投资成本	元	3500
	寿命	年	20
	额定容量	kWh	0.3
燃料电池单元	投资成本	元	14000
	运行及维护成本	元	700
	替换成本	元	350
	单体额定功率	kW	3
	寿命	年	5
	效率	%	60

表6-13　　　　　　　　　　　其　他　参　数

参　数	单位	值	参　数	单位	值
转换器效率	%	95	利率	%	4
电动汽车充电功率	kW	4	电价	元/kWh	0.52
年成本增长率	%	1	供能可靠性最小值	%	80

取某地区风电场出力典型数据进行分析，风电场年均并网功率比例为80%，基于一天内各时点的出力功率，得到24h内各时点的"风电-储能-充电站"协同运行系统的风电功率，如图5-4所示。假设到达充电站的所有电动汽车都使用相同的充电模式，每个时点到达的电动汽车数量和总需求负荷如图6-12所示。根据风电功率和电动汽车总需求负

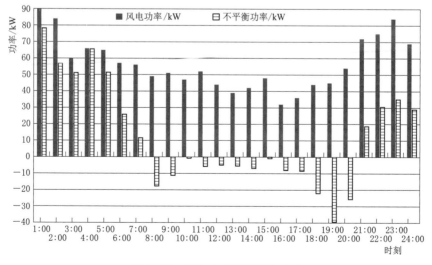

图6-12　风电功率及不平衡功率

荷,得到各时段的不平衡功率,如图6-13所示。

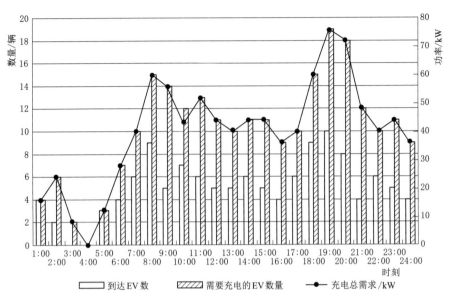

图 6-13 电动汽车数量和用能需求

根据我们构建的"风电-储能-充电站"协同运行系统的数学模型和用能管理的协同优化决策模型,基于优化目标函数和约束条件,使用IAGA算法对不同情景下的风电-储能价值链用能管理问题进行优化求解。

设初始种群大小为400,最大迭代次数为200,k_1取1.0,k_2取0.5,使用MATLAB R2017b进行模拟仿真分析。

3. 结果分析

(1)典型场景下的设备配置和效益分析(情景1)。基于基础数据和基础参数,得到典型场景下的优化结果和寻优过程及结果如表6-14和图6-14所示。

表 6-14　　　　　　　　　　情景 1 优化结果

参　　数	数值	参　　数	数值
电解储数量/个	31	储氢罐年成本净现值/元	22663
储氢罐数量/个	88	燃料电池年成本净现值/元	11130
燃料电池数量/个	6	储能电池年成本净现值/元	21153
储能电池数量/个	22	年利润/元	36641
电解槽年成本净现值/元	55755	供能可靠性/%	83.53

可以看出,IAGA在迭代约130次可找到最优目标值。同时,在表6-14所示的系统最优配置条件下,"风电-储能-充电站"协同运行系统在满足系统供能可靠性约束条件下的年利润最大值为36641元,此时系统供能可靠性为83.53%,即系统能满足83.53%的电动汽车用能需求,并产生一定的经济效益。为分析"风电-储能-充电站"协同运行系统产生的环境效益,计算24小时内各时间段系统满足电动汽车的用能需求量,计算协同效

应决策指标 CE，得到系统年 CO_2 减排量为 292734kg。

电池储能系统和储氢罐在每个时点存储的能量，如图 6-15 和图 6-16 所示。根据系统控制策略，当系统进入充电状态时，优先使用电池储能系统进行储能，在 7：00 时到达最大值 E_{BES}^{max}，并于 8：00 后开始放电至最小值 $0.2E_{BES}^{max}$，至 20：00 后重新进行充电。当系统进入放电状态时，优先启用氢储能系统供能，相较于电池储能系统放电时间（8：00），燃料电池于 7：00 开始放电，于 8：00 到达其最小值 $0.2 E_{HT}^{max}$，至 20：00 后开始进行储能。

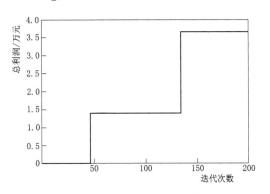

图 6-14　情景 1 中 IAGA 寻优过程

综上所述，风电场出力和电动汽车用能需求时间段存在一定的差异，在不同时间点的不平衡功率存在实时变化，在风电高发期时风电资源有所浪费，而在风电低发期时无法满足电动汽车的用能需求。"风电-储能-充电站"协同运行系统通过各系统间的协同控制，在满足相关约束的条件下，实现"风电-储能-充电站"协同运行系统的年利润最大化，产生相应的经济和环境效益。

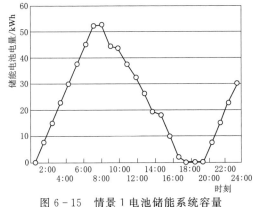

图 6-15　情景 1 电池储能系统容量

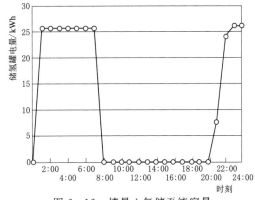

图 6-16　情景 1 氢储系统容量

（2）电动汽车用能需求增加 10% 和 20%（情景 2）。假设用能需求增加 10%（情景 2-1）和 20%（情景 2-2），使用 IAGA 算法对决策模型进行求解，结果见表 6-15，寻优过程如图 6-17 和图 6-18 所示。

表 6-15　　　　　　　　　　　情 景 2 优 化 结 果

参　数	情景 2-1	情景 2-2	参　数	情景 2-1	情景 2-2
电解储数量/个	13	19	储氢罐年成本净现值/元	4636	4121
储氢罐数量/个	18	16	燃料电池年成本净现值/元	57503	5565
燃料电池数量/个	31	3	储能电池年成本净现值/元	4807	43267
储能电池数量/个	5	45	年利润/元	82080	92741
电解槽年成本净现值/元	23381	34172	供能可靠性/%	85.7	89.16

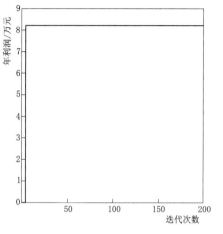
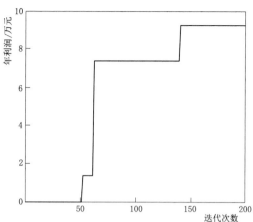

图 6-17　情景 2-1 寻优过程　　　　　　图 6-18　情景 2-2 寻优过程

可以看出，在电动汽车用能需求分别增加 10% 和 20% 时，系统年利润从 36641 元分别增加到 82080 元和 92741 元，并且该情景下的供能可靠性均有所提升。这说明随着电动汽车用能需求的增加，"风电-储能-充电站"能够充分利用风电满足用户负荷需求，从而实现价值的增值效应。在情景 2 时，系统的 CO_2 减排量分别为 340792kg 和 377839kg。储氢罐和电池储能系统 24h 内的储存能量见表 6-16。情景 2-1 和 2-2 中，储能电池数量分别为 5 个和 45 个。

表 6-16　　　　　　　　　情景 2 电池储能系统和储氢罐储存能量

时刻	E_{BES}/kWh			E_{HT}/kWh		
	情景 1	情景 2-1	情景 2-2	情景 1	情景 2-1	情景 2-2
1：00	7.5	1.71	15.39	26.4	5.4	4.8
2：00	15.0	3.42	30.78	26.4	5.4	4.8
3：00	22.6	5.13	46.17	26.4	5.4	4.8
4：00	30.1	6.84	61.56	26.4	5.4	4.8
5：00	37.6	8.55	76.95	26.4	5.4	4.8
6：00	45.1	10.26	92.34	26.4	5.4	4.8
7：00	52.7	11.97	101.56	26.4	5.4	4.8
8：00	52.7	11.97	0	0	0	0
9：00	44.3	10.08	0	0	0	0
10：00	43.5	8.18	0	0	0	0
11：00	37.4	6.29	0	0	0	0
12：00	32.2	4.39	0	0	0	0
13：00	26.5	2.50	0	0	0	0

续表

时刻	E_{BES}/kWh			E_{HT}/kWh		
	情景1	情景2-1	情景2-2	情景1	情景2-1	情景2-2
14：00	19.3	0.6	0	0	0	0
15：00	18.3	0	0	0	0	0
16：00	10.0	0	0	0	0	0
17：00	1.7	0	0	0	0	0
18：00	0.0	0	0	0	0	0
19：00	0.0	0	0	0	0	0
20：00	0.0	0	0	0	0	0
21：00	7.5	1.71	7.6	7.98	5.4	0
22：00	15.0	3.42	22.99	24.76	5.4	4.1
23：00	22.6	5.13	38.38	26.4	5.4	4.8
24：00	30.1	6.84	53.77	26.4	5.4	4.8

注 数值0表示为储氢罐和电池系统的最小存储容量。

基于系统充电策略，电池储能系统优先进入充电状态，在1：00—7：00时间段内储存能量。当系统进入放电状态时，燃料电池于7：00开始燃烧储气罐中储存的氢气进行供能，并于8：00到达其最小值，而电池储能系统以额定功率进行放电，分别于15：00（情景2-1）和8：00（情景2-2）达到最小值。根据风电系统和用能负荷之间的功率差值，电池储能系统于21：00开始储存富余风电，而氢储能系统分别于21：00（情景2-1）和22：00（情景2-2）开始储存能量。在情景2-1和情景2-2中，氢储能系统和电池储能系统各部分组件数量和功率有所差异，但随着电动汽车用能需求的增加，储能系统都能够快速地响应风电功率和用能负荷之间的功率差，满足电动汽车的用能需求。同时，随着用能需求的增加，"风电-储能-充电站"协同运行系统的经济效益和环境效益都有所增加。

（3）风电出力增加10%、储能成本降低10%和用能需求增加10%（情景3）。情景3探讨当风电系统功率在情景1基础上增加10%、氢储能系统和电池储能系统成本减少10%、电动汽车用能需求增加10%时，"风电-储能-充电站"协同运行系统的组件配置情况和系统运营产生的经济和环境效益。

在该情景下对模型进行求解，寻优过程如图5-19所示，情景3下得到的最优配置结果和系统年利润见表6-17。

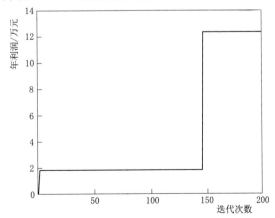

图6-19 情景3中IAGA寻优过程

表 6-17　　　　　　　　情 景 3 优 化 结 果

参　　数	数值	参　　数	数值
电解储数量	21	储氢罐年成本净现值/元	15761
储氢罐数量	68	燃料电池年成本净现值/元	5008
燃料电池数量	3	储能电池年成本净现值/元	6057
储能电池数量	7	年利润/元	123090
电解槽年成本净现值/元	33993	供能可靠性/%	93.36

可以看出，情景 3 得到最优决策结果需要的迭代次数约为 150 次，此时"风电-储电站"协同运行系统需要的电解槽、储氢罐、燃料电池和储能电池的数量分别为 21 个、68 个、3 个和 7 个；系统年利润为 123090 元，与情景 1 和情景 2 相比，系统年利润增幅较大；由于风电功率的增加以及系统组件之间的协同运作，系统供能可靠性达到 93.36%。

氢储能系统和电池储能系统各时间段功率如图 6-20 所示。基于各储能组件的最佳配置数量，计算各时间段内的用能负荷和无法满足的用能负荷 $SR(t)$，计算协同效应决策指标 CE，得到系统年 CO_2 减排量为 394924kg。由此可见，利用"风电-储能-充电站"协同运行系统满足电动汽车的用能需求，不仅能减少电动汽车大规模充电对电网造成的不利影响，还能够产生明显的环境效益。

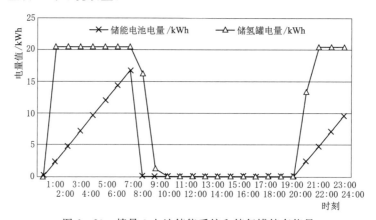

图 6-20　情景 3 电池储能系统和储氢罐储存能量

（4）情景对比分析。为比较不同情景下"风电-储能-充电站"协同运行系统的经济效益和环境效益，分别对系统年利润、供能可靠性和 CO_2 减排量进行对比分析，如图 6-21 所示。

从系统年利润来看，通过对风电-储能价值链进行用能管理并提供电动汽车用能服务，可以实现协同运行系统运营的经济效益，且随着风电功率的增加、储能系统成本的下降和电动汽车用能需求的增加，系统年利润呈现增长趋势。从环境效益角度看，协同运行系统不仅能减少电动汽车大规模用能对电网造成的不良影响，还能有效利用弃风电量，系统环境效益明显。

综上所述，基于"风电-储能-充电站"协同运行系统，通过风电系统、氢储能系统、电池储能系统和电动汽车用能之间的协同运行，对于提高风电场的风电利用率、增加系统

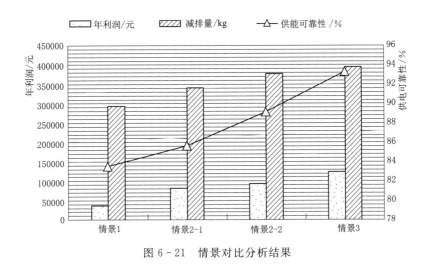

图 6-21　情景对比分析结果

的经济效益和满足用户的用能需求等方面有积极的作用，能够实现风电-储能价值链的价值创造和增值。

6.3.4　结论与建议

本节内容面向用能管理，构建风电系统、氢储能系统、电池储能和电动汽车用能协同运行的"风电-储能-充电站"协同运行系统的协同优化决策模型。以系统年利润最大化为目标函数，考虑系统组件约束和系统供能可靠性约束，构建用能管理协同优化决策模型。其次，利用 IAGA 对系统最佳配置进行优化，并且对不同场景进行了模拟分析。结果证明，用能管理研究能有效促进风电系统、储能系统和电动汽车的可持续发展，使得系统更具经济效益和环境效益。

6.4　清洁能源"发电-储能-用能"价值链链路优化模型

清洁能源"发电-储能-用能"价值链优化还应包括链路的优化，也就是对各个节点上的企业进行优化选择，构建完整的价值链链路。各节点之间的交易关系以及供需状况等，相互联系，相互作用，协同影响着清洁能源"发电-储能-用能"价值链各节点的运行效率、供需的平衡程度、供需的稳定程度、效率程度以及市场风险等。链路优化有助于促进不同节点企业间的资源、技术整合，降低资源浪费，减少企业间的信息交流成本，同时降低市场风险。

有关链路优化的研究主要分为两类。一类是利用综合评价方法对节点企业进行选择。比如，Li 和 Zhang 在考虑到决策者风险态度的影响，提出了一种基于犹豫度分布的评价矩阵转换方法，建立了一种基于区间直觉模糊集多属性决策的合作伙伴选择模型。刘吉成和鲍红焉的研究构建了风储双向评价指标体系，设计了基于不同评价方法与 Gale-Shapley 算法的风储供应链合作伙伴双向选择模型。另一类是借助智能算法寻求最优的合作方案。比如，Wu 等研究基于 Dempster-Shafer 理论、改进的 NSGA-Ⅱ 和

DEMATEL 方法，建立了一个构建合作伙伴选择标准的系统四阶段优化模型。戴军设计了一种改进的布谷鸟投影寻踪算法，使用差分方程分析布谷鸟搜索算法收敛性，通过局部随机搜索技术处理整个服务外包链条上的鸟窝节点寻优，结果证明该算法可提高寻找合作伙伴最优解的效率。无论是利用综合评价方法还是智能算法，在选择合适的节点企业方面都发挥了重要作用，同时也对我们的研究提供了很好的借鉴意义。

近年来，在各项政策的引导和分布式业务等市场的推动下，我国的清洁能源产业发展尽头强劲，但也面临弃电严重、成本高、产业链模式单一、生产消纳各环节缺乏统一协调等问题。为解决这一问题，有必要进行价值链的链路优化研究。通过构建节点企业多目标优化选择模型，利用改进的遗传算法进行价值链链路优化，为价值链节点企业选择提供参考。

6.4.1　清洁能源价值链节点企业多目标优化选择模型构建

1. 目标函数

节点企业多目标优化选择模型的目标是从每个点中挑选出一个企业，以达到整个价值链的最优目标值。构建的价值链由上游清洁能源电源供应商、中游电池储能业务和下游电动汽车制造商 3 个节点组成。每个节点都有 i（$i=1,2,\cdots,I$）个候选企业，则第 j 个（$j=1,2,3$）节点中的第 i 个候选企业可表示为 $U_i^{(j)}$。在每个节点上选择最优企业，实际上是一个多目标组合优化问题。分别从运营成本、反应时间、运营风险、质量、技术创新和可持续能力 6 个方面对节点企业进行研究。

（1）运营成本最低。通过节点企业之间的合作，要求分成两部分的总运营成本 C 最小。其中一部分是指所选择的节点企业的内部成本，即实现合作目标的个体成本，具体为生产、销售和研发成本。二是成员之间发生的成本，即实现良好合作的环节成本，具体为交易成本、协调成本和摩擦成本。运营成本的目标函数为

$$\min C = \min(C_{in}+C_{link}) = \min\left(\sum_{j=1}^{3}\sum_{i=1}^{1}(C_i^{(j)}H_i^j)+\frac{1}{2}\sum_{j'\neq j''}\sum_{i'\neq i''}C_{i'i''}^{(j'j'')}H_{i'}^{j'}H_{i''}^{j''}\right) \quad (6-57)$$

$$H_i^j=\begin{cases}1,\text{当}U_i^{(j)}\text{被选为节点企业}\\0,\text{当}U_i^{(j)}\text{不被选为节点企业}\end{cases}$$

式中　$C_i^{(j)}$——候选企业 $U_i^{(j)}$ 的内部成本；

$C_{i'i''}^{(j'j'')}$——候选企业 $U_{i'}^{(j')}$ 和 $U_{i''}^{(j'')}$ 之间的链接成本。

（2）反应时间最快。为了更快地把握快速变化的市场机会，要求每个节点企业对客户需求和市场机会做出敏感的响应，即要求总响应时间 T 尽可能短。反应时间的目标函数为

$$\min T=\min\sum_{j=1}^{3}\max f(T_i^{(j)}H_i^j)i\in[1,I] \quad (6-58)$$

式中　$T_i^{(j)}$——候选企业 $U_i^{(j)}$ 的反应时间（或启动时间）。

（3）操作风险最小。由于各节点企业在管理、经营理念、组织结构、技术标准等方面的差异，以及核心能力泄漏或技术产权丧失的风险，各个节点的组合优化应使整个价值链的总运营风险 R 最小化。操作风险的目标函数为

$$\min R = \min \sum_{j=1}^{3} \max f(R_i^{(j)} H_i^j) i \in [1, I] \tag{6-59}$$

式中　$R_i^{(j)}$——候选企业 $U_i^{(j)}$ 的风险度量。

$R_i^{(j)}$ 定义为不同节点企业的风险因素对整个价值链险损失的期望时刻和发生概率，计算公式为

$$R_i^{(j)} = (E(r_i^j), P(r_i^j)) \tag{6-60}$$

（4）质量最优。对于价值链而言，优秀的产品质量是企业的生命力，能够使参与者赢得市场，获得更好的效益，实现可持续发展。因此，应以链的整体质量 Q 为最佳，其整体运行质量计算公式为

$$\max Q = \max \sum_{j=1}^{3} \min(Q_i^{(j)} H_i^j) i \in [1, I] \tag{6-61}$$

（5）技术创新最强。竞争力的提升归根结底要归功于技术的创新和进步，技术的创新和进步是推动价值链发展的最有力杠杆，能使企业在市场中立于不败之地。技术创新目标 TI 计算公式为

$$\max TI = \max \sum_{j=1}^{3} \min(TI_i^{(j)} H_i^j) i \in [1, I] \tag{6-62}$$

式中　$TI_i^{(j)}$——候选企业 $U_i^{(j)}$ 的技术创新。

（6）可持续能力最强。可持续能力是衡量一个企业能否实现长期发展的重要指标。能力越强，企业的生命力就越强。总体可持续能力 SA 为

$$\max SA = \max \sum_{j=1}^{3} \min(SA_i^{(j)} H_i^j) i \in [1, I] \tag{6-63}$$

式中　$SA_i^{(j)}$——候选企业 $U_i^{(j)}$ 的可持续能力。

对于六个目标函数，约束条件均设为 $\sum_{i=1}^{I} H_i^j = 1, j = 1, 2, 3$。这就是说，从这三个节点中只选择一个企业参与清洁能源价值链的构建。

2. 基于 G1 法的准则权重确定

在此采用 G1（序关系）法确定上述 6 个准则的权重。与常用的层次分析法等方法相比，G1 方法具有直观、易用、计算简单、无需一致性检验等优点。步骤如下：

步骤 1，构造序关系的准则集。根据评价标准集 $\{X_1, X_2, \cdots, X_n\}$，构造出相应的阶关系准则集 $\{y_1, y_2, \cdots, y_n\}$。

步骤 2，给 γ_t 赋值。γ_t（$\gamma_t = \dfrac{w_{t-1}^*}{w_t^*}$）的理性赋值是指标准集 $\{y_1, y_2, \cdots, y_n\}$ 的 y_{t-1} 和 y_t 的重要性比值，由专家根据表 6-18 确定

表 6-18　　　　　　　　　　　　　γ_t 参 考 值

γ_t	说　　明	γ_t	说　　明
1	y_{t-1} 和 y_t 同样重要	1.6	y_{t-1} 比 y_t 重要得多
1.2	y_{t-1} 比 y_t 重要一点	1.8	y_{t-1} 比 y_t 更重要
1.4	y_{t-1} 显然比 y_t 重要	1.1, 1.3, 1.5, 1.7	相邻比较判断的中间案例

步骤 3，计算 $\{y_1, y_2, \cdots, y_n\}$ 中每个标准的权重。首先用式（6-64）计算了 y_n 的比重，其余各权重依次由公式（6-65）计算。这样，就获得了属于 $\{y_1, y_2, \cdots,$

y_n} 的权重向量 {x_1，x_2，$\cdots$，x_n}。

$$w_n^* = \left(\sum_{t=2}^{n} \prod_{i=t}^{n} \gamma_i\right)^{-1} \tag{6-64}$$

$$w_{t-1}^* = \gamma_t w_t^*, t = n, \cdots, 3, 2 \tag{6-65}$$

步骤4，为 {x_1，x_2，$\cdots$，x_n} 定义每个标准的权重，{w_1，w_2，$\cdots$，w_n} 是指 {x_1，x_2，$\cdots$，x_n} 的权向量，{w_1^*，w_2^*，$\cdots$，w_n^*} 是指 {y_1，y_2，$\cdots$，y_n} 的权向量。因此，根据两个集合之间的每个判据的对应关系，{w_1，w_2，$\cdots$，w_n} 可由 {w_1^*，w_2^*，$\cdots$，w_n^*} 得出。

根据上述步骤，首先，通过专家的判断，将上述6个标准建立一个顺序关系，从上而下依次是质量（Q）、技术创新（TI）、操作成本（C）、可持续能力（SA）、反应时间（T）和操作风险（R）。其次，比较相邻准则，按照序关系准则集合理分配。最后，计算序关系准则集的权重，确定评价准则集的权重。

3. 基于TOPSIS的多目标函数变换

作为节点选择的组合优化，由于各目标的判断因素和数量层次存在一定差异，所考虑的所有准则都应无量纲化。这里采用理想点法将多目标问题转化为单目标问题，从而得到理想解。对于操作成本（C）、反应时间（T）和操作风险（R），目标应尽可能小，如式（6-66）～式（6-68）所示。对于质量（Q）、技术创新（TI）和可持续能力（SA），目标应该尽可能大，如式（6-69）～式（6-71）所示。

$$C^* = \min(C_i) i \in (1, 2, \cdots, n) \tag{6-66}$$

$$T^* = \min(T_i) i \in (1, 2, \cdots, n) \tag{6-67}$$

$$R^* = \min(R_i) i \in (1, 2, \cdots, n) \tag{6-68}$$

$$Q^* = \min(Q_i) i \in (1, 2, \cdots, n) \tag{6-69}$$

$$TI = \min(TI_i) i \in (1, 2, \cdots, n) \tag{6-70}$$

$$SA^* = \min(SA_i) i \in (1, 2, \cdots, n) \tag{6-71}$$

式中　i——第 i 个计划。

以理想点与实际方案之间的欧几里德度量作为考虑6个准则权重的模块，如式（6-72）所示。值越小，各准则值与目标函数值的距离越小，方案越好。换言之，价值最小的选择是每个节点企业的最优选择。

$$d = \sqrt{\begin{array}{c}(w_C C - w_C C^*)^2 + (w_T T - w_T T^*)^2 + (w_R R - w_R R^*)^2 + (w_Q Q - w_Q Q^*)^2 + \\ (w_{TI} TI - w_{TI} TI^*)^2 + (w_{SA} SA - w_{SA} SA^*)^2\end{array}}$$

$$\tag{6-72}$$

6.4.2　基于改进的GA算法求解

遗传算法（Genetic Algorithm，GA）作为一种模拟自然进化寻找最优解的方法，根据生物遗传学原理，模拟自然选择和达尔文基于变异的遗传选择的进化过程，继承和复制机制提高了个体的适用性，实现了全局优化的目标。遗传算法在很多领域都得到了很好的应用，组合优化问题是该方法的重要应用之一。一般的算法很难解决搜索空间扩展的问题，而遗传算法提供了一种有效的解决方法。为此，采用遗传算法对该模型进行求解，并针对模型的特殊约束条件进行改进。步骤如下：

步骤 1：编码。在使用遗传算法对数据进行处理之前，首先需要进行编码，即将搜索空间的解表示映射到遗传空间的解表示。编码应该尽可能简洁，搜索空间和遗传空间的解必须是一一对应的。遗传算法的编码包括二进制编码、格雷编码、实数编码等形式，在此采用的是第一种编码形式。

每个候选企业的状态可以表示为一个字段，每个组合节点企业可以表示为一个代码字符串长度（设候选企业数量的长度为 L）。每个字段 $U_i^{(j)}$（或候选企业）占一个字节，如果 $U_i^{(j)}=1$，则选择第 j 个节点中第 i 个候选企业参与价值链建设，否则 $U_i^{(j)}=0$ 表示选择失败。候选企业编码序列如图 6-22 所示。

1	0	…	0	1	0	…	0	…	…	0	1	…	0

图 6-22　候选企业编码序列

步骤 2：适应度函数的构造。在遗传算法中，个体的评价多采用适应度函数，遗传算法的优化过程是在适应度函数的指导下进行优化的。我们以理想方案与实际方案的欧几里德度量的倒数，即 $f(x)=d(x)$ 作为适应度函数。可以看出适应度函数值与距离呈负相关关系，即适应度函数值越大，距离越小，两种方案越接近。

步骤 3：选择。选择操作是指在被选择群体中选择优等个体，淘汰劣等个体。

个体的适应度评价标准是选择操作的基础。该算法根据个体的适合度对种群中个体的顺序进行优先排序，然后采用轮盘赌的方法选择个体。假设每个个体的适合度为 $f_k(k=1, 2, \cdots, L)$，总适应度 $\sum_{k=1}^{L} f_k$，则设 $\frac{f_k}{\sum_{k=1}^{L} f_k}$ 为选择第 k 个个体的概率。

步骤 4：交叉。将两个亲本个体的结构替换重组并生成新个体的操作称为交叉，这是生成新个体最关键的操作过程，对遗传算法的全局搜索能力起决定性作用。

为了满足每个节点只有一个企业参与的约束，针对两个个体的交叉操作对该算法进行了改进。与其用传统的方法直接交叉，不如从三个节点中随机选取一个节点，然后在内部交叉。交叉前的编码序列如图 6-23 所示，从左至右分别代表三个节点，其中第二个矩形被选中进行交叉，结果如图 6-24 所示。

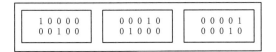

1 0 0 0 0 0 0 1 0 0	0 0 0 1 0 0 1 0 0 0	0 0 0 0 1 0 0 0 1 0

图 6-23　交叉前的编码序列

1 0 0 0 0 0 0 1 0 0	0 0 0 0 1 0 0 0 1 0	0 0 0 0 1 0 0 0 1 0

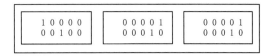

图 6-24　编码序列后交叉

在此过程中，其应用频率由交叉概率 p_c 控制。种群中引入新结构的速度越快，概率越高，但获得好的基因结构的损失率也越高。而过低的概率会导致搜索阻塞。在大多数情况下，建议取值为 0.55～0.8。

步骤 5：突变。突变操作是用一个位点的其他等位基因替换编码串中某些位点的基因值，从而创造一个新的个体。作为一种生成新个体的辅助方法，它对遗传算法的局部搜索能力起着决定性的作用。

为了满足约束条件，正如步骤 4 一样，该算法也通过随机选择三个节点中的一个进行变异，其变异模式是随意选择一个在选定节点的值为零的基因，并将其替换为值为 1 的基因。例如，编码序列突变前如图 6-25 所示；第一个矩形的节点进行变异，结果如图 6-26 所示。

| 0 0 1 0 0 | 0 1 0 0 0 | 0 0 0 1 0 | | 0 1 0 0 0 | 0 1 0 0 0 | 0 0 0 1 0 |

图 6-25   编码序列突变前   图 6-26   编码序列突变后

在此过程中，已有研究表明，当突变概率 p_m 较小时，该算法收敛速度较快，但结果是局部最优而不是全局最优。然而，当概率较大时，搜索范围不会扩大，反而会收敛到较低的目标水平，且由于检测机制的存在，算法的稳定性较差。经过多次测试，该值为 $0.25\sim0.45$ 更为合适。

步骤 6：选择策略。该算法根据适应度大小，从经过交叉变异的新种群和原种群中选择前 10 个个体，形成下一代种群。

步骤 7：终止。遗传算法一般有两种终止条件：固定代数迭代完成或相邻代没有进化性能（适应度没有明显变化）。这里采用的算法以前者为终止条件，并以群中最优个体作为最终结果。

6.4.3   算例分析

1. 基础数据

以中国光伏产业为例，构建光伏价值链，分别为上游光伏电源供应商 D、中游电池储能业务 P 和下游电动汽车制造商 M 三个节点，每个节点考虑 5 家具有代表性的企业作为候选企业。现在，每个节点需要选择一个企业来形成价值链，从而使价值链达到整体优化。这里列出了每个候选企业以上 6 项标准的数据和链路成本，详见表 6-19 和表 6-20，两者都是通过业务调查研究计算得到的。

表 6-19   候选企业标准数据

节　点	公司	内部成本	反应时间	操作风险	质量	技术创新	可持续能力
光伏电源 D	D_1	528	6.1	0.47	0.53	0.65	0.41
	D_2	541	7.5	0.43	0.47	0.49	0.32
	D_3	561	6.9	0.41	0.44	0.52	0.61
	D_4	535	6.5	0.39	0.41	0.44	0.52
	D_5	551	7.2	0.45	0.39	0.61	0.45
蓄电池储能业务 P	P_1	725	5.1	0.47	0.61	0.58	0.57
	P_2	740	4.5	0.52	0.49	0.66	0.72
	P_3	703	5.5	0.53	0.57	0.71	0.62
	P_4	731	4.8	0.59	0.65	0.62	0.67
	P_5	752	6.2	0.56	0.52	0.68	0.71

续表

节　点	公司	内部成本	反应时间	操作风险	质量	技术创新	可持续能力
电动车制造商 M	M_1	409	3.3	0.33	0.56	0.53	0.49
	M_2	432	3.7	0.45	0.55	0.61	0.39
	M_3	418	2.4	0.41	0.54	0.47	0.45
	M_4	425	3.5	0.48	0.51	0.65	0.51
	M_5	453	2.9	0.51	0.48	0.57	0.61

表 6 - 20　　　　　　　　　　　　　候选企业的环节成本

节点	光伏电源 D					蓄电池储能业务 P					电动汽车制造商 M				
企业	D_1	D_2	D_3	D_4	D_5	P_1	P_2	P_3	P_4	P_5	M_1	M_2	M_3	M_4	M_5
D_1	0	1.5	1.9	2.1	1.7	2.8	3.7	2.2	3.5	2.4	4.1	3.2	2.1	3.5	4.2
D_2	1.5	0	1	1.6	0.9	1.3	2.6	3.8	2.2	1.9	2	3.8	2.9	2.7	3.4
D_3	1.9	1	0	2	2.3	3	2.5	4	2.6	3.8	3.1	2.1	1.7	3.1	2.9
D_4	2.1	1.6	2	0	1.8	2.4	3.6	2.2	2	3	4.5	2.3	3.3	2.2	2.8
D_5	1.7	0.9	2.3	1.8	0	2.3	3.1	3.9	2.5	2.5	2.6	3.9	2.4	3.6	2
P_1	2.8	1.3	3	2.4	2.3	0	1.8	1.2	1	1.7	3.5	2.2	3.4	2.1	2.8
P_2	3.7	2.6	2.5	3.6	3.1	1.8	0	2.7	1.6	1.8	2.9	2.3	3.6	4	3.2
P_3	2.2	3.8	4	2.2	3.9	1.2	2.7	0	1.5	1.3	2.6	3.1	1.8	2.3	2.7
P_4	3.5	2.2	2.6	2	3	1	1.6	1.5	0	2.5	3.7	2.5	2.4	3.6	1.9
P_5	2.4	1.9	3.8	3	2.5	1.7	1.8	1.3	2.5	0	2.1	3	3.3	2.9	3.4
M_1	4.1	2	3.1	4.5	2.6	3.5	2.9	2.6	3.7	2.1	0	2.9	2.4	1.7	3.1
M_2	3.2	3.8	2.1	2.3	3.9	2.2	2.3	3.1	2.5	3	2.9	0	2.8	1.9	2
M_3	2.1	2.9	1.7	3.3	2.4	3.4	3.6	1.8	2.4	3.3	2.4	2.8	0	3.5	1.4
M_4	3.5	2.7	3.1	2.2	3.6	2.1	4	2.3	3.6	2.9	1.7	1.9	3.5	0	2.3
M_5	4.2	3.4	2.9	2.8	2	2.8	3.2	2.7	1.9	3.4	3.1	2	1.4	2.3	0

　　由于 $Q > TI > C > SA > T > R$ 的阶次关系，相邻准则之间的重要性分别为：$\gamma_2 = \dfrac{w_{SA}^*}{w_{TI}^*} = 1.6$，$\gamma_3 = \dfrac{w_{TI}^*}{w_C^*} = 1.4$，$\gamma_4 = \dfrac{w_C^*}{w_{SA}^*} = 1.3$，$\gamma_5 = \dfrac{w_{SA}^*}{w_T^*} = 1.2$，$\gamma_6 = \dfrac{w_T^*}{w_R^*} = 1$。评价准则集的权重等于阶数准则集的权重，即 $w_C = w_C^* = 0.149$，$w_T = w_T^* = 0.096$，$w_R = w_R^* = 0.096$，$w_Q = w_Q^* = 0.335$，$w_{TI} = w_{TI}^* = 0.209$，$w_{SA} = w_{SA}^* = 0.115$。具体结果见表 6 - 21。

表 6 - 21　　　　　　　　　　　准则权重的计算过程和结果

标　　准	运营成本	反应时间	操作风险	质量	技术创新	可持续能力
评价标准集的权重	w_C	w_C^*	w_T	w_Q	w_{TI}	w_{SA}
权重	0.149	0.096	0.096	0.335	0.209	0.115
标准（顺序关系）	质量	技术创新	操作成本	可持续能力	反应时间	操作风险

续表

标　准	运营成本	反应时间	操作风险	质量	技术创新	可持续能力
顺序关系准则集的权重	w_Q^*	w_{TI}^*	w_C^*	w_{SA}^*	w_T^*	w_R^*
γ_i		1.6	1.4	1.3	1.2	1
权重	0.335	0.209	0.149	0.115	0.096	0.096

根据改进的遗传算法，参数设置为：最大迭代次数为 100 次，种群规模为 10 次，p_C 为 0.6，p_M 为 0.34。最佳组合结果见表 6-22。从表 6-22 可以看出，应筛选出候选企业 D_1、P_3 和 M_1，构成最优价值链，其中经营成本为 1648.9，反应时间为 14.9，经营风险为 1.33，质量为 1.66，技术创新为 1.89，可持续能力为 1.52。

表 6-22　　　　　　　　　　　组　合　优　化　结　果

标准	运营成本	内部成本	连接成本	反应时间	操作风险	质量	技术创新	可持续能力
价值	1648.9	1640	8.9	14.9	1.33	1.66	1.89	1.52
最优编码				100000010010000				
最优组合		D_1			P_3			M_1

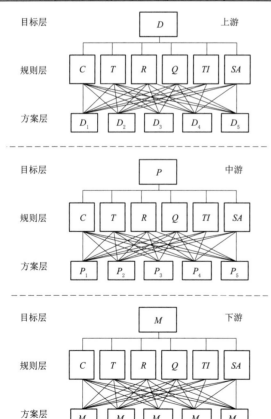

图 6-27　光伏价值链节点企业耦合优化的 AHP 模型

对于内部成本、反应时间、经营风险等成本型标准，其值越低，绩效越好；对于质量、技术创新、可持续能力等收入型标准，绩效则相反。节点企业 D_1、P_3、M_1 的多个标准均达到最优，但这不能说明为什么选择它们构成其他环节成本和标准权重等因素的最佳价值链，充分体现了企业间相互合作的重要性和多目标权衡利益的重要性。

2. 比较分析

在此采用层次分析法（Analytic Hierarchy Process，AHP）和线性分配法（Liner Allocation Method，LAM）两种多目标优化方法对性能结果进行验证。这两种方法都是在上述案例的基础上加以应用的。

（1）AHP。利用 AHP 方法求解光伏价值链节点企业耦合优化时，可将流程分为上游、中游和下游 3 个部分，如图 6-27 所示。AHP 方法的计算涉及到规则层与目标层和方案层与规则层两个阶段中两个准则之间的重要程度，因此在构建判断矩阵时需要进行一定的处理。对于规则-目标判断矩阵，采用上述准则权重 $w_C = 0.149$、$w_T = 0.096$、$w_R = 0.096$、$w_Q = 0.335$、$w_{TI} = 0.209$、$w_{SA} = 0.115$ 的比值来度量所涉及的要素。对于方案扭转判断矩阵，用案例数据在同一节点的候选企业之间的比率（表 6-23）来衡量所涉及的要素。换句话说，一共计算了 19 个矩阵来进行层次分析。考虑到空间有限，这里仅列出一个判断矩阵，表示规则对目标的判断矩阵，同时也列出了所有判断矩阵的结果，见表 6-24。

表 6-23　　　　　　　　　　规则对目标判断矩阵

目标	C	T	R	Q	TI	SA
C	1	96/149	96/149	335/149	209/149	115/149
T	149/96	1	1	335/96	209/96	115/96
R	149/96	1	1	335/96	209/96	115/96
Q	149/335	96/335	96/335	1	209/335	23/67
TI	149/209	96/209	96/209	335/209	1	115/209
SA	149/115	96/115	96/115	67/23	209/115	1

表 6-24　　　　　　　　　　所有判断矩阵的结果

规则到目标层	节点	公司	运营成本 0.149	反应时间 0.096	操作风险 0.096	质量 0.335	技术创新 0.209	可持续能力 0.115	总排名结果
规则方案	上游	D_1	0.206	0.223	0.206	0.237	0.24	0.178	0.222
		D_2	0.2	0.182	0.197	0.21	0.181	0.138	0.19
		D_3	0.194	0.197	0.203	0.196	0.192	0.264	0.203
		D_4	0.203	0.209	0.195	0.183	0.162	0.225	0.190
		D_5	0.197	0.189	0.199	0.174	0.225	0.195	0.194
	中游	B_1	0.201	0.202	0.226	0.215	0.179	0.173	0.200
		B_2	0.197	0.229	0.204	0.172	0.202	0.219	0.203
		B_3	0.208	0.188	0.200	0.201	0.219	0.188	0.203
		B_4	0.200	0.215	0.180	0.229	0.191	0.204	0.208
		B_5	0.194	0.166	0.190	0.183	0.209	0.216	0.193
	下游	M_1	0.209	0.187	0.258	0.212	0.187	0.2	0.207
		M_2	0.197	0.167	0.189	0.208	0.216	0.159	0.197
		M_3	0.204	0.257	0.208	0.205	0.166	0.184	0.200
		M_4	0.201	0.176	0.178	0.193	0.230	0.208	0.201
		M_5	0.189	0.213	0.167	0.182	0.249	0.249	0.196

（2）LAM。采用 LAM 方法优化光伏价值链节点企业耦合问题的计算也可分为 3 个部分，并引入了上述准则的权重。首先，对于每个节点，我们将候选企业按单一目标排序，成本类型标准要求低目标，收益类型标准要求高目标，见表 6-25～表 6-27。然后引入准则权重构建排序优势矩阵（表 6-28～表 6-30）。最后，通过对矩阵的直接分析，

选择出最优节点企业。

表 6 - 25　　　　　　　　　上 游 部 分 排 序 结 果

比重	$C=0.149$	$T=0.096$	$R=0.096$	$Q=0.335$	$TI=0.209$	$SA=0.115$
第一	D_1	D_1	D_4	D_1	D_1	D_3
第二	D_4	D_4	D_3	D_2	D_5	D_4
第三	D_2	D_3	D_2	D_3	D_3	D_5
第四	D_5	D_5	D_5	D_4	D_2	D_1
第五	D_3	D_2	D_1	D_5	D_4	D_2

表 6 - 26　　　　　　　　　中 游 部 分 排 序 结 果

比重	$C=0.149$	$T=0.096$	$R=0.096$	$Q=0.335$	$TI=0.209$	$SA=0.115$
第一	P_3	P_2	P_1	P_4	P_3	P_2
第二	P_1	P_4	P_2	P_1	P_5	P_5
第三	P_4	P_1	P_3	P_3	P_2	P_4
第四	P_2	P_3	P_5	P_5	P_4	P_3
第五	P_5	P_5	P_4	P_2	P_1	P_1

表 6 - 27　　　　　　　　　下 游 部 分 排 序 结 果

比重	$C=0.149$	$T=0.096$	$R=0.096$	$Q=0.335$	$TI=0.209$	$SA=0.115$
第一	M_1	M_3	M_1	M_1	M_4	M_5
第二	M_3	M_5	M_3	M_2	M_2	M_4
第三	M_4	M_1	M_2	M_3	M_5	M_1
第四	M_2	M_4	M_4	M_4	M_1	M_3
第五	M_5	M_2	M_5	M_5	M_3	M_2

表 6 - 28　　　　　　　　　上游部分的排序优势矩阵

排序	第一	第二	第三	第四	第五
D_1	0.789	0	0	0.115	0.096
D_2	0	0.335	0.245	0.209	0.211
D_3	0.115	0.096	0.640	0	0.149
D_4	0.096	0.360	0	0.335	0.209
D_5	0	0.209	0.115	0.341	0.335

表 6 - 29　　　　　　　　　中游部分的排序优势矩阵

排序	第一	第二	第三	第四	第五
P_1	0.096	0.484	0.096	0	0.324
P_2	0.211	0.096	0.209	0.149	0.335
P_3	0.358	0	0.431	0.211	0
P_4	0.335	0.096	0.264	0.209	0.096
P_5	0	0.324	0	0.431	0.245

表 6 - 30 下游部分的排序优势矩阵

排序	第一	第二	第三	第四	第五
M_1	0.580	0	0.211	0.209	0
M_2	0	0.544	0.096	0.149	0.211
M_3	0.096	0.245	0.335	0.115	0.209
M_4	0.209	0.115	0.149	0.527	0
M_5	0.115	0.096	0.209	0	0.580

3. 结果比较

根据层次分析法来看，候选企业的重点从上游到下游为 $D_1 > D_4 > D_3 > D_5 > D_2$，$P_3 > P_1 > P_4 > P_5 > P_2$ 和 $M_1 > M_2 > M_3 > M_4 > M_5$。排名第一的候选节点是最优的，从每个节点中选择第一个节点构建光伏价值链，相当于案例研究的结果（D_1，P_3，M_1）。而对于层次分析法，最优价值链（D_1，P_4，M_1）会产生不同的结果。最可能的原因之一是层次分析法对权重比较敏感，而权重对排序结果的影响很大。尽管如此，层次分析法和提出的方法之间的结果偏差是相对较小的。

需要说明的是，所提出的模型与其他两种方法有区别。在层次分析法和线性分配法的计算中，初始权值通常是通过经验判断给出的，而 G_1 法可以通过数值计算得到权值，说明前者是主观的，后者是客观的。这是采用 G_1 法的优点之一，最大限度地减少人为因素的干扰。但是，为了保证比较分析的合理性和严密性，在比较分析中，层次分析法和线性分配法中使用的初始权重以案例中的权重为例，这可能会导致初始权重对层次分析法和线性分配法带来的影响。因此，接下来将进行敏感性分析，研究数值变化对所提模型结果的影响。

4. 敏感性分析

为了验证算法的稳定性和解决此类问题的广泛适用性，将给出价值链中每个节点的不同初始数据进行灵敏度分析。设 $\{G_1, G_2, G_3, G_4\}$ 4 组，其中 G_1 组为对照组，其余为采用调整数据的实验组。在 G_2 组中，候选企业的数据保持不变，同时取准则权重的平均值。在 G_3 组中，根据 G_1 组的结果，成本型标准（C，T，R）增加 5%，收益型标准（Q，TI，SA）减少 5%，所选择的最优价值链数据（D_1，P_3，M_1）发生变化。在 G_4 组中，每个节点引入了一个新的候选企业，即候选伙伴 D_6、P_6 和 M_6。引入新合作伙伴后的准则和链路成本数据分别列于表 6 - 31 和表 6 - 32。

表 6 - 31 候选企业标准数据（引入新合作伙伴后）

节点	公司	内部成本	反应时间	操作风险	质量	技术创新	可持续能力
	D_1	528	6.1	0.47	0.53	0.65	0.41
	D_2	541	7.5	0.43	0.47	0.49	0.32
光伏电源	D_3	561	6.9	0.41	0.44	0.52	0.61
供应商 D	D_4	535	6.5	0.39	0.41	0.44	0.52
	D_5	551	7.2	0.45	0.39	0.61	0.45
	D_6	533	6.0	0.42	0.45	0.62	0.57

节点	公司	内部成本	反应时间	操作风险	质量	技术创新	可持续能力
蓄电池储能 业务 P	P_1	725	5.1	0.47	0.61	0.58	0.57
	P_2	740	4.5	0.52	0.49	0.66	0.72
	P_3	703	5.5	0.53	0.57	0.71	0.62
	P_4	731	4.8	0.59	0.65	0.62	0.67
	P_5	752	6.2	0.56	0.52	0.68	0.71
	P_6	726	4.9	0.55	0.60	0.61	0.78
电动车 制造商 M	M_1	409	3.3	0.33	0.56	0.53	0.49
	M_2	432	3.7	0.45	0.55	0.61	0.39
	M_3	418	2.4	0.41	0.54	0.47	0.45
	M_4	425	3.5	0.48	0.51	0.65	0.51
	M_5	453	2.9	0.51	0.48	0.57	0.61
	M_6	401	4.2	0.53	0.59	0.55	0.53

表 6-32   候选企业链路成本（引入新合作伙伴后）

节点 企业	光伏电源 D						蓄电池储能业务 P						电动汽车制造商 M					
	D_1	D_2	D_3	D_4	D_5	D_6	P_1	P_2	P_3	P_4	P_5	P_6	M_1	M_2	M_3	M_4	M_5	M_6
D_1	0	1.5	1.9	2.1	1.7	1.8	2.8	3.7	2.2	3.5	2.4	3.1	4.1	3.2	2.1	3.5	4.2	2.7
D_2	1.5	0	1.0	1.6	0.9	0.6	1.3	2.6	3.8	2.2	1.9	2.1	2.0	3.8	2.9	2.7	3.4	3.1
D_3	1.9	1.0	0	2.0	2.3	1.8	3.0	2.5	4.0	2.6	3.8	2.9	3.1	2.1	1.7	3.1	2.9	2.0
D_4	2.1	1.6	2.0	0	1.8	2.3	2.4	3.6	2.2	2.0	3.0	2.8	4.5	2.3	3.3	2.2	2.8	3.5
D_5	1.7	0.9	2.3	1.8	0	2.1	2.3	3.9	3.0	2.5	3.0	3.0	2.6	3.9	2.4	3.6	2.0	3.1
D_6	1.8	0.6	1.8	2.3	2.1	0	2.4	1.7	1.9	2.2	3.1	3.2	4.1	3.8	2.9	3.4	3.4	4.0
P_1	2.8	1.3	3.0	2.4	2.3	2.4	0	1.8	1.2	1.0	1.7	1.9	3.5	2.2	2.1	2.6	2.3	2.3
P_2	3.7	2.6	2.5	3.6	3.1	1.7	1.8	0	2.7	1.6	1.8	2.2	2.9	2.3	3.6	4.0	3.2	2.6
P_3	2.2	3.8	4.0	2.2	3.9	1.9	1.2	2.7	0	1.5	1.3	2.5	2.6	3.1	1.8	2.3	2.7	1.9
P_4	3.5	2.2	2.6	2.0	3.0	2.2	1.0	1.6	1.5	0	2.5	1.8	3.7	2.5	2.4	3.6	1.9	2.9
P_5	2.4	1.9	3.8	3.0	2.5	3.1	1.7	1.8	1.3	2.5	0	1.5	2.1	3.0	3.3	2.9	3.4	3.0
P_6	3.1	2.1	2.9	2.8	3.0	3.2	1.9	2.2	2.5	1.8	1.5	0	2.7	3.0	4.1	3.8	2.8	2.9
M_1	4.1	2.0	3.1	4.5	2.6	4.1	3.5	2.9	2.6	3.7	2.1	2.7	0	2.9	2.4	1.7	3.1	1.8
M_2	3.2	3.8	2.1	2.3	3.9	3.8	2.2	2.3	3.1	2.5	3.0	3.0	2.9	0	2.8	1.9	2.0	2.2
M_3	2.1	2.9	1.7	3.3	2.4	2.9	3.4	3.6	1.8	2.4	3.3	4.1	2.4	2.8	0	3.5	1.4	2.3
M_4	3.5	2.7	3.1	2.2	3.6	3.6	2.1	4.0	2.3	3.6	2.9	3.8	1.7	1.9	3.5	0	2.3	1.5
M_5	4.2	3.4	2.9	2.8	2.0	3.4	2.8	3.2	2.7	1.9	3.4	2.8	3.1	2.0	1.4	2.3	0	1.9
M_6	2.7	3.1	2.0	3.5	3.1	4.0	2.3	2.6	1.9	2.9	3.0	2.9	1.8	2.2	2.3	1.5	1.9	0

通过改变数据并进行模拟,各实验组的最优结果见表 6-33,该表收集了对照组的结果。在调整或添加数据后,最优节点组合仅随准则值的变化而变化。通过对比 G_1 组和 G_2 组可知,改变准则权重后,最优组合仍为 (D_1, P_3, M_1),说明所提出的模型对权重变化不敏感。G_1 组、G_3 组和 G_4 组的对比表明,在不同的初始数据下,仍然可以求解模型和搜索最优组合。结果表明,当初始数据不同时,该算法仍能搜索到最优值,具有较强的可靠性和适用性。特别是当任务数量和候选伙伴数量增加时,算法的优越性更加明显。

表 6-33   四 组 组 合 优 化 结 果

组合	标准	运营成本	内部成本	连接成本	反应时间	操作风险	质量	技术创新	可持续能力
G_1	值	1648.91640	8.9	14.9	1.33	1.66	1.89	1.52
	最优组合	D_1			P_3			M_1	
G_2	值	1648.91640	8.9	14.9	1.33	1.66	1.89	1.52
	最优组合	D_1			P_3			M_1	
G_3	值	1687.11678	9.1	14.0	1.27	1.53	1.49	1.54
	最优组合	D_4			P_1			M_3	
G_4	值	1638.81632	6.8	15.8	1.43	1.69	1.91	1.56
	最优组合	D_1			P_3			M_6	

6.4.4 结论与建议

随着经济的快速发展和技术变革的加速,光伏储能行业的市场竞争日趋激烈。因此,构建由光伏电源供应商、电池储能企业和电动汽车制造商组成的价值链,成为解决光伏弃电问题、增强市场竞争力的现实选择。在整个过程中,节点企业的耦合优化具有重要的理论和现实意义。这里将运营成本、反应时间、运营风险、质量、技术创新和可持续能力等多目标约束与 G_1 法计算的指标权重相结合,建立了节点企业多目标决策模型。采用改进的遗传算法求解模型,通过 AHP、LAM 的比较分析和敏感性分析,合理验证了该模型的可行性和适用性。结果表明,该算法对光伏价值链节点企业的耦合优化有较好的效果。

本节内容研究旨在为清洁能源价值链链路优化,进而为促进清洁能源产业的可持续发展提供理论参考。但仍存在一些不足和局限性,如未讨论影响因素的其他标准,未考虑处于同一节点的其他类型企业,在今后的工作中需要进一步的研究。

6.5 清洁能源"发电-储能-用能"价值链耦合协同优化模型

清洁能源"发电-储能-用能"价值链是一个多环节、多主体、多区域和多阶段的复杂系统,对各节点之间的横向协同进行优化能够促进价值链整体效益最大化,增强整体的协同效应。各节点信息不对称时,会导致整个价值链效率低下、资源浪费。因此,建立以经济效益、环境效益和社会效益最优为目标的多级联合系统优化模型,以协调发电、储能及用能过程中多方利益主体的决策行为,有助于减少清洁能源弃能,有助于整体效益最大化的实现。

对多级联合系统进行协同优化一直是清洁能源领域研究的重点内容。Liu 等基于多智能体系统，以成本最小化为目标，从运行成本、环境影响和安全性 3 个方面构建了微电网运行优化模型，并采用动态引导混沌搜索粒子群算法进行求解。Liu 和 Wei 等建立了风电厂与混合储能系统的联合优化模型，并对协同优化策略进行探讨。Liu 和 Dai 提出了基于累积前景理论和 MAPSO 的可持续性光伏-电池储能-电动汽车充电站组合优化模型。张宏等以系统并网效益最大和输出功率方差最小为目标，提出"风电-光伏-光热"联合发电系统的模糊多目标优化模型，利用基于差分进化的粒子群算法进行求解。以上研究很有借鉴意义，但是很少从价值链角度研究系统的协同优化问题。在联合优化的研究中仍有许多研究空间，比如多目标优化方法、粒子群算法、神经网络算法、混沌理论等优化模型为本项目的研究提供了方法上的借鉴和一定的改进空间。因此，从清洁能源"发电-储能-用能"价值链角度研究协同优化问题将是很好的切入点。

本节将以度电成本最小为目标，构建了"光伏-储能-充电站"一体化电动汽车充电站（PV-BESS-EVCS，PBES）优化模型，以确定最优容量配置和能源管理策略，并用多智能体粒子群优化算法（MAPSO）求解该模型。

6.5.1 "光伏-储能-充电站"一体化条件下电动汽车充电站优化模型构建

1. 目标函数

优化目标是度电成本（Cost of Electricity，COE）最小化，主要代表不同系统配置的 PBES 的成本效益。COE 的一个关键因素是 PBES 的净现值成本（Net Present Cost，NPC），其中包括每个组件的成本和并网购电成本。该模型没有考虑电动汽车充电设施的成本，因为它是固定的。PBES 的 NPC 可由下式求得

$$NPC_{PBES} = \sum_{k=\{PV,BESS\}} C_k \times N_k + \frac{C_{electricity}}{CRF} \tag{6-73}$$

式中　C_k 和 N_k——第 k 个组件的成本和个数；

$C_{electricity}$——每年向大电网销售和购买电力的成本，可以是正的，也可以是负的。

基于 PBES 的 NPC，可由下式得到度电成本

$$COE_{PBES} = \frac{NPC_{PBES}}{\sum_{t=1}^{T} P_{Load}(t)} \times CRF \tag{6-74}$$

式中　CRF——资本回收因子，计算公式为

$$CRF = \frac{r(1+r)^y}{(1+r)^y - 1} \tag{6-75}$$

式中　r——利率；

y——PBES 的项目周期。

（1）系统组件成本。PBES 中各部件的成本包括投资成本 IC_k、更换成本 RC_k、运维成本 OM_k 和残值 RV_k，计算公式为

$$C_k = IC_k + RC_k + OM_k - RV_k \tag{6-76}$$

残值可以通过线性折旧各部件的更换成本来计算，即

$$RV_k = RC_k \frac{y_{\text{rem}}^k}{y_k} \tag{6-77}$$

（2）并网购电成本。与大电网的能源交换产生年电力成本。当 PBES 向主电网输送能源时，成本为负，这意味着系统正在盈利。相反，当系统从大电网购买电力时，电力成本为正。年电力成本由下式计算

$$C_{\text{electricity}} = \sum_{t=1}^{T} \left\{ \left[P_{\text{Load}}(t) + P_{\text{ch}}(t) \times \eta_{\text{ch}} \times \mu_1(t) - \frac{P_{\text{dis}}(t)}{\eta_{\text{dis}}} \times \mu_2(t) - P_{\text{PV}}(t) \right] \times P_t \right\} \times TC \tag{6-78}$$

式中　TC——日电价年化系数。

2. 约束条件

（1）电池储能系统（Battery Energy Storage System，BESS）的能量平衡约束。在 PBES 中，蓄电池组用作一个存储系统来实现供需平衡。这里将确定 BESS 的最优配置容量和充放电方式。BESS 在每个时间间隔内储存电量的数学公式为

$$E_{\text{BESS}}(t) = E_{\text{BESS}}(t-1) \times (1-\sigma) + [P_{\text{ch}}(t) \times \eta_{\text{ch}} \times \mu_1(t) - P_{\text{dis}}(t)/\eta_{\text{dis}} \times \mu_2(t)] \times \Delta t \tag{6-79}$$

式中　　　　　　　　σ——BESS 的自放电率；

$P_{\text{ch}}(t)$ 和 $P_{\text{dis}}(t)$——t 时段的充放电功率；

η_{ch} 和 η_{dis}——BESS 的充放电效率；

Δt——时间间隔；$t = [1, 2, \cdots, T]$；

T——时间间隔数。

充放电状态被定义为式（6-80）～式（6-82），BESS 不允许同时处于两种状态。

$$\mu_1(t) + \mu_2(t) = [0, 1] \tag{6-80}$$

$$\mu_1(t) = [0, 1] \tag{6-81}$$

$$\mu_2(t) = [0, 1] \tag{6-82}$$

式中：$\mu_1(t)$ 和 $\mu_2(t)$——BESS 的"充电"和"放电"状态。1 表示 BESS 正在充电/放电，0 表示相反的状态。

为防止能量积累，初始和结束时 BESS 中的电量应相等，即

$$E_{\text{BESS}}(0) = E_{\text{BESS}}(T) \tag{6-83}$$

（2）充放电功率约束。由于 BESS 的充放电功率不得超过额定功率，因此设立如下两个约束

$$P_{\text{ch}}(t) \leqslant P_{\text{BESS}} \tag{6-84}$$

$$P_{\text{dis}}(t) \leqslant P_{\text{BESS}} \tag{6-85}$$

式中　P_{BESS}——BESS 的额定功率。

（3）储能和初始充放电约束。对 BESS 中储存的能量施加约束，即

$$E_{\text{BESSmin}} \leqslant E_{\text{BESS}}(t) \leqslant E_{\text{BESSmax}} \tag{6-86}$$

式中　E_{BESSmin}、E_{BESSmax}——电池组的最小和最大荷电状态；

E_{BESSmin}可根据下式得到

$$E_{\text{BESSmin}} = (1 - DOD)E_{\text{BESSmax}} \qquad (6-87)$$

式中　DOD——允许的放电深度。

6.5.2　基于 MAPSO 算法求解

PSO 算法的主要思想是初始生成一个随机解，通过多次迭代寻找最优解，通过适应度对解进行评估，最终实现全局优化。它抛弃了遗传算法的"交叉""变异"等算子，使整个优化过程达到更高的收敛速度。而 MAS 是由多个松散耦合的、粗粒度的 Agent 组成的网络结构，具有控制大型、多层面实体的能力。而且每个 Agent 都具有反应性、自主性、推理能力、响应性、主动性、社会行为等典型特征。

MAPSO 算法是一种集 PSO 和 MAS 的优势于一体。为了更准确地获得最优解，每个 Agent 都与相邻的几个 Agent 进行竞争与合作，并通过自学习来获得高质量的解。PSO 算法的机制可以开发出 Agent 之间快速传递信息的机制，因此 MAPSO 结合 MAS 和 PSO 搜索机制可以实现快速收敛，提高结果的准确性。由 6.2.3 节不难看出，利用 MAPSO 算法求解储能环节多目标优化问题时，收敛速度明显提高。求解"光-储-充"一体化电动汽车充电站优化模型，同样是在求解多目标优化问题。因此，本节采用 MAPSO 算法求解，与 6.2.3 节相呼应，不仅是为了提高算法的收敛速度，也是为了再次证明 MAPSO 算法的有效性和可行性。

由于在 6.2.2 节中已经介绍了 MAPSO 算法的求解过程和机理，此处不再赘述。

6.5.3　算例分析

1. 基础数据

一家新能源公司计划在中国上海的一个工业园区建设一个并网的 PBES。充电桩的数量是 10。在这种情况下，通过确定 PV（Photooltaic）模块、电池的数量、BESS 和电网的每小时功率来最小化系统成本。假设系统的生命周期为 25 年。其他参数见表 6-34。每小时的太阳辐射如图 6-28 所示。

表 6-34　　　　　　　　　　　系　统　参　数

组件	参　　数	单位	值
光伏	额定功率	kW	1
	投资成本	元	10000
	维修费用	元	35
	使用期限	年	25
	面板折减系数（η_{PV}）	%	85
	STC 下的电池温度	℃	25
	光伏温度系数		0.0045
	正常运行电池温度（NOCT）	℃	55

续表

组件	参　数	单位	值
BESS	设计效率	kWh	1.2
	投资成本	元	1890
	维修费用	元/年	35
	重置成本	元	1750
	排放深度	%	20
	自放电		0.002
	使用期限	年	10
经济参数	利率	%	6
	剩余价值	元	10%投资价值

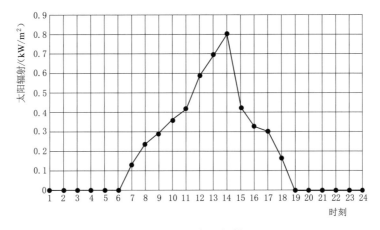

图 6-28　太阳辐射

2. 电动汽车充电负荷模拟

第一阶段是恒流充电，其中电流保持不变，并且电压将随着电池组的电动势的逐渐增加而增大。第二阶段是恒压充电，电压保持不变，充电电流逐渐减小为零。在模拟电动汽车（EV）充电功率之后，获得拟合曲线。第一阶段的充电功率保持在 3.56kW，第二阶段的充电功率为 $P=0.39+2.66\exp(-t/14.01)$，其中 t 是恒压充电阶段的持续时间，并假设第二阶段的总时间为 60 分钟。

实际上，EV 充电时间受剩余容量、车辆负载、距离、道路状况和其他随机因素的影响。然而，随着样本量的增加，充电时间成为由许多随机因素决定的事件。根据大数定律和中心极限定理，EV 的充电时间大致服从正态分布。通过现有其他充电站的模拟统计数据，可以得出充电站电动汽车充电时间基本符合 $N(123，17.42)$ 的正态分布，即平均充电时间为 123min。

模型中，我们假设 EV 到达充电站充电与小型车辆到达加油站加油一样。在收集进入加油站的车辆数据后，可以获得每小时到达的 EV 数量。假设所有充电桩最初都是空的，并且能够满足每小时到达的 EV 的充电功率，如图 6-29 所示。

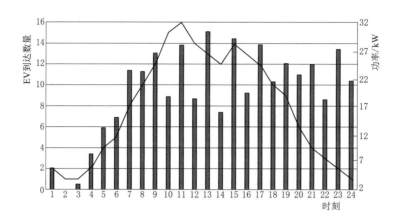

图 6-29　EV 的充电功率随时间的变化情况

3. 场景模拟及分析

模型的目标函数是 COE 最小化，决策变量是 PV 电池和 BESS 的容量，电网功率。为了验证 PBES 的经济性，在此模拟了几种场景。

场景一：在这种情况下，不安装 PV 电池，EV 的充电功率仅由 BESS 和大电网提供。使用 MAPSO 算法进行优化分析。结果表明，当蓄电池数为 50 时，获得最佳 COE，即 0.852 元/kWh。优化结果见表 6-35。COE 表示系统的成本效益，COE 越低，系统的成本越低。最佳 BESS 和电网功率见表 6-36。电网电力的正值表明 PBES 从公用电网购买电力，而负值表明 PBES 向公用电网出售多余电力。BESS 功率的正值表示此时 BESS 处于放电状态，而负值表示 BESS 处于充电状态。通过计算与公用电网交换的电力，得出：电网购电量为 461.84kWh，向电网售出电量为 41.612kWh，电网交换总成本为 221.888 元/天。

表 6-35　　　　　　　　　　　　场 景 一 优 化 结 果

参　　数	值	参数	值
电池数量	50	COE/(元/kWh)	0.852
购电电量/kWh	461.84	电力成本/元	221.888
售电电量/kWh	41.612		

表 6-36　　　　　　　　　　　　BESS 和 大 电 网 功 率

时刻	电网/kW	BESS/kW	时刻	电网/kW	BESS/kW	时刻	电网/kW	BESS/kW
1：00	3.339	2.483	9：00	8.296	18.215	17：00	17.477	10.522
2：00	−38.560	40.579	10：00	25.603	−6.946	18：00	35.097	−13.710
3：00	29.380	−26.450	11：00	38.716	−10.794	19：00	18.554	6.068
4：00	6.590	1.775	12：00	42.521	−24.234	20：00	−3.052	25.673
5：00	28.941	−15.858	13：00	30.047	0.288	21：00	10.001	14.474
6：00	15.971	−1.039	14：00	7.458	8.415	22：00	19.187	−1.028
7：00	23.696	−0.306	15：00	23.247	5.837	23：00	35.452	−8.264
8：00	0.319	22.851	16：00	30.547	−11.223	24：00	11.402	10.123

场景二：PBES 系统处于非并网状态。负载需求由 PV 和 BESS 提供。只要确定 PV 和 BESS 容量，就可以根据供需平衡约束获得每个时间间隔的 BESS 的充放电模式。优化结果见表 6 - 37。在这种情况下，只有 PV 电池和电池的数量两个决策变量。

表 6 - 37　场景二优化结果

参　　数	值
电池数量	164
PV 数量	65.4
COE/(元/kWh)	1.46

最后，得到当 $N_{PV} = 65.4$ 且 $N_{BESS} = 164$ 时，情景 2 具有最低的 COE，即 1.46 元/kWh。与场景一相比，电池数量从 50 个显著增加到 164 个，COE 也从 0.852 元/kWh 增加到 1.46 元/kWh。可以看出，与情景 2 相比，情景 1 更有利可图且更合理。

表 6 - 38　　　　　　　　　场 景 三 优 化 结 果

参　　数	值	参　　数	值
电池数量	53	售电电量/kWh	501.639
PV 数量	149.521	COE/(元/kWh)	0.623
购电电量/kWh	209.523	电力成本/元	−133.871

场景三：PV、BESS 和大电网为 PBES 中的电动汽车供电。决策变量为 PV 和 BESS 的个数，BESS 和电网的功率，共 50 个变量。经过 200 次 MAPSO 迭代，得到最优结果见表 6 - 38。BESS 和公用电网的功率见表 6 - 39。结果表明，向电网销售的电量为 501.65kWh，向电网购买的电量为 209.52kWh。与电网交换电能的总成本为 −133.871 元，这意味着在本方案中，PBES 可以从公用电网每天获利 133.871 元。

表 6 - 39　　　　　　　　　BESS 和 大 电 网 功 率

时刻	电网/kW	BESS/kW	时刻	电网/kW	BESS/kW	时刻	电网/kW	BESS/kW
1：00	1.182	4.640	9：00	−43.339	25.990	17：00	−5.966	−11.091
2：00	−42.397	44.416	10：00	−32.006	−3.563	18：00	6.478	−10.21
3：00	50	−47.07	11：00	−43.397	9.119	19：00	10.212	14.41
4：00	−10.574	18.939	12：00	−70	0.568	20：00	−8.006	30.628
5：00	32.155	−19.072	13：00	−70	−2.934	21：00	19.529	4.947
6：00	14.554	0.378	14：00	−70	−33.74	22：00	29.464	−11.305
7：00	3.992	−0.538	15：00	−29.598	−4.715	23：00	41.96	−14.771
8：00	−20.74	8.025	16：00	−51.071	21.353	24：00	−4.55	26.077

在场景三中，COE 为 0.623 元/kWh。与场景一相比，虽然电池数量变化不大，但 COE 降低了 0.22 元/kWh，说明系统中适当安装光伏发电设备可以促进与电网的交互。PBES 可以向电网出售多余的电力，从而减少 COE。此外，与场景二相比，场景三中的 COE 减少了 131.013%，可见，当断开与大电网连接时，系统成本显著增加。这时电动汽车充电负荷只能由 PV 和 BESS 提供。特别是当光照强度为零时，光伏功率几乎为零，负荷需求只能由 BESS 来满足。因此，场景二中的电池数量高达 164 个。此外，电池寿命较短，使用期间必须多次更换。因此，场景二中的系统 COE 高达 1.46 元/kWh。

从以上分析可以得出，与前两个场景相比，场景三的 COE 最低，即将 PBES 接入电网，不仅可以提高供电灵活性，缓解供电压力，而且可以降低投入成本。

为了验证 MAPSO 对 PSO 的改进效果，我们分别使用 MAPSO 和 PSO 进行了 20 次优化。结果见表 6-40。

表 6-40　　　　　　　　　　　　MAPSO 和 PSO 比较结果

场景	方法	最优值/(元/kWh)	均值/(元/kWh)	最劣值/(元/kWh)	标准差
场景一	PSO	0.868	0.896	0.934	0.032
	MAPSO	0.852	0.874	0.901	0.024
场景二	PSO	1.460	1.460	1.460	0
	MAPSO	1.460	1.460	1.460	0
场景三	PSO	0.658	0.687	0.702	0.019
	MAPSO	0.623	0.634	0.664	0.013

从表 6-40 可以看出，对于场景一，MAPSO 模型计算的平均值为 0.874 元/kWh，比 PSO 算法的 0.894 元/kWh 低 0.2 元/kWh。利用 MAPSO 得到的最优解和最差解均优于 PSO。此外，在情景一中，MAPSO 获得的电池数量为 50 个，而 PSO 方法的结果为 54 个。可以看出，MAPSO 算法更加有效。在场景二中，决策变量为 PV 和 BESS 的数量，如果确定了这两个变量，就可以得到 BESS 的充放电方式。因此，该案例的计算量小于其他情景，使得优化问题的求解基本一致。两种算法的 COE 均为 1.46 元/kWh。在场景三中，MAPSO 算法 20 次仿真后得到的最优解为 0.623 元/kWh，比 PSO 算法的最优解低 0.035 元/kWh。平均解为 0.634 元/kWh，最差解为 0.664 元/kWh，均优于 PSO 算法。此外，在 20 次仿真中，MAPSO 得到的 $N_{PV} = 149.521$，$N_{BESS} = 53$，PSO 得到的 $N_{PV} = 150$，$N_{BESS} = 59$。通过以上分析，可以得出 MAPSO 算法比 PSO 算法具有更好的搜索结果，具有更强的搜索能力。由表 7 可知，在场景一和场景三中，MAPSO 算法的标准差小于 PSO 算法的标准差，说明 MAPSO 具有更强的稳定性、鲁棒性。

6.5.4　结论与建议

本节提出了一种并网 PBES 优化设计模型，并用 MAPSO 方法对该模型进行了求解。主要结论如下：

（1）为了克服传统粒子群算法的不足，采用 MAPSO，将 MAS 与粒子群算法相结合。在该方法中，每个 Agent 与相邻 Agent 竞争合作，通过自学习获得高质量的解决方案。PSO 算法可以促进 Agent 之间信息的快速传输。因此，结合 Agent 的特点和 PSO 算法的搜索机制，MAPSO 可以实现快速收敛，提高结果的准确性。

（2）提出并网 PBES 优化设计模型，对 PV、BESS 进行优化设计，确定 BESS 的充放电方式和与电网的换电策略。在该模型中，提出了一种电动汽车充电仿真模型来计算每小时的负荷需求。

（3）以上海为例，分析了三种场景。结果表明，当 PV 和电池数量分别为 149.521 和

53 个时，PBES 获得最优的 COE＝0.623 元/kWh。如果没有光伏系统，PBES 的 COE＝0.852 元/kWh。如果 PBES 与公用电网断开连接，COE 将增加到 1.46 元/kWh。因此，PBES 是最经济有效的解决方案。

本节的研究仍有一定的局限性。随着信息技术的飞速发展，未来的研究将考虑更多形式的电池充电技术，如 Wifi，uBeam 无线充电。此外，本节内容只考虑 COE 的目标，因此在未来可以考虑更多的因素。

6.6 本章小结

为提高清洁能源"发电-储能-用能"价值链整体经济效益、环境效益和社会效益，需要对清洁能源"发电-储能-用能"价值链进行优化。本章从清洁能源"发电-储能-用能"价值链角度出发，分别对发电、储能、用能三个节点进行优化研究，建立基于碳交易背景的多目标电源结构优化模型、基于能源互联网背景的多种储能协调模型以及基于"风-储-充"协同运行系统的用户需求响应模型，并利用 NSGA-Ⅱ 算法和 TOPSIS 法、MAPSO 算法、IAGA 算法等多种算法对模型求解分析，借助算例验证了不同算法的有效性。从链路角度出发，建立清洁能源价值链节点企业多目标优化模型，对各个节点形成的链路进行优化，通过改进 GA 算法优化求解过程。最后，以度电成本最小为目标，构建了"光—储—充"一体化电动汽车充电站优化模型，以确定最优容量配置和能源管理策略，并用 MAPSO 算法求解该模型，再次证明了 MAPSO 算法在收敛速度和准确性方面取得很好的成效。

本章的内容既是研究单一主体优化问题，也是在解决多方主体联合优化问题的勇敢尝试。通过模型模拟研究，对清洁能源"发电-储能-用能"价值链进行整体协同优化，为清洁能源发展提供参考。

参 考 文 献

[1] 王文宗. 优化电源结构和布局加快能源转型变革 [J]. 中国电力企业管理，2017 (22)：26-27.

[2] 李渝，叶琪，檀勤良，等. 考虑碳交易的电源结构多目标优化模型研究 [J]. 现代电力，2019，36 (4)：11-16.

[3] 谢晓薇. 计及外部性影响的电源结构优化研究 [D]. 北京：华北电力大学，2020.

[4] 陶叶炜，叶琪，吴昊，等. 不确定因素下考虑经济与福利均衡的电源结构优化 [J]. 现代电力，38 (5)：502-510.

[5] Liu Jicheng, Liu Xiangnan, Zheng Wenwing. Research on Multi-Objective Power Structure Optimization Based on NSGA-Ⅱ under Carbon Trading [J]. Scientific Journal of Intelligent Systems Research，2021，3 (4).

[6] 郭军，冯勇. 带精英策略的非支配排序遗传算法优化研究 [D]. 沈阳：辽宁大学，2017.

[7] 陈晓红，李喜华. 基于直觉梯形模糊 TOPSIS 的多属性群决策方法 [J]. 控制与决策，2013，28 (9)：1377-1381，1388.

[8] Xu Fangqiu, Liu Jicheng, Lin Shuaishuai, et al. A multi-objective optimization model of hybrid energy storage system for non-grid-connected wind power：A case study in China [J]. Energy，Oxford：Pergamon-Elsevier Science Ltd，2018，163：585-603.

［9］ Li Junhui, Zhang Zheshen, Shen Baoxing, et al. The capacity allocation method of photovoltaic and energy storage hybrid system considering the whole life cycle ［J］. Journal of Cleaner Production, 2020, 275.

［10］ 曹建伟, 穆川文, 孙可, 等. 考虑碳交易的区域电网风光储容量配置优化方法 ［J］. 武汉大学学报（工学版）, 2020, 53 (12): 1091-1096, 1105.

［11］ 刘洋, 于晶, 刘吉成. 基于智能算法的光-储发电资源动态调度方法 ［J］. 计算机仿真, 2020, 37 (12): 53-57.

［12］ Liu Jicheng, He Dandan, Wei Qiushuang, et al. Energy Storage Coordination in Energy Internet Based on Multi-Agent Particle Swarm Optimization ［J］. Applied Sciences-Basel, Basel: Mdpi, 2018, 8 (9).

［13］ 侯佳萱, 林振智, 杨莉, 等. 面向需求侧主动响应的工商业用户电力套餐优化设计 ［J］. 电力系统自动化, 2018, 42 (24): 11-19.

［14］ 曾鸣, 武赓, 王昊婧, 等. 智能用电背景下考虑用户满意度的居民需求侧响应调控策略 ［J］. 电网技术, 2016, 40 (10): 2917-2923.

［15］ Cheng Lefeng, Yin Linfei, Wang Jianhui, et al. Behavioral decision-making in power demand-side response management: A multi-population evolutionary game dynamics perspective ［J］. International Journal of Electrical Power & Energy Systems, Oxford: Elsevier Sci Ltd, 2021, 129.

［16］ 窦迅, 王俊, 王湘艳, 等. 基于演化博弈的区域电-气互联综合能源系统用户需求侧响应行为分析 ［J］. 中国电机工程学报, 2020, 40 (12): 3775-3786.

［17］ 林智威, 刘成骏, 顾松, 等. 基于多智能体的"配电网—代理商—电力用户"需求响应互动模型 ［J］. 山东电力技术, 2021, 48 (4): 1-7.

［18］ 韦秋霜, 刘吉成. 风电-储能价值链协同决策模型及信息系统研究 ［D］. 北京: 华北电力大学, 2020.

［19］ Li Bin, Zhang Jihai. A Cooperative Partner Selection Study of Military-Civilian Scientific and Technological Collaborative Innovation Based on Interval-Valued Intuitionistic Fuzzy Set ［J］. Symmetry, 2021, 13 (4): 553.

［20］ 刘吉成, 鲍红焉. 基于 Gale-Shapley 算法的风储供应链合作伙伴双向选择研究 ［J］. 智慧电力, 2021, 49 (7): 58-65.

［21］ Wu Chong, Zhang Yi, Pun Hubert, et al. Construction of partner selection criteria in sustainable supply chains: A systematic optimization model ［J］. Expert Systems with Applications, 2020, 158.

［22］ 戴军. 基于改进的布谷鸟投影寻踪算法求解 SOC 合作伙伴优化选择问题 ［J］. 统计与信息论坛, 2018, 33 (6): 94-98.

［23］ Liu Jicheng, Li Yinghuan, Lu Yunyuan, et al. Study on coupling optimization model of node enterprises for energy storage-involved photovoltaic value chain in China ［J］. Energy Reports, 2020, 6 (S7).

［24］ Liu Jicheng, Xu Fangqiu, Lin Shuaishuai, et al. A Multi-Agent-Based Optimization Model for Microgrid Operation Using Dynamic Guiding Chaotic Search Particle Swarm Optimization ［J］. Energies, Basel: Mdpi, 2018, 11 (12).

［25］ Liu Jicheng, Wei Qiushuang, Huang Junjie, et al. Collaboration strategy and optimization model of wind farm-hybrid energy storage system for mitigating wind curtailment ［J］. Energy Science & Engineering, Hoboken: Wiley, 2019, 7 (6): 3255-3273.

［26］ Liu Jicheng, Dai Qiongjie. Portfolio Optimization of Photovoltaic/Battery Energy Storage/Electric Vehicle Charging Stations with Sustainability Perspective Based on Cumulative Prospect Theory and

MOPSO [J]. Sustainability, Basel：Mdpi, 2020, 12 (3).

[27] 张宏，陈钊，黄蓉，等. 风电-光伏-光热联合发电系统的模糊多目标优化模型 [J]. 电源学报，2021，19 (2)：112 - 120.

[28] Dai Qiongjie，Liu Jicheng，Wei Qiushuang. Optimal Photovoltaic/Battery Energy Storage/Electric Vehicle Charging Station Design Based on Multi - Agent Particle Swarm Optimization Algorithm [J]. Sustainability, Basel：Mdpi, 2019，11 (7)：1973.

第7章

清洁能源"发电-储能-用能"价值链CIC信息系统分析与设计

清洁能源"发电-储能-用能"价值链上价值实现、价值增值和价值共创都需要各个环节和各个节点能够彼此紧密关联，通过不断的交互、不断的协同耦合、不断地信息共享实现整个价值链的价值最大化。交互、协同、耦合以及信息共享的过程对于信息流、能量流和价值流的实时性要求非常高，因此需要通过信息系统实现交互、协同的电子化、智能化，从而提升价值链上各个环节的运行效率。面向清洁能源价值链管理，构建科学、有效的协同智能中心（Cooperation Intelligence Center，CIC）信息系统就显得尤为重要。本章分析了 CIC 信息系统的业务需求及业务流程、功能需求及数据流程，设计了系统的基础架构、系统功能、子系统和服务模式，阐述了 CIC 信息系统实现及应用的关键技术，描述了 CIC 的应用仿真流程及仿真模型，展示了 CIC 环境下基于智能算法和仿真模型的典型应用过程。

7.1 清洁能源"发电-储能-用能"价值链 CIC 信息系统分析

清洁能源"发电-储能-用能"价值链的 CIC 信息系统，是一个由多种能源、多个价值链主体紧密耦合形成的开放互联与交互共享的信息系统。为了进一步提高 CIC 信息系统的智能化和信息化水平，有必要对其进行需求分析、业务流程分析以及数据流程分析。

7.1.1 CIC 信息系统业务需求及业务流程图分析

1. CIC 信息系统业务需求

CIC 信息系统是支持清洁能源价值链协同的关键支撑部分，其重点在于打破价值链内各企业间的边界和"信息孤岛"现象，整合发电商和储能商的资源和能力，识别利益主体的协同需求，以信息为纽带提取发电系统、储能系统和用户用能系统的发电、储能、用能等信息要素，重新梳理和整合各企业的业务信息，从而实现价值链的高效协同。

（1）促进价值链利益管理协同。价值链主要利益主体为发电商和储能商，二者作为"逐利的有限理性经济人"，追求个体的利益最大化。根据发电系统和储能系统的特性和二者利益需求的互补性，探讨二者在协同交易模式中的预期收益和演化博弈策略，可以实现利益主体的协同合作和价值效应。而建立便于协同控制的信息系统是促进价值链利益管理协同的重要手段之一。

（2）促进价值链容量管理协同。清洁能源发电具有环保、安全、绿色及可持续等优势，同时也具备波动性较强、发电高峰期和用户用能高峰期不协调等劣势，为最大程度提高发电利用率，需要基于发电系统、各类型储能系统和用户用能系统间的协同运行，以实现储能系统的效益最大化。为此，需要基于系统的协同控制策略，构建信息化协同平台，实现各系统间的能量平衡和精准控制，以实现最优容量管理策略。

（3）促进价值链用能管理协同。基于发电系统、储能系统和用户系统构建"发电-储能-用能"协同运行系统，是创造清洁能源价值链价值效应的必要手段和未来发展趋势。根据发电出力特点和用户行为特点，需要对储能系统输入输出功率进行高精度控制，以实现对发电出力和用户用电功率的瞬时响应。为此，CIC 信息系统需要提供价值链用能管理协同方法，为用户用能提供便捷的信息化平台。

（4）实现价值链价值增值效应协同。随着对能源形势的日益研究，挖掘清洁能源等可再生能源的可能性势在必行，利用储能系统促进清洁能源消纳能够取得良好的节能减排成效，合理开展 CIC 信息系统项目并进行科学的协同管理将对我国发电和储能产业发展产生深远的影响。为促进发电-储能-用能系统项目的健康发展，需要对其价值增值效应建立合理的决策指标体系。

2. CIC 信息系统业务需求流程图

面向上述业务需求问题，CIC 信息系统业务需求流程如图 7-1 所示。

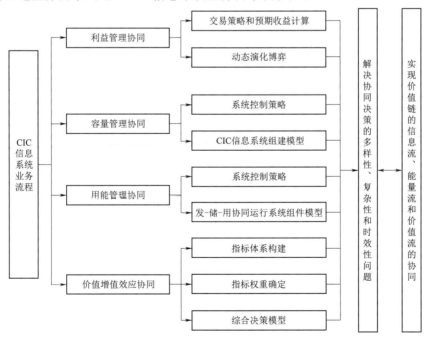

图 7-1　CIC 信息系统业务需求流程图

7.1.2 CIC 信息系统功能需求及数据流程分析

1. CIC 信息系统功能需求

因价值链上各利益主体之间需要信息流、能量流和价值流间的不断交互,所以需要建立一系列完备有效的协同机制,包括价值链价值实现的机制、价值链价值增值的机制和价值链价值共创的机制。

(1)"发电-储能-用能"价值链价值实现。价值链的价值实现从经济价值、社会价值和环境价值三方面出发,数据中台中的统一数据采集模块负责收集三方面分析指标的基础数据,通过调用模型库中匹配的价值实现模型,最终选择价值实现能力最优的投资组合方案,实现"发电-储能-用能"价值链的价值创造。

(2)"发电-储能-用能"价值链价值增值。通过价值链的价值实现之后,选择出价值实现能力最优的投资组合方案,然后分析价值链价值增值能力影响因素,探究出价值链价值增值的内在机理、提升机制和优化策略。所以,运用统一数据分析模块中的系统动力学模型对价值链的优化策略进行仿真模拟,达到优化价值链增值能力的目的。

(3)"发电-储能-用能"价值链价值共创。如何合理的实现"发电-储能-用能"价值链上各个环节的资源配置和协同优化是各节点价值共创能力的关键。价值链价值共创功能包含用户负荷预测、发电和储能定容以及价值链能量管理等几个子功能。

2. CIC 信息系统数据流程图

根据以上功能需求分析,CIC 信息系统功能需求及数据流程示意图如图 7-2 所示。

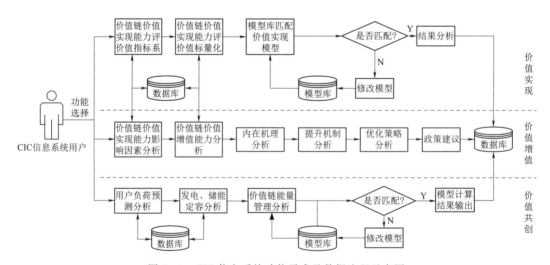

图 7-2 CIC 信息系统功能需求及数据流程示意图

7.2 清洁能源"发电-储能-用能"价值链 CIC 信息系统设计

通过对清洁能源价值链 CIC 信息系统的分析,结合清洁能源发展需求与平台接入主体使用需求,完善平台在基础架构、功能架构、服务模式、子系统和物理部署架构的具体内容。通过对不同层次多个架构的协同管理,实现 CIC 信息系统功能和业务的统一调度和平衡。

7.2.1 CIC 信息系统基础架构设计

"发电-储能-用能"价值链 CIC 信息系统的设计理念主要是基于决策支持系统理论的设计原则。由于发电-储能-用能价值链价值分析需要基于大量的实时数据、历史数据、专家库数据等多方面、多源的原始数据,实时准确快速的数据处理成为价值链价值分析的基础,所以引入数据仓库的概念,实现数据的统一采集、统一存储和统一分析,保证了数据的全面性。对这些海量的数据建立一种有效且安全的信息共享机制,可以促进价值链中各个节点、各个环节和各个利益主体的协同合作,促进信息和数据的共享,从而提升发电-储能-用能价值链的价值能力。基于数据仓库的 CIC 信息系统体系结构如图 7-3 所示。

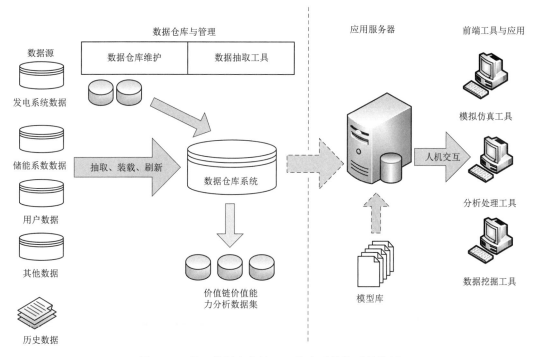

图 7-3 基于数据仓库的 CIC 信息系统体系结构图

7.2.2 CIC 信息系统功能设计

1. 数据库设计

数据库是按照数据结构对数据进行组织、储存和管理的数据仓库集合,而数据库管理系统则是对数据库进行管理、调用、操作和维护的软件系统,为保证数据的统一性和完整性提供保障。良好的数据库设计能够减少 CIC 数据的冗余和储存空间,并能够减少数据读取和操作的时间,提高 CIC 响应速度。因此,对于涉及清洁能源价值链中海量数据的 CIC 而言,数据库设计一方面要尽可能优化数据表结构以压缩数据储存大小,另一方面要保证系统业务和协同决策的执行效率。

　　CIC 数据库管理系统功能结构示意如图 7-4 所示。CIC 数据库平台需要处理所有与价值链协同决策相关的风电系统、储能系统、用户用能系统的实时基础数据、历史数据、仿真与决策数据，是协同决策问题的基础。CIC 采用 Oracle 关系型数据库系统对数据进行管理，Oracle 具有效率高、可靠性高、适应性好、数据吞吐量大等优点，为 CIC 提供了一个集成的数据库管理平台。基于 Oracle 系统，对发电-储能-用能价值链的所有数据进行数据转换、数据联机分析处理（OLAP）、数据清洗、数据抽取、转换和加载（ETL）等，并将处理后的数据封装于关系数据库和多维数据库中，便于对数据进行调用和处理，简化 CIC 数据管理的复杂性，便于系统开发与维护。

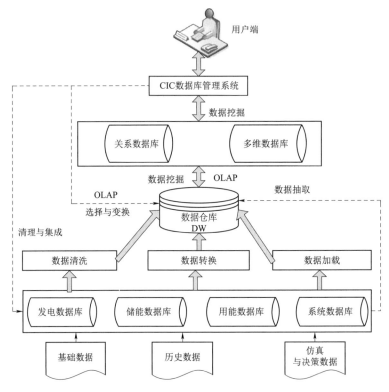

图 7-4　CIC 数据库管理系统功能结构示意图

2. 模型库设计

　　模型库是信息系统设计中提供模型储存和表示模式的系统。在对模型库进行使用时，需要模型库管理系统对模型库进行模型的读取、访问、修改等操作。模型库是信息系统构建的三大基础库之一，是 CIC 中解决价值链利益管理、容量管理、用能管理和价值增值效应等协同决策问题的核心部件。CIC 通过前端应用层和人机交互系统接收决策者的处理需求，转换为具体的决策方案后调用模型库相关模型对协同决策问题进行处理，再将处理结果返回人机交互系统并提供系统用户。CIC 模型库结构示意如图 7-5 所示。

　　模型库包括利益管理、容量管理、用能管理和价值增值效应决策等部分，分别包含演化博弈模型、储能容量配置优化模型、用户用能优化模型和价值增值效应决策模型。模型

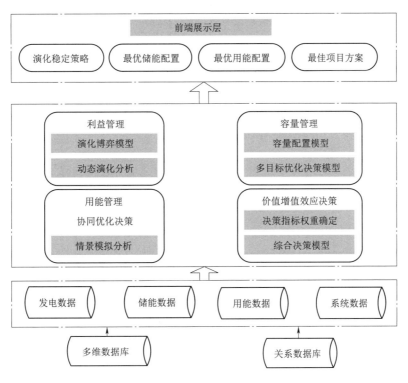

图 7-5   CIC 模型库结构示意图

库位于 CIC 信息系统的智能决策层，模型应用需调用数据库的相关数据。

3. 方法库设计

方法库结合数据库和模型库，为模型求解提供方法支持，是协同决策模型应用的后援系统。CIC 方法库由储存协同决策方法模块的方法程序库和储存对方法库程序进行登录和索引的方法字典组成。方法程序包含协同优化决策方法、统计分析方法、综合决策方法、智能算法等方法。系统用户根据清洁能源价值链协同决策的具体问题和要求，从方法库中选择相应的方法对模型和问题进行求解，而方法库为 CIC 信息系统提供计算、分析和处理能力，保证所需方法的完整性和可行性。CIC 方法库结构示意如图 7-6 所示。

由图 7-6 可见，CIC 在使用方法求解协同决策问题前，需要通过数据处理程序访问数据库获取所需数据，同时通过模型库接口获取相应的协同决策模型。对于使用方法求解后获得的处理结果，将传输到人机交互系统在前端展示层交给用户。

4. 功能架构设计

清洁能源价值链 CIC 信息系统功能结构如图 7-7 所示。清洁能源价值链 CIC 信息系统具有数据管理、价值链价值实现、价值链价值增值、价值链价值共创和系统管理等五部分功能，这些功能中又包含若干个子功能，以下将具体介绍。

（1）数据管理功能。数据管理的对象主要是实时气象数据、储能系统电池板充放电状态、用户负荷状态等，需要指出的是这里的状态并不单只设备工作/不工作的开关状态，还包括其他的工作数值，如出力大小、储能充放电数值等。除了这些需要实时监测的数据

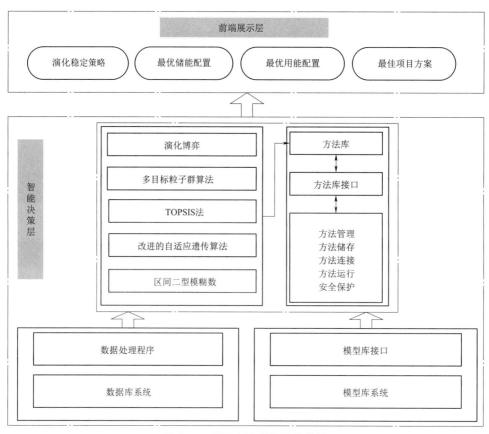

图 7-6　CIC 方法库结构示意图

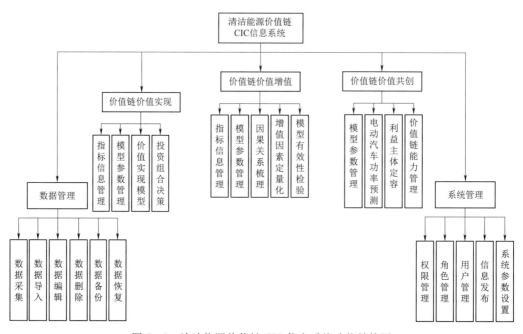

图 7-7　清洁能源价值链 CIC 信息系统功能结构图

外，在价值链价值分析评价时还需要用到一些历史数据、专家数据，所以要相应地构建出历史数据库和专家数据库，其中历史数据库包括发电强度历史数据等，专家数据库包括专家的历史经验等。数据管理包括数据采集、数据导入、数据编辑、数据删除、数据备份和数据恢复等功能。

（2）价值实现功能。清洁能源价值链价值实现部分包含价值链价值实现能力分析指标体系构建、分析模型构建以及清洁能源价值链的投资组合分析等功能，通过这些功能，最终为价值链价值主体或者管理决策者提供决策支持。

（3）价值增值功能。清洁能源价值链的价值增值部分包含价值链价值增值因果关系分析、价值增值能力系统动力学分析以及模型有效性检验等功能，通过这些功能，根据分析结果，最终形成价值链价值增值的政策建议，为价值增值提供支撑。

（4）价值共创功能。清洁能源价值链的价值共创部分包含了用户负荷预测、发电和储能系统的容量配置、价值链各利益主体的能量管理等功能，通过功能实现清洁能源价值链上多个节点之间的能源和信息协同，通过合理的资源配置和能量管理，提升价值链的价值共创能力。

（5）系统管理功能。系统管理包括权限管理、角色管理、用户管理、信息发布和系统参数设置等功能。这些通用功能能够对系统进行最基础的、不涉及核心功能的设置，不同权限、不同用户、不同角色也会具有不同的对 CIC 信息系统的操作行为。

7.2.3　CIC 信息系统子系统设计

清洁能源"发电-储能-用能"价值链 CIC 信息系统面向的价值链利益主体为发电商、储能商和用户。因此，为了更有针对性地进行设计，CIC 包括三个利益主体子系统，即发电商子系统、储能子系统和用户子系统。

1. 发电商子系统

CIC 中发电商主体会根据其他节点反馈的信息进行决策，这种信息双向反馈模式使信息共享的重要性大幅提高。信息共享可以避免信息孤岛的产生，从而促进多方利益主体耦合协调发展，实现协同效应。在能源互联网电力与信息的深度融合的背景下，大数据技术、云计算技术、商务智能技术和高端智能设备的大量应用增强了交易信息的透明化，信息获取成本降低，在价值链中，发电商主体之间往往会通过信息共享技术和平台进行信息交流和传递，信息共享的程度越深，价值链整体效益越大。因此，需要确定并设计最优的信息共享及激励机制，促进多方发电主体之间进行信息共享，从而实现协同发展。建立发电商子系统，能够促进发电主体之间的信息共享，最终实现价值共创。

2. 储能商子系统

储能参与清洁能源消纳过程中，有两个关键性技术因素，一是数据的准确性，另一个是控制的实时性。控制的实时性取决于数据采集和处理的速度，而云计算在处理繁杂设备实时数据方面具有一定的技术优势。同时作为一种解决大型、复杂现实问题的有效技术手段，多智能体技术（Multi - Agent，MA）将复杂的系统构建成多层次、多元化的智能体，各智能体之间相互通信，彼此协调，能够有效地提高求解复杂问题的能力。将云计算技术和多智能体技术应用到储能，参与清洁能源价值链优化问题中，能够为价值链协调优化提供有力的技术保障。

基于云计算的储能商子系统，接入工商业储能电站、用户分布式电池组储能设施，在电力系统与储能设备之间搭建桥梁，形成强大的基于储能设备的数据采集、处理、分析及优化决策等能力，实现储能参与清洁能源集中消纳、分布式消纳及多环节消纳，从而为清洁能源发电价值链的价值实现和价值创新、增值提供高效、科学的技术手段和分析工具。

3. 用户子系统

用户子系统针对清洁能源价值链的协同决策问题，使用演化博弈理论、多目标粒子群算法、TOPSIS 法、区间二型模糊理论、改进的自适应遗传算法等一系列科学方法，为解决清洁能源价值链的利益管理、容量管理、用能管理和价值增值效应等协同决策问题中的实际问题提供解决办法，为实现价值链的多维协同提供高效的、科学的分析工具和信息化处理系统。

7.2.4　CIC 信息系统服务模式设计

清洁能源价值链 CIC 信息系统是以云计算技术为依托，通过对发电、储能和用户多方利益主体进行数据监测、数据采集、数据分析、数据可视化等处理过程，提升价值链的价值创造能力。发电-储能-用能价值链通过云共享模式进行价值能力分析，能够使价值链各主体实现资源共享、信息互通、价值共创。

云计算技术提供了一种按需所取的、租赁的服务模式，该模式在信息系统的建设中非常适用，尤其是需要各个主体不断交互的信息平台。通过云服务模式，各主体不需要单独部署网络设施、硬件以及安装软件，所有的主体均通过云平台实现互联和资源的公用。

7.3　清洁能源"发电-储能-用能"价值链 CIC 信息系统实现技术

清洁能源价值链 CIC 技术支撑体系由大数据与云计算技术、商务智能技术、CIC 框架支撑技术和 Cplex 优化技术。

7.3.1　大数据与云计算技术

清洁能源"发电-储能-用能"价值链 CIC 信息系统是在大数据技术和云计算相辅相成、共同配合的基础上开发构建的，大数据技术主要实现 CIC 信息系统中数据的集成和数据处理过程；云计算则实现对全部资源的整合，为利益主体提供个性化服务。

1. 大数据技术

价值链上的利益主体会产生海量的运行数据、设备维护日志等数据，如何从这些海量数据中发掘出有价值的、能够促成管理者做出决策的有利信息非常必要，大数据技术的提出为这一过程提供了可能性。CIC 从数据集成管理体系、应用架构和技术架构三个方面提出了大数据技术在清洁能源价值链中的实现途径和解决方案。

（1）数据集成管理体系。CIC 从数据域、主体域和应用域三个领域构建了清洁能源价值链数据集成管理体系。首先，对发电数据、储能数据、调度数据和负荷数据等建立了统一的数据标准化定义方式；之后，针对不同来源的数据，根据各个主体的业务需求，建立主题域,包括发电主题、储能主题和调度主题等;最后,根据系统的共享数据,通过元数据层建立清洁能源价值链应用域,包括发电功率预测、储能定容、智能调度和用户需求响应等。

(2)数据处理应用架构。大数据背景下的清洁能源价值链的数据处理应用架构共包括业务系统、混搭型数据处理架构和应用三个部分。首先,围绕清洁能源价值链的内部系统和外部系统,采用物联网等技术实现流数据、数据库和文件的采集工作;然后,以"传统数据仓库＋新型数据处理"的方式为数据处理架构实现海量数据的在线采集、在线分析和数据共享交互等操作;最后,通过应用服务接口,实现了清洁能源发电功率预测、储能定容、智能调度和需求响应等业务需求。

(3)数据处理技术架构。以清洁能源价值链数据集成管理体系和数据处理应用架构为基础,围绕 CIC 的应用需求,构建包含数据收集、数据存储、数据处理、数据分析挖掘和数据可视化等功能的清洁能源价值链数据处理技术架构。

2. 云计算技术

云计算的本质为大型分布式并行软件系统,云计算利用虚拟化技术提供便捷和灵活的可扩展式计算资源服务。云计算技术的软件即服务(Software as a Service,SaaS)、平台即服务(Platform as a Service,PaaS)和基础设施即服务(Infrastructure as a Service,IaaS)等服务模式提供了具有高度灵活性和便捷性的信息化服务,能够通过各节点间的信息共享和应用集成,更好地解决价值链协同决策问题。基于云计算开放性、易集成性、可拓展性等优点,使用云计算技术构建面向清洁能源价值链协同决策的 CIC 信息系统,能够更好地促进清洁能源价值链的价值效应和健康发展。

7.3.2 商务智能技术

商务智能技术主要包括数据仓库、数据挖掘和联机分析处理三个方面的技术。

1. 数据仓库

与普通的数据库不同,数据仓库是一个面向主题的、集成的、时变的、非易失的数据集合,支持管理决策制定。数据仓库是一种语义上一致的数据存储结构,它充当决策支持数据模型的物理实现,并存放企业决策所需信息。数据仓库也常常被看作一种体系结构,通过将异种数据源中的数据集成在一起而构造,支持结构化和启发式查询、分析报告和决策制定。

2. 数据挖掘

数据挖掘是指从大量的数据中通过算法搜索隐藏于其中信息的过程。从数据本身来考虑,通常数据挖掘需要有数据采集、数据清理、数据变换、数据挖掘实施过程、模式评估和知识表示等步骤。

3. 联机分析处理技术

联机分析处理(On-Line Analytical Processing,OLAP)技术是一种软件技术,它使分析人员能够迅速、一致、交互地从各个方面观察信息,以达到深入理解数据的目的。它具有 FASMI(Fast Analysis of Shared Multidimensional Information),即共享多维信息的快速分析的特征。其中 F 是快速性(Fast),指系统能在数秒内对用户的多数分析要求做出反应；A 是可分析性（Analysis），指用户无需编程就可以定义新的专门计算，将其作为分析的一部分，并以用户所希望的方式给出报告；M 是多维性（Multi - dimensional），指提供对数据分析的多维视图和分析；I 是信息性（Information），指能及时获得信息，并且管理大容量信息。

数据仓库与 OLAP 的关系是互补的，现代 OLAP 系统一般以数据仓库作为基础，即从数据仓库中抽取详细数据的一个子集，并经过必要的聚集存储到 OLAP 存储器中，供前端分析工具读取。

7.3.3 CIC 框架支撑技术

1. SSM 框架

SSM 即 Spring ＋ Spring MVC ＋ MyBatis 的整合。其中 Spring 是一个开源框架，它是为了解决企业应用开发的复杂性而创建的，是一个轻量级的控制反转和面向切面的容器框架。Spring MVC 属于 Spring Framework 的后续产品，已经融合在 Spring Web Flow 里面，它原生支持的 Spring 特性，使得开发变更加简单规范。Spring MVC 分离了控制器、模型对象、分派器以及处理程序对象的角色，这种分离便于这些角色更容易进行定制。MyBatis 本是 apache 的一个开源项 HiBatis，它是一个基于 Java 的持久层框架。HiBatis 提供的持久层框架包括 SQL Maps 和 Data Access Objects。MyBatis 消除了几乎所有的 JDBC 代码和参数的手工设置以及结果集的检索。

2. Hadoop 框架

Hadoop 是由 Apache Software Foundation 开发提出的一套海量的数据分布式处理系统，它包含了很多用于数据存储和数据处理的组件。Hadoop 主要由 3 个部分组成：HDFS、MapReduce 和 HBase。大数据背景下清洁能源价值链 CIC 信息系统中的结构化数据主要通过 HDFS 存储，而对于非结构化和半结构化的松散数据主要通过 HBase 存储。

7.3.4 服务器与浏览器开发技术

1. 服务器及服务器端开发技术

（1）Tomcat 服务器。Tomcat 服务器是一个开源的轻量级 Web 应用服务器，在中小型系统和并发量小的场合下被普遍使用，是开发和调试 Servlet、JSP 程序的首选。

（2）Servlet。系统通过 Servlet 编写 JAVA 服务端程序，利用 JAVA API 实现对 HDFS 文件系统的增删查改，将数据以 json 或 text 等格式通过 http：//localhost：8080/Servlet 的方式返回给前端，前端通过 GET 或 POST 的方式将数据发送给服务器。

2. 浏览器及浏览器端开发技术

（1）Bootstrap。Bootstrap 是 Twitter 推出的一个用于前端开发的开源工具包，将 HTML、CSS、JavaScript 整合到一起，提供了一套方便快捷、简单灵活的组件框架，可应用于不同场景，并且兼容移动端浏览器，兼容多种其他前端开发框架。

（2）JQuery。JQuery 是一个快速、简洁的 JavaScript 框架，它封装 JavaScript 常用的功能代码，提供一种简便的 JavaScript 设计模式，优化 HTML 文档操作、事件处理、动画设计和 Ajax 交互。

（3）ECharts 可视化技术。ECharts 是一个使用 JavaScript 实现的开源可视化库，可以流畅地运行在 PC 和移动设备上，兼容当前绝大部分浏览器，底层依赖轻量级的矢量图形库 ZRender，提供直观，交互丰富，可高度个性化定制的数据可视化图表。

7.3.5　Cplex 优化技术

Cplex 是一种数学优化技术。主要用于提高效率、快速实现策略并提高收益率。使用 WebSphere ILOG CPLEX 的数学优化技术可以就资源的高效利用做出更佳决策。CIC 使用 Cplex 将复杂的业务问题表现为数学规划模型。

7.4　清洁能源"发电-储能-用能"价值链 CIC 信息系统应用

结合 CIC 信息系统进行了 CIC 环境下面向清洁能源的人工智能算法应用，开展了清洁能源"发电-储能-用能"价值链相关模型的模拟仿真应用。同时，也进行了一些基于人工智能算法和仿真模型的其他应用，如中国光伏电站地理位置展示与分析应用、中国风电场地理分布分析与展示应用和中国储能政策数据库查询应用等。

7.4.1　CIC 环境下面向清洁能源的人工智能算法应用

CIC 环境下面向清洁能源的人工智能算法应用是一个可扩展、灵活、集成的系统，系统部署了常用的大数据软件，如 Apache Hadoop、数据仓库等，方便用户灵活调用。

CIC 环境下面向清洁能源的人工智能算法应用仿真流程如图 7-8 所示。

图 7-8　CIC 环境下的人工智能应用仿真流程示意图

从人工智能应用仿真流程中可以看出，系统仿真的核心部分是模型的设计和应用。因此，面向清洁能源的人工智能算法应用，根据实际问题对不同主体、不同场景下的多种模型进行仿真，并封装在系统的模型库中。通过这些模型进行仿真和应用，CIC 环境下清洁能源不同场景中的许多应用仿真问题都会迎刃而解。仿真模型主要分为清洁能源"发电-储能-用能"价值链耦合协同影响因子模型、价值链耦合协同模型、价值链多方利益主体耦合协同模型和价值链协同优化模型等。

1. 价值链耦合协同影响因子模型仿真应用

CIC 信息系统对复杂系统维影响因子解析模型、运营节点维影响因子解析模型、主体能效维影响因子模型和外部环境维影响因子模型进行了仿真。

复杂系统维影响因子解析模型，包括基于钻石模型的风电价值链影响因子分析模型；运营节点维影响因子解析模型，包括基于解释结构模型的发电影响因素分析模型、基于 BOCR 模型的储能影响因素分析模型和基于德尔菲法的电动汽车风险因子分析模型；主体能效维影响因子模型，包括光伏企业价值创造能力评价模型、风电产业价值链增值效率评价模型和风储联合运行的效应评价模型；外部环境维影响因子模型，包括清洁能源价值链外部风险评估模型和中国光伏政策驱动能力评价模型等。

2. 价值链耦合协同模型仿真应用

CIC信息系统在考虑价值链耦合协同影响因子关联效用、价值链耦合节点间结构关系、价值链耦合节点间协同性和价值链耦合协同演进关系的基础上，分别对考虑价值链耦合协同影响因子关联效用的风储联合发电系统协同决策模型、考虑价值链耦合节点间结构关系的储能节点优化模型、考虑价值链耦合节点间协调性的多主体协同与增值效应评价模型和考虑价值链耦合协同演进关系的风-储协同交易的博弈模型进行仿真，反映了清洁能源"发电-储能-用能"价值链系统可以通过提升价值共创能力，进而达到价值增值的效果。

3. 多方利益主体耦合协同模型仿真应用

在充分考虑发电商、储能商和用户等各利益主体能量流、价值流、信息流交互的基础上，利用Shapley值法、Stackelberg博弈模型、Nash均衡模型及委托代理理论等模型方法，对不完全契约下清洁能源价值链信息共享激励模型、考虑努力因素的清洁能源价值链多方利益主体价值创新模型、基于委托代理理论的清洁能源协同风险承担模型、基于MOPSO的清洁能源价值链储能容量优化模型、基于区块链智能合约的混合电力系统利益分配模型和面向能源互联网的清洁能源价值共创系统协同演化模型进行模型仿真，以期为清洁能源"发电-储能-用能"价值链耦合协同运作提供一些创新的思路。

4. 价值链协同优化模型仿真应用

通过对清洁能源"发电-储能-用能"价值链上单一节点上的发电电源结构优化模型、储能容量优化配置模型和用户用能的需求响应优化模型进行模型仿真，对清洁能源"发电-储能-用能"价值链上节点本身进行优化。基于此，研究清洁能源价值链多节点上的多目标协同优化模型，并运用相关软件进行仿真模拟验证，以探究清洁能源价值链价值创造、创新和增值的发展路径，从而促进清洁能源的健康发展。

CIC环境下面向清洁能源的人工智能算法应用，通过仿真模型解决了清洁能源实际发展中遇到的许多问题。针对不同的研究问题，CIC也产生了一些基于人工智能算法和仿真模型的其他应用，如中国光伏电站地理位置展示与分析应用、中国风电场地理分布分析与展示应用和中国储能政策数据库查询应用。

7.4.2　中国光伏电站地理位置展示与分析应用

经过数十年的发展，我国光伏电站初具规模，但也同时出现了很多问题，比如光伏电站地理分布不均而造成的资源浪费，弃光率过高，从而使得光伏发电企业在上网竞价方面优势不足，限制了我国光伏产业的发展。

为了更好地使用户认识我国现阶段光伏发电地理分布及其相应特点，通过直观展示光伏电站地理分布现状，快速了解我国各地区光伏发电企业数量、装机容量和区域光辐射量等数据信息。

1. 光伏发电站分布图

该可视化图是本系统的核心功能之一，通过引入ECharts官方实例提供的我国地图图表插件，用气泡交互式组件方式进行光伏电站数量的标注。当移动鼠标时可触发JSP，实现动态效果。

2. 光伏发电站比例图

通过在 ECharts 官网中引入饼状图的实例代码，结合收集到的我国六大区域光伏电站数量，在饼状图中对其所占比例进行可视化展示。各区域以不同颜色标注，易于用户区分，同时将所占详细比例数值在旁边标注。

3. 光伏发电量统计图

该功能主要是对我国各省份光伏发电总量在地图上进行展示，当鼠标移至对应省份，可动态显示出其对应的发电量。并在右侧对电量进行排序，使用户可以直观了解到我国各省份光伏发电量的详细情况。

4. 光伏电站信息管理

首先该模块支持新光伏电站的添加，其次根据不同年份对各省份光伏电站信息进行管理，其中包括：已有光伏电站数量、发电量的修改、增加、查询和删除操作。主界面有对应区域、省份、年份的选择按钮，如图 7-9 所示。

（1）光伏电站信息增加：点击新增光伏电站信息按钮，进入该页面，通过输入区域、省份、电站数量、年发电总量等信息，点击确认添加按钮，便可成功添加该光伏电站信息。

（2）光伏电站信息查询：进入该查询页面，可以通过选择区域→省份，对应的年份。然后点击查询按钮，可查看具体信息。

（3）光伏电站信息修改、删除：点击修改，进入光伏电站信息修改界面，通过输入更改后的数据，点击确认修改，便可完成对应信息的修改；同样，点击删除按钮，系统便会弹出删除提醒，当根据提示点击确认时完成信息删除。

图 7-9　光伏电站信息管理首页

5. 日照信息管理

该模块是对我国各省份光照相关信息进行管理，主要包括对我国各省份地理海拔、通过输入选择年份、省份搜索后，对数据进行查询、修改、删除等操作。该模块的主界面如图 7 - 10 所示。

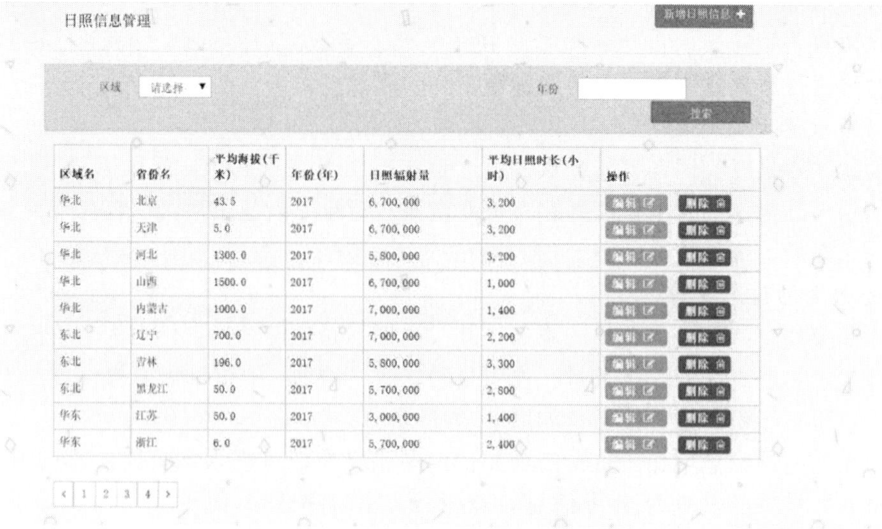

区域名	省份名	平均海拔(千米)	年份(年)	日照辐射量	平均日照时长(小时)	操作
华北	北京	43.5	2017	6,700,000	3,200	编辑 删除
华北	天津	5.0	2017	6,700,000	3,200	编辑 删除
华北	河北	1300.0	2017	5,800,000	3,200	编辑 删除
华北	山西	1500.0	2017	6,700,000	1,000	编辑 删除
华北	内蒙古	1000.0	2017	7,000,000	1,400	编辑 删除
东北	辽宁	700.0	2017	7,000,000	2,200	编辑 删除
东北	吉林	196.0	2017	5,800,000	3,300	编辑 删除
东北	黑龙江	50.0	2017	5,700,000	2,800	编辑 删除
华东	江苏	50.0	2017	3,000,000	1,400	编辑 删除
华东	浙江	6.0	2017	5,700,000	2,400	编辑 删除

图 7 - 10　日照信息管理首页

（1）日照信息增加功能：点击新增日照信息按钮，弹出页面，通过选取一级区域，二级省份及对应的年份。然后输入相应的日照辐射量，年平均日照时长数据。点击右下角确认添加按钮，完成对应的日照信息增加。

（2）日照信息查询功能：进入日照信息查询页面，通过选择区域、省份及对应的年份，点击查询按钮，可实现该查询功能，将该区域的海拔、光照辐射量、平均日照时长显示出来。

（3）日照信息修改、删除功能：点击修改按钮，进入日照信息修改界面，选择对应的省份及年份，通过输入想要修改的新数据，点击确认修改，便可完成对应信息的修改；同样，点击删除按钮，系统便会弹出删除提醒，当根据提示点击确认时完成相应的日照信息删除。

7.4.3　中国风电场地理分布分析与展示应用

通过对我国风电场相关数据的研究，了解目前国内风电行业的基本情况，在海量数据的基础上，分析我国风电场地理分布的趋势与发展态势，基于 SSM 框架技术构建风电场地理分布分析与展示系统。系统是对我国现有风电场的地理分布进行统计和展示，并通过分析国家相关政策并对比国内外风电场的地理特征，对我国的风力发电地理分布进行展示与分析。借助 ECharts 图表工具、VR 技术和地图工具等实现分析结果的多层次可视化展示，对现有风力发电的地理分布实现可视化集中式分析。在该系统的协助下，让相关产业人员对我国风电发展状况有更直观的了解，与我国地理状况更有效的结合，对风电机组进行合理的装配，为风电企业及相关用户提供数据支持和理论依据，使系统的开发为风电行业的发展做出贡献。

系统的主要功能包括管理员模块功能和用户模块功能。

1. 管理员模块

管理员模块功能包括：登录注册；统计图表、风电场数据以及风电公司数据的增删改查；文件管理。

（1）登录注册功能。管理员进入系统后，点击进入登录界面，填写账号与密码。根据提示填写数字验证码，确认信息无误后点击"登录"。若信息正确，管理员进入管理员首页。

（2）风电场数据管理功能。展示风电场数据。管理员进入系统后选择风电场数据管理模块，此模块最先展示系统中所有的风电场数据，包括风电场编号、风电场名称、所在地区、机组数量、总容量等信息。

修改风电场数据。管理员进入系统后选择风电场数据管理模块，点击"修改"按钮弹出模态弹窗，根据需要对不同的字段进行更改。更改完成后点击"保存按钮"，提示"修改成功"，同时刷新页面。

新增风电场数据。点击"新增"按钮弹出模态弹窗，弹窗中包括页面表格中所包含的每一个字段的输入框，根据已有的数据进行填写。填写完成后点击"新增"按钮，提示"新增成功"。

删除风电场数据。点击操作栏的"删除"按钮，弹出消息弹窗，弹窗提示"是否删除××风电场信息？"。点击"确定"，提示"删除成功"。

查询风电场数据。选择查询功能，系统提供根据风电场名称或风电场所在地区进行查询，管理员填写任意一项或两项一起填写，点击"查询"实现查询功能。

（3）风电公司数据管理功能。风电公司数据管理功能包括风电公司数据的新增、删除、修改和查询功能。实现过程也与风电场数据管理功能相似。

（4）文件管理功能。文件管理功能分为文件上传和文件下载。系统管理员具有文件上传的功能。进入文件管理界面后，点击表格左上角的"上传文件"按钮弹出上传文件的模态弹窗，选择需要上传的文件，并填写相关信息完成文件上传；管理员进入文件管理界面后选择需要下载的文件点击"下载"按钮，提示下载成功，文件下载到相应的目录。系统暂不支持选择下载路径。

2. 用户模块功能

用户模块功能包括登录注册、图表和文章管理、风电场信息、风电公司信息查看、邮件管理和账户管理等。

（1）登录注册功能。用户进入系统后，点击进入登录界面，填写账号与密码。根据提示填写数字验证码，确认信息无误后点击"登录"。若信息正确，用户进入系统主页。

（2）文件查看功能。在热文展示中，每一篇文章都附带链接，点击文章后的"查看"按钮，即可跳转到文章详细内容页面，如图7-11所示。

（3）地图查询功能。系统的地图查询功能是在点击进入相应的页面后，可以实现定位当前城市。

点击相应的区域或左侧列表中的选项，地图上会相应地弹出详细信息弹窗，可以查看需要的风力发电场与风电公司的地址、电话、图片等信息。选择右上角的"地图选

图 7-11 文件查看功能运行图

点"功能,在地图上任意选择一个点,自动显示与这个点最近的一个风力发电场或风电公司。

(4) 文件下载功能。用户都具备对文件的下载功能。进入文件管理界面后,选择需要下载的文件,点击"下载"按钮,提示下载成功,文件下载到相应的目录。系统暂不支持选择下载路径。其中,用户下载文件需扣除积分,且仅注册用户具有下载权限。

(5) VR 查看功能。用户在浏览风电场或风电公司信息时,都具备 VR360°全景查看功能。用户可以选择 360°不同的方向,放大或缩小全景的比例。

7.4.4 中国储能政策数据库查询应用

在目前的发展阶段,国家电力和新能源发展战略的清晰度、透明度和持续稳定性非常重要,新能源发展与储能发展密切相关。储能技术的研发与进步是缓解我国弃风、弃光和弃能的基本保证,是解决我国清洁能源消纳问题的重要途径。

国家为支持我国储能事业的发展,出台大量储能政策,为储能事业、技术的发展打下强有力的基石。当前是我国储能技术发展的重要时刻,开发我国储能政策数据库与分析系统势在必行。本应用的主要目的是汇集国内已制定的储能政策,力求简化我国储能政策展示与查询过程,节省资料整理时间,帮助储能政策研究者和制定者更好地了解当前我国的储能政策。

储能政策数据库包含用户管理和政策数据管理两个主要模块。

1. 用户管理

本数据库的用户管理模块中,管理员拥有最高的权限,可以新增和删除普通用户。管理员还拥有导入导出和编辑数据库已有数据的权力。用户管理页面还有显示该用户的权限情况和该用户被创建的时间和上次登录时间,普通用户无法看到他权限以外的东西。

2. 储能政策数据管理

（1）储能政策的导入。储能政策的导入是指数据库用户（仅限授权用户）在系统的数据管理页面点击数据导入，将预先收集好的近几年储能政策按照政策发布单位，发布时间和政策名称以及政策摘要，政策链接进行导入。导入方式支持单个政策逐条导入和 Excel 文件批量导入。

（2）储能政策编辑。数据编辑包括的数据属性有该数据的 ID，即数据被导入储能数据库的顺序（系统自动赋予），储能政策的发布单位，和该条储能政策的发布时间，该条储能政策的名称以及它的链接（被附加在储能政策名称上）以及该条储能政策的摘要，储能政策的导入时间是系统自动计算的。管理员（授权用户）可对该条储能政策进行编辑和删除。

（3）储能政策排序。储能政策排序功能可以帮助我们对政策进行差异化分析。当对政策的发布地点进行排序的时候，可以帮助储能政策研究者对同一单位发布的储能政策进行对比和分析。同时，数据库还支持对储能政策的发布时间进行升序和降序排序，此功能可以帮助储能政策研究者研究某一特定时间段内各单位出台储能政策的密度和方向特点，以及该时段内储能政策发布单位的地域分布情况。最后，储能数据库还支持对储能政策的导入时间（系统自动生成）进行升序和降序排列，此功能可帮助用户观察数据库的数据更新状况。

（4）按关键字搜索储能政策。按照关键字搜索储能政策是指用户（包括普通用户和授权用户）可以对储能政策数据库内已有的储能政策，按照储能政策发布时间、储能政策发布单位的名称和储能政策名称进行搜索，搜索功能支持单向搜索和多重搜索。数据库支持将搜索结果导出为 Excel 文档，方便数据库的使用者保存研究所需要的储能政策。

7.5 本章小结

本章根据信息系统生命周期法的思路，首先分析了 CIC 信息系统设计的业务需求及业务流程和功能需求及数据流程。其次，分别对系统基础构架、功能、服务模式和子系统进行设计。再次，阐述了系统的关键技术，包括大数据与云计算技术、商务智能技术、框架支撑技术、服务器与浏览器开发技术与 Cplex 优化技术。最后，阐述了 CIC 信息系统的相关应用，包括面向清洁能源的人工智能算法应用、中国光伏电站地理位置展示与分析应用、中国风电场地理分布分析与展示应用和中国储能政策数据库查询应用。通过 CIC 信息系统的构建，可以完成人工智能在清洁能源"发电-储能-用能"价值链上的应用验证及模拟仿真，以体现新一代信息技术在我国清洁能源发展方面的赋能效用。

参 考 文 献

[1] 戴琼洁. 光伏-储能-充电站价值链能力分析模型及云平台研究 [D]. 北京：华北电力大学，2020.

[2] 徐方秋. 非并网风电价值链优化与评价模型及协同云平台研究 [D]. 北京：华北电力大学，2019.

[3] 韦秋霜. 风电-储能价值链协同决策模型及信息系统研究 [D]. 北京：华北电力大学，2020.

[4] 王刚. 储能参与清洁能源消纳价值链优化模型及信息系统研究 [D]. 北京：华北电力大学，2018.

［5］　王品悦. 基于价值链协同的政府采购云信息服务范式研究［D］. 天津：天津大学，2017.

［6］　潘华. 基于云平台的多供应链协同技术研究［D］. 成都：西南交通大学，2016.

［7］　苑嘉航. 配电网运行风险传递决策模型及其信息系统研究［D］. 北京：华北电力大学，2018.

［8］　刘吉成. 基于商务智能的动态联盟管理［M］. 北京：中国水利水电出版社，2008.

［9］　李存斌，李小鹏，田世明，等. 能源互联网电力信息深度融合风险传递：挑战与展望［J］. 电力系统自动化，2017（11）：17 - 25.